21 LESSEN VOOR DE 21STE EEUW

YUVAL NOAH HARARI BIJ UITGEVERIJ THOMAS RAP

Sapiens
Homo Deus
Sapiens. Een beeldverhaal 1: Het ontstaan van de mensheid
Sapiens. Een beeldverhaal 2: De pijlers van de beschaving

Yuval Noah Harari

21 LESSEN VOOR DE 21STE EEUW

Vertaald door Inge Pieters

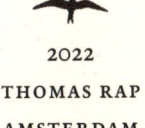

2022
THOMAS RAP
AMSTERDAM

Copyright © 2018 Yuval Noah Harari
Copyright Nederlandse vertaling © 2018 Inge Pieters
Eerste druk augustus 2018
Vijftiende druk maart 2022
Oorspronkelijke titel *21 Lessons for the 21st Century*
Oorspronkelijke uitgever Jonathan Cape, Londen
Omslagontwerp bij Barbara
Omslagillustratie © from the series *We Share Our Chemistry with the Stars*, Marc Quinn, oil on canvas, © & courtesy Marc Quinn studio
Vormgeving binnenwerk Peter Verwey, Heemstede
Druk en bindwerk Wilco, Amersfoort
ISBN 978 94 004 0498 4
NUR 320

thomasrap.nl

Bij de productie van dit boek is gebruikgemaakt van papier dat het keurmerk van de Forest Stewardship Council (FSC®) mag dragen.
Bij dit papier is het zeker dat de productie niet tot bosvernietiging heeft geleid

Met liefde opgedragen aan mijn man Itzik voor zijn grenzeloze vertrouwen en genialiteit, aan mijn moeder Pnina voor haar onophoudelijke zorg en steun, en aan mijn grootmoeder Fanny, een onuitputtelijke bron van onbaatzuchtige vreugde.

INHOUD

Voorwoord ... 9

DEEL EEN: *Technologische uitdagingen* ... 17
1 Ontgoocheling ... 19
   Het einde van de geschiedenis is uitgesteld
2 Werk ... 38
   Als je later groot bent, krijg je misschien geen baan
3 Vrijheid ... 68
   Big Data is watching you
4 Gelijkheid ... 101
   Wie de data heeft, heeft de toekomst

DEEL TWEE: *Politieke uitdagingen* ... 111
5 Broederschap ... 113
   Mensen hebben een lichaam
6 Beschaving ... 122
   De wereld telt maar één beschaving
7 Nationalisme ... 142
   Mondiale problemen vergen mondiale antwoorden
8 Religie ... 162
   God dient tegenwoordig de natie
9 Immigratie ... 177
   Misschien zijn sommige culturen toch beter dan andere

DEEL DRIE: *Hoop en wanhoop* ... 197
10 Terrorisme ... 199
   Geen paniek!

11	Oorlog	213
	Onderschat nooit de menselijke stupiditeit	
12	Nederigheid	226
	De wereld draait niet om jou	
13	God	244
	Gij zult Gods naam niet ijdel gebruiken	
14	Secularisme	252
	Ken je eigen schaduwkanten	

DEEL VIER: *Waarheid* — 267

15	Onwetendheid	269
	Je weet minder dan je denkt	
16	Rechtvaardigheid	276
	Is ons gevoel voor rechtvaardigheid verouderd?	
17	De waarheid voorbij	285
	Sommig nepnieuws blijft eeuwig bestaan	
18	Sciencefiction	302
	De toekomst is anders dan in de film	

DEEL VIJF: *Veerkracht* — 315

19	Onderwijs	317
	Verandering is de enige constante	
20	Zingeving	329
	Het leven is geen verhaal	
21	Meditatie	376
	Alleen maar observeren	

Dankwoord	388
Noten	391
Register	432

VOORWOORD

In een wereld die overspoeld wordt met irrelevante informatie is helderheid macht. In theorie kan iedereen meediscussiëren over de toekomst van de mensheid, maar het is zo moeilijk om alles helder te blijven zien. Vaak merken we niet eens dat er een discussie gaande is of wat de belangrijkste punten zijn. Miljarden mensen hebben zelden de luxe om mee te denken, omdat ze belangrijker zaken aan hun hoofd hebben: ze moeten naar hun werk, voor de kinderen zorgen of bejaarde ouders assisteren. Helaas doet de geschiedenis niet aan 'niet goed, geld terug'. Als er besloten wordt over de toekomst van de mensheid zonder dat jij erbij bent, omdat je het druk had met het voeden en kleden van je kinderen, dan zullen jij en zij de consequenties van die beslissingen niet ontlopen. Dat is heel oneerlijk, maar wie zei dat de geschiedenis eerlijk was?

Als historicus kan ik mensen geen eten of kleren geven, maar ik kan wel proberen het een en ander te verhelderen, zodat de kansen wat eerlijker verdeeld worden. Als dat ook maar een paar extra mensen de kans geeft om mee te discussiëren over de toekomst van onze soort, is mijn missie geslaagd.

Mijn eerste boek, *Sapiens*, ging over het verleden van de mens en over de vraag hoe een onbetekenende aap de absolute heerser op aarde werd.

Homo Deus, mijn tweede boek, was een onderzoek naar de toekomst van het leven op aarde op de lange termijn, waarin ik mijn gedachten liet gaan over de verschillende manieren waarop mensen uiteindelijk misschien goden zullen worden, en over het uiteindelijke lot van intelligentie en bewustzijn.

In dit boek wil ik me richten op het hier en nu, op de huidige stand van zaken en de nabije toekomst van onze menselijke samenlevingen. Wat gebeurt er op dit moment? Wat zijn de grote uitdagingen en keuzes van nu? Waarop moeten we letten? Wat moeten we onze kinderen bijbrengen?

Uiteraard zijn er zeven miljard mensen op de wereld, met zeven miljard verschillende wensenpakketten, en zoals ik al zei, is het een relatief zeldzame luxe om te kunnen nadenken over grote kwesties. Een arme alleenstaande moeder die twee kinderen moet zien groot te brengen in een achterbuurt van Bombay kan niet veel verder denken dan de volgende maaltijd, bootvluchtelingen die ronddobberen op de Middellandse Zee turen de horizon af naar land, en een stervende patiënt in een overvol Londens ziekenhuis heeft al zijn krachten nodig om nog één keer adem te halen. Ze hebben allemaal veel urgentere problemen dan het broeikaseffect of de crisis waarin onze democratieën verkeren. Er is geen boek dat aan dat alles recht kan doen en voor mensen in dat soort situaties heb ik geen wijze lessen. Ik kan alleen maar hopen dat ik iets van hen kan leren.

In dit boek laat ik mijn blik over de hele wereld gaan. Ik kijk naar de belangrijkste krachten die overal ter wereld inwerken op onze samenlevingen en die hoogstwaarschijnlijk de toekomst van onze planeet als geheel zullen beïnvloeden. Klimaatverandering is misschien het laatste waar mensen in doodsnood aan denken, maar uiteindelijk zou het heel goed kunnen dat daardoor de achterbuurten van Bombay onleefbaar worden, er enorme nieuwe golven vluchtelingen de Middellandse Zee over komen en er een wereldwijde zorgcrisis ontstaat.

De werkelijkheid is een web met vele draden en in dit boek be-

Voorwoord

handel ik verschillende aspecten van de hachelijke situatie waarin we ons bevinden, zonder aanspraak te maken op volledigheid. Anders dan *Sapiens* en *Homo Deus* is dit boek niet bedoeld als een groot historisch overzicht, maar meer als een verzameling lessen. Die lessen worden niet afgesloten met simpele antwoorden. Ze zijn bedoeld om lezers te stimuleren er dieper over na te denken en handvatten te bieden waarmee eenieder zijn stem kan laten horen in de grote debatten van onze tijd.

In wezen is dit boek geschreven in samenspraak met het publiek. Veel hoofdstukken zijn ontstaan als reactie op vragen van lezers, journalisten en collega's. Eerdere versies van sommige stukken zijn in andere vorm al eerder gepubliceerd, wat me de kans gaf om feedback te krijgen en mijn argumenten bij te slijpen. Sommige stukken gaan over technologie, sommige over politiek, sommige over religie en weer andere over kunst. Bepaalde hoofdstukken zijn een lofzang op de menselijke wijsheid, andere belichten de cruciale rol van de menselijke domheid. Maar de overkoepelende vraag blijft hetzelfde: wat gebeurt er momenteel in de wereld en wat is de diepere betekenis daarvan?

Wat heeft de overwinning van Donald Trump te betekenen? Wat kunnen we doen aan de epidemie van nepnieuws die ons overspoelt? Waarom verkeert de liberale democratie in een crisis? Is God terug van weggeweest? Zit er een nieuwe wereldoorlog aan te komen? Welke beschaving domineert de wereld: het westen, China, de islam? Moet Europa de deur open blijven houden voor immigranten? Kan het nationalisme effectieve oplossingen bieden voor problemen als ongelijkheid en klimaatverandering? Hoe moeten we terrorisme aanpakken?

Hoewel dit boek een mondiaal perspectief biedt, zal ik de persoonlijke factor niet verwaarlozen. Integendeel, ik wil de verbanden tussen de grote revoluties van ons tijdperk en het zielenleven van afzonderlijke individuen juist benadrukken. Terrorisme is bijvoorbeeld niet alleen een mondiaal politiek probleem, maar ook een intern psychisch mechanisme. Terrorisme werkt doordat het de angstknop in het diepst van onze hersenen indrukt en de fantasie van miljoenen individuen op hol laat slaan. Op dezelfde manier speelt de democratische crisis zich niet alleen af in parlementen en stembureaus, maar ook in neuronen en synapsen. Het is ontzettend cliché om te zeggen dat het persoonlijke politiek is, maar in een tijd waarin wetenschappers, grote bedrijven en overheden er steeds beter in worden om het menselijk brein te hacken, klinkt het onheilspellender dan ooit. In dit boek becommentarieer ik dan ook niet alleen het gedrag van hele samenlevingen, maar ook dat van individuen.

Een geglobaliseerde wereld legt meer druk dan ooit op ons persoonlijke handelen en onze moraal. We zitten allemaal verstrikt in talloze allesomvattende spinnenwebben, die aan de ene kant onze bewegingsvrijheid inperken, maar tegelijk de kleinste individuele sparteling doorzenden naar verre bestemmingen. Onze dagelijkse routine beïnvloedt het leven van mensen aan de andere kant van de wereld en sommige persoonlijke gestes kunnen onverwacht de hele wereld over gaan, zoals gebeurde met de zelfverbranding van Mohammed Bouazizi in Tunesië die de Arabische Lente inluidde, en met de vrouwen die hun verhalen over seksuele intimidatie deelden en de #MeToo-beweging in gang zetten.

Doordat ons persoonlijke leven zo'n mondiale dimensie heeft gekregen, is het nu belangrijker dan ooit om ons bewust te zijn van onze religieuze en politieke vooroordelen, onze raciale en gendergerelateerde privileges en onze ongewilde medeplichtigheid aan systematische onderdrukking. Maar is dat een realistische onderneming? Hoe kan ik een degelijke ethische basis vinden in een wereld die tot ver achter mijn horizon reikt, die we als mensen nauwelijks nog in de hand hebben en waarin alle goden en ideologieën verdacht zijn geworden?

Voorwoord

Dit boek begint met een overzicht van de huidige politieke en technologische knelpunten. Aan het eind van de twintigste eeuw leek het erop dat de grote ideologische veldslagen tussen fascisme, communisme en liberalisme waren geëindigd met een overweldigende overwinning voor het liberalisme. Democratie, mensenrechten en de vrije markt leken voorbestemd om de hele wereld te veroveren. Maar zoals altijd nam de geschiedenis een onverwachte wending en na de val van het fascisme en het communisme raakt nu het liberalisme in de knel. Dus waar gaan we met zijn allen naartoe?

Deze vraag is vooral zo urgent omdat het liberalisme zijn geloofwaardigheid verliest op precies hetzelfde moment dat revoluties in informatietechnologie en biotechnologie ons voor de grootste uitdagingen stellen die onze soort ooit heeft meegemaakt. De fusie tussen infotech en biotech zal mogelijk al heel snel miljarden mensen van de arbeidsmarkt drukken en daarmee vrijheid én gelijkheid ondermijnen. Big-data-algoritmen kunnen digitale dictaturen creëren waarin alle macht in handen van een kleine elite komt, terwijl de massa niet eens meer wordt uitgebuit, maar – erger nog – volkomen irrelevant wordt.

In mijn vorige boek, *Homo Deus*, heb ik het uitgebreid gehad over de fusie tussen infotech en biotech, maar waar dat boek ging over onze vooruitzichten op de lange termijn – en dan heb ik het over eeuwen of zelfs millennia – concentreer ik me in dit boek op de sociale, economische en politieke crises die nú spelen of ontstaan. Het gaat me hier minder om het uiteindelijke ontstaan van anorganisch leven en meer om de dreigende ondergang van de verzorgingsstaat en specifieke instituten als de Europese Unie.

Ik zal in dit boek niet proberen alle implicaties van nieuwe technologieën op te sommen. Van technologie valt veel goeds te verwachten, maar hier wil ik vooral de risico's en gevaren ervan belichten. Aangezien de bedrijven en ondernemers die de technologische revolutie aanvoeren van nature geneigd zijn hun eigen creaties de hemel in te prijzen, is het aan sociologen, filosofen en historici als ik om alarm te slaan en uit te leggen wat er allemaal voor vreselijks mee mis kan gaan.

Na een korte schets van de uitdagingen die ons te wachten staan, gaan we in het tweede deel van het boek in op een breed scala aan mogelijke oplossingen. Kunnen Facebooktechneuten met behulp van AI een mondiaal netwerk opzetten dat de menselijke vrijheid en gelijkheid kan waarborgen? Misschien moeten we de globalisering een halt toeroepen en de natiestaat weer meer macht geven? Misschien moeten we zelfs nog verder teruggaan en hoop en wijsheid putten uit oeroude religieuze tradities?

In het derde deel van dit boek zullen we zien dat de technologische uitdagingen die we moeten aangaan weliswaar ongekend zijn en de politieke onenigheid enorm, maar dat de mensheid ze wel degelijk het hoofd kan bieden als we onze angsten onder controle houden en iets nederiger zijn in onze opvattingen. In dit deel wordt onderzocht wat er gedaan kan worden aan de dreiging van het terrorisme, aan het gevaar van een wereldoorlog en aan de vooroordelen en de haat die dergelijke conflicten voeden.

Het vierde deel gaat in op het idee van *post-truth* en stelt de vraag in hoeverre we allerlei mondiale ontwikkelingen überhaupt nog kunnen volgen en of we nog wel onderscheid kunnen maken tussen goed en kwaad. Kan homo sapiens de wereld die hij heeft geschapen nog wel overzien? Zijn er nog wel duidelijke grenzen tussen werkelijkheid en fictie?

In het vijfde en laatste deel breng ik de verschillende onderwerpen bij elkaar en werp ik een iets algemenere blik op het leven in deze chaotische tijden. De oude verhalen zijn geïmplodeerd en er is nog geen nieuw verhaal opgekomen dat als vervanging kan dienen. Wie zijn we? Wat moeten we aan met ons leven? Wat voor vaardigheden hebben we nodig? Wat kunnen we, met alles wat we weten en niet weten over wetenschap, God, politiek en religie, zeggen over de zin van het leven van nu?

Dit klinkt misschien wat al te ambitieus, maar homo sapiens kan niet wachten. Filosofie, religie en wetenschap voeren een race tegen de klok. De mens discussieert al duizenden jaren over de zin van het leven. We kunnen die discussie niet tot in de eeuwigheid blijven voeren. De dreigende milieucrisis, de toenemende dreiging van massavernietigingswapens en de opkomst van nieuwe ontwrichtende technologieën staan dat niet toe. En wat misschien wel het belangrijkste is: kunstmatige intelligentie en biotechnologie geven de mensheid het vermogen om het leven naar eigen inzicht om te vormen en om te bouwen. Heel binnenkort zal iemand toch moeten beslissen hoe dat vermogen gebruikt gaat worden en dat zal gebeuren op basis van een impliciet dan wel expliciet verhaal over de zin van het leven. Filosofen zijn uiterst geduldige mensen, maar technici zijn een stuk minder geduldig en investeerders hebben het minste geduld van iedereen. Als je niet weet wat je aan moet met het vermogen om het leven zelf aan te passen, zal de markt niet duizend jaar wachten tot je een keer met een antwoord komt. De onzichtbare hand van de markt zal je blind zijn eigen antwoord opdringen. Je moet dus een duidelijk idee hebben waar het leven om draait óf je moet het prima vinden om de toekomst van alle leven toe te vertrouwen aan de kwartaalcijfers van dit of dat bedrijf.

In het laatste hoofdstuk permitteer ik me de luxe van een paar persoonlijke opmerkingen en spreek ik van homo sapiens tot homo sapiens, vlak voordat het gordijn voor onze soort valt en er een compleet nieuw drama opgevoerd zal worden.

Voor ik mijn intellectuele zoektocht aanvang, zou ik graag nog één cruciaal punt willen aanstippen. Een groot deel van dit boek gaat over de tekortkomingen van het liberale wereldbeeld en het democratische systeem. Niet omdat ik geloof dat de liberale democratie uitzonderlijk problematisch is, maar eerder omdat ik denk dat het het succesvolste en meest bruikbare politieke model is dat mensen tot dusver hebben ontwikkeld om de uitdagingen van de moderne tijd het hoofd te bieden. Het is misschien niet altijd even toepasbaar in alle maatschappijen of in al hun ontwikkelingsstadia, maar het heeft zijn waarde bewezen in meer samenlevingen en meer situaties dan alle alternatieven. Als we gaan kijken naar de nieuwe uitdagingen die ons wachten, is het dus belangrijk om de beperkingen van de liberale democratie te kennen en na te denken over manieren waarop we de huidige inrichting daarvan kunnen aanpassen en verbeteren.

Helaas kunnen kritische kanttekeningen bij het liberalisme en de democratie in het huidige politieke klimaat al te makkelijk gekaapt worden door autocraten en allerlei bepaald onliberale bewegingen, die de liberale democratie alleen maar in diskrediet willen brengen in plaats van open en eerlijk de discussie aan te gaan over de toekomst van het mensdom. Ze staan altijd klaar om de problemen van de liberale democratie aan te kaarten, maar zelf kunnen ze niet of nauwelijks tegen kritiek.

Ik moest als schrijver dus een moeilijke keuze maken. Moest ik me onomwonden uitspreken, op het gevaar af dat mijn woorden uit hun verband gerukt konden worden om ontluikende dictaturen mee te rechtvaardigen? Of moest ik aan zelfcensuur gaan doen? Dictatoriale regimes hebben de neiging de vrijheid van meningsuiting in te perken, zelfs buiten hun eigen grenzen. Nu er meer van dat soort regimes opkomen, wordt het steeds gevaarlijker om kritisch na te denken over de toekomst van onze soort.

Na lang nadenken koos ik ervoor openlijk mijn mening te geven in plaats van mezelf te censureren. Zonder eerlijke kritiek op het liberale model zullen we dat nooit kunnen verbeteren of erop voort kunnen borduren. Maar let wel, dit boek kon alleen geschreven worden in een tijd waarin mensen nog steeds relatief vrij waren om te denken – en zeggen – wat ze wilden. Als je waarde hecht aan dit boek, zou je ook waarde moeten hechten aan de vrijheid van meningsuiting.

Deel een

TECHNOLOGISCHE UITDAGINGEN

De mensheid verliest het vertrouwen in het liberale verhaal dat de politiek de afgelopen decennia overheerste, en dat op een moment waarop de combinatie van biotech en infotech ons confronteert met de grootste uitdagingen waarvoor de mensheid ooit gesteld is.

1

ONTGOOCHELING

Het einde van de geschiedenis is uitgesteld

Mensen denken niet in feiten, cijfers of wiskundige vergelijkingen, maar in verhalen – en hoe simpeler het verhaal, hoe beter het is. Elk individu, elke groep en elke natie heeft zijn eigen fabels en mythen, maar in de twintigste eeuw formuleerden de mondiale elites in New York, Londen, Berlijn en Moskou drie grote verhalen die naar verluidt ons hele verleden verklaarden en de toekomst van de hele wereld voorspelden: het fascistische verhaal, het communistische verhaal en het liberale verhaal. De Tweede Wereldoorlog maakte korte metten met het fascistische verhaal en tussen eind jaren veertig en eind jaren tachtig werd de wereld het strijdtoneel van de twee resterende verhalen: het communisme en het liberalisme. Toen stortte het communistische verhaal in en bleef het liberale verhaal over als enige verklaring van het menselijke verleden en onmisbare leidraad voor de toekomst van de wereld, in elk geval in de ogen van de mondiale elite.

Het liberale verhaal is een verheerlijking van de menselijke vrijheid. Het vertelt ons dat de mensheid duizenden jaren lang is onderdrukt door regimes die hun onderdanen weinig politieke rechten, economische kansen en persoonlijke vrijheden gunden en de bewegingsvrijheid van individuen, ideeën en goederen stevig aan banden legden. Na een lange strijd wisten de mensen stap voor stap echter steeds meer vrijheid te verwerven. Er kwamen democratische overheden in plaats van wrede dictaturen. De vrije markt overwon economische restricties. De mensen leerden voor zichzelf te denken en hun hart te volgen in plaats van blind te gehoorzamen aan bekrompen priesters en kleingeestige tradities. Muren, slotgrachten en prikkeldraadhekken werden vervangen door open wegen, solide bruggen en drukke vliegvelden.

Het liberale verhaal erkent dat de wereld niet ideaal is en dat er nog heel wat horden genomen moeten worden. Een groot deel van onze planeet wordt overheerst door tirannen en zelfs in de meest liberale landen hebben veel burgers te kampen met armoede, geweld en onderdrukking. We weten echter wel wat we moeten doen om die problemen te overwinnen, namelijk zorgen dat mensen meer vrijheid krijgen. We moeten de mensenrechten beschermen, iedereen moet stemrecht krijgen, er moet vrijemarktwerking komen en we moeten zorgen dat individuen, ideeën en goederen zo soepel mogelijk de wereld over kunnen. Volgens deze liberale panacee – die Barack Obama met luttele verschillen net zo goed omarmde als George W. Bush – zal iedereen vrede en voorspoed kunnen genieten, als we maar doorgaan met het liberaliseren en globaliseren van onze politieke en economische systemen.[1]

Landen die zich bij deze onstuitbare vooruitgangsmars aansluiten, zullen des te eerder beloond worden met vrede en voorspoed. Landen die het onvermijdelijke proberen tegen te houden, zullen daar de consequenties van voelen, tot ook zij het licht zien, hun grenzen opengooien en hun samenlevingen, politieke systemen en markten liberaliseren. Het kan nog even duren, maar uiteindelijk zullen zelfs Noord-Korea, Irak en El Salvador er net zo uitzien als Denemarken of Iowa.

In de jaren negentig van de vorige en de jaren nul van deze eeuw werd dit verhaal een wereldwijd mantra. Talloze regeringen, van Brazilië tot India, pasten liberale recepten toe in pogingen om zich aan te sluiten bij de onverbiddelijke opmars van de geschiedenis. Landen die dat niet deden, leken al snel fossielen uit vervlogen tijden. In 1997 las de Amerikaanse president Bill Clinton de Chinese regering uiterst zelfverzekerd de les omdat ze met haar weigering om de Chinese politiek te liberaliseren aan 'de verkeerde kant van de geschiedenis' bleef.[2]

Sinds de wereldwijde financiële crisis van 2008 zijn mensen overal ter wereld echter steeds meer teleurgesteld geraakt in het liberale verhaal. Muren en firewalls raken weer volop in de mode. Er komt almaar meer verzet tegen immigratie en handelsovereenkomsten. Ogenschijnlijk democratische regeringen ondermijnen de onafhankelijkheid van de rechterlijke macht, muilkorven de pers en stellen oppositie gelijk aan landverraad. Sterke mannen in landen als Turkije en Rusland experimenteren met nieuwe vormen van onvrije democratie of zelfs regelrechte dictatuur. Er zijn nog maar weinig mensen die zonder blikken of blozen durven zeggen dat de Chinese communistische partij aan de verkeerde kant van de geschiedenis staat.

Het jaar 2016 – het jaar van het Brexitreferendum en de opkomst van Donald Trump in de Verenigde Staten – markeerde het moment waarop deze vloedgolf van ontgoocheling de liberale kernstaten in West-Europa en Noord-Amerika bereikte. Een paar jaar eerder probeerden Amerikanen en Europeanen nog steeds met alle wapengeweld Irak en Libië te liberaliseren, maar veel mensen in Kentucky en Yorkshire gingen het liberale visioen beschouwen als onwenselijk of onhaalbaar. Sommigen willen gewoon de privileges niet opgeven die ze genieten op basis van hun ras, geboorteland of sekse. Anderen zijn (terecht dan wel onterecht) tot de slotsom gekomen dat liberalisering en globalisering één grote oplichterstruc zijn om een kleine elite aan de macht te helpen over de ruggen van de grote massa.

In 1938 hadden mensen drie grote verhalen om uit te kiezen, in 1968 nog maar twee, in 1998 leek één verhaal het te winnen en nu, in 2018, zitten we op nul. Geen wonder dat de liberale elites die de afgelopen decennia een groot deel van de wereld beheersten geschokt en gedesoriënteerd zijn achtergebleven. De meest geruststellende situatie is die met één verhaal. Dan is alles volkomen duidelijk. Het is doodeng om ineens geen verhaal meer te hebben, want dan klopt de wereld niet meer. Net als de Sovjetkopstukken in de jaren tachtig begrijpen liberale democraten niet hoe de geschiedenis zo heeft kunnen afwijken van de voorbestemde koers en ze hebben ook geen andere manieren om de werkelijkheid te interpreteren. Ze zijn zo gedesoriënteerd dat ze alleen nog maar in apocalyptische termen kunnen denken, alsof het de geschiedenis niet is gelukt om het voorziene happy end te bereiken en we nu dus alleen nog maar op een armageddon af kunnen stevenen. Als we de werkelijkheid niet onder ogen kunnen zien, komen we al snel uit bij catastrofale scenario's. Zoals iemand het idee kan krijgen dat een nare hoofdpijn wel een terminale hersentumor moet zijn, zo vrezen veel liberalen dat de Brexit en de opkomst van Donald Trump het einde van de menselijke beschaving aankondigen.

Van muggen doodslaan tot gedachten doodslaan

Dat gevoel van desoriëntatie en naderend onheil wordt versterkt door het steeds snellere tempo van technologische ontwrichting. Het liberale politieke systeem is gevormd in het industriële tijdperk om een wereld van stoommachines, olieraffinaderijen en televisietoestellen te reguleren. Het kan niet goed overweg met de huidige stroom aan revoluties in de informatie- en biotechnologie.

Politici en kiezers kunnen de nieuwe technologieën maar moeilijk bevatten, laat staan dat ze het explosieve potentieel ervan kunnen reguleren. Sinds de jaren negentig heeft het internet de wereld waarschijnlijk sterker dan wat dan ook veranderd, maar de internetrevolutie is meer door technici aangestuurd dan door politieke partijen. Heb jij ooit over het internet gestemd? Het democratische systeem staat er nog steeds van te duizelen en heeft nauwelijks de middelen om nieuwe schokken het hoofd te bieden, zoals de opkomst van AI en de blockchainrevolutie.

Computers hebben het financiële systeem nu al zo ingewikkeld gemaakt dat nog maar weinig mensen er iets van begrijpen. Met steeds betere AI bereiken we misschien al snel het punt waarop geen mens het nog kan volgen. Wat zal dat betekenen voor het politieke proces? Kun je je een overheid voorstellen die braaf afwacht tot een begroting of een nieuwe belastinghervorming is goedgekeurd door een algoritme? Intussen kunnen openbare blockchainnetwerken en cryptovaluta als de bitcoin het monetaire systeem compleet omvormen, waardoor radicale belastinghervormingen onvermijdelijk worden. Het kan bijvoorbeeld onmogelijk of zinloos worden om belastingen te heffen over de hoeveelheid dollars die iemand op zijn rekening heeft als de meeste transacties niet meer werken met een duidelijke uitwisseling van nationale valuta, of wat voor valuta dan ook. Regeringen zullen dus compleet nieuwe belastingen moeten uitvinden – mogelijk een belastingheffing op informatie (die het belangrijkste eigendom in de economie zal worden en het enige wat nog wordt uitgewisseld in talloze transacties). Zullen overheden zo'n crisis het hoofd kunnen bieden voordat hun geld opraakt?

Wat nog belangrijker is, is dat de dubbele revolutie in de infotech en biotech niet alleen hele economieën en samenlevingen kan veranderen, maar ook ons eigen lichaam en onze eigen geest. In het verleden hebben wij mensen geleerd de wereld om ons heen te beheersen, maar we hadden altijd heel weinig controle over onze binnenwereld. We wisten wel hoe we een rivier moesten indammen, maar we hadden geen idee hoe je een brein moest ontwerpen. Als er muggen om ons heen zoemden en ons uit de slaap hielden, wisten we hoe we die muggen moesten doodslaan, maar als er 's nachts een gedachte door ons hoofd spookte en ons uit de slaap hield, wist bijna niemand hoe je zo'n gedachte moest doodslaan.

De revoluties in de biotech en infotech zullen ons controle over onze binnenwereld geven en ons in staat stellen om leven te ontwerpen en fabriceren. We zullen leren hoe we breinen kunnen ontwerpen, hoe we ons leven kunnen verlengen en hoe we naar eigen wens gedachten kunnen afschieten. Niemand weet wat daarvan de consequenties zullen zijn. Mensen zijn altijd al veel beter geweest in het uitvinden van werktuigen dan in een verstandig gebruik ervan. Het is makkelijker om een rivier te manipuleren met behulp van een dam dan om alle complexe consequenties te voorzien die dit zal hebben voor het omringende milieu. Zo zal het ook makkelijker zijn om onze gedachtestromen om te leggen dan om te voorspellen wat dat zal doen met onze persoonlijke psychologie of onze sociale systemen.

In het verleden hebben we de macht verworven om de wereld om ons heen te manipuleren en om te vormen, maar we doorzagen de ecologische complexiteit van de wereld niet, dus verstoorden de veranderingen die wij aanbrachten het hele ecologische systeem, zodat we ons nu geconfronteerd zien met een grote milieucrisis. De komende eeuw zullen biotech en infotech ons in staat stellen om onze binnenwereld te manipuleren en onszelf om te vormen, maar we doorzien de complexiteit van onze eigen geest niet, zodat de veranderingen die we zullen aanbrengen ons mentale systeem misschien wel dusdanig verstoren dat het instort.

De revoluties in de biotech en infotech worden momenteel voltrokken door techneuten, ondernemers en wetenschappers die zich nauwelijks bewust zijn van de politieke implicaties van hun beslissingen en die op geen enkele manier het volk vertegenwoordigen. Kunnen parlementen en partijen de zaken in eigen hand nemen? Momenteel lijkt het daar niet op. Technologische ontwrichting staat niet eens echt op de politieke agenda. Tijdens de campagne voor de Amerikaanse presidentsverkiezingen in 2016 werd hoogstens naar ontwrichtende technologie verwezen in verhalen over het e-maildebacle van Hillary Clinton[3] en ondanks alle praatjes over het wegvallen van banen kaartte geen van beide kandidaten de potentiële impact van automatisering aan. Donald Trump maakte kiezers bang met het verhaal dat Mexicanen en Chinezen hun banen zouden afpakken en dat er daarom een muur gebouwd moest worden langs de Mexicaanse grens.[4] Hij heeft de kiezers er niet voor gewaarschuwd dat hun banen afgepakt zullen worden door algoritmen, noch heeft hij voorgesteld een firewall langs de grens met Californië te bouwen.

Dit is misschien een van de redenen (zij het niet de enige) dat zelfs kiezers in het hart van het liberale Westen hun geloof in het liberale verhaal en het democratische proces kwijtraken. De gewone man heeft misschien geen verstand van kunstmatige intelligentie en biotechnologie, maar hij voelt haarfijn aan dat de toekomst straal aan hem voorbij zal gaan. In 1938 waren de levensomstandigheden van de gewone man in de Sovjet-Unie, Duitsland en de vs heel zwaar, maar hij kreeg wel constant te horen dat hij het belangrijkste wezen ter wereld was en dat de toekomst hem toebehoorde (als hij tenminste echt een 'gewone man' was en geen Jood of Afrikaan). Hij keek naar de propagandaposters – meestal met afbeeldingen van mijnwerkers, staalarbeiders en huisvrouwen in heroïsche poses – en zag zichzelf daarop terug: 'Ik sta op die poster! Ik ben de held van de toekomst!'[5]

In 2018 voelt de gewone man steeds vaker zijn eigen irrelevantie. Er wordt op opgewonden toon met allerlei mysterieuze termen gesmeten in TED-talks, overheidsdenktanks en hightechcongressen – globalisering, blockchain, genetische modificatie, kunstmatige intelligentie, machine learning – en de gewone man begint al snel te vermoeden dat die woorden geen enkele betrekking hebben op hem. Het liberale verhaal was het verhaal van de gewone man. Hoe kan het relevant blijven in een wereld van cyborgs en algoritmenetwerken?

In de twintigste eeuw kwamen de massa's in opstand tegen uitbuiting en proberden ze hun cruciale bijdrage aan de economie om te zetten in politieke macht. Nu zijn de massa's bang om hun nut te verliezen en klampen ze zich vast aan hun laatste restjes politieke macht, voor het te laat is. De Brexit en de verkiezing van Trump zouden dus best eens een nieuwe koers kunnen illustreren die dwars tegen die van de traditionele socialistische revoluties in gaat. De Russische, Chinese en Cubaanse revoluties werden mogelijk gemaakt door mensen die van vitaal belang waren voor de economie, maar geen politieke macht hadden; in 2016 werden Trump en de Brexit gesteund door veel mensen die nog steeds politieke macht genoten, maar bang waren dat ze hun economische waarde aan het verliezen waren. Misschien zullen er in de eenentwintigste eeuw geen populistische revoltes uitbreken tegen een economische elite die mensen uitbuit, maar tegen een economische elite die ze niet meer nodig heeft.[6] En dat zou best eens een verloren strijd kunnen zijn. Tegen irrelevantie is het veel moeilijker vechten dan tegen uitbuiting.

De liberale feniks

Dit is niet de eerste keer dat het zelfvertrouwen van het liberale verhaal een knauw heeft gekregen. Sinds dit verhaal wereldwijd zo invloedrijk werd in de tweede helft van de negentiende eeuw heeft het zo zijn periodieke crises gekend. Het eerste tijdperk van globalisering en liberalisering eindigde in het bloedbad van de Eerste Wereldoorlog, waarin de machtspolitiek van de grote mogendheden de opmars van de vooruitgang afkapte. In de dagen na de moordaanslag op aartshertog Franz Ferdinand in Sarajevo bleken de grote mogendheden veel sterker in het imperialisme te geloven dan in het liberalisme en in plaats van de wereld te verenigen met vreedzame vrijhandel, gingen ze vooral hun best doen om met bruut geweld een groter stuk van de aardbol te veroveren.

Toch overleefde het liberalisme dit Franz-Ferdinandmoment en het kwam sterker uit de draaikolk boven dan voorheen, met de belofte dat dit de laatste grote oorlog was geweest. Het verhaal luidde dat deze ongekende slachtpartij de mens had geleerd wat een gruwelijke tol het imperialisme eiste en dat de mensheid nu eindelijk klaar was om een nieuwe wereldorde in te richten op basis van vrijheid en vrede.

Toen kwam het Hitlermoment en in de jaren dertig en begin jaren veertig leek het fascisme heel even een onweerstaanbare aantrekkingskracht te krijgen. De overwinning op deze dreiging vormde hoogstens de opmaat voor de volgende. Tijdens het Che-Guevaramoment, tussen de jaren vijftig en zeventig, leek het er wederom op dat het liberalisme op zijn laatste benen liep en dat de toekomst aan het communisme toebehoorde. Uiteindelijk stortte juist het communisme in. De supermarkt bleek veel sterker dan de goelag. Belangrijker nog, het liberale verhaal bleek veel plooibaarder en dynamischer dan al zijn tegenstanders. Het triomfeerde over het imperialisme, het fascisme en het communisme door de beste ideeën en praktijken daaruit voor een deel over te nemen. Met name leerde het liberale verhaal van het communisme om zijn empathische kant uit te breiden en naast vrijheid ook voor gelijkheid te gaan staan.

In het begin bekommerde het liberale verhaal zich voornamelijk om de vrijheden en privileges van Europese burgermannen en leek het blind voor de levensomstandigheden van arbeiders, vrouwen, minderheden en alles wat niet westers was. Toen de Britse en Franse overwinnaars in 1918 vlammende oraties over vrijheid afstaken, dachten ze niet aan de onderdanen van hun overzeese gebiedsdelen. Zo werd de Indiase eis van zelfbestuur in 1919 beantwoord met de Slachting van Amritsar, waarbij het Britse leger honderden ongewapende demonstranten neermaaide.

Zelfs na de Tweede Wereldoorlog bleven westerse liberalen het erg moeilijk vinden om hun zogenaamd universele waarden toe te passen op niet-westerse volkeren. Toen de Nederlanders in 1945 eindelijk af waren van vijf jaar wrede nazibezetting was zo'n beetje het eerste wat ze deden een leger op de been brengen en dat naar de andere kant van de wereld sturen om hun voormalige koloniën in Indonesië opnieuw te bezetten. In 1940 gaven de Nederlanders hun eigen onafhankelijkheid op na een luttele vier dagen vechten, maar ze vochten meer dan vier lange, bittere jaren om de Indonesische onafhankelijkheid tegen te houden. Geen wonder dat zoveel vrijheidsbewegingen over de hele wereld hun hoop vestigden op het communistische Moskou en Peking en niet op die zogenaamde voorvechters van de vrijheid in het Westen.

Gaandeweg rekte het liberale verhaal zijn grenzen echter op en ging het in elk geval in theorie prat op de vrijheden en rechten van alle menselijke wezens, zonder uitzonderingen. Toen vrijheid een steeds breder begrip werd dat op steeds meer mensen van toepassing was, ging het liberale verhaal ook het belang van communistisch aandoende socialezekerheidsprogramma's inzien. Vrijheid is niet veel waard zonder een sociaal vangnet. Sociaaldemocratische verzorgingsstaten combineerden democratie en mensenrechten met door de staat gefinancierde systemen voor onderwijs en gezondheidszorg. Zelfs de ultrakapitalistische Verenigde Staten realiseerden zich dat je de vrijheid niet kunt beschermen zonder enige vorm van sociale zekerheid. Verhongerende kinderen hebben geen vrijheden.

Begin jaren negentig repten denkers en politici juichend van het 'einde van de geschiedenis'. Ze verklaarden met grote stelligheid dat alle grote politieke en economische kwesties uit het verleden nu waren geregeld en dat het opgepoetste liberale pakket van democratie, mensenrechten, vrije markten en verzorgingsstaten als enige speler was overgebleven. Dit pakket leek voorbestemd om zich over de hele wereld te verspreiden, alle obstakels te overwinnen, alle landsgrenzen uit te wissen en de mensheid om te vormen tot één grote vrije wereldgemeenschap.[7]

Maar de geschiedenis is niet tot een eind gekomen en na het Franz-Ferdinandmoment, het Hitlermoment en het Che-Guevaramoment zijn we nu beland bij het Trumpmoment. Dit keer heeft het liberale verhaal geen duidelijke ideologische tegenstander, zoals het imperialisme, het fascisme of het communisme. Het Trumpmoment is veel nihilistischer.

De grote bewegingen van de twintigste eeuw hadden allemaal een visie die het hele menselijke ras omvatte, of het daarbij nu ging om het veroveren van de hele wereld, revolutie of bevrijding, maar Donald Trump biedt niets van dat al. Integendeel zelfs. Zijn belangrijkste boodschap is dat het niet de taak van Amerika is om een mondiale visie te formuleren en propageren. Met de Britse brexiteers is iets vergelijkbaars aan de hand, want die hebben al nauwelijks een plan voor de toekomst van het Onverenigd Koninkrijk, laat staan voor de toekomst van Europa en de rest van de wereld. De meeste mensen die voor Trump en de Brexit stemden, verwierpen niet per se het hele liberale pakket, maar hebben met name geen vertrouwen meer in het globaliseringsgedeelte daarvan. Ze geloven nog steeds in democratie, marktwerking, mensenrechten en sociale verantwoordelijkheid, maar ze denken dat die mooie ideeën kunnen ophouden bij hun eigen grens. Ze geloven zelfs dat je de vrijheid en welvaart in Yorkshire of Kentucky het beste kunt beschermen door een muur langs de grens te bouwen en een illiberaal beleid ten aanzien van buitenlanders in te voeren.

De groeiende Chinese supermogendheid is bijna het spiegelbeeld daarvan. Die houdt zich verre van liberalisering van de binnenlandse politiek, maar heeft wel een veel liberaler beleid aangenomen ten aanzien van de rest van de wereld. Als het om vrijhandel en internationale samenwerking gaat, zou je zelfs bijna zeggen dat Xi Jinping de enige echte opvolger van Obama is. China heeft het marxisme-leninisme op een laag pitje gezet en lijkt zich prima thuis te voelen in de liberale internationale orde.

Het herrijzende Rusland voelt zich een veel krachtiger rivaal van de mondiale liberale orde, maar hoewel het zijn militaire slagkracht weer op peil heeft gebracht, is het in ideologisch opzicht volkomen failliet. Vladimir Poetin is absoluut populair in de Russischtalige wereld, maar hij heeft geen wereldvisie die een aanzuigende werking zou kunnen hebben op werkloze Spanjaarden, ontevreden Brazilianen of idealistische studenten uit Cambridge.

Rusland biedt wel degelijk een alternatief voor het liberaal-democratische model, maar het Russische model is geen duidelijke politieke ideologie. Het is meer een politieke praktijk, waarin een aantal oligarchen het grootste deel van de rijkdommen en de macht in een land monopoliseert en vervolgens zijn macht over de media gebruikt om hun praktijken geheim te houden en hun greep op het land te versterken. Democratie is gebaseerd op het principe van Abraham Lincoln dat je 'alle mensen een deel van de tijd voor de gek kunt houden, en een deel van de mensen de hele tijd, maar dat je niet alle mensen de hele tijd voor de gek kunt houden'. Als een regering corrupt is en het leven van haar burgers niet verbetert, zullen genoeg burgers dat uiteindelijk doorkrijgen en de regering vervangen. Maar regeringscontrole over de media ondermijnt Lincolns logica, omdat burgers zo nooit bij de waarheid kunnen. De heersende oligarchie kan dankzij haar mediamonopolie alles wat fout gaat continu op anderen gooien en de aandacht van het publiek afleiden met externe bedreigingen, of die nu echt zijn of ingebeeld.

Als je in zo'n oligarchie leeft, is er altijd wel een of andere crisis die meer prioriteit krijgt dan saai gedoe over gezondheidszorg en vervuiling. Als het land een invasie van buitenaf kan verwachten, of diabolische subversiviteit van binnenuit, wie heeft er dan tijd om zich druk te maken over bomvolle ziekenhuizen en vervuilde rivieren? Een corrupte oligarchie kan haar bewind oneindig lang rekken door een oneindige stroom crises te fabriceren.[8]

Toch trekt dit oligarchische model niemand aan, hoelang het het in de praktijk ook kan volhouden. In tegenstelling tot andere ideologieën, die trots hun visie tentoonspreiden, zijn heersende oligarchen niet trots op hun praktijken en hebben ze de neiging om andere ideologieën te gebruiken als rookgordijn. Zo doet Rusland net of het een democratie is en de regering bewijst uit volle borst lippendienst aan waarden als het Russische nationalisme en de Russisch-orthodoxe kerk, maar niet aan de oligarchie. Rechtse extremisten in Frankrijk en Groot-Brittannië zijn blij met alle Russische hulp die ze kunnen krijgen en spreken hun waardering uit voor Poetin, maar zelfs hun kiezers zouden niet in een land naar Russisch model willen leven, een land dus dat van corruptie aan elkaar hangt, met gebrekkige openbare diensten, oneerlijke rechtspraak en schokkende ongelijkheid. Volgens sommige metingen is Rusland een van de meest ongelijke landen ter wereld en is 87 procent van alle rijkdommen er in handen van de rijkste tien procent.[9] Hoeveel arbeiders die op het Front National stemmen willen zo'n verdeling van de rijkdom in Frankrijk?

Mensen stemmen met hun voeten. Tijdens mijn reizen rond de wereld heb ik talloze mensen in vele landen ontmoet die naar de vs willen verhuizen, naar Duitsland, naar Canada of naar Australië. Ik heb er zelfs een paar ontmoet die in China of Japan willen wonen. Maar ik ben nog niemand tegengekomen die ervan droomt om naar Rusland te emigreren.

Wat de 'wereldwijde islam' betreft, dat is vooral iets voor mensen die in islamitische culturen zijn geboren en getogen. Zo'n idee klinkt sommige figuren in Syrië en Irak misschien aantrekkelijk in de oren, en misschien zelfs wat moslimjongeren die tussen wal en schip vallen in Duitsland en Engeland, maar het is niet erg waarschijnlijk dat Griekenland of Zuid-Afrika – laat staan Canada of Zuid-Korea – aansluiting bij een wereldkalifaat ooit zullen beschouwen als de oplossing voor al hun problemen. Ook hier stemmen de mensen met hun voeten. Voor elke moslimjongere uit Duitsland die naar het Midden-Oosten is getrokken om in een islamitische theocratie te gaan leven, zijn er waarschijnlijk honderd jongeren uit het Midden-Oosten die het liefst de omgekeerde route zouden volgen om een nieuw leven te beginnen in het liberale Duitsland.

Dit zou kunnen impliceren dat de huidige geloofscrisis minder ernstig is dan haar voorgangers. Liberalen die de wanhoop nabij zijn na de gebeurtenissen van de laatste jaren hoeven alleen maar te bedenken hoeveel erger alles eruitzag in 1918, 1938 of 1968. Als puntje bij paaltje komt, zal de mensheid het liberale verhaal niet bij het grofvuil zetten, want er is geen alternatief. Mensen kunnen wel pissig worden en tegen het systeem aan gaan schoppen, maar als ze nergens anders terechtkunnen, komen ze heus wel weer terug.

Wat ook kan gebeuren is dat mensen het idee van een mondiaal verhaal helemaal opgeven en hun heil gaan zoeken bij plaatselijke nationalisten en religieuze verhalen. In de twintigste eeuw waren nationalistische bewegingen een politieke factor van belang, maar ze hadden geen coherente ideeën over de toekomst van de wereld. Ze waren er alleen voor dat de aardbol opgesplitst zou blijven in onafhankelijke natiestaten. Indonesische nationalisten verzetten zich dus tegen de Nederlandse overheersers en Vietnamese nationalisten wilden een vrij Vietnam, maar er was geen Indonesisch of Vietnamees verhaal dat over de mensheid in haar geheel ging. Als het tijd werd om te bepalen hoe Indonesië, Vietnam en alle andere vrije naties met elkaar moesten omgaan en hoe mensen moesten omgaan met mondiale problemen, zoals nucleaire oorlogsdreiging, wendden de nationalisten zich steevast tot liberale dan wel communistische ideeën.

Maar als het liberalisme en het communisme allebei nu echt in diskrediet zijn geraakt, zou de mens dat hele idee van één mondiaal verhaal dan niet gewoon moeten opgeven? Waren al die mondiale verhalen – zelfs het communisme – immers niet het product van het westerse imperialisme? Waarom zouden Vietnamese dorpelingen moeten vertrouwen op het geesteskind van een Duitser uit Trier en een industrieel uit Manchester? Misschien zou elk land zijn eigen idiosyncratische weg moeten zoeken aan de hand van zijn eigen oeroude tradities? Misschien zouden zelfs westerlingen even moeten ophouden met hun pogingen de hele wereld te runnen en zich voor de verandering eens gaan richten op hun eigen problemen?

Dit is duidelijk wat er overal ter wereld aan de hand is, nu het vacuüm dat achterblijft na de averij die het liberalisme heeft opgelopen al voorzichtig wordt opgevuld met nostalgische fantasieën over gouden tijden uit het eigen plaatselijke verleden. Donald Trump paarde zijn isolationistische streven aan de belofte om 'Amerika weer groot te maken', alsof de Amerikanen in de jaren tachtig of vijftig een ideale samenleving hadden die ze in de eenentwintigste eeuw op de een of andere manier zouden moeten herscheppen. De brexiteers dromen ervan dat Groot-Brittannië weer een onafhankelijke grootmacht wordt, alsof ze nog steeds in de tijd van koningin Victoria leven en alsof 'splendid isolation' nog haalbaar beleid is in dit tijdperk van internet en mondiale opwarming. Chinese elites hebben hun oude imperiale en confucianistische erfenissen herontdekt als supplement of zelfs als substituut voor de twijfelachtige marxistische ideologie die ze vanuit het Westen hebben geïmporteerd. Poetins visie komt er voornamelijk op neer dat hij het oude Russische tsarenrijk in ere wil herstellen. Een eeuw na de bolsjewistische revolutie lijkt Poetin te denken dat hij terug kan naar de tijd van tsaar Nicolaas II, met een autocratische regering die, geschraagd door Russisch nationalisme en orthodoxe vroomheid, haar macht kan uitbreiden van de Oostzee tot de Kaukasus.

Regimes in India, Polen, Turkije en talloze andere landen houden zich vast aan vergelijkbare nostalgische dromen, waarin nationalistische vaderlandsliefde wordt vermengd met religieuze tradities. Nergens zijn die fantasieën extremer dan in het Midden-Oosten, waar islamisten het systeem willen kopiëren dat de profeet Mohammed 1400 jaar geleden invoerde in de stad Medina, terwijl fundamentalistische Joden in Israël zelfs nog verder gaan dan de islamisten en ervan dromen om 2500 jaar terug te gaan en Bijbelse tijden te doen herleven. Leden van de zittende Israëlische coalitieregering praten openlijk over hun streven om de grenzen van het huidige Israël uit te breiden tot ze meer overeenkomen met die van het Bijbelse Israël, hun hoop dat ze Bijbelse wetten in ere kunnen herstellen en zelfs hun wens om de oeroude tempel van Jahweh te herbouwen in Jeruzalem, op de plek waar nu de Al-Aqsamoskee staat.[10]

Liberale elites kijken vol afgrijzen toe bij deze ontwikkelingen en hopen dat de mensheid tijdig op het rechte liberale pad zal terugkeren om rampen te voorkomen. In zijn laatste toespraak voor de Verenigde Naties in september 2016 waarschuwde president Obama zijn toehoorders voor een terugkeer naar 'een wereld die scherp is verdeeld, en uiteindelijk in conflict zal raken, langs eeuwenoude lijnen van natie en stam en ras en religie'. In plaats daarvan, zei hij, 'blijven de principes van de open markt en een verantwoordelijk bestuur, van democratie en mensenrechten en internationaal recht [...] de sterkste basis voor menselijke vooruitgang in deze eeuw'.[11]

Obama merkte terecht op dat het liberale pakket ondanks zijn vele tekortkomingen veel beter heeft gewerkt dan alle alternatieven. De meeste mensen hebben nooit meer vrede en voorspoed gekend dan onder het vaandel van de liberale orde van begin eenentwintigste eeuw. Voor het eerst in de geschiedenis sterven er minder mensen door infectieziekten dan van ouderdom, maakt honger minder slachtoffers dan obesitas en sterven er minder mensen door geweld dan door ongelukken.

Het liberalisme heeft alleen geen duidelijke antwoorden op de grootste problemen die nu voor ons oprijzen: ontwrichting van het milieu en technologische ontwrichting. Het liberalisme vertrouwde er van oudsher op dat economische groei op magische wijze de lastigste sociale en politieke conflicten kon oplossen. Het liberalisme verzoende het proletariaat met de bourgeoisie, de gelovigen met de atheïsten, autochtonen met immigranten en Europeanen met Aziaten door iedereen een groter stuk van de taart te beloven. Zolang de taart bleef groeien, kon dat ook. Economische groei zal ons ecosysteem echter niet redden – integendeel zelfs, want daardoor is de huidige milieucrisis juist veroorzaakt. Economische groei biedt ook geen oplossingen voor technologische ontwrichting, want onze economie moet het juist hebben van een gestage aanvoer van ontwrichtende technologische innovaties.

Het liberale verhaal en de logica van het vrijemarktkapitalisme wekken hoge verwachtingen. Eind twintigste eeuw genoot elke generatie – in Houston, Sjanghai, Istanbul dan wel São Paulo – beter onderwijs, superieure gezondheidszorg en een hoger inkomen dan voorgaande generaties. De komende decennia mag de jongere generatie dankzij een combinatie van technologische ontwrichting en ecologische rampspoed echter van geluk spreken als ze geen terrein verliest.

Het is dus aan ons om een actueler verhaal voor de wereld te creëren. Zoals de troebelen van de industriële revolutie de nieuwe ideologieën van de twintigste eeuw voortbrachten, zo zullen de komende revoluties in biotechnologie en informatietechnologie waarschijnlijk ook nieuwe visies vereisen. De komende decennia zouden daardoor best eens een tijd kunnen worden van intense zelfanalyse en het formuleren van nieuwe sociale en politieke modellen. Zal het liberalisme zichzelf opnieuw kunnen uitvinden, zoals na de crises van de jaren dertig en zestig, en zal het aantrekkelijker dan ooit herrijzen? Zullen traditionele religies en nationalisme de antwoorden kunnen brengen die de liberalen ontgaan en zullen ze op basis van hun oeroude wijsheden met een gemoderniseerd wereldbeeld kunnen komen? Of is de tijd aangebroken om definitief met het verleden te breken en een compleet nieuw verhaal te vervaardigen, dat niet alleen de oude goden en naties overstijgt, maar zelfs moderne kernwaarden als vrijheid en gelijkheid?

De mensheid heeft nog lang geen overeenstemming bereikt

over deze kwesties. We zitten nog steeds in het nihilistische moment van ontgoocheling en woede, nu mensen het vertrouwen in de oude verhalen verloren hebben, maar nog geen nieuw verhaal hebben. Dus wat nu? Eerst moeten we het maar eens wat kalmer gaan aandoen met de doemvoorspellingen en onze paniek afzwakken tot verbazing. Paniek is een vorm van hoogmoed die voortvloeit uit het zelfvoldane gevoel dat ik precies weet waar het met de wereld naartoe gaat. Verbazing is iets nederiger en daardoor ook scherpzinniger. Als je de impuls voelt om de straat op te rennen en te schreeuwen dat de apocalyps nabij is, zeg dan bij jezelf: 'Nee, dat is het niet. De waarheid is dat ik gewoon niet begrijp wat er allemaal gaande is.'

De volgende hoofdstukken zijn een poging om wat klaarheid te scheppen over de verbijsterende nieuwe mogelijkheden die we voor ons zien en hoe we nu verder moeten. Maar voordat we mogelijke oplossingen voor de problemen van de mensheid gaan verkennen, moeten we eerst wat meer inzicht krijgen in de uitdaging die de technologie voor ons in petto heeft. De revoluties in informatietechnologie en biotechnologie staan nog in de kinderschoenen en het valt nog te bezien in hoeverre ze echt verantwoordelijk zijn voor de huidige crisis waarin het liberalisme zich bevindt. De meeste mensen in Birmingham, Istanbul, Sint-Petersburg en Bombay zijn zich niet of nauwelijks bewust van de opkomst van kunstmatige intelligentie en de impact die dat eventueel op hun leven zal hebben. Het staat echter als een paal boven water dat deze technologische revoluties de komende decennia steeds onstuitbaarder zullen worden en de mensheid voor grotere beproevingen zullen stellen dan ooit tevoren. Bij elk verhaal waarachter de mens zich al dan niet zal scharen zal vooral gekeken worden of het antwoorden paraat heeft op de revoluties in infotech en biotech. Als het liberalisme, het nationalisme, de islam of een totaal nieuwe ideologie invloed wil hebben op de wereld van het jaar 2050, zal zo'n ideologie niet alleen iets zinnigs te melden moeten hebben over kunstmatige intelligentie, big-data-algoritmen en genetische modificatie, ze zal die ook moeten incorporeren in een nieuw, steekhoudend narratief.

Om de aard van deze technologische uitdaging te begrijpen, is het misschien het beste om te beginnen met de arbeidsmarkt. Sinds 2015 reis ik de hele wereld over om met overheidsbeambten, zakenlieden, sociale activisten en scholieren te praten over de kritieke toestand waarin we ons bevinden. Als ze ongeduldig of verveeld reageren op al dat gepraat over kunstmatige intelligentie, big-data-algoritmen en biotech, heb ik meestal maar één toverwoord nodig om ze bij de les te houden: banen. Het zou goed kunnen dat de technologische revolutie al heel snel miljarden mensen van de arbeidsmarkt zal drukken en er een gigantische nieuwe nutteloze klasse zal ontstaan, wat een sociale en politieke onrust met zich mee zal brengen waarop geen enkele bestaande ideologie een antwoord heeft. Al dat gepraat over technologie en ideologie klinkt misschien heel abstract en ver-van-mijn-bed, maar het levensechte vooruitzicht op massale werkloosheid – of persoonlijke werkloosheid – laat niemand onberoerd.

2

WERK

Als je later groot bent, krijg je misschien geen baan

We hebben geen idee hoe de arbeidsmarkt er in 2050 uit zal zien. We zijn het er met zijn allen wel over eens dat machine learning en robotica bijna alle beroepen zullen veranderen, van yoghurtproducent tot yogaleraar. Er zijn echter nogal wat strijdige ideeën over de aard van die verandering en hoe snel die zal optreden. Sommigen geloven dat miljarden mensen over een luttele tien, twintig jaar in economisch opzicht al volslagen overbodig zullen zijn. Anderen beweren dat automatisering zelfs op de langere termijn nieuwe banen en meer welvaart voor iedereen zal blijven genereren.

Dus hoe zit het nu, staan we op het randje van angstaanjagende troebelen of zijn zulke voorspellingen het zoveelste voorbeeld van ongegronde vooruitgangshysterie? Dat is moeilijk te zeggen. Angsten dat automatiseren tot massale werkloosheid zal leiden kwamen al op in de negentiende eeuw en tot dusver zijn ze nooit uitgekomen. Sinds het begin van de industriële revolutie kwam er voor elke baan die door een machine werd overgenomen minstens één nieuwe baan bij en is de gemiddelde levensstandaard dramatisch gestegen.[1] Toch zijn er goede redenen om aan te nemen dat het dit keer anders is en dat machine learning een echte game-changer is.

Mensen hebben twee soorten vaardigheden: fysieke en cognitieve. In het verleden concurreerden machines vooral met mensen op het terrein van bruut fysiek vermogen en bleven mensen een immense cognitieve voorsprong op machines houden. Fysieke arbeid in de agrarische en industriële sector werd geautomatiseerd, maar tegelijk verschenen er nieuwe banen in de dienstensector die cognitieve vaardigheden vergden die alleen mensen hadden: leren, analyseren, communiceren en vooral het begrijpen van menselijke emoties. AI begint mensen echter in steeds meer van die vaardigheden voorbij te streven, zelfs in het begrijpen van menselijke emoties.[2] We kennen geen derde werkterrein – naast het fysieke en het cognitieve – waarin mensen de machines altijd ver voor zullen blijven.

Het is van cruciaal belang om te beseffen dat de AI-revolutie niet alleen draait om computers die steeds sneller en slimmer worden, maar wordt versterkt door doorbraken in de biowetenschappen en de sociale wetenschappen. Hoe meer we begrijpen van de biochemische mechanismen die achter menselijke emoties, verlangens en keuzes zitten, des te beter computers kunnen worden in het analyseren van menselijk gedrag, het voorspellen van menselijke beslissingen en het vervangen van menselijke chauffeurs, bankiers en juristen.

In de laatste decennia zijn wetenschappers er dankzij onderzoek op terreinen als de neurowetenschap en de gedragseconomie in geslaagd om de mens te hacken en met name veel meer inzicht te krijgen in de manier waarop mensen beslissingen nemen. Wat blijkt nu? Onze keuzes op het gebied van van alles, van voeding tot partners, vloeien niet voort uit een mysterieuze vrije wil, maar uit miljarden neuronen die in een fractie van een seconde allerlei kansberekeningen uitvoeren. De veelgeprezen 'menselijke intuïtie' is gewoon een kwestie van patroonherkenning.[3] Goede chauffeurs, bankiers en juristen hebben geen magisch intuïtief inzicht in de werking van het verkeer, investeringen of onderhandelingen, ze herkennen gewoon bepaalde repeterende patronen en kunnen daardoor onvoorzichtige voetgangers, onverstandige leners en oneerlijke boeven identificeren en proberen te vermijden. Verder blijkt dat de biochemische algoritmen in de menselijke hersenen verre van perfect zijn. Ze werken met heuristieken, shortcuts en verouderde circuits die beter zijn aangepast aan het leven op de Afrikaanse savanne dan aan het hectische bestaan in de grote stad. Geen wonder dat zelfs goede chauffeurs, bankiers en juristen soms domme fouten maken.

Dit houdt in dat AI de mens zelfs kan overtreffen in taken die zogenaamd 'intuïtie' vereisen. Als je denkt dat AI met de menselijke ziel moet concurreren in termen van mystiek aandoende voorgevoelens, ja, dan klinkt dat onmogelijk. Maar als AI eigenlijk alleen maar met neurale netwerken hoeft te concurreren in het berekenen van mogelijke uitkomsten en het herkennen van patronen, dan klinkt dat al een stuk minder onoverkomelijk.

AI kan met name beter zijn in taken die een intuïtief inzicht *in andere mensen* vergen. Veel bezigheden – zoals een auto besturen in een straat vol voetgangers, geld uitlenen aan vreemden of onderhandelen over een zakelijke deal – vereisen een vermogen om de emoties en verlangens van andere mensen correct in te schatten. Rent dat kind zo meteen de weg op? Wil die man in dat pak er met mijn geld vandoor? Zal die jurist zijn dreigementen waarmaken of zit hij alleen maar te bluffen? Zolang we dachten dat dergelijke emoties en verlangens aan een immateriële geest ontsproten, leek het logisch dat computers nooit in staat zullen zijn om menselijke chauffeurs, bankiers en juristen te vervangen, want hoe kan een computer de door God geschapen menselijke geest bevatten? Maar als die emoties en verlangens in wezen niet meer zijn dan biochemische algoritmen, dan is er geen reden waarom computers die algoritmen niet zouden kunnen ontcijferen, en nog een stuk beter dan de gemiddelde homo sapiens ook.

Een chauffeur die de bedoelingen van een voetganger voorspelt, een bankier die de betrouwbaarheid van een potentiële lener inschat en een jurist die de stemming aan de onderhandelingstafel peilt, hebben geen hekserij nodig om hun werk te doen. Ze weten het zelf niet, maar hun hersenen herkennen biochemische patronen door het analyseren van gezichtsuitdrukkingen, stembuigingen, handbewegingen en zelfs lichaamsgeuren. Een AI die met de juiste sensoren is uitgerust zou dat allemaal veel preciezer en betrouwbaarder kunnen dan een mens.

De dreigende teloorgang van banen vloeit dus niet alleen voort uit de opkomst van de infotech, maar uit de samenloop van infotech en biotech. De weg van de fMRI-scanner naar de arbeidsmarkt is lang en kronkelig, maar hij kan al binnen een paar decennia afgelegd zijn. Wat hersenwetenschappers nu leren over de amygdala en het cerebellum zou ervoor kunnen zorgen dat computers menselijke psychiaters en bodyguards in 2050 zullen overtreffen.

AI staat niet alleen klaar om mensen te hacken en ze voorbij te streven in vaardigheden die tot nu toe uniek menselijk waren, het heeft daarnaast ook unieke niet-menselijke vaardigheden, waardoor het verschil tussen een AI en een menselijke arbeider eerder een soortelijk verschil is dan een gradueel verschil. Twee van de belangrijkste niet-menselijke vaardigheden die AI heeft, zijn connectiviteit en updatebaarheid.

Mensen zijn individuen en daardoor is het moeilijk om ze met elkaar te verbinden en te zorgen dat ze allemaal up-to-date zijn. Computers zijn daarentegen geen individuen en ze zijn makkelijk te integreren in een flexibel netwerk. Het gevaar is dus niet dat miljoenen individuele menselijke arbeiders worden vervangen door miljoenen individuele robots en computers, maar eerder dat individuele mensen vervangen worden door een geïntegreerd netwerk. Als we nadenken over automatisering is het dus niet slim om de vermogens van één menselijke chauffeur te vergelijken met die van één zelfrijdende auto, of die van één menselijke arts met die van één AI-dokter. In plaats daarvan moeten we de vermogens van een verzameling menselijke individuen vergelijken met de vermogens van een geïntegreerd netwerk.

Een voorbeeld. Veel chauffeurs kennen niet alle verkeersregels, die ook nog wel eens veranderen, dus overtreden ze die vaak. Daar komt nog bij dat elk voertuig een autonome entiteit is, dus als twee voertuigen tegelijk hetzelfde kruispunt naderen, kunnen de chauffeurs hun bedoelingen onduidelijk weergeven en botsen. Zelfrijdende auto's kunnen echter allemaal met elkaar verbonden worden. Als twee van die voertuigen hetzelfde kruispunt naderen, zijn ze niet echt twee aparte entiteiten, want ze maken beide deel uit van een en hetzelfde algoritme. De kans dat ze slecht communiceren en op elkaar botsen is dus veel kleiner. En als het ministerie van Verkeer en Waterstaat besluit een verkeersregel te veranderen, kunnen alle zelfrijdende auto's heel gemakkelijk geüpdatet worden, allemaal op hetzelfde moment, en tenzij er een bug in het programma zit, zullen ze de nieuwe regel allemaal keurig gaan volgen.[4]

Er gebeurt min of meer hetzelfde als de Wereldgezondheidsorganisatie een nieuwe ziekte vindt of als een laboratorium een nieuw medicijn produceert. Dan is het bijna onmogelijk om die nieuwe informatie bij alle menselijke artsen in de wereld te krijgen. Maar zelfs als er tien miljard AI-artsen op de wereld zijn – die elk de gezondheid van één menselijk wezen in de gaten houden – kun je die allemaal in een fractie van een seconde updaten en ze kunnen hun eigen feedback over nieuwe ziekten of medicijnen allemaal aan elkaar doorgeven. Die potentiële voordelen van connectiviteit en updatebaarheid zijn zo enorm dat het in elk geval op sommige werkterreinen logisch kan worden om *alle* mensen te vervangen door computers, zelfs als sommige individuele mensen het altijd nog beter doen dan de machines.

Hier valt tegen in te brengen dat we de voordelen van individualiteit verliezen als we van individuele mensen overstappen op een computernetwerk. Als één menselijke arts bijvoorbeeld iets verkeerd inschat, leidt dat niet tot de dood van alle patiënten in de wereld en hij houdt ook de ontwikkeling van alle nieuwe medicijnen niet tegen, maar als alle artsen in wezen één systeem zijn en zo'n systeem een fout maakt, dan kan dat catastrofaal uitpakken. In feite kan een geïntegreerd computersysteem echter de voordelen van connectiviteit maximaliseren zonder de voordelen van individualiteit te verliezen. Je kunt een veelvoud aan verschillende algoritmen op één netwerk laten runnen, zodat een patiënte in een afgelegen oerwouddorpje met haar smartphone niet alleen één arts kan bereiken die alle beslissingen neemt, maar honderd verschillende AI-dokters, waarvan de relatieve prestaties constant naast elkaar worden gelegd. Bevalt je niet wat je te horen krijgt van de IBM-arts? Geen probleem. Zelfs als je ergens op een helling van de Kilimanjaro bent gestrand, dan nog kun je net zo makkelijk de Baidu-arts raadplegen voor een second opinion.

De voordelen voor de menselijke samenleving zullen waarschijnlijk immens zijn. AI-artsen kunnen miljarden mensen veel betere en goedkopere gezondheidszorg bieden en dat geldt al helemaal voor mensen die momenteel helemaal geen zorg krijgen. Dankzij lerende algoritmen en biometrische sensoren zou een arme dorpelinge in een onderontwikkeld land via haar smartphone veel betere gezondheidszorg kunnen krijgen dan de rijkste persoon op aarde nu krijgt in de meest geavanceerde ziekenhuizen.[5]

Zo zouden zelfrijdende auto's mensen ook veel beter transport kunnen bieden en met name ook het aantal sterfgevallen door auto-ongelukken kunnen verminderen. Op dit moment komen jaarlijks bijna 1,25 miljoen mensen om bij auto-ongelukken (twee keer zoveel dodelijke slachtoffers als oorlog, misdaad en terrorisme samen maken).[6] Ruim negentig procent van die ongelukken wordt veroorzaakt door uiterst menselijke fouten: iemand die dronken in de auto stapt, iemand die een sms'je typt onder het rijden, iemand die in slaap valt achter het stuur, iemand die zit te dagdromen in plaats van op het verkeer te letten. De Amerikaanse National Highway Traffic Safety Administration schatte in 2012 dat 31 procent van de fatale botsingen in de VS te wijten was aan alcoholmisbruik, 30 procent aan te hard rijden en 21 procent aan afgeleide chauffeurs.[7] Zelfrijdende auto's zullen zoiets nooit doen. Ze hebben natuurlijk hun eigen problemen en beperkingen, en sommige ongelukken zijn onvermijdelijk, maar naar verwachting zal het aantal doden en gewonden door verkeersongelukken met zo'n negentig procent afnemen als alle menselijke chauffeurs vervangen worden door computers.[8] Waarschijnlijk zal de overstap naar autonome auto's dus een miljoen mensenlevens per jaar sparen.

Het zou daarom krankzinnig zijn om automatisering tegen te houden op terreinen als transport en gezondheidszorg, puur en alleen om mensen hun banen te laten houden. Uiteindelijk moeten we immers vooral mensen beschermen, en niet banen. Overbodig geworden chauffeurs en artsen moeten maar iets anders gaan doen.

De Mozart in de machine

Het is niet erg waarschijnlijk dat AI en robots op korte termijn al hele beroepsgroepen zullen wegvagen. Taken die een klein scala aan specialistische routineactiviteiten omvatten, zullen geautomatiseerd worden, maar het zal veel moeilijker worden om mensen door machines te vervangen in minder routinematige banen, waarbij gelijktijdig een breed scala aan vaardigheden ingezet moet worden en rekening gehouden moet worden met onvoorziene scenario's. Neem de gezondheidszorg. Veel artsen zijn voornamelijk bezig met het verwerken van informatie: ze nemen medische gegevens in zich op, analyseren die en stellen dan een diagnose. Verpleegkundigen hebben daarentegen ook goede motorische en emotionele vaardigheden nodig om een pijnlijke injectie te geven, verbandjes te verschonen of een gewelddadige patiënt in toom te houden. Waarschijnlijk zullen we dus al decennia een AI-huisarts op onze smartphone hebben voordat we een betrouwbare verpleegrobot krijgen.[9] De zorgsector – die zorg biedt aan zieken, jongeren en ouderen – zal waarschijnlijk nog heel lang een menselijk bastion blijven. Als mensen langer leven en minder kinderen krijgen, zal de ouderenzorg vermoedelijk zelfs een van de snelst groeiende sectoren op de menselijke arbeidsmarkt worden.

Naast de zorg is creativiteit ook een erg lastig obstakel voor automatisering. We hebben geen mensen meer nodig om ons muziek te verkopen – die kunnen we rechtstreeks downloaden via iTunes – maar de componisten, muzikanten, zangers en dj's zijn nog steeds mensen van vlees en bloed. We hebben hun creativiteit niet alleen nodig om compleet nieuwe muziek te maken, maar ook om te kunnen kiezen uit duizelingwekkend veel mogelijkheden.

Toch zal op termijn geen enkele baan honderd procent gevrijwaard blijven van automatisering. Zelfs kunstenaars zullen moeten oppassen. In de moderne wereld wordt kunst meestal geassocieerd met menselijke emoties. We neigen ertoe te denken dat kunstenaars innerlijke psychische krachten inzetten en dat kunst bedoeld is om ons in contact te brengen met onze emoties of om nieuwe gevoelens op te wekken. We beoordelen kunst daardoor dus vaak aan de hand van de emotionele impact ervan op het publiek. Maar als kunst wordt gedefinieerd door menselijke emoties, wat gebeurt er dan zodra externe algoritmen beter worden in het doorzien en manipuleren van menselijke emoties dan Shakespeare, Frida Kahlo of Beyoncé? Emoties zijn per slot van rekening geen ongrijpbaar mystiek fenomeen, maar de uitkomst van een biochemisch proces. Het is dus heel wel mogelijk dat een zelflerend algoritme op afzienbare termijn de biometrische gegevens uit sensoren op en in je lichaam kan analyseren, je persoonlijkheidstype en je stemmingswisselingen kan identificeren en de emotionele impact kan incalculeren die een bepaald liedje – of zelfs een bepaalde toonsoort – vermoedelijk op jou zal hebben.[10]

Van alle kunstvormen is muziek waarschijnlijk het meest vatbaar voor big-data-analyse, omdat zowel de input als de output heel exact in kaart te brengen is. De input bestaat uit de wiskundige patronen van geluidsgolven en de output uit de elektrochemische patronen van neuronenstormen. Misschien is er over een paar decennia al een algoritme dat miljoenen muziekervaringen naloopt en daaruit leert voorspellen hoe bepaalde input leidt tot een bepaalde output.[11]

Stel dat je net vreselijke ruzie hebt gehad met je vriendje. Het algoritme dat je stereo bedient zal direct opmerken hoe emotioneel je bent en op basis van wat het allemaal weet over jou en over de menselijke psychologie in het algemeen, zal het liedjes afspelen die precies passen bij je sombere stemming en perfect je verdriet weerspiegelen. Die liedjes zouden bij anderen misschien averechts werken, maar voor jouw persoonlijkheidstype zijn ze ideaal. Nadat het algoritme je heeft geholpen bij het zwelgen in je verdriet, kan het vervolgens dat ene liedje spelen waarvan je waarschijnlijk enorm zult opvrolijken, misschien omdat je het onbewust in verband brengt met een gelukkige herinnering uit je jeugd waarvan je je zelf niet eens bewust bent. Er bestaan geen menselijke dj's die zo'n AI ooit zullen evenaren.

Hier valt tegen in te brengen dat AI op deze manier alle serendipiteit doodslaat en ons opsluit in de beperkte muzikale cocon van onze vroegere voorkeuren en aversies. Hoe kun je zo nog nieuwe muzikale smaken en stijlen ontdekken? Geen probleem. Je stelt het algoritme gewoon zo in dat vijf procent van zijn keuzes volkomen willekeurig is, zodat het je onverwacht kan trakteren op een opname van een Indonesisch gamelanorkestje, een opera van Rossini of de laatste K-pophit. Door je reacties daarop te peilen kan de AI na een tijdje zelfs een ideaal niveau van willekeur bepalen, waarbij je precies genoeg nieuwe dingen te horen krijgt zonder dat het irritant wordt, misschien door zijn serendipiteitssetting te verlagen naar drie procent of te verhogen naar acht procent.

Een andere mogelijke tegenwerping is dat het onduidelijk is hoe zo'n algoritme zijn emotionele doelstelling moet bepalen. Als je net ruzie hebt gehad met je vriendje, moet het algoritme dan proberen je verdrietig te maken of juist blij? Zou het blind afgaan op een rigide stelsel van 'goede' en 'slechte' emoties? Zijn er misschien momenten in je leven waarop het goed is om je verdrietig te voelen? Dezelfde vraag kan natuurlijk gesteld worden aan menselijke musici en dj's. Maar met een algoritme zijn er allerlei interessante oplossingen voor deze puzzel.

Eén optie is alles gewoon over te laten aan de klant. Je kunt dan je eigen emoties peilen en het algoritme zal jouw instructies opvolgen. Of je nu wilt zwelgen in zelfmedelijden of dansen van geluk, het algoritme zal slaafs je bevelen afwachten. Het zou zelfs kunnen leren je wensen te herkennen, zelfs als je die zelf niet helemaal doorgrondt.

Andersom kun je, als je jezelf niet vertrouwt, het algoritme ook opdracht geven zich te voegen naar de aanbevelingen van een eminente psycholoog in wie je veel vertrouwen hebt. Als je vriendje je uiteindelijk dumpt, zou het algoritme je door de vijf officiële rouwverwerkingsfasen kunnen loodsen, door je eerst te helpen de ernst van de situatie te ontkennen door 'Don't Worry, Be Happy' van Bobby McFerrin te spelen, vervolgens je boosheid op te wekken met 'You Oghta Know' van Alanis Morissette, je dan naar de onderhandelingsfase te begeleiden met 'Ne me quitte pas' van Jacques Brel en 'Come Back and Stay' van Paul Young, je door een diep dal van depressie te slepen met 'Someone Like You' en 'Hello' van Adele, en je uiteindelijk te helpen de situatie te accepteren met 'I Will Survive' van Gloria Gaynor.

De volgende stap is dat het algoritme gaat sleutelen aan de liedjes en melodieën zelf, waarbij het ze telkens een tikkeltje aanpast aan jouw persoonlijke eigenaardigheden. Misschien heb je iets tegen een bepaald stukje in een liedje dat voor de rest geweldig is. Dat weet het algoritme, omdat je hart een slag overslaat en je oxytocinepeil ietsje daalt als je dat irritante stukje hoort. Het algoritme kan de aanstootgevende maten dan herschrijven of wegpoetsen.

Uiteindelijk kunnen algoritmen misschien leren hele melodieën te componeren en de menselijke emoties te bespelen als een klavier. Op basis van je biometrische gegevens zouden algoritmen zelfs gepersonaliseerde liedjes kunnen produceren die jij als enige op de hele wereld mooi zou vinden.

Er wordt vaak gezegd dat mensen iets voelen bij kunst omdat ze zichzelf erin terugzien. Dat kan verrassende en ietwat sinistere resultaten opleveren als Facebook, om een voorbeeld te noemen, gepersonaliseerde kunst gaat creëren op basis van alles wat het van je weet. Als je vriendje je verlaat, zal Facebook je trakteren op een voor jou persoonlijk gecomponeerd liedje over die specifieke klootzak, in plaats van over de onbekende persoon die het hart van Adele of Alanis Morissette heeft gebroken. Het liedje zal je zelfs herinneren aan echte gebeurtenissen uit je relatie, waar verder geen mens op aarde iets van weet.

Het zou natuurlijk goed kunnen dat gepersonaliseerde kunst nooit aanslaat omdat mensen liever blijven luisteren naar doorsneehits die iedereen goed vindt. Hoe kun je samen dansen op of meezingen met een liedje dat jij als enige kent? Maar algoritmen zouden best eens beter kunnen worden in het produceren van wereldhits dan in het samenstellen van gepersonaliseerde unicums. Met de gegevens van miljoenen mensen uit gigantische biometrische databases zou een algoritme kunnen achterhalen wat voor biochemische knopjes het moet indrukken om een wereldhit te produceren waarbij iedereen als een gek gaat staan swingen op de dansvloer. Als kunst echt draait om het opwekken (of manipuleren) van menselijke emoties, zullen weinig of geen menselijke muzikanten kunnen concurreren met zo'n algoritme, omdat ze nooit evenveel inzicht zullen hebben in het voornaamste instrument dat ze bespelen: de menselijke biochemie.

Zal dit alles prachtige kunst opleveren? Dat hangt af van je definitie van kunst. Als schoonheid een kwestie van smaak is en als de klant koning is, dan zouden biometrische algoritmen best eens de mooiste kunst uit de geschiedenis kunnen maken. Als kunst draait om iets wat dieper gaat dan menselijke emoties en waarheden moet uitdrukken die verder reiken dan onze biochemische vibraties, dan zullen biometrische algoritmen misschien nooit grote kunstenaars worden. Maar de meeste mensen worden ook nooit grote kunstenaars. Algoritmen hoeven niet meteen Tsjaikovski te overtreffen om een plekje op de markt te veroveren en een groot aantal menselijke componisten en uitvoerende artiesten te verdringen. Daarvoor hoeven ze alleen Britney Spears maar te overtreffen.

Nieuwe banen?

Het verlies van veel traditionele banen in allerlei beroepsgroepen, van kunst tot gezondheidszorg, zal voor een deel misschien opgevangen worden door het ontstaan van nieuwe banen. Huisartsen die zich voornamelijk bezighouden met het diagnosticeren van bekende ziekten en het voorschrijven van vertrouwde behandelingen zullen waarschijnlijk vervangen worden door AI-dokters. Maar juist daardoor zal er veel meer geld beschikbaar komen om menselijke artsen en laboratoriumassistenten te betalen om baanbrekend onderzoek te verrichten en nieuwe medicijnen of operatietechnieken te ontwikkelen.[12]

Er zijn misschien nog andere manieren waarop AI kan helpen nieuwe banen te creëren. Misschien hoeven mensen niet te concurreren met AI, maar kunnen ze zich ook richten op het onderhouden en inzetten van AI. Er zijn bijvoorbeeld al menselijke piloten vervangen door drones en dat heeft wat banen gekost, maar ook veel nieuw werk opgeleverd in het onderhoud van die drones, de bediening op afstand, gegevensanalyse en cyberbeveiliging.

Het Amerikaanse leger heeft dertig mensen nodig voor de bediening van één onbemande Predator of Reaper die over Syrië vliegt, en het analyseren van de oogst aan informatie die daarmee wordt binnengehaald biedt ook nog eens werk aan minstens tachtig mensen. In 2015 kon de Amerikaanse luchtmacht niet genoeg mensen met de juiste opleiding vinden om al die vacatures te vervullen, wat een wel heel ironisch probleem opleverde bij het bemannen van hun onbemande luchtvaartuigen.[13]

Als de zaken zo liggen, zou de arbeidsmarkt van 2050 best eens gekenmerkt kunnen worden door samenwerking in plaats van concurrentie tussen mensen en AI. Op werkterreinen die variëren van politietaken tot het bankwezen zouden teams die uit mensen én AI's bestaan best eens beter kunnen presteren dan alleen mensen of computers. Toen het schaakprogramma Deep Blue van IBM in 1997 Garri Kasparov had verslagen, hielden mensen niet op met schaken. Dankzij computertrainingsprogramma's werden menselijke schaakmeesters juist beter dan ooit en in elk geval een tijdlang zijn teams van mens en machine, 'centaurs' geheten, beter geweest dan mensen of computers alleen. AI zou op vergelijkbare wijze kunnen helpen bij het opleiden van de beste rechercheurs, bankiers en soldaten uit de geschiedenis.[14]

Het probleem met dit soort nieuwe banen is alleen dat ze waarschijnlijk een hoge mate van expertise zullen vergen en dus geen oplossing bieden voor de problemen van werkloze ongeschoolde arbeiders. Het creëren van nieuw werk zal misschien makkelijker blijken dan het omscholen van mensen die dat werk vervolgens moeten doen. Tijdens de vorige automatiseringsgolven konden mensen meestal van het ene laaggeschoolde routinebaantje overstappen op het andere. In 1920 kon een landarbeider die overtollig werd door de mechanisatie van de landbouw nieuw werk vinden in een tractorfabriek. In 1980 kon een werkloze fabrieksarbeider aan de slag als kassamedewerker in een supermarkt. Overstappen naar een ander beroep kon destijds, omdat de overstap van de boerderij naar de fabriek en van de fabriek naar de supermarkt maar heel weinig bijscholing vergde.

In 2050 zal een caissière of textielwerker die zijn baan verliest aan een robot echter niet direct aan de slag kunnen als kankeronderzoeker, drone-operator of bankmedewerker die nauw moet samenwerken met AI. Daarvoor zal hij of zij domweg de vaardigheden niet hebben. In de Eerste Wereldoorlog zat er nog een zekere logica in om miljoenen onervaren dienstplichtigen zwaar machinegeweervuur in te sturen en bij bosjes te laten sneuvelen. Hun individuele vaardigheden deden er niet wezenlijk toe. Nu staat de Amerikaanse luchtmacht niet te trappelen om voormalige winkelbedienden aan te nemen, hoe groot het tekort aan drone-operators en data-analisten ook is. Je moet niet hebben dat een onervaren rekruut een Afghaanse bruiloft per ongeluk aanziet voor een topconferentie van de Taliban.

Het zou dus goed kunnen dat er, zelfs als er veel nieuwe banen beschikbaar komen, toch een nieuwe klasse van 'overbodigen' zal ontstaan. We zouden zelfs het slechtste van twee werelden kunnen krijgen, met aan de ene kant enorme werkloosheid en aan de andere kant een groot tekort aan hoogopgeleid personeel. Veel mensen zullen niet hetzelfde lot ondergaan als negentiende-eeuwse koetsiers – die taxi's gingen besturen – maar dat van de negentiende-eeuwse paarden, die gaandeweg helemaal van de arbeidsmarkt zijn gedrukt.[15]

Daar komt nog bij dat de resterende banen nooit veilig zullen zijn voor de dreiging van toekomstige automatisering, want machine learning en robots zullen ook in de toekomst steeds beter worden. Een werkloze caissière van in de veertig die het met bovenmenselijke inspanningen voor elkaar krijgt om een nieuwe carrière als dronepiloot te beginnen, zal zich tien jaar later misschien weer moeten laten omscholen, omdat de besturing van drones tegen die tijd ook wordt geautomatiseerd. Die veranderlijkheid zal het ook moeilijker maken om vakbonden te organiseren of cao's af te sluiten. Nu al zijn veel nieuwe banen in ontwikkelde economieën geen vaste banen, maar wordt er gebruikgemaakt van flexwerkers, freelancers en zzp'ers.[16] Hoe richt je een vakbond op voor een beroepsgroep die in tien jaar tijd ontstaat en weer verdwijnt?

Centaurteams van mensen en computers zullen waarschijnlijk ook niet leiden tot levenslange partnerschappen, maar steeds meer gekenmerkt worden door continu getouwtrek tussen mens en machine. Teams die uitsluitend uit mensen bestaan – zoals Sherlock Holmes en dr. Watson – ontwikkelen meestal vaste hiërarchieën en routines, die decennialang kunnen aanhouden. Een menselijke rechercheur die samenwerkt met de Watsoncomputer van IBM (die in 2011 beroemd werd na het winnen van de Amerikaanse tv-quiz *Jeopardy!*) zal echter merken dat elke routine ontwrichting aanmoedigt en elke hiërarchie een revolutie kan uitlokken. Het hulpje van vandaag kan makkelijk de supervisor van morgen worden en alle protocollen en handboeken zullen elk jaar herschreven moeten worden.[17]

Als we eens wat beter naar de schaakwereld kijken, kan die een indicatie geven van de mogelijke ontwikkelingen op de lange termijn. Het is zeker zo dat de samenwerking tussen mens en computer heel vruchtbaar was in de jaren nadat Deep Blue Kasparov had verslagen, maar de laatste jaren zijn computers zulke goede schakers geworden dat hun menselijke teamgenoten hun meerwaarde verloren en er binnenkort misschien geen rol meer voor hen is weggelegd.

Op 7 december 2017 werd een belangrijke mijlpaal bereikt, niet toen een computer een menselijke schaker versloeg, want dat is oud nieuws, maar toen het AlphaZero-programma van Google het Stockfish-8-programma versloeg. Stockfish 8 was de computerwereldkampioen schaak van 2016. Het had toegang tot eeuwen aan verzamelde menselijke schaakervaring en daarnaast nog tientallen jaren aan computerervaring. Het kon zeventig miljoen zetten per seconde doorrekenen. AlphaZero voerde daarentegen maar tachtigduizend berekeningen per seconde uit en de menselijke makers hebben hun systeem nooit schaakstrategieën aangeleerd, zelfs geen standaardopeningen. In plaats daarvan leerde AlphaZero zichzelf schaken door tegen zichzelf te spelen met behulp van de nieuwste machine-learningprincipes. Niettemin won nieuweling AlphaZero achtentwintig van de honderd partijen die het tegen Stockfish speelde en speelde het tweeënzeventig keer remise. Het verloor niet één keer. Doordat AlphaZero niets van mensen heeft geleerd, kwamen veel van zijn winnende zetten en strategieën onconventioneel over op mensen. We zouden ze met evenveel recht creatief kunnen noemen, of zelfs geniaal.

Kun je raden hoelang AlphaZero erover deed om vanuit het niets te leren schaken, zich op de match tegen Stockfish voor te bereiden en zijn geniale instincten te ontwikkelen? Vier uur. Dit is geen typefout. Eeuwenlang is het schaakspel beschouwd als een van de ultieme triomfen van de menselijke intelligentie. AlphaZero zette totale onwetendheid in vier uur tijd om in creatief meesterschap, zonder tussenkomst van een menselijke instructeur.[18]

AlphaZero is niet de enige software met fantasie. Veel programma's overtreffen menselijke schakers inmiddels niet alleen in botte rekenkracht, maar zelfs in 'creativiteit'. In schaaktoernooien voor mensen zijn scheidsrechters altijd alert op deelnemers die vals proberen te spelen door stiekem de hulp van computers in te roepen. Een van de manieren om valsspelers te betrappen is kijken naar de mate van originaliteit die spelers tentoonspreiden. Als ze een uitzonderlijk creatieve zet doen, zullen scheidsrechters vaak vermoeden dat het onmogelijk een menselijke zet kan zijn en dat hij wel uit de koker van een computer moet komen. Creativiteit is dus al meer het handelsmerk van computers dan van mensen, in elk geval in de schaakwereld! Als we het schaken even beschouwen als de kanarie in de kolenmijn, is dit een duidelijke waarschuwing dat de kanarie op sterven ligt. Wat er nu in het schaken gebeurt met de samenwerking tussen mens en AI kan in de toekomst ook gebeuren met de samenwerking tussen mens en AI in politiewerk, de zorg en het bankwezen.[19]

Het creëren van nieuw werk en het bijscholen van mensen om dat uit te voeren zal door dit alles geen eenmalige actie zijn. De AI-revolutie is geen simpel keerpunt waarna de arbeidsmarkt gewoon even een nieuw evenwicht zal moeten vinden. Het zal eerder neerkomen op een cascade van steeds ingrijpender ontwrichtingen. Nu al verwachten maar weinig werknemers dat ze hun hele leven dezelfde baan zullen houden.[20] In 2050 zal niet alleen het idee van een 'baan voor het leven', maar zelfs het idee van een 'beroep voor het leven' mogelijk iets uit een ver, grijs verleden zijn.

Zelfs als we continu nieuwe banen uit onze mouw kunnen schudden en arbeidskrachten kunnen omscholen, dan nog zullen we ons misschien gaan afvragen of de gemiddelde mens wel het emotionele uithoudingsvermogen heeft voor een leven waarin alles voortdurend op zijn kop wordt gezet. Verandering is altijd stressvol en de hectische wereld van de eenentwintigste eeuw heeft een wereldwijde stressepidemie veroorzaakt.[21] Als de arbeidsmarkt steeds onzekerder wordt en individuele carrières ook, zullen mensen daar dan wel mee kunnen omgaan? Waarschijnlijk zullen we veel effectievere stressverlagende technieken nodig hebben – variërend van medicatie en neurofeedback tot meditatie – om het sapiensbrein niet te laten overkoken. In 2050 zal er misschien niet alleen een 'overbodige' klasse ontstaan vanwege een absoluut tekort aan banen of een gebrekkig opleidingsniveau, maar ook door een gebrek aan mentaal uithoudingsvermogen.

Natuurlijk is dit grotendeels maar speculatie. Op het moment dat ik dit schrijf – begin 2018 – zijn er al veel industrieën ontwricht door automatisering, maar heeft dat niet geleid tot massale werkloosheid. In veel landen, zoals de VS, is het werkloosheidscijfer juist historisch laag. Niemand kan precies weten wat voor impact machine learning en automatisering in de toekomst op verschillende beroepsgroepen zullen hebben en het is uiterst moeilijk te voorspellen wanneer zich relevante ontwikkelingen zullen voordoen, zeker omdat die niet alleen afhangen van zuiver technologische doorbraken, maar ook van politieke beslissingen en culturele tradities. Zelfs als zelfrijdende auto's veiliger en goedkoper zullen blijken dan menselijke chauffeurs, dan nog kunnen politici en consumenten zo'n omschakeling nog jaren of zelfs decennia tegenhouden.

We kunnen het ons echter niet veroorloven om passief toe te kijken. Het is gevaarlijk om maar gewoon aan te nemen dat er genoeg nieuwe banen zullen ontstaan om eventueel banenverlies te compenseren. Het feit dat dit tijdens de vorige automatiseringsgolven wel is gebeurd, is absoluut geen garantie dat het weer zal gebeuren in de compleet andere situatie van de eenentwintigste eeuw. Het risico van sociale en politieke ontwrichting is zo alarmerend dat we de mogelijkheid van systematische massawerkloosheid heel serieus moeten nemen, zelfs als die nog niet zo waarschijnlijk lijkt.

In de negentiende eeuw schiep de industriële revolutie nieuwe omstandigheden en problemen waarop de bestaande sociale, economische en politieke modellen geen antwoord hadden. Het feodalisme, de monarchie en de traditionele religies waren niet toegerust op het omgaan met industriële metropolen, miljoenen ontwortelde arbeiders of de veranderlijke aard van de moderne economie. De mensheid moest dus compleet nieuwe modellen ontwikkelen – liberale democratieën, communistische dictaturen en fascistische regimes – en het kostte ruim een eeuw van gruwelijke oorlogen en revoluties om te experimenteren met deze modellen, het kaf van het koren te scheiden en de beste oplossingen te implementeren. Kinderarbeid in dickensiaanse kolenmijnen, de Eerste Wereldoorlog en de grote Oekraïense hongersnood van 1932-1933 waren nog maar een klein deel van het leergeld dat het mensdom in die jaren betaalde.

De uitdagingen die de mensheid in de eenentwintigste eeuw

wachten in de wereld van infotech en biotech zijn in alle opzichten een stuk groter dan de uitdaging waarvoor stoommachines, spoorwegen en elektriciteit ons in het vorige tijdperk stelden. En gezien het immense vernietigingspotentieel van onze beschaving kunnen we ons niet nog meer mislukte modellen, wereldoorlogen en bloedige revoluties veroorloven. Dit keer zouden mislukte modellen best eens kunnen uitmonden in kernoorlogen, genetisch gemodificeerde gruwelen en onherstelbare schade aan de biosfeer. We zullen het dus een stuk beter moeten doen dan toen we ons geconfronteerd zagen met de industriële revolutie.

Van uitbuiting tot overbodigheid

Mogelijke oplossingen zijn op te splitsen in drie hoofdcategorieën: wat we moeten doen om de teloorgang van banen te voorkomen, wat we moeten doen om genoeg nieuwe banen te creëren en wat we moeten doen als we ondanks alles bij lange na niet genoeg nieuwe banen kunnen scheppen om het verdwijnen van banen te compenseren.

Voorkomen dat er banen verdwijnen is een onaantrekkelijke en waarschijnlijk onhoudbare strategie, omdat we daarvoor het immense positieve potentieel van AI en robotica zullen moeten opgeven. Toch zouden overheden er best eens voor kunnen kiezen om het automatiseringstempo opzettelijk te vertragen, om de schok te verzachten en tijd te creëren voor aanpassingen. Technologie is nooit deterministisch en het feit dat iets kan, betekent niet dat het ook per se moet. Nieuwe technologieën kunnen tegengehouden worden door regulering van bovenaf, zelfs als ze commercieel haalbaar en economisch lucratief zijn. We hebben bijvoorbeeld al tientallen jaren de technologie in huis om een markt voor menselijke organen op te zetten, compleet met menselijke 'bodyfarms' in onderontwikkelde landen en een bijna onverzadigbare vraag onder wanhopige, welgestelde afnemers. Zulke bodyfarms zouden omzetten van miljarden dollars kunnen maken. Toch zijn er regels gekomen die de handel in menselijke lichaamsdelen verbieden en hoewel er wel organen worden verhandeld op de zwarte markt, is die veel kleiner en beperkter dan je zou verwachten.[22]

Vertraging van het tempo waarin veranderingen worden doorgevoerd kan ons de tijd geven om genoeg nieuwe banen te creëren om de meeste verdwenen banen te vervangen. Maar zoals ik eerder al opmerkte zal economisch ondernemerschap dan moeten samengaan met een revolutie binnen het onderwijs en de psychologie. Gesteld dat de nieuwe banen niet domweg neerkomen op werkverschaffing, zullen ze waarschijnlijk een hoge mate van expertise vereisen, en naarmate AI zich blijft verbeteren, zullen menselijke werknemers herhaaldelijk nieuwe vaardigheden moeten leren en van beroep moeten veranderen. Overheden zullen moeten ingrijpen, niet alleen door levenslang onderwijs te financieren, maar ook door een vangnet te bieden tijdens de onvermijdelijke overgangsfasen. Als een veertigjarige voormalige dronepiloot drie jaar nodig heeft om zich te laten omscholen tot ontwerper van virtuele werelden, zal ze in die periode waarschijnlijk heel wat overheidssteun nodig hebben om zichzelf en haar gezin te onderhouden. (Een dergelijk systeem wordt momenteel uitgeprobeerd in Scandinavië, waar regeringen zijn overgestapt op het motto 'bescherm niet de banen, maar de werknemers'.)

Zelfs als er genoeg overheidssteun voorhanden is, is echter verre van duidelijk of miljarden mensen wel herhaaldelijk een nieuw leven kunnen beginnen zonder hun geestelijk evenwicht te verliezen. Als er ondanks alle pijn en moeite toch een significant percentage van de mensheid van de arbeidsmarkt wordt gedrukt, zouden we dus moeten kijken naar nieuwe modellen voor samenlevingen, economieën en politieke systemen die niet meer op arbeid gebaseerd zijn. De eerste stap is eerlijk toegeven dat de oude, vertrouwde sociale, economische en politieke modellen niet volstaan als we zo'n uitdaging moeten aangaan.

Neem het communisme. Je zou misschien verwachten dat het communisme een comeback zou maken, nu automatisering het kapitalistische systeem dreigt te ondermijnen. Maar het communisme is er niet op gebouwd om zulke crises uit te buiten. Het twintigste-eeuwse communisme ging uit van de aanname dat de arbeidende klasse cruciaal was voor de economie en communistische denkers probeerden het proletariaat bij te brengen hoe het zijn immense economische macht kon omzetten in politieke invloed. Het politieke plan van de communisten voorzag in een arbeidersrevolutie. Hoe relevant zullen die lessen zijn als de massa haar economische waarde verliest en dus moet vechten tegen overbodigheid in plaats van tegen uitbuiting? Hoe zet je een arbeidersrevolutie op touw zonder arbeiders?

Sommigen zullen nu beweren dat mensen nooit economisch overbodig kunnen worden. Zelfs als ze op de arbeidsmarkt niet kunnen concurreren met AI, zullen ze immers altijd nog nodig zijn als consumenten. Het is echter best mogelijk dat de economie van de toekomst ons helemaal niet nodig zal hebben, ook niet als consumenten. Dat kunnen machines en computers ook op zich nemen. In theorie kun je een economie hebben waarin een mijnbouwbedrijf ijzer produceert en verkoopt aan een roboticaconcern, waarmee het roboticaconcern robots produceert en verkoopt aan het mijnbouwbedrijf, dat daarmee meer ijzer delft, dat gebruikt wordt om nog meer robots te bouwen, enzovoort. Zulke ondernemingen kunnen blijven groeien en zich uitbreiden tot de verste grenzen van het zonnestelsel, en alles wat ze nodig hebben zijn robots en computers. Ze hebben geen mens nodig, zelfs niet om hun producten te kopen.

In feite beginnen computers en algoritmen naast hun rol als producent nu al te functioneren als cliënten. Op de effectenbeurs zijn algoritmen bijvoorbeeld de belangrijkste kopers van obligaties, aandelen en goederen aan het worden. Hetzelfde geldt voor de reclamemarkt, waar de allerbelangrijkste klant een algoritme is, namelijk het zoekalgoritme van Google. Webdesigners richten zich vaak meer op de smaak van het Google-algoritme dan op de smaak van wie dan ook.

Algoritmen hebben uiteraard geen bewustzijn, dus anders dan menselijke consumenten kunnen ze niet van hun aankopen genieten en hun beslissingen vloeien niet voort uit sensaties en emoties. Het zoekalgoritme van Google kan geen roomijs proeven. Algoritmen maken keuzes op basis van hun eigen berekeningen en ingebouwde voorkeuren, maar die voorkeuren gaan wel steeds meer onze wereld bepalen. Het Google-algoritme heeft een uiterst verfijnde smaak als het gaat om het classificeren van websites van ijsverkopers en de succesvolste ijsverkopers ter wereld zijn niet degenen die het lekkerste ijs maken, maar degenen die het Google-algoritme bovenaan zet.

Ik weet dit uit eigen ervaring. Als ik een boek publiceer, vragen uitgevers me om een korte omschrijving die ze op internet gebruiken om reclame te maken. Vervolgens past een speciale expert alles wat ik schrijf aan aan de smaak van het Google-algoritme. Zo iemand neemt mijn tekst door en zegt: 'Dit woord moet je niet gebruiken. Gebruik dat woord, dan krijgen we meer aandacht van het Google-algoritme.' Als we de aandacht van het algoritme maar weten te trekken, hoeven we ons niet om mensen te bekommeren, en dat weten we maar al te goed.

Als mensen niet meer nodig zijn als producenten en ook niet meer als consumenten, wat garandeert dan hun fysieke voortbestaan en hun psychische welzijn? We kunnen niet wachten tot de crisis in volle vaart uitbarst voordat we antwoorden gaan zoeken, want dan is het te laat. Om de ongekende technologische en economische ontwrichtingen in de eenentwintigste eeuw het hoofd te bieden, zullen we zo snel mogelijk nieuwe sociale en economische modellen moeten ontwikkelen. Die modellen zullen moeten uitgaan van de noodzaak om mensen te beschermen in plaats van banen. Veel banen komen neer op ongeïnspireerd, saai werk en zijn het redden niet waard. Niemand droomt ervan om later als hij groot is caissière te worden. We zullen ons moeten richten op het garanderen van de basisbehoeften van mensen en het beschermen van hun sociale status en hun eigenwaarde.

Een nieuw model dat steeds meer aandacht krijgt is het universele basisinkomen. Het idee is dat overheden belastingen innen bij de miljardairs en de grote concerns die de algoritmen en robots in handen hebben en met dat geld alle burgers een inkomen verschaffen dat ruimschoots hun basisbehoeften dekt. Dit zal de armen beschermen tegen baanverlies en economische aardverschuivingen, en het beschermt de rijken tegen populistische agressie.[23]

Een vergelijkbaar idee gaat uit van het voorstel om het scala van menselijke activiteiten dat als 'baan' wordt beschouwd uit te breiden. Momenteel zorgen miljarden ouders voor hun kinderen, buren helpen elkaar en burgers vormen buurtgemeenschappen – allemaal waardevolle activiteiten die niet als arbeid worden erkend. Misschien moeten we een knop in ons hoofd omzetten en beseffen dat het grootbrengen van een kind in wezen de belangrijkste en zwaarste baan ter wereld is. Als je het zo bekijkt, zal er nooit gebrek aan werk zijn, zelfs als computers en robots alle chauffeurs, bankiers en juristen vervangen. De vraag is natuurlijk wie die nieuwe banen zal beoordelen en ervoor zal betalen. We kunnen er gevoeglijk van uitgaan dat baby's van zes maanden oud hun moeder geen salaris zullen betalen, dus zal de overheid dat waarschijnlijk op zich moeten nemen. Als we er verder van uitgaan dat die salarissen hoog genoeg moeten zijn om in de basisbehoeften van het hele gezin te voorzien, komen we uit bij iets wat heel dicht bij een universeel basisinkomen komt.

Overheden zouden er ook voor kunnen kiezen om basale diensten te subsidiëren, in plaats van inkomens. In plaats van geld te geven aan mensen die daar vervolgens mee aanschaffen wat ze willen, zou de overheid kunnen zorgen voor gratis onderwijs, gratis zorg, gratis vervoer, enzovoort. Dit is in feite het utopische toekomstvisioen van het communisme. Het communistische plan om een arbeidersrevolutie te beginnen zou best eens hopeloos uit de tijd kunnen raken, maar zouden we nog steeds kunnen proberen het communistische doel met andere middelen te bereiken?

Het is discutabel of het beter is om mensen te voorzien van een universeel basisinkomen (het kapitalistische paradijs) of universele basisdiensten (het communistische paradijs). Beide opties hebben zo hun voor- en nadelen. Maar welk paradijs je ook kiest, het echte probleem is dat we eerst moeten bepalen wat de termen 'universeel' en 'basis' precies inhouden.

Wat is universeel?

Als mensen het hebben over universele overheidssteun – of dat nu de vorm aanneemt van inkomen of diensten – bedoelen ze meestal *nationale* overheidssteun. Tot nu toe zijn alle proefnemingen met basisinkomens op strikt landelijk of gemeentelijk niveau uitgevoerd. In januari 2017 begon Finland aan een experiment van twee jaar, waarbij tweeduizend werkloze Finnen 560 euro per maand ontvingen, of ze nu werk vonden of niet. Er lopen vergelijkbare experimenten in de Canadese provincie Ontario, in de Italiaanse stad Livorno en in verschillende Nederlandse gemeenten.[24] (In 2016 hield Zwitserland een referendum over het instellen van een nationaal basisinkomen, maar de kiezers verwierpen het idee.)[25]

Het probleem met zulke nationale en plaatselijke initiatieven is echter dat de voornaamste slachtoffers van automatisering misschien wel helemaal niet in Finland, Ontario, Livorno of Amsterdam wonen. Door de globalisering zijn mensen in het ene land volkomen afhankelijk geworden van markten in andere landen, maar door automatisering kunnen grote delen van dit mondiale handelsnetwerk wegvallen, met rampzalige gevolgen voor de zwakste schakels. In de twintigste eeuw maakten ontwikkelingslanden zonder natuurlijke hulpbronnen voornamelijk economische vorderingen door de goedkope arbeid van hun ongeschoolde arbeidskrachten te verkopen. Miljoenen inwoners van Bangladesh verdienen de kost met het vervaardigen van overhemden, die verkocht worden aan inwoners van de Verenigde Staten, terwijl mensen in Bangalore hun geld verdienen in callcenters, waar ze de klachten van Amerikaanse klanten behandelen.[26]

Door de opkomst van AI, robots en 3D-printers zal goedkoop, ongeschoold werk echter veel minder belangrijk worden. In plaats van een overhemd te laten vervaardigen in Dhaka en dat helemaal naar de VS te vervoeren, zou je de code van zo'n overhemd online kunnen kopen bij Amazon en het kunnen uitprinten in New York. De winkels van Zara en Prada op Fifth Avenue zouden vervangen kunnen worden door 3D-printshops in Brooklyn en sommige mensen zouden misschien hun eigen thuisprinter hebben. Je zou geen helpdesk in Bangalore meer hoeven te bellen om te klagen over je printer, maar kunnen praten met een AI-medewerker in de Google-cloud (wiens accent en stem zijn afgestemd op jouw voorkeuren). De textielarbeiders en callcentermedewerkers in Dhaka en Bangalore die daardoor hun baan kwijtraken, hebben niet de benodigde opleiding om modieuze overhemden te gaan ontwerpen of computerprogrammeur te worden, dus hoe moeten die overleven?

Als AI en 3D-printers inderdaad het werk van de Bangladeshi's en Bangalorezen overnemen, zullen de inkomsten die vroeger naar Zuid-Azië gingen nu in de schatkisten van een paar techgiganten in Californië belanden. Economische groei zal niet overal ter wereld meer verbetering brengen, maar er zou immens veel nieuwe rijkdom vergaard worden in hightechcentra als Silicon Valley, terwijl veel ontwikkelingslanden instorten.

Uiteraard zouden sommige groeiende economieën – waaronder

India en Bangladesh – zich snel genoeg kunnen ontwikkelen om zich bij het winnende team aan te sluiten. Mettertijd zullen de kinderen of kleinkinderen van textielarbeiders en callcentermedewerkers best eens de technici en ondernemers kunnen worden die de computers en 3D-printers bouwen en beheren. Er is alleen niet veel tijd meer om zo'n omslag te maken. In het verleden fungeerde goedkope, ongeschoolde arbeid als een brug die de mondiale economische kloof overspande en zelfs als een land maar langzaam vooruitkwam, dan nog zou het uiteindelijk veilig de overkant kunnen bereiken. De juiste stappen nemen was belangrijker dan snel vooruitgang boeken. De brug staat nu echter te trillen op zijn grondvesten en wie weet stort hij binnenkort al in. Zij die al aan de overkant zijn – door van goedkope arbeid over te stappen op hooggekwalificeerde bedrijfstakken – zullen het waarschijnlijk wel redden. Maar landen die op dat gebied achterlopen, zouden wel eens aan de verkeerde kant van de kloof kunnen achterblijven zonder mogelijkheden om over te steken. Wat moet je doen als niemand je goedkope, ongeschoolde arbeiders nodig heeft en je niet de middelen hebt om een goed onderwijssysteem op te zetten en je mensen nieuwe vaardigheden aan te leren?[27]

Wat zal het lot van deze achterblijvers zijn? Amerikaanse kiezers zouden er in theorie mee kunnen instemmen dat de belasting die Amazon en Google over hun Amerikaanse bedrijven betalen gebruikt wordt om inkomens of diensten te financieren voor werkloze mijnwerkers in Pennsylvania en op non-actief gestelde taxichauffeurs in New York. Maar zullen Amerikaanse kiezers het ook goedvinden als die belastinggelden worden weggegeven aan werklozen op plekken die president Trump aanduidt als 'shithole countries'?[28] Als je dat gelooft, kun je net zo goed geloven dat Sinterklaas en de paashaas het probleem wel zullen oplossen.

Wat is basis?

Een universeel basisinkomen is bedoeld om te voorzien in de menselijke basisbehoeften, maar die zijn niet al te nauw omschreven. Vanuit puur biologisch oogpunt heeft een sapiens maar 1500 tot 2000 kilocalorieën nodig om te overleven. Alles daarboven is luxe. Maar naast die biologische armoedegrens heeft elke cultuur uit de geschiedenis nog andere behoeften als 'basaal' bestempeld. In het middeleeuwse Europa werd de mogelijkheid om kerkdiensten bij te wonen nog belangrijker gevonden dan voedsel, omdat dat belangrijk was voor je eeuwige ziel in plaats van je vergankelijke lichaam. In het huidige Europa wordt fatsoenlijk onderwijs en goede zorg als een menselijke basisbehoefte beschouwd en volgens sommigen is zelfs toegang tot het internet inmiddels essentieel voor alle mannen, vrouwen en kinderen. Als de Verenigde Wereldregering van 2050 besluit om Google, Amazon, Baidu en Tencent belastingen op te leggen om alle mensen op aarde basale steun te geven – niet alleen in Detroit, maar ook in Dhaka – hoe zullen ze dan bepalen wat 'basaal' mag heten?

Wat houdt basaal onderwijs bijvoorbeeld in: alleen lezen en schrijven, of ook programmeren en vioolspelen? Een schamele zes jaar basisonderwijs of alles tot aan een doctoraat? En hoe zit het met de zorg? Als de medische wetenschap in 2050 zover is dat het verouderingsproces vertraagd kan worden en de mens een stuk langer kan leven, zullen die nieuwe behandelingen dan beschikbaar zijn voor alle tien miljard mensen op de aardbol, of alleen voor een paar miljardairs? Als de biotechnologie ouders in staat stelt hun kinderen te upgraden, zou dat dan beschouwd worden als een menselijke basisbehoefte, of zou de mensheid zich opsplitsen in verschillende biologische kasten, met rijke supermensen die vermogens krijgen die ver boven die van de arme homo sapiens uitstijgen?

Hoe je het begrip 'menselijke basisbehoeften' ook wilt definiëren, zodra je ze gratis en voor niets aan iedereen aanbiedt, zullen ze al snel voor lief genomen worden en zal er felle sociale concurrentie en politieke strijd ontstaan om niet-basale luxeartikelen als zelfrijdende auto's, toegang tot virtuele parken of gemodificeerde lichamelijke eigenschappen. Als de werkloze massa geen economische middelen heeft, is het alleen niet erg waarschijnlijk dat ze ooit dat soort luxes zal kunnen veroveren. De kloof tussen de rijken (Tencent-managers en Google-aandeelhouders) en de armen (mensen die afhankelijk zijn van een basisinkomen) zal dan niet alleen groter worden, maar per definitie onoverbrugbaar.

Zelfs als de armen in 2050 dankzij een universeel steunprogramma veel betere gezondheidszorg en onderwijs zullen genieten dan nu, dan nog zouden ze dus heel boos kunnen zijn over de ongelijkheid in de wereld en het gebrek aan sociale mobiliteit. Mensen zullen het gevoel hebben dat het systeem oneerlijk is ingericht, dat de overheid de superrijken bevoordeelt en dat het in de toekomst alleen maar erger zal worden voor hen en hun kinderen.[29]

Homo sapiens is er gewoon niet op gebouwd om tevreden te zijn. Het geluk van een mens hangt minder af van objectieve omstandigheden dan van zijn eigen verwachtingen. Daar komt nog bij dat onze verwachtingen zich doorgaans aanpassen aan de omstandigheden, ook aan de omstandigheden van anderen. Als de situatie verbetert, rijzen de verwachtingen de pan uit, waardoor we zelfs na drastische verbeteringen in ons leven net zo ontevreden kunnen blijven als voordien. Als het universele basisinkomen erop gericht is om de objectieve omstandigheden van de gemiddelde persoon in 2050 te verbeteren, dan heeft het een aardige kans van slagen. Maar als het erop gericht is om mensen meer subjectieve tevredenheid over hun lot te geven en sociale ontevredenheid te voorkomen, dan zal het hoogstwaarschijnlijk falen.

Om zijn doelen echt te bereiken, zal het universele basisinkomen aangevuld moeten worden met zinvolle activiteiten, variërend van sport tot religie. Misschien is het succesvolste experiment tot nu toe met het leiden van voldaan leven in een wereld zonder arbeid wel uitgevoerd in Israël. Daar werkt ongeveer de helft van de ultra-orthodoxe Joodse mannen hun leven lang niet. Ze wijden zich aan het bestuderen van heilige geschriften en het uitvoeren van religieuze rituelen. Zij en hun gezinnen overleven gedeeltelijk doordat de vrouwen vaak werken en gedeeltelijk doordat de regering ze voorziet van royale subsidies en gratis diensten, zodat ze verzekerd zijn van alle basisbenodigdheden. Een soort universeel basisinkomen avant la lettre.[30]

Hoewel ze arm en werkloos zijn, geven deze ultra-orthodoxe Joodse mannen in onderzoek na onderzoek blijk van een hogere mate van voldoening in hun leven dan in alle andere lagen van de Israëlische bevolking. Dat komt door hun sterke gemeenschapszin en ook door de diepe betekenis die ze hechten aan het bestuderen van religieuze geschriften en het uitvoeren van rituelen. Een kamertje vol Joodse mannen die over de Talmoed discussiëren genereert mogelijk meer plezier, betrokkenheid en inzicht dan een industriële sweatshop vol hardwerkende fabrieksarbeiders. In wereldwijde onderzoeken naar tevredenheid over het eigen leven staat Israël meestal ergens bovenaan, wat voor een deel te danken is aan de bijdragen van deze werkloze armen.[31]

Niet-orthodoxe Israëliërs klagen vaak steen en been omdat de ultra-orthodoxen niet genoeg bijdragen aan de samenleving en leven van andermans harde werk. Niet-orthodoxe Israëliërs beweren vaak ook dat de ultra-orthodoxe levenswijze onhoudbaar is, vooral omdat ultra-orthodoxe echtparen gemiddeld zeven kinderen hebben.[32] Vroeg of laat zal de staat niet meer zoveel werklozen kunnen onderhouden en zullen de ultra-orthodoxen werk moeten zoeken. Maar eigenlijk is het misschien wel precies omgekeerd. Als robots en AI mensen van de banenmarkt verdringen, zullen de ultra-orthodoxe Joden misschien wel de nieuwe rolmodellen voor de toekomst worden in plaats van fossielen uit een ver verleden. Niet dat iedereen orthodox joods zal worden en naar de jesjiva zal gaan om de Talmoed te bestuderen, maar in het leven van alle mensen zal de zoektocht naar zingeving en gemeenschapszin mogelijk belangrijker worden dan het zoeken naar werk.

Als we een universeel economisch vangnet kunnen combineren met sterke gemeenschappen en zinvolle bezigheden, zou het wel eens een zegening kunnen zijn om onze banen kwijt te raken aan algoritmen. Er is echter ook een veel griezeliger scenario denkbaar, waarin we de controle over ons leven verliezen. Het gevaar van massale werkloosheid is reëel, maar misschien zouden we ons nog veel drukker moeten maken over het feit dat de macht steeds meer van mensen zal overgaan op algoritmen, wat het laatste restje geloof in het liberale verhaal zou kunnen vernietigen en ruim baan zou kunnen maken voor de opkomst van digitale dictaturen.

3

VRIJHEID

Big Data is watching you

Het liberale verhaal verheerlijkt de menselijke vrijheid, die het als de hoogste waarde beschouwt. Het voert aan dat alle gezag uiteindelijk voortvloeit uit de vrije wil van individuele mensen, die tot uiting komt in hun gevoelens, verlangens en keuzes. In de politiek gelooft het liberalisme dat de kiezer altijd gelijk heeft. Daarom is het voor democratische verkiezingen. In de economie houdt het liberalisme vol dat de klant koning is. Daarom hangt het de principes van de vrije markt aan. In persoonlijke zaken moedigt het liberalisme mensen aan om naar zichzelf te luisteren, trouw aan zichzelf te blijven en hun hart te volgen, zolang ze maar geen inbreuk maken op de vrijheden van anderen. Deze persoonlijke vrijheid is vastgelegd in de mensenrechten.

In de Amerikaanse politiek wordt de term *liberal* soms in veel engere zin gebruikt als het tegenovergestelde van 'conservatief'. Toch hebben veel zogeheten conservatieven net zo goed liberale ideeën. Test jezelf maar eens. Vind je dat mensen hun eigen regering mogen kiezen in plaats van blind te gehoorzamen aan een koning? Vind je dat mensen hun eigen beroep mogen kiezen en zich niet per se hoeven te houden aan wat in hun kaste gebruikelijk is? Vind je dat mensen hun eigen partner mogen kiezen in plaats van te moeten trouwen met de huwelijkskandidaat die hun ouders hebben uitgezocht? Als je deze drie vragen met 'ja' hebt beantwoord, dan kan ik je feliciteren: je bent een *liberal*.

Het is vooral ook goed om te bedenken dat rechtse helden als Ronald Reagan en Margaret Thatcher niet alleen grote voorvechters waren van de democratie en economische vrijheid, maar ook van individuele vrijheden. In een beroemd interview uit 1987 zei Thatcher: 'De samenleving bestaat niet. Er is [een] levend tapijt van mannen en vrouwen [...] en de kwaliteit van ons leven hangt af van de mate waarin ieder van ons bereid is de verantwoordelijkheid voor zichzelf te nemen.'[1]

Thatchers erfgenamen in de Britse conservatieve partij zijn het volmondig met de Labourpartij eens dat politiek gezag voortvloeit uit de gevoelens, keuzes en vrije wil van individuele kiezers. Toen Groot-Brittannië dus moest beslissen of het uit de EU wilde, vroeg premier David Cameron niet aan koningin Elizabeth II, de aartsbisschop van Canterbury of de rectores magnifici van Oxford en Cambridge om daarover een besluit te nemen. Dat vroeg hij zelfs de parlementsleden niet. In plaats daarvan hield hij een referendum, waarbij elke Brit gevraagd werd wat voor gevoel hij of zij hierbij had.

Hier valt tegen in te brengen dat de mensen niet gevraagd werd wat ze hierbij voelden, maar hoe ze erover dáchten, maar dat is een veelvoorkomende denkfout. Referenda en verkiezingen draaien altijd om menselijke gevoelens en niet om de menselijke ratio. Als democratie een kwestie was van rationele beslissingen, dan was er geen enkele reden om alle mensen evenveel stemrecht te geven, of om überhaupt iedereen stemrecht te geven. Er zijn genoeg bewijzen dat sommige mensen veel beter geïnformeerd en veel rationeler zijn dan anderen, zeker als het gaat om specifieke economische en politieke kwesties.[2] Na het Brexitreferendum protesteerde de eminente bioloog Richard Dawkins dat de overgrote meerderheid van het Britse publiek – inclusief hijzelf – nooit uitgenodigd had moeten worden om zijn stem te laten horen, omdat ze niet de juiste economische en politicologische achtergrond hadden. 'Je kunt net zo goed een landelijke volksstemming houden over de vraag of Einstein alles wel goed had uitgerekend, of passagiers laten stemmen over de landingsbaan die de piloot moet kiezen.'[3]

Als puntje bij paaltje komt, draaien verkiezingen en referenda niet om wat we denken, maar om ons gevoel, en als het op gevoel aankomt, zijn Einstein en Dawkins geen haar beter dan wie dan ook. De democratie gaat uit van het idee dat het menselijke gevoel een mysterieuze, diepgaande 'vrije wil' weerspiegelt, dat deze 'vrije wil' de ultieme bron van gezag is en dat alle mensen even vrij zijn, ondanks het feit dat sommigen misschien intelligenter zijn dan anderen. Een analfabeet dienstmeisje heeft net zoveel vrije wil als Einstein en Dawkins, dus tellen haar gevoelens – die vertegenwoordigd worden door haar stem – net zo zwaar als die van anderen.

Niet alleen kiezers, maar ook politici laten zich leiden door hun gevoel. In het Brexitreferendum van 2016 werd de exitcampagne geleid door Boris Johnson en Michael Gove. Na het aftreden van David Cameron steunde Gove in eerste instantie Johnson in diens gooi naar het premierschap, maar op het allerlaatste moment verklaarde Gove dat hij Johnson niet geschikt vond voor die functie en stelde hij zichzelf verkiesbaar. Goves actie, waarmee hij Johnsons kansen de grond in boorde, werd omschreven als een machiavellistische politieke moordaanslag.[4] Gove verdedigde zijn gedrag echter door zich te beroepen op zijn gevoelens, met de verklaring: 'Bij elke stap in mijn politieke leven heb ik me één ding afgevraagd: "Wat is de juiste aanpak? Wat geeft je hart je in?"'[5] Daarom, zei Gove, had hij zo hard gevochten voor de Brexit en daarom voelde hij zich geroepen om zijn voormalige bondgenoot Boris Johnson een mes in de rug te steken en zelf een gooi te doen naar het hoogste ambt – omdat zijn hart hem dat ingaf.

Dit vertrouwen op ons hart zou wel eens de achilleshiel van de liberale democratie kunnen blijken, want zodra iemand (misschien in Peking, misschien in San Francisco) de technologie in handen krijgt om het menselijk hart te hacken en manipuleren, zal de democratische politiek verworden tot een emotionele poppenkast.

Luister naar het algoritme

Dit liberale geloof in gevoelens en keuzevrijheid van het individu is niet vanzelfsprekend en heel oud is het ook al niet. Duizenden jaren lang geloofden mensen dat alle gezag voortvloeide uit goddelijke wetten, dus niet uit het menselijke hart, en dat we het woord van God dus moesten heiligen, en niet de menselijke vrijheid. Pas in de laatste eeuwen ging het oppergezag van hemelse godheden langzamerhand over op mensen van vlees en bloed.

Binnenkort zal er misschien nog een machtsverschuiving komen, maar dan van mensen naar algoritmen. Zoals goddelijk gezag werd gelegitimeerd door religieuze mythen en menselijk gezag gerechtvaardigd door het liberale verhaal, zo zou de ophanden zijnde technologische revolutie wel eens het gezag van big-data-algoritmen kunnen vestigen en het hele idee van individuele vrijheid kunnen ondermijnen.

Zoals we in het vorige hoofdstuk al zagen, suggereren wetenschappelijke inzichten in de werking van onze hersenen en lichamen dat onze gevoelens geen puur menselijke, spirituele eigenschap zijn en dat ze op geen enkele manier een 'vrije wil' weerspiegelen. Gevoelens zijn gewoon biochemische mechanismen die alle zoogdieren en vogels gebruiken om snel allerlei mogelijkheden om te overleven en zich voort te planten in te schatten. Gevoelens zijn niet gebaseerd op intuïtie, inspiratie of vrijheid, ze zijn gebaseerd op berekening.

Als een aap, een muis of een mens een slang ziet, komt er angst in hem op, omdat miljoenen neuronen in de hersenen snel de relevante gegevens nalopen en concluderen dat het zeer wel mogelijk is dat dit dodelijk afloopt. Seksuele gevoelens ontstaan als andere biochemische algoritmen calculeren dat een nabij individu duidelijke mogelijkheden biedt voor een succesvolle paring, een sociale band of een ander gewenst doel. Morele gevoelens als verontwaardiging, schuldgevoel of vergevingsgezindheid komen voort uit neurale mechanismen die zijn geëvolueerd om samenwerking in groepen mogelijk te maken. Al die biochemische algoritmen zijn in de loop van miljoenen jaren van evolutie bijgeslepen en verfijnd. Als de gevoelens van een verre voorzaat fouten maakten, haalden de genen die dat gevoel genereerden de volgende generatie niet. Gevoelens zijn dus niet het omgekeerde van rationaliteit, maar een belichaming van evolutionaire rationaliteit.

Meestal beseffen we niet dat gevoelens in wezen berekeningen zijn, omdat het snelle calculatieproces zich buiten ons bewuste waarnemingsveld afspeelt. We voelen de miljoenen neuronen in de hersenen geen kansberekeningen uitvoeren over ons voortbestaan en onze voortplanting, dus geloven we abusievelijk dat onze angst voor slangen, onze voorkeur voor een bepaalde sekspartner of onze opinies over de Europese Unie voortvloeien uit een mysterieuze 'vrije wil'.

Het liberalisme zit er dus naast met het idee dat onze gevoelens de weerspiegeling vormen van een vrije wil, maar tot nu toe werkte dat vertrouwen op ons gevoel in praktisch opzicht best goed. Er was misschien niets magisch of vrijs te bekennen aan onze gevoelens, maar ze waren wel de beste methode die we hadden om te beslissen wat we wilden studeren, met wie we gingen trouwen en op welke partij we zouden stemmen. Er was buiten mij geen enkel systeem dat mijn gevoelens ooit beter zou kunnen begrijpen dan ikzelf. Zelfs als de Spaanse Inquisitie of de Russische KGB me elke minuut van elke dag zou bespioneren, dan nog hadden ze niet de biologische kennis en de benodigde rekenkracht om de biochemische processen achter mijn verlangens en keuzes te hacken. Het was al met al niet eens zo gek om te beweren dat ik een vrije wil had, omdat mijn wil voornamelijk werd gevormd door de interactie van innerlijke krachten die niemand van buitenaf kon zien. Ik kon de illusie koesteren dat ik de baas was over mijn eigen geheime innerlijke arena; buitenstaanders zouden nooit echt kunnen begrijpen wat in mijn hoofd omging en hoe ik beslissingen nam.

Het liberalisme had dus gelijk als het mensen aanraadde hun hart te volgen in plaats van de bevelen van een of andere priester of apparatsjik, maar het zal misschien niet lang meer duren voor computeralgoritmen betere adviseurs worden dan je eigen gevoelens. Als de Spaanse Inquisitie en de KGB plaatsmaken voor Google en Baidu zal de 'vrije wil' hoogstwaarschijnlijk ontmaskerd worden als een mythe en zou het liberalisme zijn praktische voordelen wel eens kunnen verliezen.

We zijn namelijk op een punt beland waarop twee immens ingrijpende revoluties zich tegelijkertijd voltrekken. Aan de ene kant ontcijferen biologen de mysteriën van het menselijk lichaam en met name ook de hersenen en ons gevoelsleven. Tegelijk biedt de informatica ons ongekende gegevensverwerkende vermogens. Als de biotechrevolutie gecombineerd wordt met de infotechrevolutie zal dat big-data-algoritmen opleveren die mijn gevoelens veel beter kunnen monitoren en doorgronden dan ikzelf en dan zal er waarschijnlijk een machtsverschuiving plaatsvinden van mensen naar computers. Mijn illusies over mijn vrije wil zullen vermoedelijk verdwijnen als ik dagelijks geconfronteerd word met instellingen, grote bedrijven en overheidsinstanties die dat wat altijd mijn ontoegankelijke binnenwereld was helemaal doorgronden en manipuleren.

In de medische wereld gebeurt dit al. De belangrijkste medische beslissingen in ons leven hangen niet af van hoe ziek of gezond we ons voelen en zelfs niet van de weloverwogen voorspellingen van een arts, maar van de berekeningen van computers die veel meer van ons lichaam weten dan wij. Binnen een paar decennia kunnen big-data-algoritmen die hun informatie uit een constante stroom van biometrische gegevens halen waarschijnlijk 24 uur per dag onze gezondheid monitoren. Mogelijk zullen ze het allereerste begin van griep, kanker of alzheimer kunnen detecteren, lang voor je zelf het gevoel krijgt dat er iets mis is. Vervolgens kunnen ze geschikte behandelingen, voedingspatronen en leefregels adviseren die exact zijn toegespitst op jouw unieke bouw, je DNA en je persoonlijkheid.

De mensheid zal de beste gezondheidszorg uit de geschiedenis krijgen, maar juist daarom zullen ze waarschijnlijk de hele tijd ziek zijn. Er is altijd wel ergens iets mis in het lichaam. Er is altijd wel iets wat beter kan. In het verleden voelde je je kerngezond zolang je geen pijn voelde of geen last had van een duidelijk symptoom, zoals moeilijk lopen. In 2050 zullen ziekten dankzij biometrische sensoren en big-data-algoritmen misschien al vastgesteld en behandeld worden voor ze überhaupt tot pijn of problemen leiden. Het gevolg daarvan is dat je altijd wel zult lijden aan de een of andere 'aandoening' en daarom deze of gene adviezen van een algoritme zult opvolgen. Als je weigert, wordt je zorgverzekering misschien ingetrokken of word je ontslagen door je baas, want waarom zouden zij moeten betalen voor jouw koppigheid?

Het is één ding om te blijven roken ondanks algemene statistieken die roken linken aan longkanker, maar het is een heel ander verhaal om te blijven roken ondanks een concrete waarschuwing van een biometrische sensor die zojuist zeventien kankercellen boven in je linkerlong heeft aangetroffen. En al ben je bereid die sensor te negeren, wat als dat ding de waarschuwing doorstuurt naar je zorgverzekeraar, je afdelingshoofd en je moeder?

Wie zal de tijd en energie hebben om met al die ziekten om te gaan? Hoogstwaarschijnlijk zouden we ons persoonlijke gezondheidsalgoritme gewoon instrueren om het merendeel van dit soort problemen naar eigen goeddunken aan te pakken. Het zal hoogstens periodieke updates naar onze smartphone sturen met de boodschap dat 'zeventien kankercellen zijn gedetecteerd en vernietigd'. Hypochonders zullen al die updates misschien braaf doornemen, maar de meesten van ons zullen ze gewoon negeren, net zoals we die irritante antivirusmeldingen op de computer negeren.

Het grote beslissingendrama

Wat nu al begint te gebeuren in de gezondheidszorg zal waarschijnlijk op steeds meer vlakken terrein winnen. De belangrijkste uitvinding op dit front is de biometrische sensor, die mensen op of in hun lichaam kunnen dragen en die biologische processen omzet in elektronische informatie die computers kunnen opslaan en analyseren. Met genoeg biometrische gegevens en genoeg rekenkracht kunnen externe dataprocessoren al je verlangens, beslissingen en meningen hacken. Ze kunnen precies weten wie je bent.

De meeste mensen kennen zichzelf helemaal niet zo goed. Toen ik 21 was, besefte ik eindelijk dat ik homo was, nadat ik dat jarenlang had onderdrukt. Dat is niet heel uitzonderlijk. Veel homo's zijn als tiener onzeker over hun seksualiteit. Stel je nu de situatie in 2050 eens voor, waarin een algoritme elke tiener exact kan vertellen waar hij zich bevindt op de hetero/homoschaal (en zelfs hoe veranderlijk die positie kan zijn). Misschien laat het algoritme je foto's of filmpjes van aantrekkelijke mannen en vrouwen zien en volgt het je oogbewegingen, bloeddruk en hersenactiviteit. Vijf minuten later rolt er dan een cijfer op de Kinseyschaal uit.[6] Het zou mij jaren van frustratie bespaard hebben. Misschien zou je zelf niet zo'n test willen doen, maar zit je ineens met een groepje vrienden op het saaie verjaardagsfeestje van Michelle en stelt iemand voor dat iedereen zichzelf voor de lol gaat testen met dat coole nieuwe algoritme (waarbij iedereen over je schouder kijkt en commentaar levert). Zou je dan weigeren?

Zelfs als je dat doet en zelfs als je je kop in het zand steekt en alles geheim weet te houden voor je klasgenoten, dan nog kun je je niet verstoppen voor Amazon, Alibaba of de geheime dienst. Als je op internet surft, YouTubefilmpjes kijkt of de startpagina van je sociale media leest, zullen de algoritmen je discreet monitoren en analyseren, waarna ze aan Coca-Cola melden dat ze beter de reclame met de topless man kunnen gebruiken dan die met het topless meisje, als ze jou frisdrank willen verkopen. Daar weet je zelf niets van. Maar zij weten het wel en die informatie zal miljarden waard zijn.

Aan de andere kant zal het misschien allemaal bekend zijn en zullen mensen hun informatie gretig delen om betere aanbevelingen te krijgen en uiteindelijk ook om het algoritme betere beslissingen voor ze te laten nemen. Het begint met simpele dingen, zoals de beslissing welke film je wilt kijken. Als je met een groepje vrienden een gezellig avondje voor de buis wilt doorbrengen, moet er eerst besloten worden wat jullie willen zien. Vijftig jaar geleden had je geen keus, maar nu zijn er dankzij de opkomst van on-demand-diensten duizenden mogelijkheden. Het kan best moeilijk zijn om overeenstemming te bereiken, want jij houdt persoonlijk erg van sciencefictionthrillers, maar Jantje heeft een voorkeur voor romantische comedy's en Marietje stemt voor Franse arthousefilms. Zo kun je makkelijk uitkomen bij een middelmatige B-film waar niemand iets aan vindt.

Een algoritme kan uitkomst bieden. Je kunt het vertellen welke films jullie echt goed vinden en op basis van een gigantische statistische database kan het algoritme dan de perfecte keuze voor de hele groep vinden. Helaas is zo'n simpel algoritme makkelijk te misleiden, vooral omdat informatie die mensen over zichzelf geven notoir onbetrouwbaar is. Het gebeurt vaak genoeg dat iedereen een bepaalde film een meesterwerk noemt en dat je zo'n film dan van jezelf moet kijken. Zelfs als je halverwege in slaap valt, wil je niet te kijk staan als cultuurbarbaar, dus vertel je iedereen dat het een geweldige ervaring was.[7]

Zulke problemen worden echter opgelost als we het algoritme gewoon toestaan gegevens over ons te verzamelen op momenten dat we naar films kijken in plaats van te vertrouwen op onze twijfelachtige beweringen over onszelf. Om te beginnen kan het algoritme bijhouden welke films je hebt uitgekeken en welke je halverwege hebt uitgezet. Zelfs als je aan iedereen die het horen wil vertelt dat *Gone With the Wind* de beste film is die ooit is gemaakt, weet het algoritme heel goed dat je nooit verder dan het eerste halfuur bent gekomen en Atlanta niet eens in brand hebt zien staan.

Maar het algoritme kan nog veel dieper gaan. Momenteel wordt software ontwikkeld die menselijke emoties kan detecteren aan de hand van oogbewegingen en bewegingen van de gezichtsspieren.[8] Zet een goede camera op je televisie en die software weet meteen om welke scènes je moest lachen, welke scènes je triest vond en welke stukjes je saai vond. Verbind het algoritme vervolgens met biometrische sensoren en het weet precies hoe elk beeldje je hartslag, bloeddruk en hersenactiviteit beïnvloedt. Als je *Pulp Fiction* van Quentin Tarantino kijkt, kan het algoritme bijvoorbeeld opmerken dat de verkrachtingsscène een nauwelijks merkbaar vleugje seksuele opwinding veroorzaakte, dat je ondanks jezelf moest lachen toen Vincent Marvin per ongeluk in het gezicht schoot en dat je de grap over de Big Kahuna Burger niet snapte, maar toch lachte om niet dom over te komen. Bij een neplach gebruik je andere hersengebiedjes en spieren dan als je lacht omdat je iets echt grappig vindt. Mensen kunnen het verschil meestal niet zien, maar een biometrische sensor wel.[9]

Het woord 'televisie' komt van het Griekse *tele*, dat 'ver' betekent en het Latijnse *visio*, oftewel 'zicht'. Het is oorspronkelijk bedacht als apparaat waarmee we iets kunnen zien wat ver weg is. Maar nog even en het wordt ook iets waarmee wij zelf van verre gezien kunnen worden. Zoals George Orwell al voorzag in *1984* zal de televisie ons bekijken terwijl wij ernaar kijken. Zodra je het hele oeuvre van Tarantino hebt bekeken, zul je het grootste deel daarvan misschien al snel weer vergeten zijn, maar Netflix, of Amazon, of wie het tv-algoritme ook in handen heeft, zal precies weten wat voor type je bent en wat voor emotionele gebruiksaanwijzing je hebt. Met zulke gegevens zouden Netflix en Amazon griezelig precies films voor je kunnen uitkiezen, maar het zou ze ook in staat stellen om de belangrijkste beslissingen uit je leven voor je te nemen, zoals wat je moet studeren, waar je moet gaan werken en met wie je moet trouwen.

Natuurlijk zal Amazon het niet altijd bij het rechte eind hebben. Dat is ook onmogelijk. Algoritmen zullen herhaaldelijk fouten maken door een gebrek aan gegevens, programmeerfouten, onduidelijk geformuleerde doelstellingen en de chaotische aard van het leven zelf.[10] Maar Amazon hoeft ook niet perfect te zijn. Het hoeft gemiddeld genomen alleen maar beter te zijn dan wij mensen. En dat is niet zo moeilijk, want de meeste mensen kennen zichzelf niet zo goed en de meeste mensen begaan vreselijke vergissingen bij de belangrijkste beslissingen van hun leven. Mensen hebben nog meer last van gebrekkige gegevens, programmeerfouten (genetisch en cultureel), onduidelijke definities en de chaos van het leven dan algoritmen.

Het is simpel genoeg om de vele problemen met algoritmen op te sommen en te concluderen dat mensen er nooit op zullen vertrouwen, maar dat is een beetje hetzelfde als alle nadelen van de democratie in kaart brengen en concluderen dat een mens nooit bij zijn volle verstand voor zo'n systeem zou kiezen. Winston Churchill deed de beroemde uitspraak dat de democratie het slechtste politieke systeem ter wereld was, afgezien van alle andere. Mensen kunnen, terecht of onterecht, tot dezelfde conclusies komen als het om big-data-algoritmen gaat: er kan van alles mee misgaan, maar we hebben geen beter alternatief.

Naarmate wetenschappers meer gaan begrijpen over de manier waarop mensen beslissingen nemen, wordt de verleiding om ons op algoritmen te verlaten waarschijnlijk groter. Het hacken van menselijke beslissingen zal big-data-algoritmen niet alleen betrouwbaarder maken, maar menselijke gevoelens tegelijk ook minder betrouwbaar maken. Zodra overheden en bedrijven het voor elkaar krijgen om het menselijke besturingssysteem te kraken, zullen we volop bestookt worden met heel precies gekozen manipulatie, reclame en propaganda. Wie weet wordt het zo makkelijk om onze meningen en emoties te manipuleren dat we op dezelfde manier op algoritmen zullen moeten vertrouwen als een piloot die ineens duizelig wordt, moet negeren wat zijn eigen zintuigen hem vertellen en helemaal moet vertrouwen op zijn apparatuur.

In sommige landen en in sommige situaties hebben mensen straks misschien wel niets te kiezen en zullen ze zich domweg moeten voegen naar de beslissingen van big-data-algoritmen. Zelfs in zogenoemde vrije landen zullen algoritmen misschien steeds meer te zeggen krijgen, omdat we uit ervaring zullen leren om steeds meer op ze te vertrouwen en langzaam ons vermogen om voor onszelf te beslissen kwijt zullen raken. Bedenk maar eens dat in een luttele twintig jaar miljarden mensen het zoekalgoritme van Google een van de belangrijkste taken in hun leven zijn gaan toevertrouwen, namelijk het zoeken naar relevante en betrouwbare informatie. We zoeken geen informatie meer, we googelen. En als we steeds meer op Google vertrouwen om antwoorden voor ons te vinden, neemt ons vermogen om zelf informatie te zoeken af. Nu al wordt wat 'waar' is gedefinieerd als de bovenste resultaten in een Googlesearch.[11]

Dit is ook gebeurd met fysieke vaardigheden, zoals ruimtelijk navigeren. Mensen vragen Google om ze de weg te wijzen. Als ze bij een kruispunt komen, zegt hun gevoel misschien dat ze linksaf moeten, maar Google Maps wil rechtsaf. Eerst luisteren ze naar hun eigen gevoel, slaan linksaf, komen vast te zitten in een file en lopen een belangrijke vergadering mis. De volgende keer luisteren ze naar Google, slaan rechtsaf en komen op tijd. De ervaring leert ze op Google te vertrouwen. Na een jaar of twee geloven ze blind alles wat Google Maps ze vertelt en als hun smartphone uitvalt, zijn ze nergens meer.

In maart 2012 besloten drie Japanse toeristen in Australië een dagtochtje te maken naar een klein eilandje voor de kust en reden ze regelrecht de Stille Oceaan in. De 21-jarige Yuzu Nuda, die achter het stuur zat, zei later dat ze alleen maar de instructies van de gps had opgevolgd en dat 'die zei dat we daarlangs konden en dat we zo bij een weg zouden uitkomen. Toen kwamen we vast te zitten.'[12] Bij vergelijkbare incidenten reden mensen een meer in of vielen ze van een gesloopte brug omdat ze gps-instructies opvolgden.[13] Ons navigatievermogen is net een spier. Als je het niet gebruikt, blijft er niets van over.[14] Hetzelfde geldt voor ons vermogen om een partner of beroep te kiezen.

Elk jaar moeten miljoenen jongeren beslissen wat ze willen studeren. Dat is een ontzettend belangrijke, ontzettend moeilijke beslissing. Je wordt onder druk gezet door je ouders, je vrienden en je leraren, die allemaal andere interesses en meningen hebben, en je hebt ook nog je eigen angsten en fantasieën. Je oordeel wordt vertroebeld en gemanipuleerd door Hollywood-films, pulpromannetjes en uiterst subtiele reclamecampagnes. Het is extra moeilijk om verstandig te kiezen doordat je niet goed weet wat je nodig hebt om te slagen in een bepaald beroep en niet per se een realistisch beeld hebt van je eigen talenten en tekortkomingen. Wat moet je in huis hebben om een succesvolle advocaat te worden? Hoe presteer je onder druk? Ben ik goed in samenwerken?

Een meisje kan bijvoorbeeld rechten gaan studeren omdat ze een onjuist beeld heeft van haar eigen talenten en een nog onduidelijker beeld van wat het werk van een advocaat precies inhoudt (je mag heus niet de hele dag dramatische speeches afsteken en '*objection, your honour!*' roepen). Intussen besluit haar vriendin haar jeugddroom waar te maken en naar de balletacademie te gaan, hoewel ze daar niet de juiste bouw voor heeft en ook niet genoeg discipline. Jaren later hebben ze allebei enorme spijt van hun keuze. In de toekomst zouden we het aan Google kunnen overlaten om dergelijke beslissingen voor ons te nemen. Google zou mij kunnen vertellen dat ik mijn tijd zou verspillen op een rechtenfaculteit of balletacademie, maar dat ik best een prima (en bijzonder tevreden) psycholoog of loodgieter kan worden.[15]

Zodra AI betere beslissingen dan wijzelf gaat nemen als het om beroepskeuze en misschien zelfs relaties gaat, zullen onze ideeën over ons menszijn en het leven in het algemeen moeten veranderen. Mensen zijn gewend het leven te beschouwen als één groot beslissingencircus. De liberale democratie en het vrijemarktkapitalisme beschouwen het individu als een autonome eenheid die constant keuzes maakt over alles in de wereld. Kunstuitingen – of het nu gaat om Shakespearestukken, romans van Jane Austen of goedkope Hollywood-comedy's – draaien meestal om een held die een of andere cruciale beslissing moet nemen. Zijn of niet zijn? Naar mijn vrouw luisteren en koning Duncan om zeep helpen of naar mijn geweten luisteren en hem sparen? Met meneer Collins trouwen of met meneer Darcy? In de christelijke en islamitische theologie gaat het op vergelijkbare wijze om het drama van de juiste beslissing, want het verschil tussen eeuwige verlossing of verdoemenis zit hem in de juiste keuzes.

Wat zal er met die kijk op het leven gebeuren als we AI steeds meer beslissingen voor ons laten nemen? Momenteel vertrouwen we op Netflix om ons films aan te bevelen en op Google Maps om te kiezen of we rechtsaf of linksaf zullen gaan. Maar zodra we het aan AI overlaten om te besluiten wat we gaan studeren, waar we gaan werken en met wie we trouwen, zal het leven niet meer bestaan uit de ene beslissing na de andere. Democratische verkiezingen en vrije markten zullen nergens meer op slaan, evenmin als de meeste religies en kunstwerken. Denk je een Anna Karenina in die haar smartphone pakt om het Facebookalgoritme te vragen of ze getrouwd moet blijven met Karenin of ervandoor moet gaan met de zwierige graaf Vronski. Of stel je voor dat alle beslissingen in je favoriete Shakespearestuk genomen zouden worden door het Google-algoritme. Hamlet en Macbeth zullen een veel comfortabeler leven krijgen, maar wat voor leven is dat precies? Hebben we überhaupt modellen om iets van zo'n leven te begrijpen?

Als de macht steeds meer van mensen op algoritmen overgaat, gaan we de wereld misschien steeds minder beschouwen als het domein van autonome individuen die worstelen om de juiste keuzes te maken. Mogelijk gaan we het hele universum dan zien als een grote gegevensstroom, zijn organismen in onze ogen niet veel meer dan biochemische algoritmen en gaan we geloven dat de kosmische roeping van de mensheid eruit bestaat om een allesomvattend gegevensverwerkend systeem te creëren en daar vervolgens in op te gaan. We zijn nu al steeds meer kleine chipjes aan het worden in een gigantisch dataprocessorsysteem waarvan niemand echt iets begrijpt. Ik neem elke dag talloze databits op via e-mails, tweets en artikelen, ik verwerk die data en stuur nieuwe bits terug in nog meer e-mails, tweets en artikelen. Ik weet niet echt wat mijn plaats is in het grotere geheel en hoe mijn stukjes data aansluiten bij de bits die miljarden andere mensen en computers produceren. Ik heb ook geen tijd om dat uit te zoeken, want ik heb het te druk met het beantwoorden van al die e-mails.

De filosofische auto

Sommigen zullen nu tegenwerpen dat algoritmen nooit belangrijke beslissingen voor ons kunnen nemen, omdat belangrijke beslissingen vaak een ethische component hebben en algoritmen niets van ethiek begrijpen. Er is echter geen reden om aan te nemen dat algoritmen de gemiddelde mens niet ook op het gebied van ethiek zullen overtreffen. Ze beginnen zich nu, nu apparaten als smartphones en autonome voertuigen beslissingen nemen waarop de mens altijd het monopolie had, al bezig te houden met hetzelfde soort ethische problemen waarmee mensen al millennia worstelen.

Stel dat twee kinderen die achter een bal aanhollen voor een zelfrijdende auto springen. Het algoritme dat de auto bestuurt rekent bliksemsnel uit dat het de twee kinderen alleen kan ontwijken door de andere rijbaan op te gaan, waar het tegen een aankomende vrachtwagen kan botsen. Het algoritme berekent dat er in dat geval een kans van zeventig procent is dat de eigenaar van de auto – die diep in slaap op de achterbank zit – zal omkomen. Wat moet het algoritme dan doen?[16]

Filosofen discussiëren al duizenden jaren over dit soort 'trolleyproblemen' (zo noemen we ze, omdat de schoolvoorbeelden in het moderne filosofische discours gaan over een losgeslagen trolleywagentje dat over een spoorbaan dendert, in plaats van over een zelfrijdende auto).[17] Tot nu toe hebben deze discussies gênant weinig invloed gehad op ons gedrag, doordat mensen op crisismomenten al te vaak hun filosofische overtuigingen vergeten en in plaats daarvan hun emoties en onderbuikgevoel volgen.

Een van de gemeenste experimenten in de geschiedenis van de sociale wetenschappen is in december 1970 uitgevoerd met een groep studenten aan het theologisch seminarium in het Amerikaanse Princeton, die leerden voor predikant in de presbyteriaanse kerk. De studenten kregen elk opdracht om zo snel mogelijk naar een verafgelegen collegezaal te gaan om een lezing te geven over de parabel van de barmhartige Samaritaan, waarin een Jood die onderweg is van Jeruzalem naar Jericho wordt beroofd en in elkaar geslagen door boeven, die hem voor dood langs de weg laten liggen. Even later komen er een priester en een Leviet langs, maar allebei negeren ze de man. Een Samaritaan – een lid van een sekte waarvoor de Joden niets dan minachting hebben – blijft staan als hij het slachtoffer ziet, helpt hem op de been en redt zijn leven. De moraal van deze parabel is dat mensen beoordeeld moeten worden op hun gedrag, en niet op hun godsdienst.

De enthousiaste jonge seminaristen haastten zich naar de collegezaal en bedachten onderweg hoe ze de moraal van de parabel het best konden verklaren, maar de onderzoekers plaatsten een in vodden gehulde persoon op hun pad, die languit in een portiek zat met gebogen hoofd en gesloten ogen. Telkens als er een nietsvermoedende seminarist langskwam, hoestte en kreunde het 'slachtoffer' hartverscheurend. De meeste seminaristen hielden niet eens hun pas in om te vragen wat er met hem aan de hand was, laat staan dat ze hem hielpen. De emotionele stress die veroorzaakt werd door hun haast om op tijd in de collegezaal te zijn telde zwaarder dan hun morele plicht om vreemden in nood te helpen.[18]

In talloze andere situaties tellen menselijke emoties ook zwaarder dan filosofische theorieën. Daardoor is de ethische en filosofische geschiedenis van de wereld ook een tamelijk deprimerend verhaal over schitterende ideeën en minder ideaal gedrag. Hoeveel christenen keren hun vijand daadwerkelijk de andere wang toe, hoeveel boeddhisten weten allerlei egoïstische obsessies te overstijgen en hoeveel joden hebben hun naasten echt net zo lief als zichzelf? Zo heeft natuurlijke selectie homo sapiens nu eenmaal gemaakt. Net als alle andere zoogdieren gebruikt homo sapiens emoties om snel cruciale beslissingen te nemen. We hebben onze woede, angst en wellust geërfd van miljoenen voorzaten, die allemaal de strengste kwaliteitscontroles van de natuurlijke selectie hebben doorstaan.

Wat een miljoen jaar geleden goed was voor ons voortbestaan en de voortplanting op de Afrikaanse savanne leidt helaas echter niet per se tot verantwoordelijk gedrag op eenentwintigste-eeuwse snelwegen. Afgeleide, boze en zenuwachtige chauffeurs doden jaarlijks meer dan een miljoen mensen in auto-ongelukken. We kunnen al onze filosofen, profeten en priesters eropuit sturen om die chauffeurs wat ethiek bij te brengen, maar op de weg nemen zoogdieremoties en savanne-instincten het steevast over. Gehaaste seminaristen zullen dus mensen in nood negeren en chauffeurs zullen in stresssituaties onschuldige voetgangers overrijden.

Deze kloof tussen het seminarie en de snelweg is een van de grootste praktische problemen in de ethiek. Immanuel Kant, John Stuart Mill en John Rawls kunnen dagenlang in een knus universiteitszaaltje gaan zitten discussiëren over theoretische ethische problemen, maar zouden de leefregels die daaruit rollen echt geïmplementeerd worden door gestreste automobilisten die in een fractie van een seconde moeten reageren in een noodsituatie? Misschien dat Michael Schumacher – de Formule 1-kampioen die wel de beste chauffeur uit de geschiedenis wordt genoemd – over filosofie kon nadenken tijdens het racen, maar de meesten van ons zijn geen Schumacher.

Computeralgoritmen zijn echter niet tot stand gekomen door natuurlijke selectie en hebben geen emoties of onbewuste instincten. Zij zouden zich in noodsituaties dus veel beter aan ethische richtlijnen kunnen houden dan mensen, gesteld dat we een manier vinden om die ethische richtlijnen heel precies vast te leggen in cijfers en statistieken. Als we Kant, Mill en Rawls leren programmeren, zouden ze de zelfrijdende auto heel exact kunnen programmeren in hun knusse laboratorium en dan kunnen we er zeker van zijn dat de auto hun regels zal opvolgen op de snelweg. In feite zou elke auto dan bestuurd worden door een combinatie van Michael Schumacher en Immanuel Kant.

Als je een zelfrijdende auto programmeert om te stoppen en helpen als er een vreemde in nood is, zal hij door roeien en ruiten gaan om dat te doen (mits je natuurlijk een uitzonderingsregel invoegt die verband houdt met roeien of ruiten). Als je zelfrijdende auto geprogrammeerd is om de andere rijbaan op te zwenken om twee kinderen te redden, kun je er donder op zeggen dat hij het braaf doet. Bij het ontwerpen van zelfrijdende auto's zullen Toyota of Tesla dus een theoretisch probleem uit de ethische filosofie moeten omzetten in een praktisch technisch probleem.

Toegegeven, de filosofische algoritmen zullen nooit perfect worden. Er zullen altijd nog fouten gemaakt worden die leiden tot doden, gewonden en extreem ingewikkelde rechtszaken. (Voor het eerst in de geschiedenis zul je misschien een filosoof kunnen aanklagen vanwege de onfortuinlijke gevolgen van zijn of haar theorieën, omdat je voor het eerst in de geschiedenis een direct causaal verband zult kunnen aantonen tussen filosofische ideeën en gebeurtenissen in het echte leven.) Maar algoritmen hoeven ook niet perfect te zijn om het over te nemen van menselijke automobilisten. Ze hoeven alleen maar beter te zijn dan mensen, wat niet zo'n probleem zal zijn, aangezien menselijke automobilisten jaarlijks meer dan een miljoen mensen doodrijden. Als puntje bij paaltje komt, rijd je dan liever naast een dronken tiener of naast Team Schumacher-Kant?[19]

Deze logica gaat niet alleen op voor autorijden, maar ook voor veel andere situaties. Denk bijvoorbeeld aan solliciteren. In de eenentwintigste eeuw zal de beslissing om iemand in dienst te nemen steeds meer genomen worden door algoritmen. We kunnen niet verwachten dat de machine relevante ethische standaarden verzint – dat zullen mensen moeten blijven doen. Maar als we eenmaal een ethische standaard hebben ingesteld – bijvoorbeeld dat het verkeerd is om zwarten of vrouwen te discrimineren – kunnen we er blind op vertrouwen dat machines deze standaard beter kunnen implementeren en handhaven dan mensen.[20]

Een menselijke manager kan weten dat het ethisch niet in de haak is om zwarten en vrouwen te discrimineren en daarmee kan hij het zelfs volmondig eens zijn, maar als er een zwarte vrouw solliciteert, kan hij haar onbewust toch discrimineren en besluiten haar niet aan te nemen. Als we de sollicitaties door een computer laten evalueren en de computer zo programmeren dat hij totaal niet op ras en gender let, dan kunnen we ervan opaan dat de computer die factoren inderdaad zal negeren, want computers hebben geen onderbewuste. Het zal natuurlijk niet makkelijk zijn om een programma te schrijven dat sollicitaties kan evalueren en je houdt altijd het gevaar dat de programmeurs op de een of andere manier hun eigen onderbewuste vooroordelen in de software stoppen.[21] Maar zodra we dat soort fouten ontdekken, is het waarschijnlijk veel makkelijker om de software te debuggen dan om de mens van zijn racistische en misogyne vooroordelen te ontdoen.

We zagen al dat de opkomst van kunstmatige intelligentie mogelijk het merendeel van de mensen van de arbeidsmarkt zal drukken, onder wie chauffeurs en verkeersagenten (want als baldadige mensen worden vervangen door brave algoritmen zal de verkeerspolitie overbodig worden). Wel zullen er misschien nieuwe vacatures komen voor filosofen, want hun vaardigheden – die tot nu toe weinig marktwaarde hadden – zullen ineens zeer gewild zijn. Misschien is filosofie dus toch niet zo'n slechte keuze als je iets wilt studeren wat in de toekomst een goede baan garandeert.

Uiteraard zijn filosofen het zelden eens over de juiste handelwijze. Er zijn maar weinig 'trolleyproblemen' opgelost op een manier waarin alle filosofen zich kunnen vinden en consequentialistische denkers als John Stuart Mill (die daden beoordelen op de gevolgen ervan) hebben een heel andere kijk op dit soort zaken dan deontologen als Immanuel Kant (die daden beoordelen aan de hand van absolute regels). Zou Tesla serieus stelling moeten nemen in dit soort netelige kwesties om auto's te kunnen produceren?

Misschien zal Tesla dat gewoon aan de markt overlaten en twee zelfrijdende modellen uitbrengen: de Tesla Altruïst en de Tesla Egoïst. In een noodsituatie zal de Altruïst zijn eigenaar opofferen voor een hoger doel, terwijl de Egoïst alles zal doen om zijn eigenaar te redden, zelfs als het daarvoor die twee kinderen moet platrijden. Klanten zullen zo de auto kunnen kopen die het best bij hun favoriete filosofische denkbeelden past. Als meer mensen de Tesla Egoïst kopen, kun je Tesla daar moeilijk de schuld van geven. De klant is immers koning.

Dit is geen grap. In een baanbrekend onderzoek uit 2015 moesten mensen een hypothetisch scenario beoordelen waarin een zelfrijdende auto op het punt staat over een stuk of wat voetgangers heen te rijden. De meesten zeiden dat de auto in zo'n geval de voetgangers moet redden, zelfs als zijn eigenaar daarbij zou omkomen. Toen ze vervolgens de vraag kregen of ze zelf een auto zouden kopen die geprogrammeerd is om zijn eigenaar op te offeren voor de goede zaak, zeiden de meesten nee. Zelf zouden ze de voorkeur geven aan de Tesla Egoïst.[22]

Stel je de volgende situatie voor: je hebt een nieuwe auto gekocht, maar voor je die in gebruik kunt nemen, moet je het instellingenmenu openen en een hokje aanvinken. Wil je dat de auto jouw leven opoffert in geval van een ongeluk of moet hij het gezin in het andere voertuig doodrijden? Is dat überhaupt een keuze die je wilt maken? Denk alleen al aan de discussies die je met je man zult moeten voeren over het aan te vinken hokje.

Zou het dan niet beter zijn om de staat de markt te laten reguleren met een ethische richtlijn waaraan alle zelfrijdende auto's moeten voldoen? Sommige wetgevers zullen het ongetwijfeld fantastisch vinden om eindelijk eens wetten te kunnen maken die *altijd* naar de letter worden nagevolgd. Andere wetgevers zullen misschien terugschrikken voor zo'n ongekende mate van totalitaire verantwoordelijkheid. Van oudsher zetten de beperkingen van de uitvoerende macht immers een welkome rem op de vooroordelen, vergissingen en excessen van wetgevers. Het heeft uitermate goed uitgepakt dat maar voor een deel de hand werd gehouden aan wetten tegen homoseksualiteit en godslastering. Willen we echt een systeem waarin de beslissingen van feilbare politici zo onverbiddelijk worden als de zwaartekracht?

Digitale dictaturen

Mensen zijn vaak bang voor AI omdat ze er niet op vertrouwen dat AI ons zal blijven gehoorzamen. We hebben te veel sciencefictionfilms gezien over robots die in opstand komen tegen hun menselijke meesters en de straat op gaan om iedereen af te slachten. Het echte probleem met robots is echter precies het omgekeerde. We moeten juist bang zijn omdat ze waarschijnlijk altijd hun meesters zullen gehoorzamen en nooit zullen rebelleren.

Met blinde gehoorzaamheid is natuurlijk niets mis zolang de robots toevallig goedaardige meesters dienen. Zelfs in gewapende conflicten zullen killrobots zorgen dat het oorlogsrecht voor het eerst in de geschiedenis ook echt gehandhaafd zal worden op het slagveld. Menselijke soldaten overtreden de regels soms als ze, overmand door emotie, aan het moorden, plunderen en verkrachten slaan. Bij het woord 'emoties' denken we meestal aan mededogen, liefde en empathie, maar in oorlogstijd zijn de emoties die de overhand krijgen maar al te vaak angst, haat en wreedheid. Aangezien robots geen emoties hebben, kun je erop vertrouwen dat ze zich altijd aan de droge letter van de militaire gedragsregels zullen houden en zich daar nooit van zullen laten afhouden door angst of haat.[23]

Op 16 maart 1968 ging een compagnie Amerikaanse soldaten door het lint in het Zuid-Vietnamese dorpje My Lai, waar ze om en nabij de vierhonderd burgers afslachtten. Deze oorlogsmisdaad was een plaatselijk initiatief van mannen die al maanden midden in een jungleguerrilla zaten. Het diende geen enkel strategisch doel en druiste in tegen alle wetten én het militaire beleid van de VS. Het was de schuld van menselijke emoties.[24] Als de VS killrobots hadden ingezet in Vietnam, had de slachting van My Lai nooit plaatsgevonden.

Voor we overhaast killrobots gaan ontwikkelen en inzetten, moeten we echter goed bedenken dat zulke robots altijd een afspiegeling en een verlengstuk zullen zijn van hun programmering. Als hun programmering beheerst en goedaardig is, zullen de robots waarschijnlijk een enorme verbetering zijn vergeleken bij de gemiddelde menselijke soldaat. Als ze daarentegen worden geprogrammeerd om wreed en genadeloos op te treden, zullen de gevolgen catastrofaal zijn. Het echte probleem met robots is niet hun eigen kunstmatige intelligentie, maar de natuurlijke domheid en wreedheid van hun menselijke bovenbazen.

In juli 1995 slachtten Servische troepen meer dan achtduizend islamitische Bosniërs af in de buurt van Srebrenica. In tegenstelling tot de lukrake slachting in My Lai was de moordpartij in Srebrenica een langdurige, goed georganiseerde operatie die paste in het Servische beleid om Bosnië 'etnisch te zuiveren' van moslims.[25] Als de Serviërs in 1995 killrobots hadden gehad, zou die␣grueldaad waarschijnlijk eerder erger dan beter hebben uitgepakt. Niet één robot zou ook maar een moment geaarzeld hebben om willekeurig wat voor orders dan ook op te volgen en er zou nooit zelfs maar één moslimkind gespaard zijn gebleven door een gevoel van mededogen, afgrijzen of desnoods apathie.

Een genadeloze dictator met een leger van dit soort killrobots zal nooit hoeven vrezen dat zijn soldaten zich tegen hem zullen keren, hoe harteloos en gestoord zijn bevelen ook zijn. In 1789 zou een robotleger de Franse Revolutie vermoedelijk in de kiem hebben gesmoord en als Hosni Mubarak in 2011 een contingent killrobots had gehad, had hij ze op de bevolking kunnen loslaten zonder te hoeven vrezen voor desertie. Een imperialistische regering met een robotleger zou op dezelfde manier impopulaire oorlogen kunnen voeren zonder angst dat de robots hun motivatie verliezen of dat hun familieleden protesten op touw zetten. Als de VS killrobots hadden gehad in de Vietnamoorlog was de slachting van My Lai misschien vermeden, maar de oorlog had zich nog jaren kunnen voortslepen, omdat de Amerikaanse regering zich veel minder zorgen had hoeven maken over gedemoraliseerde soldaten, massale anti-oorlogsdemonstraties of een beweging van 'robotveteranen tegen de oorlog' (sommige Amerikaanse burgers waren misschien nog steeds wel tegen de oorlog geweest, maar zonder de angst om zelf in dienst te moeten, zonder schuldgevoel over gepleegde wandaden en zonder het pijnlijke verlies van een dierbaar familielid zouden de demonstraties waarschijnlijk een stuk kleiner en minder fel geweest zijn).[26]

Zulke problemen zijn een stuk minder relevant voor autonome persoonsvoertuigen, want geen enkele autofabrikant zal zijn voertuigen voorzien van kwaadaardige software die opzettelijk mensen doodt. Autonome wapensystemen zijn echter een potentiële ramp, omdat te veel regeringen in ethisch opzicht niet zuiver op de graat zijn, of zelfs ronduit kwaadaardig.

Het gevaar blijft niet beperkt tot moordmachines. Bewakingscamera's kunnen net zo riskant zijn. In de handen van een goedaardige regering kunnen krachtige bewakingsalgoritmen het beste zijn wat de mens ooit is overkomen, maar dezelfde big-data-algoritmen kunnen ook een toekomstige Big Brother in het zadel helpen, waardoor we een orwelliaans alziend regime kunnen krijgen waarin alle burgers continu in de gaten worden gehouden.[27]

We zouden ook iets kunnen krijgen wat zelfs Orwell zich nauwelijks kon voorstellen: een totaal surveillanceregime dat niet alleen al onze zichtbare activiteiten en uitspraken volgt, maar zelfs onder onze huid kruipt om onze innerlijke ervaringen te observeren. Bedenk eens wat het regime-Kim in Noord-Korea met die nieuwe technologie zou kunnen doen. In de toekomst zou iedere inwoner van Noord-Korea gedwongen kunnen worden een biometrische armband te dragen die alles wat hij doet en zegt bijhoudt, plus zijn bloeddruk en hersenactiviteit. Met onze groeiende kennis van de menselijke hersenen en de talloze toepassingen van machine learning zou het Noord-Koreaanse regime mogelijk voor het eerst in de geschiedenis kunnen peilen wat iedere burger op elk gewenst moment denkt. Als je een foto van Kim Jong-un ziet en de biometrische sensoren pikken de verraderlijke tekenen van woede op (hogere bloeddruk, verhoogde activiteit in de amygdala), dan zit je de volgende dag al in de goelag.

Toegegeven, het Noord-Koreaanse regime is zo geïsoleerd dat het de benodigde technologie misschien moeilijk in zijn eentje kan ontwikkelen. De technologie zou echter ontworpen kunnen worden in landen met meer technologische knowhow en vervolgens gekopieerd of aangekocht kunnen worden door de Noord-Koreanen en andere achtergebleven dictaturen. China en Rusland verbeteren continu hun surveillancetechnieken, net als een aantal democratische landen, variërend van de vs tot mijn vaderland, Israël. Israël wordt wel het start-upland bij uitstek genoemd, omdat het een extreem levendige hightechsector heeft en een zeer geavanceerde cyberbeveiligingsindustrie. Tegelijk is het verwikkeld in een dodelijk conflict met de Palestijnen, en in elk geval een deel van de Israëlische leiders, generaals en burgers zouden het geen enkel probleem vinden om overal op de Westelijke Jordaanoever bewakingssystemen te plaatsen, zodra ze de technologie daarvoor in huis hebben.

Nu al worden Palestijnen die een telefoontje plegen, iets op Facebook zetten of van de ene stad naar de andere reizen vaak in de gaten gehouden door Israëlische microfoons, camera's, drones of spyware. De verzamelde gegevens worden vervolgens geanalyseerd met behulp van slimme algoritmen. Dit helpt de Israëlische veiligheidstroepen om potentiële dreigingen te lokaliseren en neutraliseren zonder al te veel soldaten te hoeven sturen. De Palestijnen besturen misschien wat stadjes en dorpjes op de Westoever, maar de Israëliërs beheersen het luchtruim, radio en tv, en cyberspace. Daardoor zijn er verrassend weinig Israëlische soldaten voor nodig om zo'n tweeënhalf miljoen Palestijnen op de Westoever onder de duim te houden.[28]

In oktober 2017 was er een tragisch incident waarbij een Palestijnse arbeider op zijn eigen Facebookaccount een foto van zichzelf op zijn werk plaatste, waarop hij naast een bulldozer stond, met als bijschrift 'goedemorgen!' Een geautomatiseerd algoritme maakte een foutje in de transliteratie van de Arabische letters en interpreteerde *ysabechhum!* (dat 'goedemorgen!' betekent) als *ydbachhum!* (oftewel 'doe ze iets aan!'). De Israëlische veiligheidstroepen arresteerden de man prompt, vanuit het vermoeden dat hij wel eens een terrorist kon zijn die mensen wilde platrijden met een bulldozer. Nadat de fout van het algoritme was ontdekt, werd hij vrijgelaten, maar de bewuste Facebookpost werd toch weggehaald. Je kunt nooit voorzichtig genoeg zijn.[29] Wat de Palestijnen nu meemaken op de Westoever is misschien een primitieve preview van wat miljarden mensen uiteindelijk overal ter wereld zullen meemaken.

Aan het eind van de twintigste eeuw deden democratieën het vaak beter dan dictaturen omdat democratieën beter waren in het verwerken van gegevens. Democratie spreidt het vermogen om informatie te verwerken en beslissingen te nemen over heel veel mensen en instellingen, terwijl dictaturen alle informatie en macht op één plek concentreren. Met alle twintigste-eeuwse technologie was het inefficiënt om te veel informatie en macht op één plek te concentreren, want niemand kon al die informatie snel genoeg verwerken en op basis daarvan de juiste beslissingen nemen. Dat is een van de redenen waarom de Sovjet-Unie veel slechtere beslissingen nam dan de Verenigde Staten en waarom de Sovjet-economie ver achterbleef bij de Amerikaanse.

Het zou echter al heel snel kunnen gebeuren dat AI die situatie radicaal omkeert. AI maakt het mogelijk om enorme hoeveelheden informatie centraal te verwerken. AI zou gecentraliseerde systemen zelfs veel efficiënter kunnen maken dan gespreide systemen, omdat machine learning beter werkt naarmate er meer informatie te analyseren valt. Als je alle informatie over een miljard mensen in één database stopt, zonder acht te slaan op hun recht op privacy, kun je veel betere algoritmen trainen dan als je hun individuele privacy respecteert en hoogstens een deel van alle informatie over een miljoen mensen in je database zet. Als een autocratische regering bijvoorbeeld al haar burgers opdraagt hun DNA te laten scannen en al hun medische gegevens te delen met een centrale autoriteit, zouden daarmee immense voordelen te behalen zijn op het gebied van genetica en medisch onderzoek, veel meer dan in landen waar medische gegevens strikt privé zijn. De belangrijkste handicap van autocratische regimes in de twintigste eeuw – hun streven om alle informatie op één plek te concentreren – zou hen in de eenentwintigste eeuw wel eens een beslissende voorsprong kunnen geven.

Als algoritmen ons zo goed leren kennen, kunnen autocratische regimes absolute controle over hun burgers krijgen, zelfs nog meer dan in nazi-Duitsland, en verzet tegen zulke regimes zou misschien volstrekt onmogelijk zijn. Niet alleen zal het regime precies weten hoe je je voelt, het kan je ook laten voelen wat het maar wil. De dictator kan zijn burgers misschien geen gezondheidszorg of gelijkheid bieden, maar hij kan er wel voor zorgen dat ze van hem houden en zijn tegenstanders haten. De democratie kan in haar huidige vorm een fusie tussen biotech en infotech niet overleven. Er zal een nieuwe, succesvolle vorm van democratie verzonnen moeten worden, anders zullen mensen straks leven in 'digitale dictaturen'.

Dit zal geen terugkeer worden naar de tijd van Hitler en Stalin. Digitale dictaturen zullen net zo van nazi-Duitsland verschillen als nazi-Duitsland verschilde van het Franse ancien régime. Lodewijk XIV was een gecentraliseerde autocraat, maar hij had niet de technologie om een moderne totalitaire staat op te bouwen. Er was geen verzet tegen zijn bewind, maar er waren geen radio's, telefoons en treinen, waardoor hij weinig controle had op het dagelijks leven van boeren in afgelegen Bretonse dorpjes of zelfs burgers die midden in Parijs woonden. Hij had niet de wens of de middelen om een massale volkspartij, een landelijke jeugdbeweging of een nationaal onderwijssysteem op te zetten.[30] Het waren de nieuwe technologieën van de twintigste eeuw die Hitler de motivatie en de macht gaven om dat soort dingen te doen. We kunnen niet voorspellen wat voor motivaties en macht de digitale dictaturen van 2084 zullen hebben, maar het is niet erg waarschijnlijk dat ze Hitler en Stalin domweg zullen na-apen. Mensen die zich opmaken om de strijd van de jaren dertig weer op te pakken, zullen mogelijk overrompeld worden door een aanval uit een totaal andere hoek.

Zelfs als de democratie zich kan aanpassen en overleven, dan nog kunnen mensen het slachtoffer worden van nieuwe vormen van onderdrukking en discriminatie. Nu al gebruiken steeds meer banken, grote concerns en instellingen algoritmen om gegevens te analyseren en beslissingen over ons te nemen. Als je een lening aanvraagt bij je bank, zal je aanvraag hoogstwaarschijnlijk door een algoritme verwerkt worden en niet door een mens. Het algoritme analyseert allerlei gegevens over jou en statistische gegevens over miljoenen andere mensen, en besluit dan of je betrouwbaar genoeg bent om je een lening te geven. Vaak doet het algoritme dat beter dan een menselijke bankier. Het probleem is alleen dat het lastig is om te weten of en wanneer het algoritme onterecht bepaalde mensen discrimineert. Als de bank je lening weigert en je vraagt waarom, antwoordt de bank: 'Dat zei het algoritme.' Jij vraagt: 'Waarom zei het algoritme nee? Wat is er mis met mij?' en de bank antwoordt: 'Dat weten we niet. Er is geen mens die dit algoritme begrijpt, want het is gebaseerd op geavanceerde machine learning. Maar we vertrouwen ons algoritme, dus je krijgt je lening niet.'[31]

Als hele groepen mensen worden gediscrimineerd, zoals vrouwen of zwarten, kunnen die groepen zich organiseren en protesteren tegen die collectieve discriminatie. Maar nu kan een algoritme jou persoonlijk discrimineren, zonder dat je weet waarom. Misschien zag het algoritme iets aan je DNA, je persoonlijke geschiedenis of je Facebookaccount wat het niet beviel. Het algoritme discrimineert je niet omdat je een vrouw bent, of Afrikaanse wortels hebt, maar omdat je bent wie je bent. Je hebt iets specifieks dat het algoritme niet lekker zit. Je weet niet wat het is en zelfs al wist je het, dan nog kun je geen andere mensen oproepen om ertegen te protesteren, omdat er geen andere mensen zijn die met precies hetzelfde vooroordeel te kampen hebben. Het gaat alleen om jou. Collectieve discriminatie zou in de eenentwintigste eeuw best wel eens plaats kunnen maken voor een groeiend probleem van individuele discriminatie.[32]

In de hoogste echelons zullen waarschijnlijk menselijke boegbeelden aanblijven die ons de illusie zullen geven dat de algoritmen hoogstens een adviserende functie hebben en dat de uiteindelijke beslissingsbevoegdheid nog steeds in menselijke handen is. We zullen geen AI aanstellen als bondskanselier van Duitsland of als president-directeur van Google. De beslissingen van de bondskanselier en de president-directeur zullen echter aangestuurd worden door AI. De bondskanselier zal nog steeds verschillende opties hebben om uit te kiezen, maar al die opties zullen het resultaat zijn van big-data-analyses en ze zullen eerder het wereldbeeld van AI weerspiegelen dan het wereldbeeld van mensen.

Om een analoog voorbeeld te noemen, kunnen politici overal ter wereld nu kiezen uit verschillende vormen van economisch beleid, maar in bijna alle gevallen zijn de beschikbare beleidsprincipes het product van een kapitalistische kijk op de economie. De politici hebben de illusie dat er iets te kiezen valt, maar de echt belangrijke beslissingen zijn al in een veel eerder stadium genomen door de economen, bankiers en zakenlieden die de verschillende opties op het menu hebben voorgekookt. Binnen een paar decennia moeten politici misschien kiezen uit een menu dat is samengesteld door AI.

Kunstmatige intelligentie en natuurlijke domheid

Er is ook goed nieuws, en dat is dat we in elk geval de komende decennia niet te maken zullen krijgen met de ultieme sciencefiction-nachtmerrie van AI die een eigen bewustzijn ontwikkelt en besluit de mensheid tot slaaf te maken of uit te roeien. We zullen onze beslissingen steeds meer door algoritmen laten nemen, maar het is niet erg waarschijnlijk dat de algoritmen ons bewust zullen gaan manipuleren. Daar zullen ze het bewustzijn niet voor hebben.

In sciencefiction wordt intelligentie vaak verward met bewustzijn en wordt voetstoots aangenomen dat computers een eigen bewustzijn zullen moeten ontwikkelen om de menselijke intelligentie te kunnen evenaren of overtreffen. De plot van bijna alle films en boeken over AI draait om het magische moment waarop een computer of robot een eigen bewustzijn krijgt. Zodra dat gebeurt, wordt de menselijke held verliefd op de robot of probeert de robot alle mensen te vermoorden, of allebei.

In feite is er echter geen reden om aan te nemen dat kunstmatige intelligentie een bewustzijn zal ontwikkelen, want intelligentie en bewustzijn zijn twee compleet verschillende dingen. Intelligentie is het vermogen om problemen op te lossen. Bewustzijn is het vermogen om dingen te voelen als pijn, vreugde, liefde en woede. We verwarren die twee vaak omdat intelligentie bij mensen en andere zoogdieren vaak samengaat met een duidelijk bewustzijn. Zoogdieren lossen de meeste problemen op door van alles te voelen. Computers lossen de dingen echter heel anders op.

Er zijn verschillende wegen die naar een hoge intelligentie leiden en bij maar een paar daarvan komt een bewustzijn kijken. Zoals vliegtuigen sneller vliegen dan vogels zonder ooit veren te krijgen, zo zullen computers misschien veel beter worden in het oplossen van problemen dan zoogdieren, zonder ooit iets te voelen. Een AI-systeem zal weliswaar menselijke gevoelens moeten analyseren om menselijke ziekten te behandelen, menselijke terroristen op te sporen, menselijke partners aan te bevelen en een straat vol menselijke voetgangers door te komen, maar daarvoor hoeft het zelf niet te voelen. Een algoritme hoeft geen vreugde, woede of angst te voelen om de verschillende biochemische patronen in blije, boze of bange apen te herkennen.

Het is natuurlijk niet helemaal onmogelijk dat AI zelf gevoelens zal ontwikkelen. We weten nog steeds niet genoeg over het bewustzijn om dat uit te sluiten. In algemene zin zijn er drie mogelijkheden die we moeten overwegen:

1. Bewustzijn is op de een of andere manier dusdanig verbonden met de organische biochemie dat het nooit mogelijk zal worden om bewustzijn te creëren in anorganische systemen.
2. Bewustzijn houdt geen verband met organische biochemie, maar is dusdanig met intelligentie verbonden dat computers eventueel een bewustzijn kunnen ontwikkelen en dat dit ook zal moeten gebeuren om een bepaalde mate van intelligentie te kunnen bereiken.
3. Er zijn geen essentiële verbanden tussen bewustzijn en organische biochemie dan wel een hoge intelligentie. Computers kunnen dus een bewustzijn ontwikkelen, maar dat hoeft niet per se te gebeuren. Ze zouden ook hyperintelligent kunnen worden zonder enige vorm van bewustzijn.

Met onze huidige kennis kunnen we deze opties geen van alle uitsluiten. Maar juist omdat we zo weinig over het bewustzijn weten, lijkt het niet erg waarschijnlijk dat we binnen afzienbare tijd bewuste computers kunnen programmeren. Ondanks het immense potentieel van kunstmatige intelligentie zal het gebruik ervan voorlopig dus in zekere mate blijven afhangen van het menselijk bewustzijn.

Als we te veel energie investeren in het ontwikkelen van AI en te weinig in het menselijke bewustzijn, is het gevaar dat de uiterst geavanceerde kunstmatige intelligentie van computers alleen zal dienen om de natuurlijke domheid van de mens uit te buiten. We zullen de komende decennia vast niet te maken krijgen met een robotopstand, maar misschien wel met horden robots die beter aan onze emotionele touwtjes kunnen trekken dan onze eigen moeders, en hun mysterieuze vermogens zullen gebruiken om ons van alles te verkopen – een auto, een politicus of een complete ideologie. De robots zullen onze diepste angsten, aversies en verlangens kunnen vaststellen en die innerlijke knoppen tegen ons kunnen gebruiken. We hebben hiervan al een voorproefje gekregen in recente verkiezingen en referenda in verschillende landen, met hackers die geleerd hebben hoe ze individuele kiezers kunnen manipuleren door gegevens over ze te analyseren en in te spelen op vooroordelen die ze toch al hadden.[33] In sciencefictionthrillers draait het vaak uit op een dramatische apocalyps met veel vuur en rook, maar in werkelijkheid krijgen we misschien een uiterst banale clickbaitapocalyps voor onze kiezen.

Om dat soort scenario's te vermijden zou het verstandig zijn om voor elke dollar en elke minuut die we in het verbeteren van kunstmatige intelligentie stoppen ook een dollar en een minuut in het menselijk bewustzijn te investeren. Helaas doen we op het moment niet veel aan onderzoek en ontwikkeling van het menselijk bewustzijn. We onderzoeken en ontwikkelen menselijke vaardigheden voornamelijk aan de hand van de directe behoeften van het economische en politieke systeem en niet op basis van onze langetermijnbehoeften als bewuste wezens. Mijn baas wil dat ik zo snel mogelijk mijn e-mails beantwoord, maar hij is niet echt geïnteresseerd in mijn vermogen om de dingen die ik eet te proeven en al dan niet lekker te vinden. Als gevolg daarvan check ik zelfs tijdens de maaltijd mijn e-mail en verlies zo het vermogen om aandacht te schenken aan mijn eigen zintuiglijke sensaties. Het economische systeem zet me onder druk om mijn aandelenportefeuille uit te breiden en te diversifiëren, maar het geeft me nul komma nul prikkels om mijn meelevende gevoelens uit te breiden en te diversifiëren. Ik doe dus mijn best om de mysteriën van de aandelenmarkt te doorgronden en probeer veel minder hard de diepere oorzaken van menselijk leed te begrijpen.

Mensen lijken wat dat betreft erg op andere tamme dieren. We hebben makke koeien gefokt die enorme hoeveelheden melk produceren, maar voor de rest in alles onderdoen voor hun wilde voorzaten. Ze zijn minder behendig, minder nieuwsgierig en minder vindingrijk.[34] Nu creëren we tamme mensen die enorme hoeveelheden gegevens produceren en fungeren als uiterst efficiënte chipjes in een gigantisch dataverwerkend mechanisme, maar die datakoeien maximaliseren niet bepaald het menselijke potentieel. We hebben niet eens een idee hoe ver het menselijke potentieel reikt, omdat we zo weinig over de menselijke geest weten. Toch investeren we maar weinig in het verkennen van de menselijke geest en richten we ons in plaats daarvan op snellere internetverbindingen en efficiënte big-data-algoritmen. Als we niet oppassen, zitten we straks met gedowngradede mensen die geüpgradede computers gebruiken om zichzelf en de wereld kapot te maken.

Digitale dictaturen zijn niet het enige gevaar dat dreigt. Het liberale systeem heeft naast vrijheid ook de gelijkheid hoog in het vaandel. Het liberalisme heeft politieke gelijkheid altijd gekoesterd en langzamerhand groeide ook het besef dat economische gelijkheid bijna net zo belangrijk is. Zonder sociaal vangnet en in elk geval een minimum aan economische gelijkheid heeft vrijheid namelijk geen enkele betekenis. Big-data-algoritmen kunnen echter niet alleen een einde maken aan onze vrijheid, ze zouden ook de meest ongelijke samenlevingen aller tijden kunnen creëren. Alle rijkdom en macht zou in handen kunnen komen van een kleine elite, terwijl de meerderheid van de mensen een akelig lot beschoren is, niet door uitbuiting, maar door iets veel ergers: overbodigheid.

4

GELIJKHEID

Wie de data heeft, heeft de toekomst

De laatste decennia kregen mensen overal ter wereld te horen dat er steeds meer gelijkheid zal komen en dat globalisering en nieuwe technologieën dat proces zullen versnellen. In werkelijkheid zou de eenentwintigste eeuw wel eens de meest ongelijke samenlevingen uit de geschiedenis kunnen voortbrengen. Globalisering en internet helpen de kloof tussen landen weliswaar te dichten, maar tegelijk dreigen ze de klassenverschillen te vergroten. Net nu de mensheid zo goed op weg leek naar wereldwijde eenwording, zou onze soort zich wel eens kunnen opsplitsen in verschillende biologische kasten.

Er heerste al ongelijkheid in de steentijd. Dertigduizend jaar geleden begroeven groepen jagers-verzamelaars sommige stamleden in weelderige graven, versierd met duizenden ivoren kralen, armbanden, sieraden en kunstvoorwerpen, terwijl andere leden het moesten doen met een onopgesmukt gat in de grond. Toch waren die jagers-verzamelaars altijd nog meer egalitair ingesteld dan de mensenmaatschappijen die daarna kwamen, omdat ze heel weinig bezittingen hadden. Bezit is een vereiste voor duurzame ongelijkheid.

Na de agrarische revolutie kwamen er steeds meer eigendommen en daarmee steeds meer ongelijkheid. Toen de mens land, dieren, planten en gereedschappen in bezit nam, ontstonden er streng hiërarchische samenlevingen, waarin kleine elites van generatie op generatie het grootste deel van alle rijkdom en macht monopoliseerden. Dat gingen de mensen beschouwen als een natuurlijk gegeven en zelfs als een door God verordonneerd systeem. Hiërarchie was niet alleen de norm, maar ook het hoogste ideaal. Hoe kan er orde heersen zonder duidelijke hiërarchische verhoudingen tussen aristocraten en het gewone volk, tussen mannen en vrouwen of tussen ouders en kinderen? Priesters, filosofen en dichters legden overal ter wereld geduldig uit dat, net als in het menselijk lichaam, niet alle leden gelijk zijn – de voeten moeten het hoofd gehoorzamen – en dat gelijkheid dus ook in menselijke samenlevingen niets dan chaos zou brengen.

In de laatmoderne tijd werd gelijkheid echter in bijna alle menselijke gemeenschappen een ideaal. Dat kwam deels door de opkomst van nieuwe ideologieën – het communisme en het liberalisme – maar ook door de industriële revolutie, waardoor de massa belangrijker werd dan ooit. Industriële economieën hadden massa's arbeiders nodig en industriële legers massa's soldaten. Democratische en dictatoriale regeringen investeerden even hard in gezondheidszorg, onderwijs en het welzijn van de massa, omdat ze miljoenen gezonde arbeiders nodig hadden om de lopende banden te bemannen en miljoenen trouwe soldaten om te vechten in de loopgraven.

De geschiedenis van de twintigste eeuw draaide dus in hoge mate om het verminderen van de ongelijkheid tussen klassen, rassen en seksen. In 2000 kende de wereld zeker nog hiërarchieën, maar er heerste veel meer gelijkheid dan in 1900. In de eerste jaren van de eenentwintigste eeuw verwachtten de mensen dat het egaliseringsproces zou doorzetten en zelfs nog sneller zou gaan. Ze hoopten vooral dat globalisering de hele wereld economische voorspoed zou brengen en dat mensen in India en Egypte daardoor dezelfde kansen en privileges zouden krijgen als de mensen in Finland en Canada. Met deze belofte is een hele generatie opgegroeid.

Nu lijkt het erop dat die belofte misschien niet zal uitkomen. Globalisering heeft een groot deel van de mensheid zeker voordelen gebracht, maar er zijn tekenen dat de ongelijkheid toeneemt, zowel tussen landen als in samenlevingen. Sommige groepen plukken steeds meer als enigen de vruchten van de globalisering, terwijl miljarden mensen met lege handen achterblijven. Nu al bezit de rijkste één procent de helft van alle rijkdommen ter wereld. En wat misschien nog schrikbarender is, is dat de rijkste honderd mensen samen meer bezitten dan de armste vier miljard.[1]

Dit zal waarschijnlijk nog veel erger worden. Zoals we in de vorige hoofdstukken al zagen, zou de opkomst van AI funest kunnen uitpakken voor de economische waarde en de politieke macht van de meeste mensen. Tegelijk kunnen nieuwe ontwikkelingen in de biotechnologie het mogelijk maken om economische ongelijkheid om te zetten in biologische ongelijkheid. De superrijken zullen eindelijk iets nuttigs kunnen doen met hun onvoorstelbare rijkdom. Tot nu toe konden ze niet veel meer aanschaffen dan statussymbolen, maar nog even en ze kunnen misschien het leven zelf kopen. Als nieuwe behandelingen om het leven te verlengen en fysieke en cognitieve vermogens te upgraden heel duur zullen blijken, zal de mensheid zich mogelijk opsplitsen in verschillende biologische kasten. Van oudsher beeldden de rijken en de aristocratie zich altijd in dat ze superieure vermogens hadden in vergelijking met anderen en dat ze daarom de baas waren. Voor zover we kunnen nagaan was dat niet het geval. De gemiddelde hertog was niet begaafder dan de gemiddelde boer, hij dankte zijn superioriteit zuiver aan onrechtvaardige juridische en economische discriminatie. Maar in 2100 zouden de rijken echt talentvoller, creatiever en intelligenter kunnen zijn dan de achterbuurtbewoners. Zodra er een reële kloof ontstaat tussen de talenten van de rijken en die van de armen, zal die bijna niet meer te overbruggen zijn. Als de rijken hun superieure vermogens gebruiken om zichzelf nog verder te verrijken en als ze met dat extra geld verbeterde lichamen en hersenen kunnen kopen, zal de kloof mettertijd alleen maar breder worden. In 2100 zou de rijkste één procent misschien niet alleen bijna al het geld in de wereld bezitten, maar ook bijna alle schoonheid, creativiteit en gezondheid.

Die twee processen samen – biotechnologie en de opkomst van AI – zouden er dus toe kunnen leiden dat de mensheid zich opsplitst in een kleine klasse van supermensen en een massale onderklasse van totaal overbodige homo sapiens. Als de massa geen economische waarde en politieke macht meer heeft, zal de staat zich mogelijk een stuk minder geroepen voelen om te investeren in hun gezondheid, onderwijs en welzijn, wat een toch al grimmige situatie nog erger zou maken. Het is heel gevaarlijk om geen nut meer te hebben. De toekomst van de massa zal dan afhangen van de goede wil van een kleine elite. Misschien dat die goede wil er ook nog een paar decennia zal zijn. Maar zodra er een crisis komt – een klimaatramp, bijvoorbeeld – zal het al te verleidelijk en gemakkelijk zijn om al die overbodige mensen overboord te gooien.

In landen als Frankrijk en Nieuw-Zeeland – verzorgingsstaten met een lange traditie van liberale opvattingen – zal de elite misschien voor de massa blijven zorgen, zelfs als ze die nergens meer voor nodig heeft. In de meer kapitalistische VS zou de elite echter meteen haar kans kunnen grijpen om de laatste restanten van de Amerikaanse verzorgingsstaat af te breken. In grote ontwikkelingslanden als India, China, Zuid-Afrika en Brazilië dreigt een zelfs nog groter probleem. Daar zou de ongelijkheid ongekende vormen kunnen aannemen zodra het gewone volk zijn economische waarde verliest.

Al met al lijkt het er dus op dat de globalisering uiteindelijk niet zal leiden tot wereldwijde voorspoed, maar tot 'speciatie': het ontstaan van verschillende biologische kasten of zelfs verschillende mensensoorten. De globalisering zal de wereld horizontaal verenigen door alle landsgrenzen uit te wissen, maar tegelijk de mensheid verdelen langs een verticale as. Heersende oligarchieën in zulke uiteenlopende landen als de Verenigde Staten en Rusland zouden de handen ineen kunnen slaan en samen gemene zaak kunnen maken tegen de grote massa van het gewone volk. Vanuit dit oogpunt is de huidige populistische rancune jegens 'de elite' heel terecht. Als we niet oppassen, zullen de kleinkinderen van de Silicon-Valleybazen een superieure soort worden, terwijl de kleinkinderen van de *hillbillies* uit de Appalachen achterblijven.

Op termijn kan zo'n scenario de wereld zelfs deglobaliseren, als de hogere kaste een zelfverklaarde 'beschaving' vormt en muren en slotgrachten gaat aanleggen om de horden 'barbaren' buiten de deur te houden. In de twintigste eeuw had de industriële beschaving die barbaren nodig voor goedkope arbeid, ruwe grondstoffen en marktwerking. Daarom werden ze overwonnen en ingelijfd. Maar een eenentwintigste-eeuwse postindustriële beschaving die gebaseerd is op AI, biotechnologie en nanotechnologie zal misschien veel onafhankelijker en zelfvoorzienender zijn. Niet alleen hele klassen, maar ook hele landen en continenten zouden irrelevant kunnen worden. Hoge muren, bewaakt door drones en robots, zouden de zelfbenoemde beschaafde zone, waar cyborgs elkaar bevechten met logische bommen, kunnen afscheiden van de barbaarse gebieden waar verwilderde mensen elkaar te lijf gaan met machetes en kalasjnikovs.

In dit boek gebruik ik vaak de eerste persoon meervoud als ik het over de toekomst van de mensheid heb. Ik vraag me af wat 'wij' moeten doen aan 'onze' problemen. Maar misschien is er helemaal geen 'wij'. Misschien is een van 'onze' grootste problemen dat verschillende groepen mensen een totaal verschillende toekomst hebben. Misschien moet je je kinderen in sommige delen van de wereld wel leren programmeren, terwijl je ze in andere gebieden beter kunt leren snel en raak te schieten.

Van wie zijn de data?

Als we willen voorkomen dat alle rijkdom en macht in handen komen van een kleine elite, is het cruciaal om het eigendomsrecht met betrekking tot gegevens te reguleren. In het verre verleden was land het belangrijkste bezit ter wereld. Politiek was een strijd om de beheersing van land en waar te weinig eigenaren te veel land in handen kregen, splitste de samenleving zich op in aristocraten en gewone burgers. In de moderne tijd werden machines en fabrieken belangrijker dan land en spitste de politieke strijd zich toe op het beheersen van die vitale productiemiddelen. Waar te veel machines het bezit waren van te weinig mensen, splitste de samenleving zich op in kapitalisten en proletariërs. In de eenentwintigste eeuw zullen gegevens echter veel belangrijkere bezittingen worden dan land en machines en zal politiek een strijd worden om de datastroom te beheersen. Als alle gegevens in handen van te weinig mensen vallen, zal de mensheid zich opsplitsen in verschillende soorten.

De race om de data in handen te krijgen is al gaande, aangevoerd door datagiganten als Google, Facebook, Baidu en Tencent. Tot dusver lijken veel van die giganten zich in zakelijk opzicht op te stellen als 'aandachtsboeren'.[2] Ze trekken onze aandacht met gratis informatie, diensten en amusement, en verkopen onze aandacht vervolgens door aan adverteerders. Waarschijnlijk mikken de datagiganten echter veel hoger dan alle eerdere aandachtsboeren. Hun echte business is helemaal niet het verkopen van advertentieruimte. Door onze aandacht te trekken, weten ze immense hoeveelheden gegevens over ons te verzamelen, die meer waard zijn dan alle advertentie-inkomsten ter wereld. We zijn niet hun klanten, we zijn hun product.

Op de middellange termijn maakt deze datavoorraad de weg vrij voor een radicaal nieuw businessmodel, waarvan de reclame-industrie zelf het eerste slachtoffer zal worden. Het nieuwe model is gebaseerd op een machtsverschuiving van mensen naar algoritmen, die ook opgaat voor de macht om keuzes te maken en dingen te kopen. Zodra algoritmen keuzes voor ons gaan maken en dingen voor ons gaan kopen, zal de reclame-industrie failliet gaan. Neem Google. Google wil bereiken dat we het iets kunnen vragen, wat dan ook, en dat we dan het beste antwoord ter wereld krijgen. Wat zal er gebeuren zodra we Google dingen kunnen vragen als: 'Hé, Google, wat is, op basis van alles wat je over auto's weet en alles wat je van mij weet (waaronder mijn behoeften, mijn gewoonten, mijn ideeën over het broeikaseffect en zelfs mijn mening over de politiek in het Midden-Oosten), de beste auto voor mij?' Als Google ons daar een goed antwoord op kan geven en als de ervaring ons leert te vertrouwen op Googles wijsheid in plaats van op onze eigen, makkelijk te manipuleren gevoelens, wat hebben we dan überhaupt nog aan autoreclames?[3]

Op de langere termijn kunnen de datagiganten de geheimen van het leven hacken zodra ze genoeg data en computervermogen hebben, waarna ze die kennis niet alleen kunnen gebruiken om keuzes voor ons te maken of ons te manipuleren, maar ook om organisch leven te modificeren en anorganische levensvormen te creëren. Voorlopig zullen de giganten misschien reclame moeten blijven verkopen om hun inkomsten op peil te houden, maar ze taxeren apps, producten en bedrijven vaak meer op de data die ze binnenhalen dan op het geld dat ze inbrengen. Een populaire app hoeft geen goed businessmodel te hebben en mag op de korte termijn zelfs verlies maken, zolang hij maar data opzuigt, want dan kan hij miljarden waard zijn.[4] Zelfs als je niet meteen zou weten hoe je al die data winstgevend kunt maken, dan nog is het goed om ze in huis te hebben, want ze zouden wel eens cruciaal kunnen blijken bij het beheersen en omvormen van ons leven in de toekomst. Ik kan niet met zekerheid zeggen dat de datagiganten hier expliciet zo over nadenken, maar uit hun gedrag valt op te maken dat ze het verzamelen van gegevens waardevoller vinden dan simpele dollars en centen.

Voor gewone mensen zal het heel moeilijk worden om zich tegen dit proces te verzetten. Nu al vinden mensen het geen enkel punt om hun meest waardevolle eigendom – hun persoonlijke gegevens – weg te geven in ruil voor gratis e-maildiensten en geinige kattenfilmpjes. Het heeft wel wat weg van Afrikaanse en indiaanse stammen die onbewust hele landen aan Europese imperialisten verkochten voor wat kleurige kralen en goedkope snuisterijen. Als gewone mensen op zeker moment willen proberen deze datastromen te blokkeren, zullen ze merken dat dat steeds moeilijker wordt, zeker als ze steeds afhankelijker van het netwerk worden voor al hun beslissingen en zelfs voor hun gezondheidszorg en hun fysieke voortbestaan.

Mens en machine zouden zich zo naadloos kunnen samenvoegen dat mensen niet eens meer kunnen overleven als ze afgesloten raken van het netwerk. Ze zullen er in de baarmoeder al op aangesloten zijn en als je er later in je leven van af wilt, zouden verzekeraars kunnen weigeren je te verzekeren, werkgevers zouden kunnen weigeren je aan te nemen en zorginstellingen zouden kunnen weigeren je zorg te bieden. In de grote veldslag tussen gezondheid en privacy zal gezondheid het waarschijnlijk glansrijk winnen.

Als er steeds meer gegevens uit je lichaam en je hoofd naar de slimme machines stromen via biometrische sensoren, wordt het steeds makkelijker voor grote bedrijven en overheidsinstanties om je te kennen, je te manipuleren en beslissingen voor je te nemen. Belangrijker nog, ze zouden de diepere mechanismen in alle lichamen en hoofden kunnen ontcijferen en zo het vermogen krijgen om levende wezens te modificeren. Als we willen voorkomen dat een kleine elite dat soort goddelijke vermogens krijgt en als we willen voorkomen dat de mensheid zich zal opsplitsen in verschillende biologische kasten, dan is de hamvraag: van wie zijn al die gegevens? Zijn de gegevens over mijn DNA, mijn hersenen en mijn leven van mij, van de regering, van een bedrijf of van de collectieve mensheid?

Als we regeringen opdragen dit soort data te nationaliseren, zal dat waarschijnlijk de macht van de grote bedrijven inperken, maar het kan ook griezelige digitale dictaturen in de hand werken. Politici hebben wel iets weg van musici en het instrument dat ze bespelen is het emotionele en biochemische systeem van de mens. Ze houden een toespraak en er gaat een golf van angst door het land. Ze twitteren en daarop volgt een uitbarsting van haat. Ik denk niet dat we die musici een verfijnder instrument in handen moeten geven. Als politici eenmaal rechtstreeks op onze emotionele knopjes kunnen drukken en naar believen angst, haat, vreugde en verveling kunnen zaaien, zal er van de politiek niet meer overblijven dan een ordinair emotioneel circus. We moeten zeker vrezen voor de macht van grote bedrijven, maar de geschiedenis leert dat we niet per se beter af zijn in de handen van al te machtige regeringen. Op dit moment, in 2018, zou ik mijn gegevens nog steeds liever aan Mark Zuckerberg geven dan aan Vladimir Poetin (hoewel het Cambridge Analytica-schandaal onthulde dat er misschien niet veel keus is, omdat alle data die je aan Zuckerberg toevertrouwt evengoed nog bij Poetin terecht kunnen komen).

Zelf het eigendomsrecht houden over al je eigen gegevens klinkt misschien aantrekkelijker dan die andere opties, maar het is niet duidelijk wat het precies inhoudt. We hebben duizenden jaren ervaring in het reguleren van het eigendom van land. We weten hoe we een hek om een veld moeten bouwen, een bewaker voor de poort moeten zetten en moeten bepalen wie er naar binnen mag. De laatste twee eeuwen hebben we uiterst ingewikkelde systemen opgebouwd om het eigendom van industrieën te reguleren. Ik kan een stukje van General Motors bezitten en een stukje van Toyota, door daar aandelen in te kopen. We hebben echter niet veel ervaring in het reguleren van data-eigendommen en dat is op zich ook veel moeilijker, want in tegenstelling tot land en machines zijn gegevens overal en nergens tegelijk, ze kunnen zich razendsnel verplaatsen en je kunt er net zoveel kopieën van maken als je maar wilt.

We kunnen dus maar beter onze juristen, politici, filosofen en zelfs de dichters oproepen om zich te verdiepen in de netelige vraag hoe we het eigendom van data moeten reguleren. Dat zou wel eens het belangrijkste politieke vraagstuk van ons tijdperk kunnen zijn. Als we die vraag niet snel beantwoorden, zou ons hele sociaal-politieke systeem kunnen instorten. Veel mensen voelen de dreigende ramp al aankomen. Misschien verliezen burgers over de hele wereld daarom hun vertrouwen in het liberale verhaal, dat een luttele tien jaar geleden nog zo onweerstaanbaar leek.

De vraag is dus hoe we hiermee verder moeten en hoe we moeten omgaan met de enorme veranderingen die de revoluties in biotech en infotech met zich meebrengen. Misschien kunnen dezelfde wetenschappers en ondernemers die de wereld op zijn kop hebben gezet een technische oplossing vinden? Zouden netwerken van algoritmen bijvoorbeeld de basis kunnen vormen voor een wereldwijde gemeenschap van mensen die collectief alle data beheren en toezicht kunnen houden op de toekomstige ontwikkelingen in de biowetenschappen? Nu er wereldwijd steeds meer ongelijkheid ontstaat, en steeds meer sociale spanningen, zou Mark Zuckerberg misschien niet zijn twee miljard vrienden kunnen oproepen om de handen ineen te slaan en samen iets te doen?

Deel twee

POLITIEKE UITDAGINGEN

De combinatie van infotech en biotech vormt een bedreiging voor moderne kernwaarden als vrijheid en gelijkheid. Een eventuele oplossing voor het technologische vraagstuk zal internationale samenwerking vereisen, maar nationalisme, religie en cultuur verdelen de mensheid in kampen die vijandig tegenover elkaar staan en dat maakt wereldwijde samenwerking heel moeilijk.

5

BROEDERSCHAP

Mensen hebben een lichaam

Californië is wel gewend aan aardbevingen, maar de politieke aardschok van de Amerikaanse verkiezingen van 2016 kwam evengoed keihard aan in Silicon Valley. De computergenieën beseften dat ze het probleem voor een deel misschien wel zelf hadden veroorzaakt en deden prompt waar techneuten goed in zijn: ze gingen op zoek naar een technische oplossing. Nergens was de reactie heftiger dan in het Facebookhoofdkwartier in Menlo Park. Dat is ook wel begrijpelijk. Facebook is een sociaal netwerk en zal als een van de eersten iets merken van sociale beroering.

Na drie maanden gewetensonderzoek publiceerde Mark Zuckerberg op 16 februari 2017 een gedurfd manifest over de noodzaak een wereldwijde community op te zetten en over Facebooks rol in dat project.[1] In een toespraak die Zuckerberg op 22 juni 2017 afstak op de allereerste Communities Summit verklaarde hij dat de sociaal-politieke problemen van onze tijd – van een forse stijging in het aantal drugsverslaafden tot moordzuchtige totalitaire regimes – voor een groot deel voortvloeien uit het uiteenvallen van menselijke gemeenschappen. Hij betreurde het feit dat 'de afgelopen decennia onze deelname aan allerlei soorten groepen is afgenomen, soms wel met een kwart. Dat komt neer op een heleboel mensen die nu ergens anders een gevoel van zingeving en steun moeten vinden.'² Hij beloofde dat Facebook voorop zal lopen in een poging om die gemeenschappen weer op te bouwen en dat zijn technici de draad zullen oppakken die de kerkparochies hebben laten vallen. 'We gaan wat tools uitrollen die het makkelijker moeten maken om gemeenschappen op te bouwen,' zei hij.

Hij verklaarde verder: 'We hebben een project opgestart om te kijken of we er beter in kunnen worden om je groepen aan te bevelen die iets voor je kunnen betekenen. We zijn begonnen de kunstmatige intelligentie te bouwen die dit mogelijk kan maken. En het werkt. In de eerste zes maanden hebben we vijftig procent meer mensen geholpen om zich bij zinvolle community's aan te sluiten.' Zijn uiteindelijke doel is 'een miljard mensen te helpen zich aan te sluiten bij zinvolle community's [...] Als dat lukt, zal dat niet alleen een omkering betekenen van de algehele afname in sociale verbondenheid die we de laatste decennia zien, het zal ook ons sociale web versterken en de verbondenheid in de wereld vergroten.' Dit is zo'n belangrijke doelstelling dat Zuckerberg heeft gezworen 'de hele missie van Facebook om te gooien om dit te tackelen'.[3]

Zuckerberg heeft zeker gelijk als hij de afbraak van menselijke gemeenschappen betreurt. Maar maanden nadat Zuckerberg zijn eed zwoer en net toen dit boek werd afgerond, onthulde het Cambridge Analytica-schandaal dat gegevens die aan Facebook waren toevertrouwd geoogst werden door derden, die ze gebruikten om overal ter wereld verkiezingen te manipuleren. Zuckerbergs edele beloften waren in één klap een lachertje geworden en het publieke vertrouwen in Facebook ging in rook op. We kunnen alleen maar hopen dat Facebook zich eerst gaat wijden aan het beschermen van de privacy en veiligheid van bestaande community's voordat het nieuwe gaat opbouwen.

Toch is het goed om de community-visie van Facebook wat nader te beschouwen en te kijken of online sociale netwerken kunnen helpen een wereldwijde gemeenschap van mensen op te bouwen, zodra het wat beter gesteld is met de privacyveiligheid. Wie weet zullen mensen in de eenentwintigste eeuw worden geüpgraded tot goden, maar zoals het nu is, zijn we nog steeds net zulke zoogdieren als in de steentijd. We hebben het nog steeds nodig om deel uit te maken van intieme sociale groepen om te kunnen floreren. De mens heeft zich in miljoenen jaren tijd aangepast aan het leven in kleine groepen van niet meer dan enkele tientallen mensen. De meesten vinden het vandaag de dag nog steeds onmogelijk om meer dan honderdvijftig individuen echt te kennen, op hoeveel Facebookvrienden we ook kunnen bogen.[4] Zonder die groepen voelen mensen zich eenzaam en vervreemd van alles en iedereen.

Helaas zijn zulke intieme sociale groepen de laatste twee eeuwen inderdaad steeds meer uit elkaar gaan vallen. Het streven om kleine groepjes mensen die elkaar persoonlijk kennen te vervangen door theoretische gemeenschappen als naties en politieke partijen kon nooit helemaal slagen. Je miljoenen broeders in de nationale familie en je miljoenen kameraden in de communistische partij kunnen nooit het warme persoonlijke contact bieden dat je met één echte broer of vriend hebt. Als gevolg daarvan leiden mensen steeds eenzamere levens in een wereld met steeds meer verbindingen. Veel sociale en politieke problemen van onze tijd zijn terug te voeren op deze malaise.[5]

Zuckerbergs streven om mensen met elkaar te verbinden komt dus op een goed moment, maar woorden zijn nog geen daden. Om deze visie te implementeren zal Facebook zijn hele businessmodel moeten omgooien. Je kunt moeilijk een mondiale gemeenschap opbouwen als je je geld verdient door de aandacht van mensen te trekken en die vervolgens te verkopen aan adverteerders. Desondanks verdient Zuckerbergs bereidheid om überhaupt zo'n visie te formuleren veel lof. De meeste bedrijven geloven dat ze zich vooral moeten richten op geld verdienen, dat overheden zo weinig mogelijk moeten doen en dat de mensheid erop moet vertrou-

Politieke uitdagingen

wen dat marktwerking de echt belangrijke beslissingen voor ons neemt.[6] Als Facebook dus echt de ideologische beslissing neemt om zich te gaan storten op het opbouwen van menselijke community's, moeten zij die de macht van Facebook vrezen het niet terug in de commerciële cocon duwen door heel hard 'Big Brother!' te schreeuwen. We kunnen beter andere bedrijven, instellingen en overheden aansporen om met Facebook te wedijveren door zelf wat ideologisch engagement te tonen.

Er is natuurlijk geen gebrek aan organisaties die de afbraak van sociale kringen betreuren en die weer willen opbouwen. Er zijn heel veel mensen bezig met het opzetten van community's, van feministische activisten tot fundamentalistische moslims, en we zullen verderop in dit boek ook nog wat dieper ingaan op dit soort pogingen. Wat deze stap van Facebook uniek maakt is de mondiale reikwijdte, de commerciële rugdekking en het diepe geloof in technologie. Zuckerberg lijkt ervan overtuigd dat de nieuwe Facebook-AI niet alleen 'zinvolle community's' kan identificeren, maar ook 'ons sociale web kan versterken en de verbondenheid in de wereld kan vergroten'. Dat is veel ambitieuzer dan AI gebruiken om een auto te besturen of kanker bij iemand vast te stellen.

Het sociale visioen van Facebook is misschien wel de eerste expliciete poging om AI te gebruiken voor centraal bestuurde sociale opbouw. Daarmee is het meteen een cruciale testcase. Als het plan slaagt, zullen we waarschijnlijk nog veel meer van dit soort initiatieven zien en zullen algoritmen erkend worden als de nieuwe meesters van menselijke sociale netwerken. Als het faalt, zal dat de beperkingen van de nieuwe technologieën blootleggen en ons duidelijk maken dat algoritmen misschien heel goed voertuigen kunnen besturen en ziekten kunnen genezen, maar dat we voor het oplossen van sociale problemen nog steeds moeten aankloppen bij politici en priesters.

Online/offline

De laatste jaren is Facebook verbijsterend succesvol geweest en momenteel heeft het meer dan twee miljard actieve gebruikers. Om zijn nieuwe visie ten uitvoer te brengen zal het echter de kloof tussen online en offline moeten overbruggen. Een community kan beginnen als een online gezelschap, maar om echt te floreren zal zo'n groep ook in de offline wereld moeten wortelen. Als een of andere dictator op een dag Facebook blokkeert in zijn land of de stekker van het hele internet eruit trekt, zullen de community's dan verdampen of zullen ze zich hergroeperen en terugvechten? Zullen ze een demonstratie kunnen organiseren zonder online communicatie?

Zuckerberg verklaarde in zijn manifest van februari 2017 dat online community's offline gemeenschappen helpen cultiveren. Soms is dat ook echt zo. Maar in veel gevallen gaat alles wat online gebeurt ten koste van het offline leven en er is een fundamenteel verschil tussen die twee dingen. In fysieke community's gaat het contact veel dieper dan in virtuele community's en dat zal ook nog wel even zo blijven. Als ik ziek in bed lig in Israël kunnen mijn online vrienden uit Californië wel tegen me praten, maar ze kunnen me geen soep brengen, of een kopje thee.

Mensen hebben een lichaam. In de loop van de laatste eeuw heeft technologie ons van ons lichaam vervreemd. We hebben langzaam ons vermogen verloren om aandacht te schenken aan wat we ruiken en proeven. Dat doen we niet meer, want we gaan helemaal op in onze smartphones en computers. Het boeit ons meer wat er in cyberspace gebeurt dan verderop in de straat. Het is makkelijker dan ooit geworden om met mijn neef in Zwitserland te praten, maar moeilijker om tijdens het ontbijt met mijn man te praten, omdat die constant naar zijn smartphone kijkt in plaats van naar mij.[7]

In het verleden konden mensen zich niet zo'n mate van achteloosheid veroorloven. Verzamelende oermensen waren altijd alert en oplettend. Als ze door het bos liepen om paddenstoelen te zoeken, speurden ze de grond af naar alles wat rond was. Ze luisterden naar de kleinste bewegingen in het gras, voor het geval zich daar een slang schuilhield. Als ze een eetbare paddenstoel vonden, proefden ze die uiterst aandachtig om te kijken of het stiekem toch geen giftige variant was die er toevallig erg op leek. Burgers in de huidige welvaartsstaten hoeven zich niet van alles zo bewust te zijn. We kunnen langs de schappen van de supermarkt dwalen terwijl we sms'jes typen en we kunnen kiezen uit duizend gerechten, allemaal gecontroleerd door de Voedsel- en Warenautoriteit. Maar wat we ook uitkiezen, vaak werken we het haastig weg voor het een of andere scherm, terwijl we onze mail checken of televisiekijken, en schenken we nauwelijks aandacht aan de smaak.

Zuckerberg zegt dat Facebook vast van plan is 'onze tools te verbeteren om jou de gelegenheid te geven je ervaringen te delen' met anderen.[8] Maar wat mensen misschien wel veel meer nodig hebben zijn de middelen om zich verbonden te voelen met hun eigen ervaringen. Onder het mom van 'ervaringen met anderen delen' worden mensen aangemoedigd te begrijpen wat er met ze gebeurt aan de hand van hoe anderen het zien. Als er iets interessants gebeurt, grijpen Facebookgebruikers instinctmatig naar hun smartphone, nemen een foto, posten die en wachten op de 'likes'. Intussen merken ze nauwelijks op wat ze zelf voelen. Wat ze voelen wordt zelfs steeds meer bepaald door de online reacties erop.

Mensen die vervreemd raken van hun lichaam, hun zintuigen en hun fysieke omgeving gaan zich vaak vervreemd en gedesoriënteerd voelen. Commentatoren wijten dat vervreemde gevoel vaak aan de teloorgang van religies en nationale verbondenheid, maar steeds minder contact hebben met je eigen lichaam is waarschijnlijk een veel belangrijkere factor. Mensen hebben miljoenen jaren geleefd zonder kerken en natiestaten, dus waarschijnlijk kunnen ze in de eenentwintigste eeuw ook zonder dat wel een heel gelukkig leven leiden. Ze kunnen echter geen gelukkig leven leiden als ze het contact met hun eigen lichaam verliezen. Als je je niet thuis voelt in je eigen lichaam, zul je je in de wereld ook nooit thuis voelen.

Tot nu toe moedigde Facebooks businessmodel mensen aan om steeds meer tijd online door te brengen, ook als ze daardoor minder tijd en energie overhielden voor offline activiteiten. Kan het een nieuw model adopteren dat mensen alleen aanmoedigt online te gaan als het echt moet en meer aandacht te schenken aan hun fysieke omgeving, hun eigen lichaam en hun eigen zintuigen? Wat zouden de aandeelhouders van zo'n model vinden? (Een blauwdruk van zo'n alternatief model is onlangs voorgesteld door Tristan Harris, een voormalig Google-medewerker en techfilosoof die een nieuwe maateenheid voor 'nuttig gebruikte tijd' heeft bedacht.)[9]

De beperkingen van online contact ondermijnen ook nog eens Zuckerbergs oplossing voor sociale polarisatie. Hij merkt heel juist op dat het niet genoeg is om mensen met elkaar te verbinden en ze aan verschillende meningen bloot te stellen om sociale kloven te overbruggen, want 'als je mensen een artikel laat lezen dat is geschreven vanuit een ander perspectief dan het hunne, versterkt dat juist de polarisatie, doordat andere perspectieven als wezensvreemd worden voorgesteld'. Zuckerberg stelt daarom voor dat 'de beste oplossingen voor verbeterde communicatie misschien komen als we elkaar als complete mensen leren kennen en niet alleen als een mening, iets waarvoor Facebook misschien wel unieke mogelijkheden kan bieden. Als we contact leggen met mensen op basis van de dingen die we gemeen hebben – sportclubs, tv-programma's, interesses – is het makkelijker om de dialoog aan te gaan over dingen waarover we het niet eens zijn.'[10]

Het is echter heel moeilijk om elkaar als 'complete mensen' te kennen. Het kost heel veel tijd en het vereist rechtstreekse fysieke interactie. Zoals ik al eerder opmerkte, is de gemiddelde homo sapiens waarschijnlijk niet in staat om meer dan honderdvijftig individuen van dichtbij te kennen. Idealiter zou het vormen van community's geen nulsomspel moeten zijn. Mensen kunnen zich betrokken voelen bij verschillende groepen tegelijk. Helaas zijn persoonlijke relaties waarschijnlijk wel een nulsomspel. Op zeker moment zal de tijd en energie die je eraan besteedt om je online vrienden in Iran of Nigeria te leren kennen afbreuk doen aan je vermogen om je eigen buren te kennen.

De vuurproef voor Facebook zal komen als een programmeur een nieuwe tool uitvindt die zorgt dat mensen minder tijd besteden aan online dingen kopen en meer tijd aan zinvolle offline activiteiten met vrienden. Zal Facebook zo'n tool overnemen of tegenhouden? Zal Facebook echt de sprong in het duister wagen en sociale belangen zwaarder laten tellen dan financiële belangen? Als het dat doet – en daarbij niet failliet gaat – zal dat een metamorfose van de hoogste orde inhouden.

Als Facebook zich meer op de offline wereld gaat richten dan op de kwartaalcijfers, zal dat ook zijn weerslag hebben op hun belastingbeleid. Net als Amazon, Google, Apple en verscheidene andere techgiganten is Facebook herhaaldelijk beschuldigd van belastingontduiking.[11] Het is vrij lastig om online activiteiten te belasten en dat maakt het voor deze wereldwijde concerns erg makkelijk om allerlei creatieve accountantstrucjes uit de kast te trekken. Als je denkt dat het leven van mensen zich voornamelijk online afspeelt en dat jij ze alle benodigde middelen biedt voor hun online bestaan, kun je jezelf beschouwen als een goedaardige, sociale, dienstverlenende organisatie, zelfs als je het zo veel mogelijk vermijdt om belasting te betalen aan offline overheden. Maar als je bedenkt dat mensen een lichaam hebben en dus nog steeds wegen, ziekenhuizen en riolering nodig hebben, wordt het al een stuk lastiger om belastingontduiking goed te praten. Hoe kun je de loftrompet steken over al het goede dat community's te bieden hebben en tegelijk weigeren financieel bij te dragen aan de belangrijkste communale diensten?

We kunnen alleen maar hopen dat Facebook zijn businessmodel kan aanpassen, een offline-vriendelijker belastingbeleid kan invoeren, de hele wereld kan helpen verenigen en toch winstgevend kan blijven. We moeten alleen geen onrealistische verwachtingen koesteren over Facebooks vermogen om zijn wereldwijde communityvisie te realiseren. Historisch gezien zijn grote bedrijven niet het ideale vehikel om sociale en politieke revoluties aan te voeren. Een echte revolutie zal vroeg of laat offers vergen die bedrijven, hun werknemers en hun aandeelhouders niet willen maken. Daarom zetten revolutionairen ook kerken, politieke partijen en legers op. De zogenoemde Facebook- en Twitterrevoluties in de Arabische wereld begonnen in hoopvolle online community's, maar eenmaal in de complexe offline buitenwereld werden ze gekaapt door religieuze fanatici en militaire junta's. Als Facebook nu een wereldwijde revolutie wil beginnen, zal het veel beter moeten worden in het overbruggen van de kloof tussen online en offline. Facebook en de andere internetgiganten neigen ertoe om mensen te beschouwen als audiovisuele dieren – een stel ogen en een stel oren waar tien vingers, een scherm en een creditcard aan vastzitten. Het besef dat mensen een lichaam hebben zou een cruciale stap zijn in het verenigen van de mensheid.

Natuurlijk heeft dat besef ook zijn nadelen. Als de techreuzen de beperkingen van online algoritmen gaan inzien, gaan ze hun klauwen misschien alleen maar verder uitslaan. Randapparatuur als Google Glass en spelletjes als Pokémon Go zijn bedacht om het onderscheid tussen online en offline op te heffen en die twee samen te voegen tot één grote geaugmenteerde realiteit. Op een nog dieper niveau moeten biometrische sensoren en rechtstreekse interfaces tussen hersenen en computer de grens tussen elektronische machines en organische lichamen opheffen en letterlijk onder onze huid kruipen. Als de techgiganten het menselijk lichaam eenmaal erkennen, gaan ze ons hele lichaam misschien wel net zo manipuleren als ze nu al met onze ogen, vingers en creditcard doen. Misschien zullen we die goeie ouwe tijd waarin online en offline gescheiden werelden waren ooit nog gaan missen.

6

BESCHAVING

De wereld telt maar één beschaving

Terwijl Mark Zuckerberg ervan droomt om de mensheid online bijeen te brengen, lijken recente gebeurtenissen in de offline wereld de theorie van de 'botsende beschavingen' nieuw leven in te blazen. Veel commentatoren, politici en gewone burgers geloven dat de burgeroorlog in Syrië, de opkomst van Islamitische Staat, de Brexit-ellende en de labiliteit van de Europese Unie allemaal voortvloeien uit een botsing tussen de 'westerse beschaving' en de 'islamitische beschaving'. Westerse pogingen om moslimlanden democratie en mensenrechten op te dringen leiden tot fel islamitisch verzet en een golf van moslimimmigranten zorgde er, samen met islamitische terroristische aanvallen, voor dat Europese kiezers de multiculturele droom inruilden voor een xenofobische regionale identiteit.

Hun standpunt komt voort uit het idee dat de mensheid altijd verdeeld is geweest in verschillende beschavingen, elk met een eigen wereldbeeld dat onverenigbaar is met dat van de andere. Deze tegengestelde wereldbeelden maken conflicten tussen beschavingen onvermijdelijk. Net als in de natuur, waar verschillende soorten vechten voor hun voortbestaan volgens de genadeloze wetten van de natuurlijke selectie, zijn beschavingen van oudsher altijd met elkaar in conflict gekomen en hebben alleen de veerkrachtigste beschavingen het overleefd. Wie dit duistere feit wil negeren – of hij nu een liberale politicus is of een van de werkelijkheid losgezongen techneut – doet dat op eigen risico.[1]

De theorie van de 'botsende beschavingen' heeft verstrekkende politieke implicaties. Aanhangers stellen dat elke poging om 'het Westen' te verzoenen met 'de moslimwereld' gedoemd is. Moslimlanden zullen nooit westerse waarden overnemen en westerse landen kunnen hun moslimminderheden nooit succesvol assimileren. Volgens dit verhaal moeten de vs geen immigranten uit Syrië of Irak toelaten en moet de Europese Unie haar multiculturele misvattingen terzijde schuiven en ongegeneerd een eigen westerse identiteit gaan nastreven. Op termijn kan maar één beschaving de strenge beproevingen van de natuurlijke selectie overleven en als de bureaucraten in Brussel weigeren het Westen te behoeden voor het islamitische gevaar, dan zijn Groot-Brittannië, Denemarken of Frankrijk in hun eentje beter af.

Dit standpunt heeft veel opgang gemaakt, maar in wezen is het misleidend. Het islamitische fundamentalisme stelt ons voor hardnekkige problemen, maar de 'beschaving' waartegen het zich keert is een geglobaliseerde beschaving en niet per se een uniek westers fenomeen. Niet voor niets heeft Islamitische Staat zowel Iran als de Verenigde Staten tegen zich in het harnas gejaagd. En zelfs islamitische fundamentalisten zijn ondanks al hun middeleeuwse retoriek veel meer geworteld in de huidige globaliseringscultuur dan in het zevende-eeuwse Arabië. Ze spelen in op de angsten en verlangens van vervreemde moderne jongeren, niet op die van middeleeuwse boeren en kooplieden. Zoals Pankaj Mishra en Christopher de Bellaigue overtuigend hebben aangevoerd zijn radicale islamisten net zozeer beïnvloed door Marx en Foucault als door Mohammed en hebben ze net zoveel geërfd van de negentiende-eeuwse anarchisten als van de Omajjadische en Abbasidische kaliefen.[2] Het is dus correcter om zelfs zoiets als Islamitische Staat meer als een afgedwaalde uitloper van onze gezamenlijke mondiale cultuur te beschouwen dan als een tak van de een of andere onbekende, mysterieuze boom.

Wat nog belangrijker is, is dat de analogie tussen geschiedenis en biologie waarop de theorie van de 'botsende beschavingen' berust niet klopt. Een groep mensen – van de kleinste stam tot een gigantische beschaving – is iets fundamenteel anders dan een diersoort, en historische conflicten zijn niet te vergelijken met het natuurlijke selectieproces. Diersoorten hebben een objectieve identiteit die duizenden generaties blijft voortbestaan. Of je een chimpansee bent of een gorilla hangt meer af van je genen dan van je geloof, en andere genen zorgen voor ander sociaal gedrag. Chimpansees leven in gemengde groepen van mannetjes en vrouwtjes. Ze concurreren om macht door coalities te vormen met medestanders van beide seksen. Bij gorilla's zit het anders. Daar vormt één dominant mannetje een harem van vrouwtjes en meestal gooit hij volwassen mannetjes die een bedreiging voor zijn positie kunnen gaan vormen uit de groep. Chimpansees kunnen geen gorilla-achtige sociale omgangsvormen adopteren, gorilla's kunnen zich niet net zo gaan organiseren als chimpansees en voor zover wij weten worden chimpansees en gorilla's niet alleen de laatste decennia, maar al honderdduizenden jaren gekenmerkt door exact dezelfde sociale systemen.

Zoiets zul je bij mensen niet aantreffen. Groepen mensen kunnen weliswaar bepaalde sociale systemen hebben, maar die zijn niet genetisch bepaald en ze blijven zelden langer dan een paar eeuwen bestaan. Denk aan de Duitsers in de twintigste eeuw. In nog geen honderd jaar tijd hebben de Duitsers zich georganiseerd in zes totaal verschillende systemen: het vorstendom van de Hohenzollerns, de Weimarrepubliek, het Derde Rijk, de Duitse Democratische Republiek (alias communistisch Oost-Duitsland), de Bondsrepubliek Duitsland (alias West-Duitsland) en tot slot het democratische herenigde Duitsland. Uiteraard behielden de Duitsers hun taal en hun liefde voor bier en *Bratwurst*, maar is er een soort unieke Duitse essentie die hen van alle andere volkeren onderscheidt en die van Wilhelm II tot Angela Merkel onveranderd is gebleven? En als we inderdaad zoiets kunnen verzinnen, was dat er duizend jaar geleden dan ook al, of vijfduizend jaar geleden?

De preambule van het Verdrag tot Vaststelling van een Grondwet voor Europa begint met de verklaring dat het geïnspireerd is 'door de culturele, religieuze en humanistische tradities van Europa die ten grondslag liggen aan de ontwikkeling van de universele waarden van de onschendbare en onvervreemdbare rechten van de mens en van vrijheid, democratie, gelijkheid en de rechtsstaat'.[3] Hierdoor kun je zomaar de indruk krijgen dat de Europese beschaving gekenmerkt wordt door waarden als mensenrechten, democratie, gelijkheid en vrijheid. In talloze toespraken en documenten wordt een rechte lijn getrokken van de antieke Atheense democratie tot de huidige EU en wordt gejubeld over 2500 jaar Europese vrijheid en democratie. Dat doet denken aan de spreekwoordelijke blinde die de staart van een olifant in handen krijgt en concludeert dat een olifant een soort kwast is. Democratische ideeën maken al eeuwen deel uit van de Europese cultuur, allicht, maar ze waren nooit het hele verhaal. De Atheense democratie was, ondanks haar grote faam en invloed, een halfhartig experiment dat het nauwelijks tweehonderd jaar heeft volgehouden in een vage uithoek van de Balkan. Als de Europese beschaving zich de laatste vijfentwintig eeuwen had gekenmerkt door democratie en mensenrechten, wat moeten we dan denken van Sparta en Julius Caesar, of de kruisvaarders en de conquistadores, van de inquisitie en de slavenhandel, Lodewijk XIV en Napoleon, Hitler en Stalin? Waren dat allemaal indringers uit afgelegen beschavingen?

In wezen is de Europese beschaving gewoon wat de Europeanen ervan maken, net zoals het christendom is wat christenen ervan maken, de islam wat moslims ervan maken en het jodendom wat de joden ervan maken. En ze hebben er door de eeuwen heen verbluffend uiteenlopende dingen van gemaakt. Groepen mensen worden meer gekenmerkt door de veranderingen die ze ondergaan dan door continuïteit, maar toch slagen ze erin zichzelf een oeroude identiteit toe te dichten, dankzij hun grote talent om verhalen te creëren. Wat voor revoluties ze ook meemaken, meestal kunnen ze oud en nieuw naadloos samenvoegen tot één verhaal.

Zelfs een individu kan revolutionaire veranderingen in zijn persoonlijke leven tot een sterk, coherent verhaal smeden: 'Ik ben die persoon die ooit socialist was, maar toen kapitalist werd; ik ben geboren in Frankrijk, maar nu woon ik in de VS; ik ben getrouwd geweest en toen ben ik gescheiden; ik had kanker en toen werd ik weer beter.' Een groep mensen, zoals de Duitsers, kan zichzelf ook gaan definiëren aan de hand van de veranderingen die ze meemaken: 'Ooit waren we nazi's, maar we hebben ons lesje geleerd en nu zijn we vreedzame democraten.' Je hoeft niet op zoek te gaan naar een unieke Duitse essentie die we eerst zagen bij Wilhelm II, toen bij Hitler en nu bij Merkel. Die radicale transformaties zijn juist de factor die de Duitse identiteit kenmerkt. Duitser zijn in 2018 betekent worstelen met de loodzware erfenis van het nazisme en je best doen om de liberale en democratische waarden hoog te houden. Wie weet wat het in 2050 zal betekenen.

Mensen weigeren die veranderingen vaak te zien, zeker als het om politieke en religieuze kernwaarden gaat. We blijven ijzerenheinig volhouden dat onze waarden een kostbare erfenis van onze antieke voorvaderen zijn. Maar dat kunnen we alleen zeggen omdat onze voorvaderen allang onder de groene zoden liggen en hun mening niet meer kunnen geven. Neem de joodse houding ten opzichte van vrouwen. De ultra-orthodoxe joden van nu bannen alle afbeeldingen van vrouwen uit de publieke sfeer. Op reclameborden en advertenties die op ulta-orthodoxe joden gericht zijn, staan meestal alleen mannen en jongens, nooit vrouwen en meisjes.[4]

In 2011 brak er een schandaal uit toen de ultra-orthodoxe Brooklynse krant *Di Tzeitung* een foto afdrukte van Amerikaanse bewindslieden die de aanval op de compound van Osama bin-Laden volgden. Alle vrouwen op de foto waren digitaal weggeretoucheerd, onder wie de minister van Buitenlandse Zaken, Hillary Clinton. De krant verklaarde dat dit moest vanwege de joodse 'fatsoenswetten'.[5] Bij een vergelijkbaar schandaal haalde de krant *HaMevaser* Angela Merkel uit een foto van een demonstratie tegen de aanslag op *Charlie Hebdo*, om te vermijden dat haar beeltenis wellustige gedachten zou veroorzaken bij vrome lezers. De uitgever van een derde ultra-orthodoxe krant, *Hamodia*, verdedigde dit beleid met de uitspraak: 'We worden hierin gesteund door een traditie van duizenden jaren oud.'

Nergens wordt het verbod op zichtbare vrouwen strenger gehandhaafd dan in de synagoge. In orthodoxe synagogen worden de vrouwen zorgvuldig afgescheiden van de mannen en moeten ze in een apart gedeelte zitten, afgeschermd achter een gordijn, zodat een man niet per ongeluk een vrouwengedaante hoeft te zien als hij zijn gebeden opzegt of de heilige geschriften leest. Maar als dat echt allemaal een voortvloeisel is van millennia oude joodse traditie en rotsvast verankerde goddelijke wetten, hoe verklaar je dan wat archeologen aantroffen bij opgravingen van oeroude synagogen in Israël uit de tijd van de Misjna en de Talmoed? Ze vonden geen enkele aanwijzing van seksesegregatie, maar wel schitterende vloermozaïeken en muurschilderingen met afbeeldingen van vrouwen, die soms tamelijk schaars gekleed waren. De rabbi's die de Misjna en de Talmoed schreven, baden en studeerden dagelijks in deze synagogen, maar de orthodoxe joden van nu zouden die afbeeldingen beschouwen als een godslasterlijke schending van oeroude tradities.[6]

Alle religies kenmerken zich door zulke verdraaiingen van oeroude tradities. De oprichters van Islamitische Staat beweren dat ze zich richten op de pure, oorspronkelijke versie van de islam, maar eigenlijk is hun interpretatie van de islam gloednieuw. Ze halen wel allerlei eerbiedwaardige geschriften aan, maar ze zijn heel kieskeurig in de teksten die ze citeren dan wel negeren en in hun uitleg daarvan. Die doe-het-zelf-aanpak in het interpreteren van heilige boeken is op zich al uiterst modern. Van oudsher was interpretatie het monopolie van oelama's, geleerden die moslimwetten en -theologie bestudeerden in achtenswaardige instituten als de Al-Azhar-universiteit in Caïro. De leiders van Islamitische Staat hebben daar doorgaans niet de papieren voor en de meeste gerespecteerde oelama's hebben Abu Bakr al-Baghdadi en zijn kornuiten weggezet als onderontwikkelde criminelen.[7]

Dat wil overigens niet zeggen dat Islamitische Staat 'onislamitisch' of 'anti-islamitisch' bezig is, zoals sommigen beweren. Het wordt al helemaal ironisch als christelijke leiders als Barack Obama het lef hebben om zelfbenoemde moslims als Abu Bakr al-Baghdadi te vertellen wat het inhoudt om moslim te zijn.[8] Verhitte discussies over de ware essentie van de islam zijn hoe dan ook zinloos. De islam heeft geen vaststaand DNA. De islam is wat de moslims ervan maken.[9]

Duitsers en gorilla's

Er is nog een ander, groter verschil tussen groepen mensen en diersoorten. Soorten splitsen zich vaak af, maar ze gaan nooit in elkaar op. Pakweg zeven miljoen jaar geleden hadden chimpansees en gorilla's gezamenlijke voorouders. Die ene voorouderlijke soort splitste zich op in twee populaties, die uiteindelijk hun eigen evolutionaire wegen gingen bewandelen. Toen dat eenmaal was gebeurd, was er geen weg terug. Individuen van verschillende soorten kunnen samen geen vruchtbare nakomelingen voortbrengen, dus twee soorten kunnen nooit één nieuwe soort gaan vormen. Gorilla's kunnen niet fuseren met chimpansees, giraffes niet met olifanten en honden niet met katten.

Mensenstammen neigen er daarentegen toe om mettertijd te

versmelten tot steeds grotere groepen. De moderne Duitsers zijn ontstaan uit een fusie van Saksen, Pruisen, Zwaben en Beieren, die nog niet zo lang geleden weinig met elkaar ophadden. Naar verluidt heeft Otto von Bismarck na het lezen van Darwins boek *Over het ontstaan van soorten* gezegd dat de Beier de missing link tussen de Oostenrijker en de mens was.[10] De Fransen kwamen voort uit het samengaan van Franken, Normandiërs, Bretons, Gascogners en Provençalen. Aan de andere kant van het Kanaal vermengden Engelsen, Schotten, inwoners van Wales en Ieren zich (al dan niet vrijwillig) tot Britten. Op afzienbare termijn zal een fusie van Duitsers, Fransen en Britten misschien Europeanen opleveren.

Zulke fusies houden niet altijd stand, zoals de mensen in Londen, Edinburgh en Brussel momenteel heel goed merken. De Brexit zou best eens kunnen leiden tot het uiteenvallen van het Verenigd Koninkrijk én de Europese Unie. Maar op de lange termijn vertoont de geschiedenis een duidelijke lijn. Tienduizend jaar geleden bestond de mensheid uit talloze geïsoleerde stammen. Met elk millennium dat verstreek voegden die zich samen tot steeds grotere groepen en bleven steeds minder verschillende beschavingen over. In de laatste paar generaties hebben de weinig overgebleven beschavingen zich steeds meer samengevoegd tot één grote geglobaliseerde wereldbeschaving. Er zijn nog steeds politieke, etnische, culturele en economische verschillen, maar die ondermijnen de fundamentele eenheid niet. Sommige verschillen worden juist mogelijk gemaakt doordat er één overkoepelende gemeenschappelijke structuur is. In de economie kan arbeid niet fatsoenlijk verdeeld worden als er niet één markt is waaraan iedereen meedoet. Een land kan zich niet specialiseren in de productie van auto's of olie als het geen voedsel kan kopen van andere landen die tarwe en rijst verbouwen.

Dit proces van eenwording heeft twee duidelijke vormen aangenomen: verbonden tussen verschillende groepen en homogeniseringsprocessen binnen groepen. Er kunnen zelfs verbonden gesloten worden tussen groepen die zich elk op hun totaal eigen manier blijven gedragen, of zelfs tussen gezworen vijanden. Oorlog kan ironisch genoeg de sterkste verbonden opleveren. Historici beweren vaak dat de globalisering een eerste piek vertoonde in 1913, daarna in een lange neerwaartse spiraal belandde in het tijdperk van de wereldoorlogen en de Koude Oorlog, en zich pas na 1989 weer herstelde.[11] Dat geldt misschien voor economische globalisering, maar er wordt hier geen rekening gehouden met een andere, maar net zo belangrijke dynamiek, namelijk die van de militaire globalisering. Door oorlog verspreiden ideeën, technologieën en mensen zich veel sneller over de wereld dan door handel. In 1918 waren de Verenigde Staten sterker verbonden met Europa dan in 1913; ze dreven in het interbellum weer wat uit elkaar, maar hun lot raakte vervolgens onlosmakelijk verstrengeld door de Tweede Wereldoorlog en de Koude Oorlog.

Oorlog zorgt er ook voor dat volkeren veel meer belangstelling voor elkaar krijgen. De vs zijn nooit nauwer met Rusland verbonden geweest dan tijdens de Koude Oorlog, toen er na elke scheet in Moskou mensen trappen op en af begonnen te rennen in Washington. Mensen zijn veel geïnteresseerder in hun vijanden dan in hun handelspartners. Voor elke Amerikaanse film over Taiwan zijn er waarschijnlijk vijftig over Vietnam.

De middeleeuwse Olympiade

In de wereld van begin eenentwintigste eeuw zijn we al veel verder dan het smeden van verbonden tussen verschillende groepen. Mensen uit alle hoeken van de wereld hebben niet alleen contact met elkaar, ze delen ook steeds meer dezelfde ideeën en gewoonten. Duizend jaar geleden was de aarde een vruchtbare voedingsbodem voor tientallen verschillende politieke modellen. In Europa zag je feodale vorstendommen concurreren met onafhankelijke stadstaten en minuscule theocratieën. De moslimwereld had een kalifaat dat zich beriep op zijn universele soevereiniteit, maar experimenteerde ook met koninkrijken, sultanaten en emiraten. Het Chinese rijk beschouwde zichzelf als de enige legitieme politieke macht ter wereld, terwijl tribale statenbonden elkaar vrolijk bevochten in het noorden en westen. India en Zuidoost-Azië vormden een ware caleidoscoop van regimes, terwijl staatsvormen in Amerika, Afrika en Oceanië varieerden van piepkleine jagers-verzamelaarsgroepjes tot uitgestrekte rijken. Geen wonder dat zelfs groepen mensen die pal naast elkaar woonden moeite hadden om tot gemeenschappelijke diplomatieke procedures te komen, laat staan tot internationale wetgeving. Elke gemeenschap had haar eigen politieke paradigma en had moeite met het begrijpen en respecteren van afwijkende politieke concepten.

Tegenwoordig hanteren we juist overal ter wereld één politiek paradigma. De aardbol is verdeeld tussen zo'n tweehonderd soevereine staten, die zich grotendeels aan dezelfde diplomatieke protocollen en internationale regels houden. Zweden, Nigeria, Thailand en Brazilië staan allemaal op dezelfde manier in onze atlassen, elk met hun eigen kleurtje, ze zijn allemaal lid van de VN en ondanks hun vele onderlinge verschillen worden ze allemaal erkend als soevereine staten, met min of meer gelijke rechten en privileges. Ze delen zelfs allerlei politieke ideeën en gewoonten, waaronder op zijn minst een symbolisch geloof in volksvertegenwoordigingen, politieke partijen, algemeen stemrecht en mensenrechten. Er zijn niet alleen parlementen in Londen en Parijs, maar ook in Teheran, Moskou, Kaapstad en New Delhi. Als Israëliërs en Palestijnen, Russen en Oekraïners, Koerden en Turken concurreren om de gunst van de wereldwijde publieke opinie, gebruiken ze allemaal dezelfde mooie woorden over mensenrechten, politieke soevereiniteit en internationale wetgeving.

De wereld mag dan bezaaid zijn met allerhande 'mislukte staten', maar we kennen maar één model voor een succesvolle staat.

De wereldpolitiek volgt hierin het *Anna-Karenina*-principe: succesvolle staten zijn allemaal hetzelfde, maar elke mislukte staat mislukt op zijn eigen manier, doordat het een of andere ingrediënt van het dominante politieke pakket ontbreekt. Islamitische Staat sprong er recentelijk uit door dit pakket radicaal van de hand te wijzen en te proberen een compleet andere politieke entiteit te vormen, namelijk een universeel kalifaat. Juist daarom is het een mislukte staat. Talloze guerrillamachten en terreurorganisaties hebben nieuwe landen opgericht of bestaande landen veroverd, maar daarbij accepteerden ze altijd de fundamentele principes van de mondiale politieke orde. Zelfs de Taliban probeerde internationaal erkend te worden als de legitieme regering van het soevereine Afghanistan. Groepen die de principes van de mondiale politiek verwierpen hebben tot nu toe nooit erg lang gebieden van enige betekenis kunnen beheersen.

De kracht van het politieke wereldmodel is misschien het best te aanschouwen als we niet naar harde politieke vraagstukken rondom oorlog en diplomatie kijken, maar naar zoiets als de Olympische Zomerspelen van 2016 in Rio. Kijk maar eens naar de manier waarop de Spelen georganiseerd werden. De elfduizend atleten werden ingedeeld in delegaties aan de hand van hun nationaliteit, en niet hun religie, klasse of taal. Er was geen boeddhistische delegatie, geen proletarische delegatie en geen Engelstalige delegatie. Op een paar gevallen na – met name Taiwan en Palestina – bestond er geen enkele onduidelijkheid rondom de nationaliteit van de atleten.

Bij de openingsceremonie op 5 augustus 2016 traden de atleten aan in groepen, die elk liepen te zwaaien met hun nationale vlag. Als Michael Phelps weer een gouden medaille won, werden de *stars and stripes* gehesen onder de klanken van 'The Star-Spangled Banner'. Toen judoka Emilie Andéol goud won, wapperde de Franse driekleur en werd de 'Marseillaise' gespeeld.

Het is daarbij wel zo handig dat elk land ter wereld een volkslied heeft dat hetzelfde universele model volgt. Bijna alle volksliederen zijn orkestrale stukken van een paar minuten, en geen twintig minuten durende gezangen die alleen uitgevoerd mogen worden door een speciale, erfelijk bepaalde priesterkaste. Zelfs landen als Saoedi-Arabië, Pakistan en Congo volgen in hun volksliederen westerse muzikale conventies. De meeste klinken als iets wat Beethoven gecomponeerd had kunnen hebben als hij niet per se zijn dag had. (Je kunt een hele avond zoet brengen met vrienden door de verschillende volksliederen af te spelen op YouTube en te raden bij welk land ze horen.) Zelfs de teksten zijn overal ter wereld min of meer hetzelfde, wat wijst op gemeenschappelijke ideeën over politiek en groepsloyaliteit. Bij welk land denk je bijvoorbeeld dat het onderstaande volkslied hoort? (Ik heb alleen de naam van het land in het generieke 'mijn land' veranderd.)

> Mijn thuis, mijn geboortegrond,
> Het land waar ik mijn bloed heb vergoten
> Is waar ik sta
> Als bewaker van mijn moederland.
> Mijn land, mijn natie,
> Mijn volk en mijn thuis.
> Laat ons verkondigen:
> 'Verenig u, mijn land!'
> Lang leve mijn land, lang leve mijn staat,
> Mijn natie, mijn vaderland, in zijn geheel.
> Bouw aan zijn ziel, wek zijn lichaam,
> Voor mijn grootse land!
> Mijn grootse land, onafhankelijk en vrij,
> Mijn thuis en mijn land, dat ik liefheb.
> Mijn grootse land, onafhankelijk en vrij,
> Lang leve mijn grootse land!

Het antwoord is Indonesië. Maar zou je erg verbaasd opkijken als het antwoord Polen, Nigeria of Brazilië was geweest?

Politieke uitdagingen

Nationale vlaggen zijn van eenzelfde duffe eenvormigheid. Op een enkele uitzondering na zijn alle vlaggen rechthoekige stukken stof die zijn voorzien van een extreem beperkt repertoire aan kleuren, strepen en geometrische vormen. Nepal is de vreemde eend in de bijt met een vlag die uit twee driehoeken bestaat (maar het heeft nooit een olympische medaille gewonnen). De Indonesische vlag bestaat uit een rode streep boven een witte streep. De Poolse vlag is een witte streep boven een rode streep. De vlag van Monaco is identiek aan die van Indonesië. Een kleurenblinde kan nauwelijks het verschil zien tussen de vlaggen van België, Tsjaad, Ivoorkust, Frankrijk, Guinee, Ierland, Italië, Mali en Roemenië, die allemaal drie verticale strepen in verschillende kleuren hebben.

Sommige van die landen hebben bittere oorlogen met elkaar uitgevochten, maar in al het tumult van de twintigste eeuw zijn er maar drie Olympische Spelen afgelast wegens oorlog (in 1916, 1940 en 1944). In 1980 boycotten de VS samen met een paar bondgenoten de Olympiade in Moskou, in 1984 boycotte het Oostblok de Spelen in Los Angeles en bij verschillende gelegenheden waren de Olympische Spelen onderwerp van politieke heibel (met name in 1936, toen nazihoofdstad Berlijn de Spelen organiseerde, en in 1972, toen Palestijnse terroristen de Israëlische delegatie voor de Olympiade in München afslachtte). Maar over het geheel genomen hebben politieke controverses het olympische project niet laten ontsporen.

Laten we nu eens duizend jaar teruggaan. Stel dat je de middeleeuwse Olympische Spelen van 1016 in Rio wilde houden. Vergeet voor het gemak even dat Rio destijds een klein dorpje was dat bewoond werd door Tupi-indianen[12] en dat Aziaten, Afrikanen en Europeanen niet eens wisten dat Amerika bestond. Vergeet de logistieke problemen bij het bijeenbrengen van alle topatleten ter wereld in Rio in een tijd dat er nog geen vliegtuigen waren. Vergeet ook dat er maar weinig sporten waren die overal ter wereld werden gespeeld en dat alle volkeren misschien wel kunnen hardlopen, maar dat niet iedereen het eens zou zijn over de regels voor een hardloopwedstrijd. Vraag je alleen af hoe je de deelnemende delegaties zou indelen. Tegenwoordig is het Internationaal Olympisch Comité talloze uren zoet met discussies over de Taiwanese kwestie en de Palestijnse kwestie. Vermenigvuldig dit met tienduizend voor het aantal uren dat je aan de politieke kant van een middeleeuwse Olympiade zou moeten besteden.

Om te beginnen erkende de Chinese Song-dynastie geen enkele politieke macht op aarde als haar gelijke. Het zou dus een ondenkbare vernedering zijn om de Chinese olympische delegatie dezelfde status te geven als die van het Koreaanse koninkrijk onder de Goryeo-dynastie of het Vietnamese koninkrijk Dai Co Viet, laat staan de delegaties van primitieve overzeese barbaren.

De kalief in Bagdad beriep zich ook op zijn universele hegemonie en de meeste soennitische moslims erkenden hem als hun opperheerser. In praktisch opzicht regeerde de kalief hoogstens over de stad Bagdad. Zouden alle soennitische atleten dan deel uitmaken van één delegatie, die van het kalifaat, of zouden ze verdeeld zijn over tientallen delegaties uit de talloze emiraten en sultanaten die de soennitische wereld telde? En waarom zouden we alleen naar emiraten en sultanaten kijken? De Arabische woestijn wemelde van de vrije bedoeïenenstammen, die naast Allah geen enkele opperheer erkennen. Zouden die allemaal een eigen delegatie mogen sturen voor het boogschieten of de kamelenrace? Europa zou al net zo'n hoofdpijndossier opleveren. Zou een atleet uit het Normandische stadje Ivry deelnemen onder het banier van de plaatselijke graaf van Ivry, of dat van diens heer, de hertog van Normandië, of misschien dat van de zwakke koning van Frankrijk?

Veel van deze politieke entiteiten waren een paar jaar na hun ontstaan alweer verdwenen. Tijdens je voorbereidingen voor de Olympische Spelen van 1016 kon je nooit van tevoren weten welke delegaties zouden komen opdagen, omdat niemand met zekerheid kon zeggen welke politieke entiteiten het jaar erop nog zouden bestaan. Als het koninkrijk Engeland een delegatie zou sturen voor de Spelen van 1016 zouden de atleten die na afloop met hun medailles terugkeerden ontdekken dat de Denen zojuist Londen hadden ingenomen en dat Engeland werd opgeslorpt door het grote Noordzeerijk van koning Knoet de Grote, samen met Denemarken, Noorwegen en delen van Zweden. Nog eens twintig jaar later viel dat rijk uiteen, maar dertig jaar later werd Engeland weer veroverd, nu door de hertog van Normandië.

Het behoeft geen uitleg dat de overgrote meerderheid van deze vluchtige politieke entiteiten geen volkslied had om af te spelen en geen vlag om te hijsen. Politieke symbolen waren natuurlijk van groot belang, maar de symbooltaal van de Europese politiek was totaal anders dan de politieke symboliek van Indonesië, China of de Tupi. Het zou schier onmogelijk zijn om een gemeenschappelijk protocol af te spreken om overwinningen mee te markeren.

Sta er bij het kijken naar de Spelen van 2020 in Tokio dus even bij stil dat deze schijnbare competitie tussen verschillende naties eigenlijk een verbluffend staaltje mondiale overeenstemming symboliseert. Naast alle nationale trots die mensen voelen als hun delegatie een gouden medaille wint en hun vlag wordt gehesen, is er nog veel meer reden tot trots dat de mensheid überhaupt in staat is zo'n evenement op touw te zetten.

In de ban van de dollar

In premoderne tijden hebben mensen niet alleen geëxperimenteerd met uiteenlopende politieke systemen, maar ook met een verbijsterend scala aan economische modellen. Russische bojaren, hindoeïstische maharadja's, Chinese mandarijnen en Amerikaanse indianenopperhoofden hadden heel verschillende ideeën over geld, handel, belastingen en werkgelegenheid. Nu gelooft bijna iedereen in kleine variaties op hetzelfde kapitalistische thema en zijn we allemaal wieltjes in één groot mondiaal raderwerk. Of je nu in Congo of Mongolië woont, in Nieuw-Zeeland of Bolivia, je dagelijkse bezigheden en je economische geluk hangen af van dezelfde economische theorieën, dezelfde grote concerns en banken, en dezelfde valutastromen. Als de ministers van Financiën van Israël en Iran samen zouden gaan lunchen, zouden ze dezelfde economische taal spreken en elkaars problemen heel goed kunnen begrijpen en met elkaar kunnen meevoelen.

Toen de fundamentalisten van Islamitische Staat grote delen van Syrië en Irak innamen, vermoordden ze tienduizenden mensen, verwoestten archeologische vondsten, haalden standbeelden neer en vernietigden systematisch de symbolen van voorgaande regimes en culturele invloeden uit het Westen.[13] Maar toen hun strijders de plaatselijke banken binnendrongen en daar stapels Amerikaanse dollars aantroffen, opgesierd met de gezichten van Amerikaanse presidenten en Engelstalige slogans die Amerikaanse politieke en religieuze idealen verheerlijken, staken ze die symbolen van het Amerikaanse imperialisme niet in brand. Het dollarbiljet staat namelijk overal in hoog aanzien, ongeacht eventuele politieke en religieuze verschillen. Hoewel het geen intrinsieke waarde heeft – je kunt een dollarbiljet niet opeten of opdrinken – is het vertrouwen in de dollar en de wijsheid van de centrale bank van de vs zo groot dat zelfs islamitische fundamentalisten, Mexicaanse drugsbaronnen en Noord-Koreaanse tirannen er niet aan ontkomen.

De homogeniteit van de huidige mensheid komt echter het best tot uiting als het gaat om onze ideeën over de natuur en het menselijk lichaam. Als je duizend jaar geleden ziek werd, maakte het nogal wat uit waar je woonde. In Europa zou de plaatselijke priester je waarschijnlijk vertellen dat je God boos had gemaakt en dat je ten behoeve van je gezondheid iets moest doneren aan de kerk, een pelgrimstocht naar een heilige plaats moest ondernemen en vurig moest bidden om vergiffenis. De dorpsheks zou daarentegen kunnen beweren dat je was bezeten door een demon en dat ze die kon verdrijven met behulp van zang, dans en het bloed van een zwarte haan.

In het Midden-Oosten konden klassiek opgeleide artsen je vertellen dat je lichaamssappen uit balans waren en dat je die in harmonie moest brengen met de juiste voeding en vieze drankjes. In India zouden ayurvedische deskundigen hun eigen theorieën hebben omtrent de balans tussen drie lichaamselementen die *dosha's* heetten en een behandeling adviseren op basis van kruiden, massage en yogahoudingen. Chinese doktoren, Siberische sjamanen, Afrikaanse toverdokters, indiaanse medicijnmannen – elk keizerrijk, elk koninkrijk en elke stam had zijn eigen tradities en experts, die er heel andere opvattingen op nahielden over het menselijk lichaam en de aard van ziekten, en elk hun hoogsteigen scala aan rituelen, brouwsels en medicamenten in de aanbieding hadden. Sommige daarvan werkten verrassend goed, andere kwamen eerder neer op een doodvonnis. Het enige wat Europese, Chinese, Afrikaanse en Amerikaanse medische praktijken gemeen hadden, was dat overal minstens een derde van alle kinderen overleed vóór het bereiken van de volwassen leeftijd en dat de gemiddelde levensverwachting ver onder de vijftig lag.[14]

Als je nu ziek wordt, maakt het veel minder uit waar je woont. In Toronto, Tokio, Teheran of Tel Aviv word je naar gelijksoortige ziekenhuizen gebracht, waar je artsen in witte jassen aantreft die dezelfde wetenschappelijke theorieën hebben geleerd aan dezelfde medische faculteiten. Ze volgen dezelfde protocollen en doen dezelfde onderzoeken om tot ongeveer dezelfde diagnoses te komen. Vervolgens geven ze je dezelfde medicijnen, die afkomstig zijn van dezelfde internationale farmaceuten. Er zijn nog wel wat kleine culturele verschillen, maar Canadese, Japanse, Iraanse en Israëlische artsen denken grofweg hetzelfde over het menselijk lichaam en de ziekten die mensen kunnen treffen. Toen Islamitische Staat Raqqa en Mosul had ingenomen, braken ze de plaatselijke ziekenhuizen niet af, maar deden ze een beroep op moslimartsen en -verpleegkundigen van over de hele wereld om daar vrijwilligerswerk te komen doen.[15] We kunnen er gevoeglijk van uitgaan dat zelfs de meest fundamentalistische islamitische artsen en verpleegkundigen geloven dat het lichaam is opgebouwd uit cellen, dat ziekten worden veroorzaakt door ziektekiemen en dat antibiotica bacteriën opruimen.

En waaruit bestaan die cellen en bacteriën? Waaruit is de wereld opgebouwd? Duizend jaar geleden had elke cultuur haar eigen verhaal over het heelal en de basisingrediënten van de kosmische oersoep. Nu geloven geleerden over de hele wereld exact hetzelfde over materie, energie, tijd en ruimte. Neem de nucleaire programma's van Iran en Noord-Korea. Het probleem is niet dat de Iraniërs en de Noord-Koreanen precies hetzelfde over natuurkunde denken als Israëliërs en Amerikanen. Als de Iraniërs en Noord-Koreanen geloofden dat $E=MC^4$, dan zouden Israël en de VS zich totaal geen zorgen maken over hun nucleaire projecten.

Mensen hebben nog steeds verschillende religies en een eigen nationale identiteit, maar als het op praktische zaken aankomt – hoe je een staat opbouwt, een economie, een ziekenhuis of een bom – behoren we bijna allemaal tot dezelfde beschaving. Er is zeker onenigheid, maar alle beschavingen hebben zo hun interne twisten. Ze worden zelfs gedefinieerd door die twisten. Als mensen hun identiteit als volk proberen te bepalen, maken ze vaak een hele waslijst van gemeenschappelijke eigenschappen. Dat is niet slim. Ze zouden veel beter een lijstje met gemeenschappelijke conflicten en dilemma's kunnen maken. In 1618 had Europa bijvoorbeeld niet één religieuze identiteit, maar werd het gekenmerkt door religieuze conflicten. Als je in 1618 Europaan was, hield dat in dat je geobsedeerd was door piepkleine dogmatische verschillen tussen katholieken en protestanten, of tussen calvinisten en lutheranen, en dat je bereid was te doden dan wel te sterven voor die verschillen. Iemand die in 1618 niets om die conflicten gaf, was waarschijnlijk een Turk of een hindoe, maar zeker geen Europeaan.

Zo hielden Groot-Brittannië en Duitsland er in 1940 ook heel andere politieke waarden op na, maar maakten ze beide toch deel uit van de 'Europese beschaving'. Hitler was net zo goed een Europeaan als Churchill. Juist de strijd tussen hen definieerde wat het inhield om Europeaan te zijn op dat exacte kruispunt in de geschiedenis. Een jager-verzamelaar uit de Kung-stam was in datzelfde jaar 1940 juist geen Europeaan, omdat de interne Europese strijd over ras en gebiedsuitbreiding hem niets zei.

De mensen met wie we het meest ruziemaken zijn vaak onze eigen familieleden. Identiteit wordt meer bepaald door conflicten en dilemma's dan door overeenstemming. Wat houdt het in om in 2018 Europeaan te zijn? Het betekent niet dat je een witte huid hebt, in Jezus Christus gelooft of de individuele vrijheid hoog in het vaandel hebt. Het betekent eerder dat je verhit discussieert over immigratie, over de EU en over de beperkingen van het kapitalisme. Het betekent ook dat je je obsessief afvraagt wat nu precies je identiteit bepaalt en dat je je zorgen maakt over vergrijzing, ongebreideld consumentisme en het broeikaseffect. Eenentwintigste-eeuwse Europeanen verschillen van hun voorzaten uit 1618 en 1940 in hun conflicten en dilemma's, maar ze gaan steeds meer lijken op hun Chinese en Indiase handelspartners.

Wat voor veranderingen ons in de toekomst ook wachten, ze zullen hoogstwaarschijnlijk draaien om een broederstrijd binnen één beschaving en niet om een strijd tussen twee verschillende beschavingen. De grote uitdagingen van de eenentwintigste eeuw zullen mondiaal van aard zijn. Wat gebeurt er als er grote milieurampen komen door klimaatverandering? Wat gebeurt er als computers de mens in steeds meer taken overtreffen en die in steeds meer banen gaan vervangen? Wat gebeurt er als de biotechnologie ons de mogelijkheid biedt om mensen te upgraden en onze levensverwachting op te rekken? Die vraagstukken zullen ongetwijfeld leiden tot verhitte discussies en bittere conflicten. Toch is het niet erg waarschijnlijk dat die discussies en conflicten ons uit elkaar zullen drijven. Integendeel. Ze zullen ons nog afhankelijker van elkaar maken. De mensheid is nog lang geen harmonieuze wereldgemeenschap, maar we maken wel allemaal deel uit van één grote, rumoerige wereldbeschaving.

Hoe kunnen we dan die golf van nationalisme verklaren die een groot deel van de aardbol overspoelt? Misschien hebben we in ons enthousiasme voor globalisering iets te snel de goede oude natiestaat van tafel geveegd? Zou een terugkeer naar het traditionele nationalisme de oplossing kunnen zijn voor onze wanhopige mondiale crises? Als globalisering zoveel problemen met zich meebrengt, waarom schaffen we het dan niet af?

7

NATIONALISME

Mondiale problemen vergen mondiale antwoorden

De mensheid vormt inmiddels één enkele beschaving, waarin alle mensen te maken hebben met dezelfde gemeenschappelijke uitdagingen en kansen. Toch zoeken Britten, Amerikanen, Russen en talloze andere groepen steeds vaker hun heil bij een nationalistisch soort isolationisme. Is dit de oplossing voor alle nieuwe problemen die onze geglobaliseerde wereld met zich meebrengt?

Om die vraag te beantwoorden, moeten we eerst inzien dat de huidige natiestaten van oudsher geen vaststaand onderdeel zijn van de menselijke biologie en ook geen onontkoombare bijkomstigheid van de menselijke psychologie. Vijfduizend jaar geleden waren er geen Italianen, Russen of Turken. Mensen zijn weliswaar rasechte sociale dieren en onze loyaliteit aan de eigen groep zit diep ingebakken in onze genen, maar de mens heeft miljoenen jaren in kleine, hechte gemeenschappen geleefd in plaats van in grote natiestaten.

Homo sapiens leerde uiteindelijk cultuur in te zetten als basis voor grootschalige samenwerking, wat de sleutel is van ons succes als soort, maar culturen zijn flexibel. Anders dan mieren of chimpansees kunnen mensen zichzelf op allerlei manieren organiseren, al naar gelang de heersende omstandigheden. Natiestaten zijn hoogstens één van de opties op het menselijke menu. Andere opties zijn stamverbanden, stadstaten, keizerrijken, kerken en ondernemingen. In de toekomst zou een soort wereldunie zelfs een mogelijkheid kunnen worden, als de culturele basis daarvoor sterk genoeg is. Er is nog geen bovengrens ontdekt aan de grootte van groepen waarmee mensen zich kunnen identificeren. De meeste natiestaten bevatten tegenwoordig meer mensen dan de complete wereldbevolking van tienduizend jaar geleden.

Mensen gingen grote collectieven als natiestaten vormen omdat ze uitdagingen en kansen tegenkwamen die één kleine stam niet kon aanpakken. Denk aan de stammen die duizenden jaren geleden langs de Nijl woonden. De rivier was hun levensader. Die irrigeerde hun akkers en vervoerde hun handel. Maar het was een onvoorspelbare bondgenoot. Te weinig regen en de mensen verhongerden, te veel regen en de rivier trad buiten haar oevers en verwoestte hele dorpen. Geen enkele stam kon dit probleem in zijn eentje oplossen, omdat elke stam maar een klein stukje van de rivier beheerste en hooguit een paar duizend arbeiders kon leveren. De enige kans om de machtige rivier in te perken en onder controle te brengen was een gemeenschappelijke poging om enorme dammen aan te leggen en kanalen van honderden kilometers te graven. Dit was een van de redenen dat de stammen mettertijd samensmolten tot één grote natie die genoeg in huis had om dammen en kanalen aan te leggen, de rivier te temmen, graanreserves aan te leggen voor magere jaren en een landelijk transport- en communicatiesysteem in te stellen.

Ondanks dergelijke voordelen is het nooit eenvoudig geweest om losse stammen tot één natie te smeden, in de oudheid niet en nu nog steeds niet. Nationalisme heeft namelijk twee kanten, een makkelijke en een uiterst moeilijke. De makkelijke component is een voorkeur voor mensen als wij en het feit dat we die prefereren boven vreemden. Xenofobie zit stevig verankerd in ons DNA. De moeilijke component van het nationalisme is dat je vreemden soms moet prefereren boven vrienden en verwanten. Een echte patriot betaalt bijvoorbeeld braaf zijn belastingen, zodat de staat onbekende kinderen aan de andere kant van het land fatsoenlijke gezondheidszorg kan bieden, zelfs als dat inhoudt dat hij zijn eigen kinderen niet kan laten behandelen in een duur privéziekenhuis. Dat druist in tegen miljoenen jaren van evolutie. In wezen zijn belastingontduiking en nepotisme de natuurlijkste zaak van de wereld voor ons, maar volgens het nationalisme vallen ze onder het kopje 'corruptie'. Om mensen af te houden van deze vormen van corruptie en ze zover te krijgen dat ze nationale belangen laten prevaleren boven familiebanden, moesten natiestaten omvangrijke programma's voor onderwijs, propaganda en nationalistische folklore ontwikkelen en nationale volksgezondheids-, veiligheids- en welzijnssystemen optuigen.

Dat wil niet zeggen dat er iets mis is met nationale verwantschap. Enorme systemen kunnen niet functioneren zonder massaloyaliteit en er is zeker iets voor te zeggen om de reikwijdte van de menselijke empathie te vergroten. De mildere vormen van patriottisme behoren tot de goedaardigste menselijke uitvindingen. Als ik geloof dat mijn land uniek is, dat het mijn trouw verdient en dat ik speciale verplichtingen heb ten opzichte van alle inwoners ervan, kan dat mij inspireren om om anderen te geven en offers voor ze te brengen. Het is een gevaarlijke misvatting dat we zonder nationalisme allemaal in een liberaal paradijs zouden leven. Waarschijnlijk zouden we dan in een tribale chaos leven. In vreedzame, welvarende, liberale landen als Zweden, Duitsland en Zwitserland heerst een sterk gevoel van nationalisme. Op de lijst van landen zonder robuust gevoel van nationale eenheid staan Afghanistan, Somalië, Congo en de meeste andere mislukte staten.[1]

Het probleem begint als goedaardige vaderlandsliefde omslaat in chauvinistisch ultranationalisme. In plaats van te geloven dat mijn land en mijn volk uniek zijn – wat opgaat voor alle landen en volkeren – kan ik het idee krijgen dat mijn land superieur is, dat ik het in alle opzichten trouw verschuldigd ben en dat ik verder geen significante verplichtingen aan wie dan ook heb. Dit is een vruchtbare voedingsbodem voor gewelddadige conflicten. Generaties lang was de voornaamste kritiek op het nationalisme dat het tot oorlog leidde. Die link tussen nationalisme en geweld kon nationalistische excessen echter nauwelijks tegengaan, vooral omdat elk land zijn eigen militaire expansie goedpraatte met de bewering dat het zich moest beschermen tegen de machinaties van buurlanden. Zolang zo'n land het merendeel van de inwoners een ongekend niveau van veiligheid en welvaart bood, waren die bereid daarvoor te betalen met hun bloed. In de negentiende eeuw en begin twintigste eeuw leek dat nationalistische verbond nog heel aantrekkelijk. Nationalisme leidde weliswaar tot gruwelijke conflicten op een ongehoorde schaal, maar moderne natiestaten zetten ook gigantische systemen voor gezondheidszorg, onderwijs en welzijn op. Nationale ziekenfondsen maakten Passchendaele en Verdun min of meer acceptabel.

Dit veranderde in 1945. De uitvinding van kernwapens was een harde klap voor de nationalistische deal. Na Hiroshima vreesden de mensen niet alleen dat nationalisme tot oorlog zou leiden, ze begonnen te vrezen dat het tot een kérnoorlog zou leiden. De dreiging van totale vernietiging kan heel verhelderend werken en het was voor een groot deel te danken aan dit gevaar voor ons collectieve voortbestaan dat er langzamerhand een wereldbevolking ontstond die boven allerlei landsgrenzen uitsteeg, omdat alleen zo'n wereldgemeenschap de nucleaire demon kon beteugelen.

Tijdens de Amerikaanse presidentsverkiezingen van 1964 kwam Lyndon B. Johnson met het beroemde madeliefjesspotje, een van de succesvolste staaltjes propaganda uit de televisiegeschiedenis. Het spotje begint met een klein meisje dat een madeliefje plukt en de bloemblaadjes telt, maar als ze bij tien is, wordt ze overstemd door een metalige mannenstem die van tien terugtelt tot nul, alsof hij aftelt voor een raketlancering. Bij nul licht het scherm op met de felle flits van een kernexplosie en spreekt presidentskandidaat Johnson het Amerikaanse publiek toe met de woorden: 'Dit staat er op het spel. Een wereld creëren waarin alle kinderen Gods kunnen leven, of de eeuwige duisternis. We moeten elkaar liefhebben of sterven.'² We associëren de slogan *make love, not war* meestal met de subcultuur van de late jaren zestig, maar in 1964 was het al een geaccepteerde wijsheid, zelfs bij politieke haviken als Johnson.

Tijdens de Koude Oorlog werd het nationalisme dus een tandje teruggeschroefd en werd de internationale politiek een iets mondialere aangelegenheid, en toen de Koude Oorlog voorbij was, leek globalisering een onweerstaanbare snelweg naar de toekomst. Naar verwachting zou de mensheid alle vormen van nationalistische politiek helemaal achter zich laten, als een reliek uit primitievere tijden waarvoor hoogstens de slecht geïnformeerde inwoners van een paar losse ontwikkelingslanden nog vatbaar waren. Gebeurtenissen uit de afgelopen jaren hebben echter aangetoond dat het nationalisme nog steeds een factor van belang is, zelfs voor de inwoners van Europa en de VS, om maar te zwijgen van Rusland, India en China. Burgers die zich gemarginaliseerd voelen door de onpersoonlijke krachten van het wereldkapitalisme en vrezen voor het lot van nationale systemen voor gezondheidszorg, onderwijs en sociale zorg zoeken overal ter wereld geruststelling en betekenis aan de boezem van de natie.

De vraag die Johnson opwierp in het madeliefjesspotje is nu echter nog prangender dan in 1964. Creëren we een wereld waarin alle mensen samen kunnen leven of gaan we de duisternis tegemoet? Redden Donald Trump, Theresa May, Vladimir Poetin, Narendra Modi en hun collega's de wereld door onze nationalistische sentimenten aan te wakkeren of zijn de huidige uitbarstingen van nationalisme een vorm van escapisme en vluchten we weg van de onhandelbare mondiale problemen waarmee we ons geconfronteerd zien?

Het nationalisme heeft veel goede ideeën als het gaat om manieren om deze of gene natiestaat te besturen, maar helaas biedt het geen uitvoerbaar plan om de wereld als geheel te runnen. Sommige nationalisten hopen dat de wereld een netwerk wordt van ommuurde forten die min of meer in vriendschap leven. Elk nationaal fort zal zijn eigen unieke identiteit en belangen beschermen, maar tegelijk kunnen de forten onderling samenwerken en vreedzaam handel drijven. Dan is er geen migratie, geen multiculturalisme en zijn er geen mondiale elites, maar ook geen wereldoorlogen. Het probleem met deze visie is dat ommuurde forten zelden in vriendschap leven. In het verleden zijn alle pogingen om de wereld in duidelijk afgebakende naties te verdelen op oorlog uitgelopen. Zonder universele waarden en wereldwijde organisaties kunnen rivaliserende naties het niet eens worden over gezamenlijke regels.

Andere nationalisten nemen een iets extremere positie in en beweren dat we helemaal geen wereldwijde samenwerking nodig hebben. Elk land hoeft zich alleen maar te bekommeren om zijn eigen belangen en zou de rest van de wereld niets verschuldigd moeten zijn. Het fort moet gewoon de slotbrug ophalen en soldaten op de muren zetten, en de rest van de wereld kan doodvallen. Deze nihilistische houding is volstrekt onzinnig. Geen enkele moderne economie kan overleven zonder wereldwijd handelsnetwerk. En of je het nu leuk vindt of niet, de mensheid staat als geheel voor drie gemeenschappelijke uitdagingen die zich niets gelegen laten liggen aan landsgrenzen en alleen opgelost kunnen worden door middel van internationale samenwerking.

De nucleaire uitdaging

Laten we beginnen met een vertrouwde aartsvijand van de mens: de kernoorlog. Toen Johnsons madeliefjesspotje in 1964 op tv kwam, twee jaar na de Cubacrisis, was nucleaire vernietiging een tastbare dreiging. Deskundigen en leken vreesden dat de mensheid niet de wijsheid had om de totale vernietiging af te wenden en dat het hoogstens een kwestie van tijd was voor de Koude Oorlog het kookpunt zou bereiken. Het tegendeel gebeurde: de mensheid vond een passend antwoord op de nucleaire uitdaging. Amerikanen, Russen, Europeanen en Chinezen veranderden de manier waarop duizenden jaren lang geopolitiek was bedreven, zodat de Koude Oorlog eindigde met een minimum aan bloedvergieten en een nieuwe, internationaal ingestelde wereldorde een tijdperk van ongekende vrede bracht. Niet alleen was een kernoorlog afgewend, er kwamen sowieso minder oorlogen. Sinds 1945 zijn er verrassend weinig grenzen verlegd door botte agressie en de meeste landen zijn opgehouden oorlog in te zetten als politiek standaardmiddel. Ondanks oorlogen in Syrië, Oekraïne en andere brandhaarden zijn er in 2016 minder mensen gestorven door geweld dan door obesitas, auto-ongelukken of zelfmoord.[3] Dit zou wel eens de grootste politieke en morele prestatie van onze tijd kunnen zijn.

Helaas zijn we inmiddels zo aan deze prestatie gewend geraakt dat we haar voor lief nemen. Dat is voor een deel de reden dat mensen weer met vuur durven te spelen. Rusland en de VS zijn onlangs een nieuwe kernwapenwedloop begonnen en ontwikkelen gloednieuwe vernietigingswapens die de zwaarbevochten stappen vooruit van de laatste decennia teniet dreigen te doen en ons weer op de drempel van een verwoestende kernoorlog kunnen brengen.[4] Intussen heeft het publiek geleerd om zich geen zorgen meer te maken en van de bom te gaan houden (zoals *Dr. Strangelove* voorstelde) of is het gewoon vergeten dat er zoiets als de bom bestaat.

Daardoor draaide het Brexitdebat in Groot-Brittannië – een belangrijke kernmacht – vooral om economische vraagstukken en immigratie, en liet men de cruciale bijdrage van de EU aan de vrede in Europa en in de wereld grotendeels links liggen. Na eeuwen van gruwelijk bloedvergieten hebben de Fransen, Duitsers, Italianen en Britten eindelijk een mechanisme opgezet dat de harmonie op het continent waarborgt, maar ineens besluit het Britse publiek die wondermachine te saboteren.

Het was extreem lastig om een internationaal ingesteld regime te vormen dat kernoorlogen voorkwam en overal ter wereld vrede waarborgde. We zullen dit regime ongetwijfeld moeten aanpassen aan de veranderende omstandigheden in de wereld, door ons bijvoorbeeld minder op de VS te verlaten en een grotere rol weg te leggen voor niet-westerse grootmachten als China en India.[5] Het zou echter een onverantwoordelijke gok zijn om dit regime maar helemaal af te schaffen en terug te keren naar een nationalistische machtspolitiek. Het is wel zo dat veel landen in de negentiende eeuw het nationalistische spelletje speelden zonder de hele menselijke beschaving te vernietigen, maar dat was vóór Hiroshima. Sindsdien hebben kernwapens het gevaar vergroot en het karakter van oorlog en politiek fundamenteel veranderd. Zolang mensen uranium en plutonium kunnen verrijken, hangt hun voortbestaan af van hun vermogen om het voorkomen van kernoorlogen boven de belangen van één land te laten gaan. Fanatieke nationalisten van het type 'ons land eerst!' moeten zich nodig afvragen of hun land de wereld – of zichzelf – wel kan beschermen tegen totale nucleaire vernietiging zonder een sterk systeem van internationale samenwerking.

De ecologische uitdaging

Naast kernoorlogen moet de mensheid de komende decennia een nieuwe existentiële bedreiging het hoofd bieden die in 1964 nog nauwelijks op de politieke radar was verschenen: een wereldwijde milieuramp. De mens is de biosfeer op verschillende fronten tegelijk aan het destabiliseren. We onttrekken steeds meer grondstoffen aan onze omgeving en pompen er gigantische hoeveelheden afval en gifstoffen in terug, wat leidt tot veranderingen in de samenstelling van de grond, het water en de lucht.

We zijn niet eens goed op de hoogte van de vele manieren waarop we het wankele ecologische evenwicht dat in miljoenen jaren tijd is ontstaan nu verstoren. Neem het gebruik van fosfor als kunstmest. In kleine hoeveelheden is het een essentiële voedingsstof voor planten, maar in overdreven doses wordt het giftig. In het moderne, industriële boerenbedrijf worden akkers kunstmatig bemest met flinke hoeveelheden fosfor, die vervolgens weglekken en rivieren, meren en oceanen vergiftigen, met verwoestende gevolgen voor het waterleven. Een boer die mais verbouwt in Iowa kan zo onbedoeld vissen uitroeien in de Golf van Mexico.

Als gevolg van deze activiteiten gaan leefgebieden achteruit, sterven dieren en planten uit en kunnen hele ecosystemen verwoest worden, zoals het Great Barrier Reef bij Australië en de regenwouden van het Amazonegebied. Homo sapiens heeft zich duizenden jaren lang gedragen als een ecologische *serial killer* en wordt nu langzamaan een ecologische massamoordenaar. Als we zo doorgaan, zal dat mogelijk niet alleen leiden tot uitroeiing van een groot percentage van alle levende wezens, maar ook de basis van alle menselijke beschaving ondermijnen.[6]

De grootste dreiging is het vooruitzicht van klimaatverandering. Er zijn al honderdduizenden jaren mensen op de wereld, die talloze ijstijden en warme perioden hebben overleefd. Landbouw, steden en complexe samenlevingen bestaan echter nog maar zo'n tienduizend jaar. In deze periode, die we het holoceen noemen, is het klimaat op aarde relatief stabiel gebleven. Elke afwijking van wat normaal is voor het holoceen zal mensenmaatschappijen voor gigantische uitdagingen stellen die ze niet eerder voor hun kiezen hebben gehad. Het zou in wezen neerkomen op een oneindig experiment met miljarden menselijke proefdieren. Zelfs als de menselijke beschaving zich uiteindelijk aanpast aan de nieuwe omstandigheden, kunnen we niet weten hoeveel slachtoffers er tijdens deze aanpassingsperiode zullen vallen.

Dit angstaanjagende experiment is al gaande. Anders dan een kernoorlog – die hoogstens een toekomstige mogelijkheid is – is klimaatverandering een bestaande realiteit. Wetenschappers zijn het erover eens dat menselijke activiteiten, met name de uitstoot van broeikasgassen als koolstofdioxide, het klimaat op aarde in een angstaanjagend tempo veranderen.[7] Niemand weet precies hoeveel koolstofdioxide we nog in de atmosfeer kunnen pompen zonder een onherstelbare ramp te veroorzaken. De beste wetenschappelijke schattingen wijzen echter uit dat we de uitstoot van broeikasgassen de komende twintig jaar drastisch zullen moeten inperken, anders zal de temperatuur overal op aarde met meer dan twee graden Celsius stijgen,[8] wat zal resulteren in groeiende woestijnen, smeltende ijskappen, stijgende oceanen en meer extreme weersomstandigheden als orkanen en tyfonen. Deze veranderingen zullen op hun beurt de landbouwproductie verstoren, steden overstromen, een groot deel van de wereld onbewoonbaar maken en honderden miljoenen vluchtelingen opleveren die op zoek moeten naar een nieuw thuis.[9]

Daar komt nog bij dat we rap een aantal keerpunten naderen, waarna zelfs een dramatische inperking van de uitstoot van broeikasgassen niet meer genoeg zal zijn om het tij te keren en een wereldwijde tragedie te voorkomen. Een voorbeeld: als het poolijs smelt doordat de aarde opwarmt, reflecteert de aarde minder zonlicht terug de ruimte in. Dat wil zeggen dat onze planeet nog meer warmte opneemt, de temperaturen nog verder stijgen en het ijs nog sneller smelt. Zodra deze vicieuze cirkel een kritieke drempel bereikt, is er sprake van een onhoudbaar proces en zal al het poolijs smelten, zelfs als de mens ophoudt met het verbranden van steenkool, olie en gas. Het is dus niet genoeg om in te zien wat voor gevaren er dreigen. Het is van het grootste belang dat we er ook echt iets aan doen, en wel meteen.

Helaas gaat de uitstoot van broeikasgassen in 2018 wereldwijd nog steeds omhoog en niet omlaag. De mens heeft nog maar heel weinig tijd om af te kicken van fossiele brandstoffen. We moeten vandaag nog beginnen met onze ontwenningskuur. Niet volgend jaar of volgende maand, maar vandaag. 'Hallo, ik ben homo sapiens en ik ben een fossielebrandstofverslaafde.'

Wat heeft nationalisme te maken met dit alarmerende beeld? Is er een nationalistisch antwoord op het prangende milieuvraagstuk? Kan één land, hoe machtig het ook is, in zijn eentje de opwarming van de aarde een halt toeroepen? Individuele landen kunnen zeker een heel scala aan groene maatregelen doorvoeren, die vaak niet alleen in milieuopzicht verstandig zijn, maar ook in economisch opzicht. Overheden kunnen CO_2-emissie belasten, de prijs van olie en gas verhogen met bijkomende kosten, strengere milieuregels invoeren, subsidies voor vervuilende industrieën intrekken en de overgang naar duurzame energie bevorderen. Ze kunnen ook meer investeren in onderzoek naar en de ontwikkeling van revolutionaire milieuvriendelijke technologieën, als een soort ecologisch Manhattan Project.[10]

Technologische doorbraken kunnen ook op allerlei andere terreinen helpen, en niet alleen op het gebied van energie. De vleesindustrie is bijvoorbeeld een van de grootste oorzaken van het broeikaseffect en van vervuiling.[11]

We kunnen bijdragen aan de redding van het milieu en ook nog eens miljarden dieren een vreselijk ellendig leven besparen door het ontwikkelen van efficiënte methoden om vlees op te kweken uit cellen. Als je een hamburger wilt, kweek dan een hamburger, in plaats van een hele koe groot te brengen en te slachten.[12]

Er is dus van alles wat overheden, bedrijven en individuen kunnen doen om klimaatverandering tegen te gaan. Om echt effect te hebben, moet dit alles echter wereldwijd worden doorgevoerd. Als het om het klimaat gaat, zijn landen geen soevereine eenheden. Ze hebben te lijden van wat anderen doen aan de andere kant van de planeet. De Republiek Kiribati – een eilandstaat in de Stille Oceaan – kan haar uitstoot van broeikasgassen inperken tot nul en toch onder de stijgende zeespiegel verdwijnen als andere landen haar voorbeeld niet volgen. Tsjaad kan op elk dak in het land een zonnepaneel plaatsen en toch een kale woestijn worden dankzij het onverantwoordelijke milieubeleid van verre buitenlanden. Zelfs machtige landen als China en Japan zijn in ecologisch opzicht geen soevereine machten. Om Sjanghai, Hongkong en Tokio te beschermen tegen verwoestende overstromingen en tyfoons zullen de Chinezen en Japanners de Russische en Amerikaanse regeringen moeten overhalen om af te stappen van hun neiging om alles bij het oude te houden.

In de context van klimaatverandering is nationalistisch isolationisme waarschijnlijk nog gevaarlijker dan als het om kernoorlogen gaat. Een grote kernoorlog is een bedreiging voor alle landen, dus zijn alle landen er evenzeer bij gebaat om zoiets te voorkomen. De opwarming van de aarde zal verschillende landen waarschijnlijk echter op verschillende manieren treffen. Sommige landen, met name Rusland, kunnen er misschien zelfs profijt uit trekken. Rusland heeft relatief weinig belangrijke kustcentra, dus maakt het zich veel minder druk over een stijgende zeespiegel dan China of Kiribati. Hogere temperaturen zullen Tsjaad waarschijnlijk in één grote woestijn veranderen, maar ze kunnen van Siberië de graanschuur van de wereld maken. Bovendien zullen de door Rusland gedomineerde noordelijke vaarroutes misschien wel belangrijke transportwegen voor de wereldhandel worden als het ijs in het verre noorden smelt en zal Kamtsjatka Singapore vervangen als grote wereldhaven.[13]

Hierdoor zal het vervangen van fossiele brandstoffen door duurzame energie sommige landen waarschijnlijk ook meer aantrekken dan andere. China, Japan en Zuid-Korea moeten gigantische hoeveelheden olie en gas importeren. Die zullen dolblij zijn om van die last bevrijd te zijn. Rusland, Iran en Saoedi-Arabië zijn afhankelijk van de olie- en gasexport. Hun economieën zullen instorten als olie en gas ineens plaatsmaken voor zonnepanelen en windenergie.

Als gevolg hiervan zullen sommige landen, zoals China, Japan en Kiribati, er waarschijnlijk voor ijveren dat de wereldwijde uitstoot van CO_2 zo snel mogelijk wordt ingeperkt en zullen landen als Rusland en Iran een stuk minder enthousiast op zulke plannen reageren. Zelfs in landen die veel te verliezen hebben als de aarde opwarmt, zoals de vs, zullen nationalisten misschien te kortzichtig en egocentrisch zijn om het gevaar te erkennen. Een klein, maar veelzeggend voorbeeld hiervan werd gegeven in januari 2018, toen de vs een invoerbelasting van dertig procent hieven op zonnepanelen en aanverwante artikelen van buitenlandse makelij. Ze wilden liever Amerikaanse producenten van zonnepanelen ondersteunen, zelfs als dat de overgang naar duurzame energie zou vertragen.[14]

Een atoombom is zo'n duidelijke, rechtstreekse bedreiging dat niemand die kan negeren. Klimaatverandering is een veel vager, langzamer gevaar. Als langetermijnmaatregelen ten behoeve van het milieu pijnlijke offers op de korte termijn vereisen, kunnen nationalisten in de verleiding komen om hun directe nationale belangen voor te laten gaan en zich geruststellen met het idee dat ze zich later nog wel over het milieu kunnen bekommeren of het gewoon aan andere volkeren kunnen overlaten. Ze kunnen het probleem ook botweg ontkennen. Het is geen toeval dat scepsis over klimaatverandering voorbehouden lijkt aan rechtse nationalisten. Je ziet zelden een linkse socialist twitteren dat klimaatverandering een 'hoax van de Chinezen' is. Aangezien er geen nationaal antwoord is op het vraagstuk van mondiale opwarming willen sommige nationalistische politici liever niet weten dat het probleem bestaat.[15]

De technologische uitdaging

Dezelfde dynamiek verpest net zo makkelijk elk nationalistisch tegengif tegen de derde existentiële dreiging van de eenentwintigste eeuw: technologische ontwrichting. Zoals we in de vorige hoofdstukken al zagen opent de fusie van infotech en biotech de deur voor een breed scala aan doemscenario's, variërend van digitale dictaturen tot het ontstaan van een wereldwijde klasse van nuttelozen. Wat is het nationalistische antwoord op deze dreigingen?

Er is geen nationalistisch antwoord. Net als bij klimaatverandering is het ook bij technologische ontwrichting een feit dat de natiestaat simpelweg niet de aangewezen structuur is om deze dreiging het hoofd te bieden. Aangezien onderzoek en ontwikkeling niet het monopolie zijn van welk land dan ook, kan zelfs een supermacht als de VS ze niet aan banden leggen. Als de Amerikaanse regering genetische modificatie van menselijke embryo's verbiedt, weerhoudt dat Chinese wetenschappers er niet van om het wel te doen. En als de ontwikkelingen die daaruit voortvloeien China een cruciaal economisch of militair voordeel geven, zullen de VS in de verleiding komen om hun eigen verbod op te heffen. Als één land kiest voor een risicovol technologisch beleid dat grote voordelen kan opleveren, zullen andere landen zich, vooral in een keiharde wereld vol xenofobie en concurrentiedrang, gedwongen zien hetzelfde te doen, omdat niemand het zich kan veroorloven om achter te blijven. Om zo'n race naar de bodem te voorkomen zal de mens waarschijnlijk een zekere mondiale identiteit en loyaliteit nodig hebben.

Daar komt nog bij dat kernoorlogen en klimaatverandering alleen het fysieke voortbestaan van de mens bedreigen, maar ontwrichtende technologieën de aard van de hele mensheid kunnen veranderen en daarmee raken aan onze diepste ethische en religieuze geloofsopvattingen. Iedereen is het er wel over eens dat we kernoorlogen en milieurampen moeten zien te voorkomen, maar mensen hebben de meest uiteenlopende opvattingen over het gebruik van biotech en AI om mensen te upgraden en nieuwe vormen van leven te creëren. Als de mensheid er niet in slaagt om wereldwijd geaccepteerde ethische richtlijnen op te stellen en na te leven, krijgt dr. Frankenstein ruim baan.

Als het aankomt op het formuleren van dergelijke ethische richtlijnen lijdt het nationalisme vooral aan een gebrek aan fantasie. Nationalisten denken in termen van territoriale conflicten die eeuwen kunnen duren, terwijl de technologische revoluties van de eenentwintigste eeuw eigenlijk in kosmische zin bekeken moeten worden. Na vier miljard jaar waarin al het organische leven is geëvolueerd door middel van natuurlijke selectie, luidt de wetenschap een tijdperk in van anorganisch leven dat wordt gecreëerd door middel van intelligent design.

Dit proces zal waarschijnlijk leiden tot de verdwijning van homo sapiens. Vandaag de dag zijn we nog steeds apen uit de familie der mensachtigen. We delen een groot deel van onze lichaamsbouw en onze fysieke en mentale vermogens nog steeds met neanderthalers en chimpansees. Niet alleen onze handen, ogen en hersenen zijn duidelijk mensachtig, maar onze wellust, onze liefde, woede en sociale verbintenissen ook. Binnen een eeuw of twee zou de combinatie van biotechnologie en AI kunnen leiden tot fysieke en mentale eigenschappen die compleet losgezongen zijn van het mensachtige sjabloon. Sommigen geloven dat ons bewustzijn zelfs losgemaakt kan worden van onze organische structuur en dat het zelfstandig door cyberspace zal kunnen surfen, vrij van alle biologische en fysieke beperkingen. Aan de andere kant zullen we misschien meemaken dat intelligentie en bewustzijn compleet van elkaar worden losgekoppeld en zal de ontwikkeling van AI leiden tot een wereld die gedomineerd wordt door superintelligente, maar volstrekt onbewuste entiteiten.

Wat heeft het Israëlische, Russische of Franse nationalisme hierover te zeggen? Heel weinig. Het nationalisme denkt niet op zulke niveaus. Het Israëlische nationalisme maakt zich bijvoorbeeld erg druk over de vraag of Jeruzalem over een eeuw bestuurd zal worden door Israëliërs of Palestijnen en nauwelijks over de vraag of de aarde over een eeuw beheerst zal worden door homo sapiens of door cyborgs. Om wijze beslissingen te kunnen nemen over de toekomst van het leven op aarde zullen we toch echt ver boven het nationalistische standpunt moeten uitstijgen en een mondiaal of zelfs kosmisch perspectief moeten innemen. Net als de vroegere stammen aan de Nijl leven alle volkeren vandaag de dag aan één grote, wereldwijde rivier van informatie, wetenschappelijke ontdekkingen en technologische uitvindingen, die de basis vormt van onze welvaart en tegelijk ons voortbestaan bedreigt. Om die woeste wereldrivier te beteugelen zouden alle naties de handen ineen moeten slaan.

Ruimteschip Aarde

Deze drie problemen – kernoorlogen, een wereldwijde milieuramp en technologische ontwrichting – vormen elk op zich al een grote bedreiging voor de toekomst van de menselijke beschaving, maar als je ze bij elkaar optelt, kom je uit op een ongekende existentiële crisis, vooral omdat ze elkaar waarschijnlijk zullen versterken en verergeren.

Een voorbeeld: hoewel de dreigende milieucrisis het voortbestaan van onze huidige menselijke beschaving in gevaar brengt, zal ze de ontwikkeling binnen de AI en de biotechnologie waarschijnlijk niet afremmen. Als je denkt dat een stijgende zeespiegel, krimpende voedselvoorraden en massamigratie onze aandacht zullen afleiden van algoritmen en genen, dan heb je het mis. Als de milieucrisis verergert, zal de ontwikkeling van risicovolle technologieën waarmee veel te winnen is waarschijnlijk alleen maar versneld worden.

Het zou zelfs kunnen dat klimaatverandering dezelfde functie gaat vervullen als de twee wereldoorlogen. Tussen 1914 en 1918, en tussen 1939 en 1945 ook, rees het tempo van technologische ontwikkeling de pan uit, omdat de oorlogvoerende naties alle voorzichtigheid en zuinigheid lieten varen en immense sommen investeerden in allerlei gedurfde en waanzinnige projecten. Op dezelfde manier kunnen naties die zich geconfronteerd zien met een klimaatramp in de verleiding komen om hun hoop te vestigen op wanhopige technologische waagstukken. De mens heeft heel wat gerechtvaardigde bedenkingen over AI en biotechnologie, maar in tijden van crisis doen mensen riskante dingen. Hoe je ook denkt over het reguleren van ontwrichtende technologieën, vraag je even af hoe waarschijnlijk het is dat die regulering stand zal houden als klimaatverandering wereldwijde voedseltekorten veroorzaakt, overal ter wereld steden onder water zet en honderden miljoenen vluchtelingen de grenzen over stuurt.

Op hun beurt kunnen technologische ontwrichtingen het gevaar van apocalyptische oorlogen vergroten, niet alleen doordat ze mondiale spanningen kunnen verscherpen, maar ook doordat ze de nucleaire machtsbalans kunnen destabiliseren. Sinds de jaren vijftig hebben de grote supermachten onderlinge conflicten vermeden omdat iedereen wist dat oorlog neer zou komen op gegarandeerde wederzijdse vernietiging. Als er echter nieuwe soorten aanvals- en verdedigingswapens komen, zou een prille technologische supermacht wel eens op het idee kunnen komen dat hij straffeloos al zijn vijanden kan vernietigen. Aan de andere kant kan een supermacht in verval tot de conclusie komen dat zijn kernwapens straks misschien niets meer waard zijn en dat hij die beter kan gebruiken voor hij er niets meer aan heeft. Van oudsher hadden nucleaire confrontaties veel weg van een hyperrationeel spelletje schaak. Wat zou er gebeuren als de spelers cyberaanvallen kunnen gebruiken om de controle over rivaliserende stukken over te nemen, terwijl anonieme derden een pion kunnen verschuiven zonder dat iemand weet wie die zet doet?

Zoals de verschillende uitdagingen elkaar waarschijnlijk zullen versterken, zo zal de goede wil die nodig is om een van die uitdagingen het hoofd te bieden mogelijk worden ondermijnd door problemen op andere fronten. Landen die verwikkeld zijn in wapenwedlopen zullen het niet snel eens worden over het inperken van de ontwikkeling van AI, en landen die er alles aan doen om de technologische prestaties van hun rivalen te overtreffen zullen het heel moeilijk eens kunnen worden over internationale plannen om iets te doen aan klimaatverandering. Zolang de wereld verdeeld blijft in rivaliserende naties zal het uiterst lastig blijven om alle drie uitdagingen tegelijk het hoofd te bieden – en een mislukking op een enkel front kan al catastrofaal uitpakken.

Om kort te gaan, de golf van nationalisme die de wereld overspoelt kan de klok niet terugdraaien naar 1939 of 1914. De technologie heeft alles veranderd en een reeks wereldwijde existentiële bedreigingen gecreëerd die geen enkele natie in haar eentje kan oplossen. Een gezamenlijke vijand is de beste katalysator voor het smeden van een gemeenschappelijke identiteit en de mens heeft nu minstens drie zulke vijanden: kernoorlog, klimaatverandering en technologische ontwrichting. Als mensen er ondanks die gedeelde dreiging voor kiezen om hun eigen nationale belangen boven al het andere te laten gaan, kunnen we mogelijk veel ergere resultaten verwachten dan in 1914 en 1939.

Een veel betere weg wordt geboden in het plan voor een grondwet voor de Europese Unie, waarin gezegd wordt dat 'de volkeren van Europa, onverminderd trots op hun identiteit en hun nationale geschiedenis, vastbesloten zijn hun oude tegenstellingen te overwinnen en, steeds hechter verenigd, vorm te geven aan hun gemeenschappelijke lotsbestemming'.[16] Dat wil niet zeggen dat alle vormen van nationale identiteit worden afgeschaft, alle plaatselijke tradities de prullenbak in gaan en de mensheid één homogene grijze massa wordt. Het wil evenmin zeggen dat alle uitingen van patriottisme 'fout' verklaard worden. Door het continent te voorzien van een beschermende militaire en economische huls heeft de Europese Unie juist aantoonbaar het plaatselijke patriottisme gevoed op plekken als Vlaanderen, Lombardije, Catalonië en Schotland. Het idee van een onafhankelijk Schotland of Catalonië wordt een stuk aantrekkelijker als je niet hoeft te vrezen voor een Duitse invasie en als je kunt rekenen op een gemeenschappelijk Europees front tegen klimaatverandering en wereldwijd opererende concerns.

Europese nationalisten houden zich dus redelijk koest. Ondanks alle grote woorden over de terugkeer van de natie zijn maar heel weinig Europeanen bereid om ervoor te doden of te sterven. Toen de Schotten zich in de tijd van William Wallace en Robert Bruce aan de greep van Londen wilden ontworstelen, moesten ze een leger op de been brengen om dat voor elkaar te krijgen. Er is daarentegen niet één slachtoffer gevallen bij het Schotse referendum van 2014 en als de Schotten de volgende keer voor onafhankelijkheid kiezen, is het hoogst onwaarschijnlijk dat ze de Slag bij Bannockburn nog eens dunnetjes moeten overdoen.

Hopelijk kan de rest van de wereld iets leren van het Europese voorbeeld. Zelfs op een verenigde planeet zal er meer dan genoeg ruimte overblijven voor het soort patriottisme dat draait om de uniciteit van de eigen natie en je speciale verplichtingen daaraan. Maar als we een beetje fatsoenlijk willen overleven, heeft de mensheid weinig keus en moeten we dat soort loyaliteiten uitbreiden met duidelijke verplichtingen ten opzichte van de hele wereldbevolking. Iemand kan, mag en moet iets van loyaliteit voelen ten opzichte van zijn familie, zijn buurt, zijn beroepsgroep en zijn land, maar waarom zouden we de mensheid en de aarde niet aan dat lijstje toevoegen? Natuurlijk zijn conflicten soms onvermijdelijk als je je op zo'n manier betrokken voelt bij verschillende dingen tegelijk, maar wie heeft gezegd dat het leven simpel was? Doe maar gewoon een beetje je best.

In de afgelopen tijdperken ontstonden nationale identiteiten omdat mensen zich geconfronteerd zagen met problemen en mogelijkheden die één stem in zijn eentje niet kon behappen. Nu hebben we een nieuwe, mondiale identiteit nodig, omdat landelijke instellingen niets kunnen uitrichten tegen een paar compleet nieuwe mondiale problemen. We hebben inmiddels een wereldwijd milieu, een wereldwijde economie en een wereldwijde wetenschappelijke wereld, maar we zitten nog steeds vast aan onze nationale politiek. Door die wanverhouding kan het politieke systeem niet effectief in het geweer komen om onze voornaamste problemen aan te pakken. Voor een effectieve politiek moeten we ofwel het milieu, de economie en de voortschrijdende wetenschap deglobaliseren, of onze politiek globaliseren. Deze vorm van globalisering kan heel goed samengaan met patriottisme. Patriottisme draait namelijk niet om haat tegen vreemden, maar om de zorg voor je eigen landgenoten en in de eenentwintigste eeuw kun je alleen goed voor je landgenoten zorgen door samen te werken met vreemden. Goede nationalisten zouden dus eigenlijk globalisten moeten worden.

Dit is geen pleidooi voor het instellen van een 'wereldregering', want dat is een twijfelachtig, onrealistisch visioen. Globalisering van de politiek houdt eerder in dat de politiek in landen en zelfs steden veel meer aandacht moet schenken aan wereldwijde problemen en belangen. Als er weer eens verkiezingen komen en politici een beroep op je doen om op hen te stemmen, stel ze dan de volgende vragen: 'Als u verkozen wordt, wat zult u dan ondernemen om het gevaar van een kernoorlog te verkleinen? Welke stappen zult u zetten om de risico's van klimaatverandering te verminderen? Wat wilt u doen om ontwrichtende technologieën als AI en genetische modificatie te reguleren? En tot slot: hoe ziet u de wereld van 2040? Wat zijn uw grootste zorgen en wat is uw visie voor de gunstigste uitkomst?'

Als er politici zijn die deze vragen niet begrijpen of alleen maar over het verleden praten, zonder een zinvolle visie voor de toekomst te kunnen formuleren, stem dan niet op deze mensen.

8

RELIGIE

God dient tegenwoordig de natie

Tot dusver hebben moderne ideologieën, wetenschappers en nationale overheden geen uitvoerbare visie kunnen creëren voor de toekomst van de mensheid. Zou zo'n visie geput kunnen worden uit de diepe bronnen van onze religieuze tradities? Misschien was het antwoord al die tijd al ergens te vinden in de Bijbel, de Koran of de Veda's.

Niet-gelovigen zullen waarschijnlijk met de nodige spot of achterdocht op die gedachte reageren. Heilige boeken waren misschien relevant in de middeleeuwen, maar wat moeten we ermee in dit tijdperk van kunstmatige intelligentie, biotechnologie, klimaatverandering en cyberoorlog? De niet-gelovigen zijn echter sterk in de minderheid. Miljarden mensen hechten naar eigen zeggen nog altijd meer geloof aan de Koran en de Bijbel dan aan de evolutietheorie, religieuze bewegingen beïnvloeden de politiek van zulke uiteenlopende landen als India, Turkije en de Verenigde Staten, en religieuze spanningen leiden tot conflicten in Nigeria, de Filipijnen en waar al niet.

Hoe relevant zijn religies als het christendom, de islam en het hindoeïsme dus eigenlijk? Kunnen ze ons helpen tot oplossingen te komen, met alle grote problemen die nu voor ons opdoemen?

Om de rol van traditionele religies in de eenentwintigste-eeuwse wereld te begrijpen, moeten we eerst drie verschillende soorten problemen benoemen:

1. Technische problemen, zoals: hoe moeten boeren in droge landen zich wapenen tegen ernstige droogte als de wereld opwarmt?
2. Beleidsmatige problemen, zoals: wat voor maatregelen moeten overheden nemen om de opwarming van de aarde tegen te gaan?
3. Identiteitsproblemen, zoals: moet ik me überhaupt druk maken om de problemen van boeren aan de andere kant van de wereld of moet ik me alleen bezighouden met de problemen van mensen uit mijn eigen stam en mijn eigen land?

Zoals we verderop in dit hoofdstuk zullen zien, zijn traditionele religies grotendeels irrelevant als het om technische en beleidsmatige problemen gaat. Ze zijn echter wel uiterst relevant als het om identiteitskwesties gaat, maar in de meeste gevallen zijn ze daarin juist een groot deel van het probleem en zijn ze niet erg sterk in mogelijke oplossingen.

Technische problemen: christelijke landbouw

In premoderne tijden boden religies oplossingen voor een heel scala aan technische problemen op alledaagse terreinen als de landbouw. Van Godswege ingestelde kalenders bepaalden wanneer er gezaaid en geoogst werd, tempelrituelen garandeerden regen en beschermden tegen ongedierte. Als er een agrarische crisis dreigde door droogte of een sprinkhanenplaag wendden boeren zich tot de priesters om een goed woordje voor ze te doen bij de goden. De geneeskunde viel ook binnen het religieuze domein. Bijna alle profeten, goeroes en sjamanen fungeerden ook als genezers. Jezus bracht derhalve een groot deel van zijn tijd door met het genezen van zieken, blinden, doofstommen en krankzinnigen. Of je nu in het oude Egypte leefde of in het middeleeuwse Europa, als je ziek werd, ging je eerder naar een wonderdoener dan naar een dokter of ondernam je een pelgrimstocht naar een beroemde tempel, en niet naar een ziekenhuis.

In recenter tijden hebben de biologen en artsen het overgenomen van de priesters en medicijnmannen. Als Egypte nu getroffen wordt door een sprinkhanenplaag, zullen de Egyptenaren allicht Allah om hulp smeken – waarom ook niet? – maar ze zullen niet verzuimen een beroep te doen op scheikundigen, entomologen en genetici om sterkere pesticiden en insectbestendige tarwesoorten te ontwikkelen. Als het kind van een vrome hindoe een zware aanval van mazelen krijgt, zal de vader een gebedje opzeggen voor Dhanvantari en bloemen en zoetigheid offeren bij de plaatselijke tempel, maar eerst zal hij de kleine met spoed naar het dichtstbijzijnde ziekenhuis brengen en hem aan de goede zorgen van de dienstdoende artsen overdragen. Zelfs geestesziekten – het laatste bastion van de gebedsgenezers – worden steeds meer het terrein van de wetenschap, nu neurologen de plaats innemen van demonologen en prozac allerlei exorcistische praktijken vervangt.

De overwinning van de wetenschap is zo groot dat ons hele idee van religie erdoor is veranderd. We associëren religie allang niet meer met het boerenbedrijf en de artsenij. Zelfs veel religieuze fanatici hebben collectief geheugenverlies en vergeten liever dat traditionele religies op die terreinen ooit koning waren. 'Wat dan nog als we ons tot technici en artsen wenden?' zeggen de fanatiekelingen. 'Dat bewijst niets. Wat heeft religie te maken met landbouw of geneeskunde?'

Traditionele religies hebben zoveel terrein verloren omdat ze eerlijk gezegd niet bijster goed waren in akkerbouw en medische zorg. De voornaamste expertise van priesters en goeroes heeft nooit gedraaid om regendansen, genezen, voorspellen of magie. Hun echte stiel was interpretatie. Een priester is niet iemand die weet hoe hij een regendans moet uitvoeren en een eind moet maken aan de droogte. Een priester is iemand die weet hoe hij moet verklaren waarom de regendans niet heeft gewerkt en waarom we toch in onze god moeten blijven geloven, ook als hij doof lijkt voor onze smeekbeden.

Juist door dit geniale interpretatievermogen zijn religieuze leiders echter in het nadeel als ze met wetenschappers moeten concurreren. Wetenschappers weten ook hoe ze hier en daar een stukje kunnen afsnijden en hoe ze onderzoeksgegevens kunnen verdraaien, maar als puntje bij paaltje komt onderscheidt de wetenschap zich door de bereidheid om fouten toe te geven en een andere aanpak te proberen. Daarom leren wetenschappers stukje bij beetje hoe je betere oogsten kunt krijgen en betere medicijnen kunt maken, terwijl priesters en goeroes alleen leren hoe ze betere smoesjes kunnen verzinnen. Door de eeuwen heen hebben zelfs de vroomste gelovigen dat verschil opgemerkt en daarom is het religieuze gezag op steeds meer technische terreinen tanende. Het is ook de reden dat de hele wereld steeds meer één grote beschaving is geworden. Als dingen echt werken, neemt iedereen ze over.

Beleidsmatige problemen: islamitische economie

De wetenschap biedt duidelijke antwoorden op technische vragen, bijvoorbeeld hoe je mazelen kunt genezen, maar als het om beleid gaat, is er heel wat onenigheid onder wetenschappers. Bijna alle wetenschappers zijn het erover eens dat de aarde opwarmt, maar er is geen overeenstemming over de beste economische maatregelen om die dreiging de pas af te snijden. Dat wil echter nog niet zeggen dat traditionele religies kunnen helpen bij het oplossen van dat vraagstuk. Oeroude heilige boeken zijn gewoon niet

Politieke uitdagingen

zo'n goede leidraad voor de moderne economie en de belangrijkste breuklijnen – bijvoorbeeld die tussen kapitalisten en socialisten – komen niet overeen met de scheidslijnen tussen traditionele religies.

In landen als Israël en Iran hebben rabbijnen en ayatollahs overigens wel inspraak in het economische beleid van de regering en zelfs in landen waar kerk en staat wat meer gescheiden zijn, zoals de Verenigde Staten en Brazilië, beïnvloeden religieuze leiders de publieke opinie in kwesties die uiteen kunnen lopen van belastingheffing tot milieumaatregelen. Bij nadere beschouwing blijken traditionele religies in de meeste gevallen echter de tweede viool te spelen en zijn moderne wetenschappelijke theorieën een stuk maatgevender. Als ayatollah Khamenei een belangrijke beslissing moet nemen over de Iraanse economie kan hij het antwoord echt niet in de Koran vinden, want zevende-eeuwse Arabieren wisten heel weinig over de problemen en mogelijkheden van moderne industriële economieën en financiële wereldmarkten. Dus moet Khamenei, of zijn adviseurs, zich wenden tot Karl Marx, Milton Friedman, Friedrich Hayek en de moderne economieboeken. Zodra hij heeft besloten de rente te verhogen, belastingen te verlagen, overheidsinstellingen te privatiseren of een internationaal verdrag over handelstarieven te sluiten, kan hij zijn religieuze kennis en gezag inzetten om het wetenschappelijke antwoord te verpakken in een Koranvers naar keuze en het aan de massa presenteren als de wil van Allah. Maar de verpakking doet er weinig toe. Als je het economische beleid van het sjiitische Iran, het soennitische Saoedi-Arabië, het joodse Israël, het hindoeïstische India en het christelijke Amerika bekijkt, zie je nu eenmaal weinig verschillen.

In de negentiende en twintigste eeuw kwamen islamitische, joodse, hindoeïstische en christelijke denkers in het geweer tegen het moderne materialisme, tegen zielloos kapitalisme en tegen de excessen van de bureaucratische staat. Ze beloofden alle ellende die de moderniteit met zich meebracht op te lossen en een compleet ander sociaal-economisch systeem in te stellen op basis van de eeuwige spirituele waarden van hun geloof, als ze daar maar even de kans toe kregen. Die kans hebben ze inmiddels meermalen gehad en de enige merkbare wijziging die ze hebben aangebracht aan het grote bouwwerk van de moderne economie is een likje verf op de gevel en een gigantische halve maan, kruis, davidster of Om op het dak.

Net als bij de regendansen is het ook in de economie juist de eeuwenlang aangescherpte expertise van godgeleerden in het interpreteren van teksten die religie irrelevant maakt. Wat voor economisch beleid Khamenei ook doorvoert, hij kan het altijd rechtvaardigen met de Koran in de hand. Zo wordt de Koran van een bron van diepe, ware kennis gedegradeerd tot een bron van ordinair werelds gezag. Bij een lastig economisch dilemma ga je aandachtig Marx en Hayek bestuderen en die helpen je het economische systeem beter te begrijpen, de dingen van een andere kant te bekijken en na te denken over mogelijke oplossingen. Zodra je een antwoord hebt geformuleerd, kun je de Koran openslaan en naarstig op zoek gaan naar een soera die met de nodige creatieve interpretatie de oplossing kan rechtvaardigen die je van Hayek of Marx hebt. Het maakt niet uit welke oplossing je hebt gevonden, een beetje Korankenner zal die altijd kunnen rechtvaardigen.

Hetzelfde geldt voor het christendom. Een christen kan net zo goed kapitalist zijn als socialist en al zweemden een paar dingen die Jezus zei verdacht naar communisme, toch bleven goede Amerikaanse kapitalisten tijdens de Koude Oorlog de Bergrede lezen zonder daar al te veel op te letten. Er bestaat gewoon niet zoiets als 'christelijke economie', 'islamitische economie' of 'hindoe-economie'.

Niet dat er geen economische ideeën in de Bijbel, de Koran of de Veda's staan, maar die ideeën zijn niet up-to-date. Mahatma Gandhi las de Veda's en kon daardoor een onafhankelijk India voor zich zien in de vorm van een groep zelfvoorzienende agrarische gemeenschappen, die elk hun eigen zelfgesponnen stoffen produceerden, heel weinig exporteerden en nog minder importeerden. Op de beroemdste foto van hem staat hij eigenhandig katoen te spinnen en hij maakte het nederige spinnewiel tot het symbool van de nationalistische Indiase beweging.[1] Helaas was zijn arcadische visioen volstrekt onverenigbaar met de realiteit van de moderne economie en bleef er dus niet veel meer van over dan Ghandi's stralende beeltenis op miljarden roepiebiljetten.

Moderne economische theorieën zijn zoveel relevanter dan traditionele dogma's dat het heel normaal is geworden om zelfs duidelijk religieuze conflicten te omschrijven in economische termen, terwijl het bij niemand zou opkomen om het omgekeerde te doen. Volgens sommigen waren de Noord-Ierse troebelen tussen katholieken en protestanten bijvoorbeeld grotendeels een klassenstrijd. Door allerlei historische toevalligheden waren de hogere klassen in Noord-Ierland vooral protestants en de lagere klassen overwegend katholiek. Wat op het eerste gezicht een theologisch conflict over de precieze aard van Jezus lijkt, was in feite dus een typische strijd tussen rijk en arm. Anderzijds zouden maar heel weinig mensen durven beweren dat de conflicten van de jaren zeventig tussen communistische guerrillastrijders en kapitalistische landheren in Zuid-Amerika eigenlijk een dekmantel waren voor een veel dieptaandere onenigheid over de christelijke geloofsleer.

Wat zou religie dus kunnen bijdragen als het om de grote vraagstukken van de eenentwintigste eeuw gaat? Neem de vraag of AI de macht moet krijgen om beslissingen te nemen over het leven van mensen – wat je gaat studeren, waar je gaat werken en met wie je trouwt. Wat is de islamitische mening over dat onderwerp? Wat is de joodse mening? Er zijn op dit punt geen 'islamitische' of 'joodse' meningen. De mensheid zal zich waarschijnlijk opdelen in twee grote kampen: mensen die ervoor zijn om AI tamelijk veel macht te geven en zij die daartegen zijn. Waarschijnlijk zullen er in beide kampen moslims en joden te vinden zijn en ze zullen de positie die ze innemen even hard rechtvaardigen met creatieve interpretaties van Koran- en Talmoedcitaten.

Uiteraard zullen religieuze groeperingen misschien verharden in hun meningen over bepaalde kwesties en die verheffen tot zogenaamd oeroude heilige dogma's. In de jaren zeventig kwamen Latijns-Amerikaanse theologen met de zogenaamde bevrijdingstheologie, waarin Jezus wel iets weg had van Che Guevara. Op zo'n manier kan Jezus net zo makkelijk ingezet worden in het debat over klimaatverandering en kunnen de huidige politieke stellingnamen worden neergezet als oeroude religieuze principes.

Dit begint nu al. Het verzet tegen milieumaatregelen is al onderdeel van de donderpreken van sommige evangelische dominees in de vs, terwijl paus Franciscus de strijd tegen het broeikaseffect aanvoert in naam van Christus (zoals te lezen valt in zijn tweede encycliek, 'Laudato si').[2] In 2070 zal het er bij het milieuvraagstuk misschien dus sterk op aankomen of je evangelisch bent of katholiek. Het zal volkomen vanzelf spreken dat de evangelische gemeente zich verzet tegen alle maatregelen tegen CO_2-uitstoot en dat katholieken geloven dat Jezus al preekte dat we het milieu moeten beschermen.

Je zult het verschil zelfs zien aan hun auto's. Evangelische protestanten zullen rondrijden in gigantische benzineslurpers, vrome katholieken zullen zich verplaatsen in moderne elektrische auto's met bumperstickers als WIE DE PLANEET VERBRANDT, ZAL BRANDEN IN DE HEL. Ze mogen dan allerlei Bijbelpassages aanhalen om hun meningen kracht bij te zetten, maar de echte bron van hun onenigheid zit hem vooral in moderne wetenschappelijke theorieën en politieke groeperingen, en niet in de Bijbel. Vanuit dit perspectief heeft het geloof niet echt veel bij te dragen aan de grote beleidsvraagstukken van onze tijd. Zoals Karl Marx al zei, is het hoogstens een laagje vernis.

Identiteitsproblemen: duidelijke grenzen

Marx overdreef echter toen hij religie afdeed als een simpele ombouw die onontkoombare technologische en economische krachten aan het oog onttrok. Zelfs als de islam, het hindoeïsme of het christendom niets meer is dan een kleurige decoratie op een modern economisch bouwwerk, dan nog identificeren mensen zich vaak met het decor, en de identiteit van mensen is een historische factor van belang. Menselijke macht is afhankelijk van massale samenwerking, en om massale samenwerking mogelijk te maken moet er een massa-identiteit gecreëerd worden, en alle massa-identiteiten zijn gebaseerd op fictieve verhalen, niet op wetenschappelijke feiten en zelfs niet op economische noodzaak. In de eenentwintigste eeuw wordt de opdeling van mensen in joden en moslims, of in Russen en Polen, nog steeds veroorzaakt door religieuze mythen. Pogingen van nazi's en communisten om de identiteit van mensen op wetenschappelijke wijze te bepalen aan de hand van ras en klasse bleken gevaarlijke staaltjes van pseudowetenschap en sinds die tijd zijn wetenschappers uiterst terughoudend geweest met uitspraken over een 'natuurlijke' identiteit die mensen al dan niet zouden hebben.

In de eenentwintigste eeuw brengen religies dus geen regen, ze genezen geen zieken, ze maken geen bommen, maar ze mogen wel bepalen wie 'wij' zijn en wie de 'anderen' zijn, wie we moeten genezen en wie we moeten bombarderen. Zoals we eerder al zagen, zijn er in praktisch opzicht verrassend weinig verschillen tussen het sjiitische Iran, het soennitische Saoedi-Arabië en het joodse Israël. Het zijn allemaal bureaucratische natiestaten, ze voeren allemaal een min of meer kapitalistisch beleid, ze vaccineren allemaal hun kinderen tegen polio en ze laten hun bommen allemaal maken door scheikundigen en natuurkundigen. Er bestaat niet zoiets als een sjiitische bureaucratie, soennitisch kapitalisme of joodse natuurkunde. Hoe kun je dan toch zorgen dat mensen zich uniek voelen en dat ze trouw zijn aan de ene mensenstam en vijandig ten opzichte van een andere?

Om duidelijke grenzen te trekken op de o zo veranderlijke menselijke kaart gebruiken religies riten, rituelen en ceremonieën. Sjiieten, soennieten en orthodoxe joden dragen verschillende kleren, ze zeggen verschillende gebeden op en hanteren verschillende taboes. Deze uiteenlopende religieuze tradities voorzien het dagelijks leven vaak van een zekere schoonheid en ze zetten mensen ertoe aan om liever en behulpzamer voor elkaar te zijn. Vijf keer per dag stijgt de melodieuze stem van de muezzin boven het rumoer van bazaars, kantoren en fabrieken uit om moslims op te roepen zich even terug te trekken uit de drukte van hun dagelijkse bezigheden en even te proberen zich één te voelen met een eeuwige waarheid. Hun hindoeburen kunnen hetzelfde doel nastreven met behulp van dagelijkse pujarituelen en het opzeggen van mantra's. Elke vrijdagavond gaan joodse gezinnen aan tafel voor een speciale maaltijd die in het teken staat van vreugde, dankbetoon en saamhorigheid. Twee dagen later, op zondagochtend, brengen christelijke gospelkoren een beetje hoop in het leven van miljoenen mensen en helpen ze de banden van vertrouwen en vriendschap aan te halen.

Andere religieuze tradities brengen voornamelijk ellende in de wereld en zetten mensen aan tot valsheid en wreedheid. Er is bijvoorbeeld weinig te zeggen voor religieus geïnspireerde vrouwenhaat of kastediscriminatie. Maar mooi of lelijk, al die religieuze tradities verbinden bepaalde mensen met elkaar en onderscheiden ze van hun buren. Van buitenaf bezien lijken de religieuze tradities die mensen verdeeld houden vaak futiel en Freud noemde de obsessie die mensen voor dit soort zaken kunnen hebben spottend 'het narcisme der kleine verschillen'.[3] In de geschiedenis en de politiek kunnen kleine verschillen echter heel veel uitmaken. Als je toevallig homo of lesbisch bent, is het letterlijk een zaak van leven of dood of je in Israël, Iran of Saoedi-Arabië woont. In Israël worden lhbt'ers beschermd door antidiscriminatiewetten en er zijn zelfs rabbijnen die een huwelijk tussen twee vrouwen zullen inzegenen. In Iran worden homo's en lesbiennes systematisch vervolgd en soms zelfs ter dood gebracht. In Saoedi-Arabië mocht een lesbienne voor 2018 niet eens autorijden, alleen al omdat ze een vrouw was, lesbienne of niet.

Misschien komt het beste voorbeeld van het aanhoudende gezag en belang van traditionele religies in de moderne wereld wel uit Japan. In 1853 dwong een Amerikaanse vloot Japan zich open te stellen voor de moderne wereld. Als reactie daarop zette de Japanse staat een snel, extreem succesvol moderniseringsproces in gang. Binnen een paar decennia werd het een machtige bureaucratische staat die met behulp van wetenschap, kapitalisme en de nieuwste militaire technologie China en Rusland wist te verslaan, Taiwan en Korea bezette en uiteindelijk de Amerikaanse vloot kelderde bij Pearl Harbor en de Europese koloniën in het Verre Oosten van de kaart veegde. Maar Japan kopieerde niet blind de westerse blauwdrukken. Het was vastbesloten om zijn unieke identiteit te behouden en te zorgen dat moderne Japanners trouw zouden blijven aan Japan, en niet aan wetenschap, moderniteit of zoiets vaags als een wereldgemeenschap.

Met dat doel hield Japan zijn eigen shintogeloof aan als hoeksteen van de Japanse identiteit. In wezen heeft de Japanse staat het shintoïsme gewoon in een nieuw jasje gestoken. Het traditionele shinto was een mengelmoes van animistische geloven in verschillende godheden en geesten, en elk dorp en elke tempel had zijn eigen favoriete geesten en gebruiken. Eind negentiende eeuw, begin twintigste eeuw creëerde de Japanse staat een officiële versie van het shintoïsme en werden allerlei plaatselijke tradities ontmoedigd. Dit 'staatsshinto' werd verrijkt met uiterst moderne ideeën over nationaliteit en ras, die de Japanse elite overnam van de Europese imperialisten. Alle elementen uit het boeddhisme, het confucianisme en het feodale ethos van de samoerai die trouw aan de staat konden bevorderen, werden aan deze mix toegevoegd. Bovendien werd het heiligste principe van het staatsshinto de verheerlijking van de Japanse keizer, die werd beschouwd als een rechtstreekse afstammeling van de zonnegodin Amaterasu en zelfs werd neergezet als een levende god.[4]

Op het eerste gezicht leek deze vreemde cocktail van oud en nieuw een wel erg ongerijmde keuze voor een staat die de snelste weg naar de moderne tijd wilde nemen. Levende god? Animistische geesten? Feodaal ethos? Klinkt meer als een stamverband van oermensen dan als een moderne industriële mogendheid.

Maar het werkte wonderbaarlijk goed. De Japanners moderniseerden in sneltreinvaart en kweekten tegelijk een welhaast fanatische trouw aan de staat. Het bekendste symbool van het succes van het staatsshinto is het feit dat Japan de eerste mogendheid was die precisiewapens voor de lange afstand ontwikkelde en gebruikte. Toen nazi-Duitsland net de eerste domme v2-raketten inzette, decennia voordat de vs met slimme bommen kwam, kelderde Japan tientallen geallieerde schepen met hun geleide explosieven, die we kennen onder de naam 'kamikaze'. De huidige precisiewapens worden bestuurd met behulp van computers, maar de kamikaze waren doodgewone vliegtuigen vol explosieven, bestuurd door menselijke piloten die zich bereid toonden voor zo'n enkele reis. Die bereidheid was het product van de opofferingsgezindheid en doodsverachting die werd aangekweekt door het staatsshinto. De kamikaze was een combinatie van uiterst geavanceerde technologie en uiterst geavanceerde religieuze indoctrinatie.[5]

Talloze overheden van nu volgen al dan niet bewust het Japanse voorbeeld. Ze nemen de universele werktuigen en structuren van de moderniteit over, maar blijven traditionele religies gebruiken om een unieke nationale identiteit in stand te houden. De rol die het staatsshinto in Japan speelt, wordt in Rusland min of meer vervuld door de Russisch-orthodoxe kerk, in Polen door het katholicisme, in Iran door de sjiitische islam, in Saoedi-Arabië door het wahhabisme en in Israël door het jodendom. Hoe archaïsch een geloof op het eerste oog ook mag zijn, met een beetje fantasie en herinterpretatie kan het bijna altijd gecombineerd worden met de nieuwste technologische snufjes en de modernste organisatievormen.

In sommige gevallen creëren staten een compleet nieuwe religie om hun hoogsteigen identiteit te schragen. Het extreemste voorbeeld daarvan is te zien in de voormalige Japanse kolonie Noord-Korea. Het Noord-Koreaanse regime indoctrineert zijn onderdanen met een fanatieke staatsreligie die Juche heet. Dit is een mengeling van marxisme-leninisme, een stuk of wat oeroude Koreaanse tradities, een racistisch geloof in de unieke zuiverheid van het Koreaanse ras en de vergoddelijking van de stamboom van Kim Il-sung. Hoewel niemand beweert dat de Kims afstammen van een zonnegodin, worden ze toch vuriger aanbeden dan de meeste goden uit de geschiedenis. Kernwapens waren lange tijd een extra bestanddeel van het Noord-Koreaanse Juche, mogelijk vanuit het besef hoe het Japanse keizerrijk uiteindelijk is verslagen, en de ontwikkeling van atoomwapens werd afgeschilderd als een heilige plicht die de grootste offers waard was.[6]

De knechtjes van het nationalisme

Wat voor technologische ontwikkelingen er ook nog zullen volgen, we kunnen hoe dan ook verwachten dat gebakkelei over religieuze identiteiten en rituelen het gebruik van nieuwe technologieën zal blijven beïnvloeden en wie weet zo belangrijk zal blijven dat de hele wereld in vlammen opgaat. De modernste kernraketten en cyberbommen zouden best eens ingezet kunnen worden om een dogmatisch dispuut over middeleeuwse teksten kracht bij te zetten. Religies, riten en rituelen zullen belangrijk blijven zolang massale samenwerking de grote kracht van de mensheid blijft en zolang massale samenwerking een kwestie blijft van het geloof in gedeelde verhalen.

Helaas zijn traditionele religies hierdoor eigenlijk meer een probleem dan een oplossing. Religies hebben nog steeds zoveel politieke macht dat ze hele volksidentiteiten overeind kunnen houden en zelfs de lont in het kruitvat kunnen worden voor de Derde Wereldoorlog. Ze lijken alleen niet veel te bieden te hebben als het aankomt op het oplossen van grote wereldproblemen, in plaats van die aan te wakkeren. Veel traditionele religies hebben universele waarden in hun pakket en beroepen zich op kosmische waarheden, maar op dit moment worden ze voornamelijk gebruikt als knechtjes van het moderne nationalisme, of je nu naar Noord-Korea kijkt, naar Rusland, naar Iran of naar Israël. Daardoor maken ze het des te moeilijker om boven onderlinge verschillen uit te stijgen en tot een mondiale oplossing te komen voor dreigingen als kernoorlogen, wereldwijde milieurampen en technologische ontwrichting.

Als het op klimaatverandering of de proliferatie van kernwapens aankomt, spiegelen sjiitische geestelijken de Iraniërs nog steeds voor dat ze die problemen zuiver vanuit Iraans perspectief moeten bekijken, joodse rabbijnen zetten Israëliërs ertoe aan om vooral te kijken naar wat goed is voor Israël en Russisch-orthodoxe priesters sporen Russen aan om Russische belangen boven alles te stellen. We zijn tenslotte Gods uitverkoren volk, dus alles wat goed is voor ons volk, zal God behagen. Er zijn zeker religieuze wijsgeren die nationalistische excessen verwerpen en een wat universelere visie aanhangen, maar helaas hebben die niet veel politieke invloed.

We zitten al met al dus vast tussen Scylla en Charybdis. De mensheid vormt nu één grote beschaving en problemen als kernoorlogen, milieurampen en technologische ontwrichting kunnen alleen mondiaal worden opgelost. Aan de andere kant verdelen nationalisme en religie onze menselijke beschaving nog steeds in verschillende, vaak vijandige kampen. Deze botsing tussen mondiale problemen en regionale identiteiten komt tot uiting in de crisis waarin het grootste multiculturele experiment ter wereld – de Europese Unie – nu verzeild is geraakt. De EU, die ooit is opgebouwd vanuit de belofte van universele liberale waarden, staat inmiddels op het randje van de afgrond door problemen met integratie en immigratie.

9

IMMIGRATIE

Misschien zijn sommige culturen toch beter dan andere

Globalisering heeft de culturele verschillen op aarde drastisch verkleind, maar het heeft het ook een stuk makkelijker gemaakt om vreemden tegen te komen en overstuur te raken van hun eigenaardigheden. Het verschil tussen het Angelsaksische Engeland en het Indiase Palarijk was veel groter dan het verschil tussen het huidige Groot-Brittannië en het huidige India, maar in de tijd van koning Alfred de Grote onderhield British Airways geen rechtstreekse vluchten tussen Delhi en Londen.

Nu steeds meer mensen steeds meer grenzen oversteken, op zoek naar werk, veiligheid en een betere toekomst, zet de noodzaak om vreemden tegen te komen, te assimileren of uit te zetten veel spanning op politieke systemen en collectieve identiteiten die zijn gevormd in minder fluïde tijden. Nergens is dat probleem zo urgent als in Europa. De Europese Unie is opgebouwd rond de belofte om de culturele verschillen tussen Fransen, Duitsers, Spanjaarden en Grieken te overstijgen. Nu zou ze kunnen instorten door haar onvermogen om de culturele verschillen tussen Europeanen en migranten uit Afrika en het Midden-Oosten te accommoderen. Ironisch genoeg komen er juist zoveel migranten naar Europa omdat het zo'n welvarend multicultureel systeem heeft weten op te bouwen. Syriërs willen liever naar Duitsland emigreren dan naar Saoedi-Arabië, Iran, Rusland of Japan, niet omdat Duitsland dichterbij of rijker is dan alle andere potentiële bestemmingen, maar omdat Duitsland heeft bewezen dat het veel beter is in het verwelkomen en opnemen van immigranten.

De groeiende golf vluchtelingen en immigranten zorgt voor gemengde reacties onder Europeanen en verhitte discussies over de identiteit en de toekomst van Europa. Sommige Europeanen eisen dat Europa haar grenzen dichtgooit. Verraden die de multiculturele, tolerante idealen van Europa of nemen ze alleen maar verstandige maatregelen om rampen te voorkomen? Anderen roepen dat de poorten nog wijder open moeten. Zijn die trouw aan de Europese kernwaarden of zadelen ze het Europese project op met niet waar te maken verwachtingen? Deze discussie over immigratie ontaardt vaak in geschreeuw, waardoor geen van beide kampen elkaar nog kan horen. Om de kwestie te verduidelijken, zou het misschien helpen om immigratie te bekijken als een deal met drie basale voorwaarden:

Voorwaarde 1: Het gastland laat de immigranten toe.
Voorwaarde 2: In ruil daarvoor moeten de immigranten in elk geval de voornaamste normen en waarden van het gastland overnemen, zelfs als ze dan voor een deel hun eigen oude normen en waarden moeten opgeven.
Voorwaarde 3: Als de immigranten genoeg assimileren, worden ze na een tijd gelijkwaardige leden van de gastsamenleving. 'Zij' worden 'ons'.

Deze drie voorwaarden leveren drie aparte discussies op over de precieze betekenis van elke voorwaarde en dan is er nog een vierde discussie over de inlossing van de voorwaarden. Mensen die bakkeleien over immigratie halen die vier discussies vaak door elkaar, zodat niemand meer begrijpt waar de discussie precies om draait. Het is dus beter om deze discussies los van elkaar te bekijken.

Discussie 1: De eerste clausule van de immigratiedeal stelt simpelweg dat het gastland immigranten toelaat. Maar moet dat beschouwd worden als een plicht of als een gunst? Is het gastland verplicht zijn deuren te openen voor iedereen of mag het kiezen, of zelfs een immigratiestop invoeren? Voorstanders van immigratie lijken te denken dat landen een morele plicht hebben om niet alleen vluchtelingen toe te laten, maar ook mensen uit arme landen die op zoek zijn naar werk en een betere toekomst. Vooral in onze geglobaliseerde wereld hebben alle mensen morele verplichtingen ten opzichte van alle andere mensen, en wie die verplichtingen niet wil nakomen is een egoïst of zelfs een racist.

Daar komt nog bij dat veel voorstanders van immigratie benadrukken dat immigratie nooit helemaal tegen te houden is; hoeveel muren en hekken we ook bouwen, er zullen altijd wanhopige mensen zijn die toch binnen weten te komen. Het is dus beter om immigratie te legaliseren en die openlijk te reguleren dan om een gigantische onderwereld te creëren van mensenhandel, illegalen en niet-gedocumenteerde kinderen.

Tegenstanders van immigratie brengen daartegen in dat je immigratie wel degelijk kunt tegenhouden, als je maar hard genoeg optreedt, en dat je nooit verplicht bent je deuren open te zetten, behalve eventueel voor vluchtelingen die genadeloos worden vervolgd in een naburig land. Turkije kan een morele verplichting hebben om wanhopige Syrische vluchtelingen binnen te laten. Maar als die vluchtelingen vervolgens proberen te verhuizen naar Zweden, hoeven de Zweden ze niet te accepteren. Als het om migranten gaat die werk en welvaart zoeken, dan mag het gastland zelf bepalen of het ze wil hebben of niet, en onder welke voorwaarden.

Tegenstanders van immigratie hameren erop dat het een van de meest basale rechten van elk menselijk collectief is om zichzelf te beschermen tegen invasies, of die nu komen in de vorm van legers of van migranten. De Zweden hebben heel hard gewerkt en talloze offers gebracht om een welvarende liberale democratie op te bouwen en als de Syriërs daarin niet zijn geslaagd, is dat niet de schuld van de Zweden. Als de Zweedse kiezers er om wat voor reden dan ook geen Syrische immigranten meer bij willen hebben, is het hun goed recht om ze de toegang te weigeren. En als we wel een bepaald aantal immigranten toelaten, moet het zonneklaar zijn dat dit een gunst is, en geen verplichting. Immigranten die Zweden in mogen, moeten dus ontzettend dankbaar zijn voor wat ze krijgen en niet met een hele waslijst aan eisen komen alsof zij degenen zijn die de lakens uitdelen.

Bovendien kan elk land volgens immigratiesceptici zelf zijn eigen immigratiebeleid bepalen en immigranten screenen, niet alleen op een eventueel strafblad of professionele talenten, maar zelfs op dingen als religie. Als een land als Israël alleen joden wil toelaten en een land als Polen alleen christelijke vluchtelingen uit het Midden-Oosten wil binnenlaten, dan mag dat onfris overkomen, maar dat recht hebben Israëlische of Poolse kiezers gewoon.

Wat de zaken compliceert is dat mensen in veel gevallen van twee walletjes willen eten. Talloze landen knijpen een oogje dicht voor illegale immigratie of laten zelfs buitenlanders binnen op tijdelijke basis omdat ze willen profiteren van hun energie, hun talenten en hun goedkope arbeid. Vervolgens weigeren die landen de status van die mensen te legaliseren omdat ze zogenaamd geen immigratie willen. Op termijn kan dit leiden tot hiërarchische maatschappijen waarin een bovenklasse van legale burgers een onderklasse van machteloze buitenlanders exploiteert, zoals nu gebeurt in Qatar en verschillende andere Golfstaten.

Zolang deze discussie niet is beslecht, blijft het heel lastig om alle andere vragen over immigratie te beantwoorden. Voorstanders van immigratie denken dat mensen het recht hebben om desgewenst naar een ander land te verhuizen en dat gastlanden de plicht hebben om hen op te nemen, en daarom reageren ze vol morele verontwaardiging als het recht op immigratie wordt gedwarsboomd en landen weigeren mensen op te nemen, terwijl dat toch hun dure plicht is. Tegenstanders van immigratie zijn verbijsterd over dat soort opvattingen. Ze beschouwen immigratie als een privilege en toelating als een gunst. Waarom worden mensen meteen uitgemaakt voor racist of fascist als ze hun grenzen niet willen openstellen?

Zelfs als het toelaten van immigranten een gunst is en geen plicht, dan is het natuurlijk nog steeds zo dat het gastland gaandeweg steeds meer verplichtingen krijgt ten opzichte van hen en hun nakomelingen, zodra ze eenmaal ingeburgerd zijn. Je kunt antisemitisme in de VS dus niet goedpraten met uitspraken als: 'We hebben jouw grootmoeder een gunst verleend door haar in 1910 ons land in te laten, dus nu kunnen we jou behandelen zoals we maar willen.'

Discussie 2: De tweede voorwaarde van de immigratiedeal stelt dat toegelaten immigranten de plicht hebben om op te gaan in de plaatselijke cultuur. Maar hoever moet die assimilatie gaan? Als immigranten van een patriarchale maatschappij verhuizen naar een liberale samenleving, moeten ze dan feminist worden? Als ze afkomstig zijn uit een door en door religieuze samenleving, moeten ze dan ongelovig worden? Moeten ze hun traditionele kledingvoorschriften en spijswetten afschaffen? Tegenstanders van immigratie leggen de lat meestal erg hoog en voorstanders van immigratie verwachten op dit vlak een stuk minder.

Voorstanders van immigratie voeren aan dat Europa zelf al heel divers is en dat de Europese volkeren er een heel breed spectrum aan meningen, gewoonten, normen en waarden op nahouden. Dat is juist wat Europa zo sterk en veerkrachtig maakt. Waarom zouden immigranten zich moeten voegen naar een imaginaire Europese identiteit die maar heel weinig Europeanen zelf naleven? Wil je moslimimmigranten in het Verenigd Koninkrijk dwingen om christen te worden, terwijl veel Britse burgers zelden naar de kerk gaan? Wil je van immigranten uit de Punjab eisen dat ze hun curry en masala inruilen voor fish-and-chips en yorkshire pudding? Als Europa al echte kernwaarden heeft, dan zijn dat liberale waarden als tolerantie en vrijheid, die inhouden dat Europeanen zich ook tolerant moeten opstellen ten opzichte van immigranten en ze zo veel mogelijk de vrijheid moeten gunnen om hun eigen tradities te volgen, voor zover die geen inbreuk maken op de vrijheden en rechten van anderen.

Tegenstanders van immigratie vinden ook dat tolerantie en vrijheid de belangrijkste Europese waarden zijn en beschuldigen veel immigrantengroeperingen – met name die uit moslimlanden – van intolerantie, misogynie, homofobie en antisemitisme. Juist omdat Europa de tolerantie zo hoog in het vaandel heeft, kan het niet te veel intolerante mensen toelaten. Een tolerante samenleving kan kleine illiberale minderheden nog wel aan, maar als er te veel van dat soort extremisten komen, verandert dat de hele samenleving. Als Europa te veel immigranten uit het Midden-Oosten toelaat, ziet het er hier straks net zo uit als in het Midden-Oosten.

Andere immigratiesceptici gaan nog veel verder en stellen dat een samenleving veel meer inhoudt dan een verzameling mensen die elkaar tolereert. Het is dus niet genoeg dat immigranten zich aanpassen aan Europese standaarden op het gebied van tolerantie, ze moeten ook allerlei unieke eigenschappen van de Britse, Duitse of Zweedse cultuur overnemen, wat die ook mogen zijn. De plaatselijke cultuur neemt een groot risico door die mensen binnen te laten en de kosten zijn hoog. Het gastland moet er niet aan kapotgaan. Het biedt uiteindelijk totale gelijkheid, dus eist het ook totale assimilatie. Als de immigranten problemen hebben met bepaalde eigenaardigheden van de Britse, Duitse of Zweedse cultuur, mogen ze hun heil gerust elders zoeken.

De twee belangrijkste kwesties in deze discussie zijn onenigheid over de intolerantie van immigranten en onenigheid over de Europese identiteit. Als immigranten inderdaad ongeneeslijk intolerant zijn, zullen veel liberale Europeanen die nu nog voor immigratie zijn zich er vroeg of laat hevig tegen keren. Als de meeste immigranten daarentegen liberaal en ruimdenkend blijken in hun opvattingen over religie, genderkwesties en politiek, zal dat een paar heel effectieve argumenten tegen immigratie onschadelijk maken.

De vraag over de unieke volkseigen identiteiten binnen Europa staat daarmee nog steeds open. Tolerantie is een universele waarde. Zijn er unieke Franse normen en waarden die geaccepteerd moeten worden door mensen die naar Frankrijk emigreren en zijn er unieke Deense normen en waarden die immigranten in Denemarken zich eigen moeten maken? Zolang de Europeanen zelf ernstig verdeeld blijven over deze vraag kunnen ze moeilijk een helder immigratiebeleid voeren. Het omgekeerde geldt ook: als ze eenmaal weten wie ze zelf zijn, zouden vijfhonderd miljoen Europeanen er geen moeite mee moeten hebben om een paar miljoen vluchtelingen op te nemen – of ze de deur te wijzen.

Discussie 3: De derde voorwaarde van de immigratiedeal stelt dat immigranten die serieus moeite doen om te assimileren – en met name kernwaarden als tolerantie omarmen – door het gastland behandeld moeten worden als eersterangs burgers. Maar hoeveel tijd moet er precies overheen gaan voordat immigranten volwaardige leden van de samenleving worden? Moet de eerste generatie immigranten uit Algerije zich gekrenkt voelen als ze na twintig jaar nog steeds niet als volwaardige Fransen worden beschouwd? En hoe zit het met de derde generatie immigranten, wier grootouders in de jaren zeventig van de vorige eeuw naar Frankrijk kwamen?

Voorstanders van immigratie zijn meestal voor snelle acceptatie en tegenstanders willen een veel langere proefperiode. Als de derde generatie immigrantenkinderen niet beschouwd en behandeld wordt als volwaardige burgers, betekent dit volgens voorstanders van immigratie dat het gastland zijn verplichtingen niet vervult. Als dat vervolgens leidt tot spanningen, vijandigheid en zelfs geweld, heeft het gastland dat te danken aan zijn eigen onverdraagzaamheid. Volgens tegenstanders van immigratie zijn die hooggespannen verwachtingen een groot deel van het probleem. De immigranten moeten geduld betrachten. Als je grootouders hier een luttele veertig jaar geleden aankwamen en jij nu relletjes gaat schoppen omdat je vindt dat je niet gelijk wordt behandeld, dan ben je automatisch gezakt voor je inburgering.

De kern van deze discussie is de kloof tussen onze persoonlijke tijdrekening en de collectieve tijdrekening. Vanuit het oogpunt van menselijke collectieven is veertig jaar niets. Je kunt moeilijk van een samenleving verwachten dat ze groepen vreemden binnen een paar decennia helemaal absorbeert. Vroegere beschavingen die vreemden assimileerden en opnam als volwaardige burgers – het Romeinse Rijk, het islamitische kalifaat, de Chinese dynastieën en de Verenigde Staten – hebben allemaal eeuwen over deze transformatie gedaan.

Vanuit iemands persoonlijke perspectief kan veertig jaar echter een eeuwigheid zijn. Voor een tienermeisje dat in Frankrijk is geboren, twintig jaar nadat haar grootouders daar kwamen wonen, is de reis van Algiers naar Marseille iets uit de geschiedenisboekjes. Ze is hier geboren, al haar vrienden zijn hier geboren, ze spreekt Frans en geen Arabisch, en ze heeft nooit een voet in Algerije gezet. Frankrijk is het enige vaderland dat ze kent. En nu zeggen mensen dat het niet haar vaderland is en dat ze 'terug' moet naar een plek waar ze nooit heeft gewoond?

Vergelijk het met een zaadje van een Australische eucalyptusboom dat geplant wordt in Frankrijk. Vanuit ecologisch perspectief zijn eucalyptusbomen exoten en het zal generaties duren voor botanisten ze herclassificeren als inheemse Europese boomsoort.

Als je naar de individuele boom kijkt, is die echter Frans. Als je hem niet begiet met Frans water, gaat hij dood. Als je hem probeert uit te trekken, zul je merken dat hij diep is geworteld in de Franse grond, net als de plaatselijke eiken en dennen.

Discussie 4: Boven op al deze disputen over de precieze definitie van de immigratiedeal komt nog de ultieme vraag of de deal überhaupt wel werkt. Komen beide partners hun verplichtingen wel na?

Tegenstanders van immigratie voeren vaak aan dat immigranten zich niet houden aan voorwaarde twee. Ze doen niet serieus hun best om te assimileren en blijven veelal bij hun eigen intolerante, bekrompen wereldbeeld. Daardoor heeft het gastland geen reden om zich te houden aan voorwaarde drie (de immigranten behandelen als volwaardige burgers) en alle reden om terug te komen op voorwaarde nummer een (immigranten binnenlaten). Als mensen uit een bepaalde cultuur zich consequent niet bereid tonen om de voorwaarden van de immigratiedeal na te leven, waarom zou je er dan nog meer binnenlaten en een nog groter probleem creëren?

Voorstanders van immigratie brengen daartegen in dat het gastland juist zijn deel van de deal niet nakomt. Ondanks de oprechte assimilatiepogingen van de overgrote meerderheid van de immigranten blijven de gastheren dat bemoeilijken en bovendien worden immigranten die wel goed assimileren nog steeds behandeld als tweederangsburgers, zelfs die van de tweede en derde generatie. Het kan natuurlijk ook dat beide kanten hun verplichtingen niet nakomen en daarmee elkaars achterdocht en ressentiment versterken in een steeds verergerende vicieuze cirkel.

Deze vierde discussie kan niet gevoerd worden zonder een heel exacte omschrijving van de drie voorwaarden. Zolang we niet weten of het opnemen van immigranten een dure plicht is of een gunst, welk niveau van assimilatie er van immigranten gevraagd wordt en hoe snel het gastland ze moet gaan behandelen als volwaardige burgers, kunnen we niet beoordelen of beide zijden hun verplichtingen wel nakomen. En dan zijn er nog de problemen met het opmaken van de rekening. Bij het evalueren van de immigratiedeal hechten beide zijden veel meer gewicht aan overtredingen dan aan naleving. Als een miljoen immigranten gezagsgetrouwe burgers zijn, maar honderd van hen zich aansluiten bij terroristische groeperingen en het gastland aanvallen, wil dat dan zeggen dat immigranten zich over het geheel genomen houden aan de voorwaarden van de deal, of overtreden ze die? Als een kleindochter van immigranten duizend keer over straat loopt zonder gemolesteerd te worden, maar nu en dan racistische beledigingen naar haar hoofd geslingerd krijgt, wil dat dan zeggen dat de autochtone bevolking immigranten accepteert of juist niet?

Onder al deze discussies gaat echter een veel fundamentelere vraag schuil, die draait om onze ideeën over culturen. Beginnen we het immigratiedebat met de rotsvaste vooronderstelling dat alle culturen gelijkwaardig zijn, of denken we dat sommige culturen misschien toch beter zijn dan andere? Als Duitsers discussiëren over het toelaten van een miljoen Syrische vluchtelingen, is er dan enige rechtvaardiging voor het idee dat de Duitse cultuur op de een of andere manier beter is dan de Syrische?

Van racisme tot culturalisme

Een eeuw geleden gingen Europeanen er voetstoots van uit dat sommige rassen – met name het blanke ras – intrinsiek superieur waren aan andere. Na 1945 werden dat soort ideeën steeds meer taboe. Racisme werd niet alleen beschouwd als moreel verwerpelijk, maar ook als onwetenschappelijk. Biowetenschappers, en dan met name genetici, hebben ijzersterke wetenschappelijke bewijzen gevonden dat er geen noemenswaardige biologische verschillen zijn tussen Europeanen, Afrikanen, Chinezen en Amerikaanse indianen.

Tegelijk hebben antropologen, sociologen, historici, gedragseconomen en zelfs hersenwetenschappers bergen gegevens verzameld waaruit blijkt dat er significante verschillen bestaan tussen verschillende menselijke culturen. Als alle menselijke culturen in wezen hetzelfde waren, waar zouden we dan immers nog antropologen en historici voor nodig hebben? Waarom zouden we de moeite nemen om triviale verschillen te onderzoeken? We zouden op zijn minst kunnen ophouden met het financieren van al die dure veldexcursies naar Oceanië en de Kalahariwoestijn en het kunnen houden bij onderzoek naar mensen in Oxford of Boston. Als er geen noemenswaardige culturele verschillen zijn, dan moet alles wat we over Harvardstudenten ontdekken ook opgaan voor jagers-verzamelaars in de Kalahari.

Bij nader inzien erkennen de meeste mensen toch dat er in elk geval een paar significante verschillen zijn tussen culturen, in dingen die kunnen variëren van seksuele mores tot politieke gebruiken. Hoe moeten we met die verschillen omgaan? Cultuurrelativisten voeren aan dat die verschillen niet per se betekenen dat er een hiërarchie is en dat we de ene cultuur nooit boven de andere mogen stellen. Mensen mogen dan op verschillende manieren denken en handelen, maar die diversiteit is iets om te koesteren en we moeten alle geloven en praktijken evenveel waarde toekennen. Helaas kan deze ruimdenkende instelling de toets van de realiteit nooit doorstaan. Menselijke diversiteit kan fantastisch zijn als het om culinaria en poëzie gaat, maar er zijn maar heel weinig mensen die heksenverbranding, infanticide of slavernij beschouwen als fascinerende eigenaardigheden die beschermd moeten worden tegen aantasting door het wereldwijde kapitalisme en het cocacolonialisme.

Of kijk naar de manier waarop verschillende culturen omgaan met vreemden, immigranten en vluchtelingen. Niet alle culturen kenmerken zich door eenzelfde mate van acceptatie. De Duitse cultuur van begin eenentwintigste eeuw is toleranter voor vreemden en staat meer open voor immigranten dan de Saoedische cultuur. Het is voor een moslim veel makkelijker om te emigreren naar Duitsland dan het voor een christen is om naar Saoedi-Arabië te verkassen. Waarschijnlijk is het zelfs voor een moslimvluchteling uit Syrië makkelijker om naar Duitsland te emigreren dan naar Saoedi-Arabië en sinds 2011 heeft Duitsland meer Syrische vluchtelingen opgenomen dan Saoedi-Arabië.[1] De cultuur van het vroeg-eenentwintigste-eeuwse Californië blijkt ook immigrantvriendelijker te zijn dan de Japanse cultuur. Als je dus vindt dat het goed is om vreemden te tolereren en immigranten te verwelkomen, zou je dan eigenlijk niet moeten vinden dat de Duitse cultuur in elk geval in dit opzicht superieur is aan de Saoedische cultuur, en de Californische cultuur beter dan de Japanse?

Bovendien zou het, zelfs als twee culturele normen in theorie gelijkwaardig zijn, in de praktische context van het immigratievraagstuk nog steeds gerechtvaardigd kunnen zijn om het gastland hoger in te schatten. Normen en waarden die in één land prima op hun plek zijn werken vaak helemaal niet goed onder andere omstandigheden. Laten we er een concreet voorbeeld bij pakken. Om niet ten prooi te vallen aan de bekende vooroordelen zullen we twee fictieve landen gebruiken: Koudië en Warmland. Deze twee landen kennen veel culturele verschillen, waaronder hun houding ten opzichte van menselijke relaties en interpersoonlijke conflicten. Koudiërs krijgen met de paplepel ingegoten dat je conflicten met anderen – op school, op het werk en zelfs binnen het gezin – het beste kunt onderdrukken. Wat je vooral niet moet doen is schreeuwen, boosheid tonen of de confrontatie aangaan, want woedende uitbarstingen maken alles alleen maar erger. Het is beter om je eigen gevoelens in stilte te verwerken en alles gewoon te laten betijen. In de tussentijd beperk je je contact met de persoon in kwestie en als die niet te ontlopen valt, hou je het kort, blijf je beleefd en vermijd je eventuele pijnpunten.

Warmlanders leren juist van jongs af aan om conflicten openlijk uit te spreken. Als je met iemand in conflict raakt, moet je het niet laten doorzieken en niets opkroppen. Neem de eerste de beste gelegenheid te baat om je gemoed te luchten. Het is prima om boos te worden, te schreeuwen en de ander precies te laten weten hoe je je voelt. Dat is de enige manier om er samen open en eerlijk uit te komen. Eén dag schreeuwen kan een conflict oplossen dat anders jaren zou kunnen doorzieken en hoewel een keiharde confrontatie nooit fijn is, zal iedereen zich daarna een stuk beter voelen.

Beide methoden hebben zo hun voors en tegens en je kunt moeilijk zeggen dat de ene altijd beter is dan de andere. Maar wat zou er gebeuren als een Warmlander naar Koudië emigreert en bij een Koudisch bedrijf gaat werken?

Telkens als er een conflict ontstaat met een collega slaat de Warmlander op tafel en zet hij een keel op in de verwachting dat dit de aandacht op het probleem zal vestigen, zodat het snel kan worden opgelost. Een paar jaar later komt er een hoge functie vrij. De Warmlander heeft daar alles voor in huis, maar de bazin geeft de promotie liever aan een Koudische employee. Desgevraagd verklaart ze: 'Ja, de Warmlander heeft veel talenten, maar hij is nogal problematisch in de omgang. Het is een heethoofd, hij creëert onnodige spanning en hij verstoort de bedrijfscultuur.' Hetzelfde gebeurt met andere Warmlandse immigranten in Koudië. De meesten blijven in lage functies hangen of kunnen helemaal geen werk krijgen, omdat managers ervan uitgaan dat ze, als Warmlanders, waarschijnlijk nogal opvliegende, lastige werknemers zullen zijn. Aangezien de Warmlanders nooit hoge functies krijgen, krijgen ze niet echt de kans om de Koudische bedrijfscultuur te veranderen.

Met Koudiërs die in Warmland gaan wonen gebeurt min of meer hetzelfde. Een Koudiër die in een Warmlands bedrijf gaat werken, krijgt al snel een reputatie als snob of kouwe kikker en maakt weinig of geen vrienden. De mensen vinden hem onoprecht en denken dat hij geen sociale vaardigheden heeft. Hij stroomt nooit door in het bedrijf en krijgt dus nooit invloed op de bedrijfscultuur. Warmlandse managers komen tot de conclusie dat de meeste Koudiërs onaardig of verlegen zijn en nemen ze liever niet aan voor functies die contact met klanten vereisen, of nauwe samenwerking met collega's.

Beide gevallen rieken wel enigszins naar racisme, maar eigenlijk is hier geen sprake van racisme, maar van 'culturalisme'. Veel mensen blijven heldhaftig tegen het traditionele racisme strijden zonder door te hebben dat de oorlog inmiddels op een heel ander front wordt gevoerd. Het traditionele racisme is op zijn retour, maar het wemelt inmiddels van de 'culturalisten'.

Het traditionele racisme had diepe wortels in biologische theorieën. In 1890 of 1930 waren de meeste mensen in landen als Groot-Brittannië, Australië en de vs er rotsvast van overtuigd dat Afrikanen en Chinezen bepaalde erfelijke biologische kenmerken hadden waardoor ze van nature minder intelligent, minder ondernemend en minder deugdzaam waren dan Europeanen. Het probleem zat hen in het bloed. Zulke ideeën waren politiek gezien volkomen respectabel en werden gesteund door de wetenschap. Nu doen veel individuen nog steeds zulke racistische uitspraken, maar die zijn al hun wetenschappelijke steun en bijna al hun politieke respectabiliteit allang kwijt, behalve als ze worden herverpakt in culturele termen. Nu is het uit om te zeggen dat zwarte mensen misdaden begaan omdat ze inferieure genen hebben en is het helemaal in om te zeggen dat ze dat doen omdat ze afkomstig zijn uit disfunctionele subculturen.

In de vs spreken sommige partijen en leiders zich bijvoorbeeld openlijk uit voor discriminerende maatregelen en doen ze vaak denigrerende uitspraken over zwarte Amerikanen, latino's en moslims, maar ze zullen zelden of nooit beweren dat er iets mis is met hun DNA. Het probleem zit hem zogenaamd in hun cultuur. Toen president Trump Haïti, El Salvador en bepaalde delen van Afrika omschreef als 'shithole countries' trakteerde hij het publiek dus op een bespiegeling over de cultuur van die landen en had hij het niet over hun genetische opmaak.² Bij een andere gelegenheid zei Trump over Mexicaanse immigranten in de vs: 'Als Mexico hier mensen naartoe stuurt, sturen ze niet de besten. Ze sturen mensen die allerlei problemen hebben en ze brengen die problemen mee. Ze brengen drugs, ze brengen misdaad. Het zijn verkrachters en sommigen zijn, denk ik, goede mensen.' Dit is een uiterst beledigende bewering, maar eerder beledigend in sociologisch opzicht dan in biologisch opzicht. Trump impliceert niet dat Mexicaans bloed goedheid in de weg staat, alleen dat goede Mexicanen doorgaans ten zuiden van de Rio Grande blijven.³

Het menselijk lichaam – het latinolichaam, het Afrikaanse lichaam, het Chinese lichaam – staat nog steeds in het middelpunt van de discussie. Huidskleur doet er enorm veel toe. Als je in New York over straat loopt met veel melaninepigment in je huid, kun je altijd achterdochtige blikken krijgen van politieagenten. Mensen als president Trump zullen, net zoals mensen als president Obama, het belang van huidskleur echter verklaren in culturele en historische termen. De politie reageert niet achterdochtig op je huidskleur om biologische redenen, maar eerder vanuit geschiedkundig standpunt. Het kamp van Obama zal waarschijnlijk zeggen dat vooroordelen bij de politie een betreurenswaardige erfenis uit de Amerikaanse geschiedenis zijn, terwijl het Trump-kamp zal verklaren dat zwarte criminaliteit een betreurenswaardige erfenis is van historische vergissingen van blanke progressieven en zwarte gemeenschappen. Hoe dan ook zul je met de gevolgen van die geschiedenis te maken krijgen, zelfs als je toevallig een toerist uit Delhi bent die daar helemaal geen weet van heeft.

De verschuiving van biologie naar cultuur is niet zomaar een nietszeggende verandering van jargon, het is een duidelijke verschuiving met verstrekkende praktische consequenties die soms goed uitpakken en soms slecht. Om te beginnen is cultuur een stuk plooibaarder dan biologie. Dat wil aan de ene kant zeggen dat de culturalisten van nu toleranter kunnen zijn dan traditionele racisten, want als de 'anderen' gewoon onze cultuur overnemen, zullen wij ze als gelijken accepteren. Aan de andere kant kan het veel meer druk op de 'anderen' leggen om te assimileren en veel hardere kritiek opleveren als dat niet gebeurt.

Je kunt iemand met een donkere huid moeilijk verwijten dat hij zijn huid niet bleekt, maar mensen kunnen Afrikanen of moslims wel verwijten dat ze de normen en waarden van de westerse cultuur niet overnemen, en dat gebeurt ook. Dat wil overigens niet zeggen dat zulke verwijten per se gerechtvaardigd zijn. Vaak is er weinig reden om de dominante cultuur over te nemen en soms is het ook bijna niet te doen. Zwarte Amerikanen uit een straatarme achterbuurt die oprecht hun best doen om zich aan te passen aan de heersende Amerikaanse cultuur kunnen merken dat ze eerst tegengewerkt worden door institutioneel racisme en er vervolgens van beschuldigd worden dat ze niet hard genoeg hun best hebben gedaan en dat ze hun ellende dus aan zichzelf te wijten hebben.

Een ander belangrijk verschil tussen onderscheid maken op basis van biologie en onderscheid maken op basis van cultuur is dat culturalistische argumenten – in tegenstelling tot traditionele racistische onverdraagzaamheid – soms wel degelijk hout snijden, zoals in het geval van Warmland en Koudië. Warmlanders en Koudiërs hebben echt heel verschillende culturen, die gekenmerkt worden door verschillende manieren om met elkaar om te gaan. Contact tussen mensen is in veel banen onontkoombaar, dus is het dan onethisch als een Warmlands bedrijf Koudiërs achterstelt omdat ze zich gedragen op een manier die past bij hun culturele achtergrond?

Antropologen, sociologen en historici voelen zich heel ongemakkelijk bij dit soort kwesties. Aan de ene kant klinkt het allemaal gevaarlijk veel naar racisme. Aan de andere kant heeft culturalisme een veel sterkere wetenschappelijke basis dan racisme, en vooral geesteswetenschappers en sociale wetenschappers kunnen het bestaan en het belang van culturele verschillen niet ontkennen.

Zelfs als we de geldigheid van sommige culturalistische claims accepteren, dan nog hoeven we ze natuurlijk niet allemaal te accepteren. Veel culturalistische beweringen hebben drie veelvoorkomende zwakke plekken. Ten eerste verwarren culturalisten plaatselijke superioriteit vaak met objectieve superioriteit. In de plaatselijke context van Warmland kan de Warmlandse methode om conflicten op te lossen misschien wel superieur zijn aan de Koudische methode, waardoor een Warmlands bedrijf dat in Warmland gevestigd is een goede reden heeft om introverte werknemers te discrimineren (waardoor Koudische immigranten op disproportionele wijze achtergesteld worden). Dat wil echter nog niet zeggen dat de Warmlandse manier van doen objectief ook superieur is. De Warmlanders kunnen misschien wel het een en ander leren van de Koudiërs en als de omstandigheden veranderen – als het Warmlandse bedrijf uitbreidt naar het buitenland en vestigingen opent in verschillende landen – kan diversiteit ineens een enorm pluspunt worden.

Ten tweede kunnen culturalistische beweringen heel goed empirisch onderbouwd worden als je duidelijke maatstaven hanteert en een duidelijke tijd en een duidelijke plaats aanhoudt, maar mensen doen maar al te vaak heel algemene culturalistische uitspraken die eigenlijk nergens op slaan. Zo is de bewering dat de Koudische cultuur minder tolerant is ten opzichte van openlijke uitbarstingen van woede dan de Warmlandse cultuur een redelijke claim, maar het is een stuk minder redelijk om te zeggen dat de islamitische cultuur heel intolerant is. Die laatste bewering is veel te vaag. Wat bedoelen we met 'intolerant'? Intolerant ten opzichte van wie of wat? Een cultuur kan intolerant zijn ten opzichte van religieuze minderheden en afwijkende politieke meningen, maar tegelijk heel tolerant omgaan met dikke mensen of ouderen. En wat bedoelen we met 'islamitische cultuur'? Hebben we het dan over het Arabische schiereiland in de zevende eeuw? Het Ottomaanse Rijk in de zestiende eeuw? Pakistan in het begin van de eenentwintigste eeuw? Bovendien, wat zijn de criteria? Als we tolerantie ten opzichte van religieuze minderheden belangrijk vinden en het Ottomaanse Rijk anno zestiende eeuw vergelijken met het zestiende-eeuwse West-Europa, zouden we daaruit concluderen dat de islamitische cultuur extreem tolerant is. Als we het Afghanistan van de Taliban vergelijken met het huidige Denemarken zouden we tot een heel andere conclusie komen.

Het grootste probleem met culturalistische beweringen is echter dat ze ondanks hun algemene aard maar al te vaak gebruikt worden om voorbarig te oordelen over *individuen*. Als een geboren Warmlander en een Koudische immigrant op dezelfde baan solliciteren bij een Warmlandse firma, kan de baas een voorkeur hebben voor de Warmlander, omdat Koudiërs 'kil en weinig sociaal' zijn. Zelfs als dat statistisch gezien juist is, kan de solliciterende Koudiër als persoon wel veel hartelijker en gezelliger zijn dan de Warmlandse sollicitant. Cultuur is belangrijk, maar mensen worden ook gevormd door hun genen en hun unieke persoonlijke geschiedenis. Individuen vallen zelden samen met statistische stereotypen. Het is logisch dat een bedrijf liever sociale werknemers heeft dan ijzige types, maar het is niet logisch om Warmlanders te prefereren boven Koudiërs.

Bovenstaande stelt bepaalde culturalistische beweringen echter alleen maar bij, zonder het culturalisme in zijn geheel in twijfel te trekken. In tegenstelling tot racisme, dat neerkomt op onwetenschappelijke vooroordelen, kunnen culturalistische argumenten soms best kloppen. Als we naar de statistieken kijken en daaruit kunnen opmaken dat er in Warmlandse bedrijven maar heel weinig Koudiërs op hoge posten zitten, is dat misschien niet per se een kwestie van racistische discriminatie, maar van gezond verstand. Moeten Koudische immigranten zich daar nu gekwetst door voelen en roepen dat Warmland zich niet houdt aan de immigratiedeal? Moeten we Warmlanders dwingen om meer Koudische managers aan te nemen door regels over voorkeursbehandelingen in te stellen om de heetgebakerde Warmlandse bedrijfscultuur wat af te koelen? Of ligt de fout misschien bij de Koudische immigranten, die zich niet weten aan te passen aan de plaatselijke cultuur, en moeten we dus meer moeite doen om Koudische kinderen de Warmlandse normen en waarden bij te brengen?

Als we even uit de fictieve wereld stappen en teruggaan naar de feiten, zien we dat het Europese immigratiedebat zeker geen duidelijke strijd tussen goed en kwaad is. Voorstanders van immigratie doen er verkeerd aan om al hun tegenstanders af te schilderen als immorele racisten en tegenstanders van immigratie doen er verkeerd aan om al hun tegenstanders weg te zetten als irrationele landverraders. Het immigratiedebat is een debat tussen twee kampen die allebei legitieme argumenten hebben en er moet volgens de normale democratische procedures naar oplossingen gezocht worden. Daar is die democratie tenslotte voor.

Welke conclusie er ook uit dit democratische mechanisme rolt, er zijn twee belangrijke punten die niet genegeerd mogen worden. Ten eerste zou een regering er geen goed aan doen om grootschalige immigratie door te drukken als de plaatselijke bevolking daar niet achter staat. Het opnemen van migranten is een ingewikkeld, langdurig proces en als je nieuwkomers succesvol wilt laten integreren, heb je de steun en medewerking van de eigen bevolking nodig. De enige uitzondering op deze regel is dat landen verplicht zijn hun grenzen open te stellen voor vluchtelingen die vluchten vanuit een buurland omdat hun leven daar in gevaar is, zelfs als de eigen bevolking daar niet blij mee is.

Ten tweede hebben burgers wel het recht om tegen immigratie te zijn, maar moeten ze daarbij goed beseffen dat ze hoe dan ook verplichtingen hebben ten opzichte van buitenlanders. We leven in een geglobaliseerde wereld en of we het nu leuk vinden of niet, ons leven is onlosmakelijk verbonden met dat van mensen aan de andere kant van de wereld. Die mensen verbouwen ons voedsel, ze naaien onze kleren, ze komen misschien om in een oorlog die draait om onze olieprijzen en ze kunnen het slachtoffer worden van onze slappe milieuwetgeving. We mogen onze ethische verantwoordelijkheden ten opzichte van anderen niet negeren omdat die anderen toevallig ver weg wonen.

Momenteel is nog verre van duidelijk of Europa een middenweg kan vinden waardoor de poorten open kunnen blijven voor vreemden, zonder destabilisatie door mensen die de Europese waarden niet delen. Als Europa die weg weet te vinden, kan de formule misschien wereldwijd worden overgenomen. Als het Europese project echter faalt, zou dat duidelijk maken dat het geloof in liberale waarden als vrijheid en tolerantie niet genoeg is om de culturele conflicten op aarde op te lossen en de mensheid te verenigen in een gezamenlijke strijd tegen kernoorlogen, grote milieurampen en technologische ontwrichting. Als Grieken en Duitsers al geen gemeenschappelijke toekomst kunnen formuleren en als vijfhonderd miljoen welvarende Europeanen niet een paar miljoen verarmde vluchtelingen kunnen opnemen, wat voor kans maakt de mensheid dan tegen de veel grotere conflicten die onze wereldbeschaving bedreigen?

Een ding dat Europa en de wereld als geheel kan helpen om beter te integreren en om grenzen en opties open te houden, is het relativeren van de hysterie rondom terrorisme. Het zou ontzettend jammer zijn als het Europese experiment op het gebied van vrijheid en tolerantie schipbreuk zou leiden door een overdreven angst voor terroristen. Niet alleen zou dat de terroristen zelf in de kaart spelen, het zou dit handjevol fanatici ook veel te veel inspraak geven in de toekomst van de mensheid. Terrorisme is het wapen van een marginaal, zwak segment van het mensdom. Hoe kan het dan toch wereldwijd de politiek domineren?

Deel drie

HOOP EN WANHOOP

We staan voor ongekende uitdagingen en de onenigheid is groot, maar toch kan de mensheid het redden als we onze angsten onder controle houden en iets meer nederigheid betrachten als het om onze eigen opvattingen gaat.

10

TERRORISME

Geen paniek!

Terroristen zijn meesterlijke hersenspoelers. Ze doden maar heel weinig mensen en toch laten ze miljarden sidderen van angst en laten ze gigantische politieke structuren, zoals de Europese Unie of de Verenigde Staten, trillen op hun grondvesten. Sinds 11 september 2001 hebben terroristen jaarlijks zo'n vijftig mensen vermoord in de Europese Unie, een stuk of tien mensen in de vs, een man of zeven in China en wereldwijd zo'n vijfentwintigduizend mensen (voornamelijk in Irak, Afghanistan, Pakistan, Nigeria en Syrië).[1] In het verkeer komen elk jaar maar liefst zo'n tachtigduizend Europeanen om het leven, veertigduizend Amerikanen, tweehonderdzeventigduizend Chinezen en wereldwijd vallen er 1,25 miljoen verkeersslachtoffers.[2] Suikerziekte en een hoge suikerspiegel maken elk jaar zo'n 3,5 miljoen dodelijke slachtoffers en luchtvervuiling ongeveer zeven miljoen.[3] Waarom zijn we dan banger voor terrorisme dan voor suiker en waarom verliezen regeringen verkiezingen door sporadische terreuraanvallen, maar niet door chronische luchtvervuiling?

Zoals de letterlijke betekenis van het woord al aangeeft, is terrorisme een militaire strategie die wordt ingezet om de politieke situatie te veranderen door terreur en angst te zaaien, en niet direct door het veroorzaken van materiële schade. Deze strategie wordt bijna altijd gebruikt door uiterst zwakke partijen die hun vijanden maar weinig materiële schade kunnen toebrengen. Uiteraard zaait elke militaire actie angst, maar in conventionele oorlogen is angst een nevenproduct van de materiële verliezen en blijft die meestal in proportie met de macht die voor die verliezen zorgt. Bij terrorisme is angst de hoofdmoot en zijn alle verhoudingen zoek tussen de daadwerkelijke slagkracht van de terroristen en de angst die ze de bevolking weten in te boezemen.

Het is niet altijd makkelijk om de politieke situatie te veranderen door middel van geweld. Op 1 juli 1916, de eerste dag van de Slag aan de Somme, sneuvelden negentienduizend Britse soldaten en raakten er nog eens veertigduizend gewond. Toen de slag in november voorbij was, waren er in beide kampen samen meer dan een miljoen slachtoffers gevallen, onder wie driehonderdduizend doden.[4] Toch veranderde die gruwelijke slachting nauwelijks iets aan de politieke machtsbalans in Europa. Pas twee jaar en miljoenen extra slachtoffers later knapte er eindelijk iets.

Vergeleken bij het Somme-offensief is terrorisme een bagatel. Bij de aanslagen in Parijs van november 2015 kwamen honderddertig mensen om, de Brusselse bomaanslagen van maart 2016 doodden tweeëndertig mensen en bij de bomaanslag in de Manchester Arena van mei 2017 vielen tweeëntwintig doden. In 2002, op het hoogtepunt van de Palestijnse terreurcampagne tegen Israël, toen er dagelijks bussen en restaurants werden opgeblazen, kwam het jaarlijkse dodencijfer uit op 451 Israëlische slachtoffers.[5] In hetzelfde jaar kwamen 542 Israëliërs om bij auto-ongelukken.[6] Een paar terroristische aanvallen, zoals de bomaanslag op PanAm-vlucht 103 boven Lockerbie in 1988, maakten honderden slachtoffers.[7] De aanslagen van 9/11 waren een nieuw record; daarbij kwamen bijna drieduizend mensen om.[8] Maar zelfs dat valt in het niet bij de tol die een conventionele oorlog eist. Als je alle mensen bij elkaar optelt die sinds 1945 gedood of gewond zijn geraakt door terroristische aanslagen in Europa – inclusief slachtoffers van nationalistische, religieuze, linkse en rechtse groeperingen – kom je nog steeds niet in de buurt van het dodencijfer van de gemiddelde obscure veldslag in de Eerste Wereldoorlog, zoals de derde Slag bij de Aisne (tweehonderdvijftigduizend slachtoffers) of de tiende Slag aan de Isonzo (tweehonderdvijfentwintigduizend).[9]

    Waarom denken terroristen dan toch dat ze iets met hun acties kunnen bereiken? Na een terroristische aanslag heeft de vijand nog evenveel soldaten, tanks en schepen als daarvoor. De communicatienetwerken, wegen en spoorwegen van de vijand zijn nog grotendeels intact. Zijn fabrieken, havens en bases hebben nauwelijks een deukje opgelopen. Terroristen kunnen de materiële macht van hun vijand nauwelijks schaden, en toch hopen ze dat angst en verwarring de vijand zal uitlokken om zijn intacte macht verkeerd in te zetten en overdreven te reageren. Terroristen willen dat de woedende vijand zijn enorme slagkracht zal inzetten om wraak te nemen en rekenen erop dat hij daarmee een veel gewelddadiger militaire en politieke storm zal veroorzaken dan de terroristen zelf ooit kunnen creëren. Tijdens zulke stormen kunnen er allerlei onvoorziene dingen gebeuren. Er worden fouten gemaakt, er worden wreedheden begaan, de publieke opinie slaat om, neutrale mensen wijzigen hun standpunt en de machtsbalans verschuift.

    Terroristen zijn dus net een vlieg die een porseleinwinkel wil verwoesten. De vlieg is zo zwak dat hij niet eens één theekopje van zijn plek kan krijgen. Hoe verwoest een vlieg dus een porseleinwinkel? Hij zoekt een stier, kruipt in zijn oor en begint te zoemen. De stier wordt wild van angst en woede en maakt de porseleinwinkel met de grond gelijk. Dit is wat er na 9/11 gebeurde, toen islamitische fundamentalisten de Amerikaanse stier uitlokten om de porseleinwinkel van het Midden-Oosten te vernietigen. Nu floreren ze in de puinhopen. En er is op aarde geen gebrek aan kortaangebonden stieren.

Het politieke kaartspel

Terrorisme is een ontzettend onaantrekkelijke militaire strategie, omdat alle belangrijke beslissingen worden overgelaten aan de vijand. Aangezien alle opties die de vijand vóór een terroristische aanslag had daarna nog steeds tot zijn beschikking staan, heeft hij het voor het uitkiezen. Legers proberen dat soort situaties doorgaans koste wat het kost te vermijden. Als ze aanvallen, willen ze geen angstaanjagend spektakel opvoeren dat de vijand alleen maar woedend maakt en tegenaanvallen uitlokt. Wat ze willen, is de vijand significante materiële schade toebrengen en zijn vermogen om terug te slaan verkleinen. Met name proberen ze zijn gevaarlijkste wapens en opties te elimineren.

Dat is bijvoorbeeld wat Japan in december 1941 deed toen het een verrassingsaanval op de VS uitvoerde en de Amerikaanse vloot bij Pearl Harbor tot zinken bracht. Dat was geen terrorisme, het was oorlog. De Japanners konden er niet zeker van zijn hoe de Amerikanen de aanval zouden vergelden, maar één ding wisten ze wel: wat de Amerikanen ook besloten, ze zouden in 1942 geen vloot naar de Filipijnen of Hongkong kunnen sturen.

De vijand provoceren tot een tegenreactie zonder zijn wapens of opties te elimineren is een wanhoopsdaad die alleen ondernomen wordt als er geen andere mogelijkheid is. Als het mogelijk is serieuze materiële schade aan te richten, geeft niemand die kans op ten gunste van simpel terrorisme. Als de Japanners in december 1941 een passagiersschip vol burgers hadden getorpedeerd om de VS uit te lokken en de vloot in Pearl Harbor intact had gelaten, zou dat pure waanzin geweest zijn.

Maar terroristen hebben weinig keus. Ze zijn zo zwak dat ze geen oorlog kunnen beginnen. Dus kiezen ze voor het opvoeren van een theatraal spektakel dat hopelijk tot overdreven reacties van de kant van de vijand zal leiden. Terroristen voeren angstaanjagende staaltjes geweld op om onze fantasie op hol te laten slaan en dat tegen ons te gebruiken. Door een paar mensen te vermoorden krijgen terroristen miljoenen mensen zover dat ze voor hun leven gaan vrezen. Om die angsten tot bedaren te brengen reageren overheden op het terroristische theater met een hele poppenkast van veiligheidsmaatregelen en orkestreren ze immense uitingen van machtsvertoon, zoals het vervolgen van hele bevolkingsgroepen of een invasie in een ander land. In de meeste gevallen vormt deze overdreven reactie op terrorisme een veel grotere bedreiging voor onze veiligheid dan de terroristen zelf.

Terroristen denken dus niet als generaals, maar meer als theaterproducenten. De publieke herinnering aan de aanvallen van 9/11 is een bewijs dat iedereen dit intuïtief begrijpt. Als je mensen vraagt wat er op 11 september 2001 is gebeurd, zullen ze meestal zeggen dat Al Qaida de twee torens van het World Trade Center in New York heeft neergehaald. De aanslag was echter niet alleen gericht op de Twin Towers, er waren nog twee andere acties, met name een succesvolle aanval op het Pentagon. Hoe komt het dat maar zo weinig mensen zich dat herinneren?

Als de operatie van 9/11 een conventionele militaire campagne was geweest, had de aanval op het Pentagon de meeste aandacht moeten krijgen. Met deze aanval slaagde Al Qaida erin om het centrale hoofdkwartier van de vijand voor een deel te vernietigen, waarbij ook nog hoge bevelhebbers en analisten gedood en verwond werden. Waarom is de verwoesting van twee private gebouwen en de moord op makelaars, accountants en administratief personeel dan toch veel prominenter aanwezig in ons collectieve geheugen?

Dat komt doordat het Pentagon een relatief laag, nondescript gebouw is, terwijl het World Trade Center een hoge, fallische totempaal was en het instorten daarvan een immense audiovisuele impact had. Wie de beelden heeft gezien, kan ze nooit meer vergeten. We begrijpen intuïtief dat terrorisme theater is, dus beoordelen we het op de emotionele impact die het maakt, en niet op de materiële impact.

Net als terroristen moeten terrorismebestrijders ook meer gaan denken als theaterproducenten en minder als legergeneraals. Als we echt effectief willen zijn in onze aanpak van terrorisme, moeten we bovenal beseffen dat terroristen ons op geen enkele manier kunnen verslaan. Wij zijn de enigen die onszelf kunnen verslaan, als we overdreven en onverstandig reageren op terroristische provocaties.

Terroristen hebben een onmogelijke missie: ze willen de politieke machtsbalans veranderen door middel van geweld, terwijl ze geen leger hebben. Om dat doel te bereiken, stellen ze de staat voor een onmogelijke uitdaging, want die moet bewijzen dat hij al zijn burgers kan beschermen tegen politiek geweld, altijd en overal. De terroristen hopen dat de staat in zijn pogingen om die onmogelijke opdracht te vervullen de politieke kaarten opnieuw zal schudden en ze per ongeluk een aas zal toespelen.

Als de overheid de uitdaging aanneemt, kan ze de terroristen meestal wel verpletteren. De laatste decennia zijn honderden terroristische organisaties uitgeroeid door verschillende staten. In 2002-2004 bewees Israël dat zelfs de heftigste terreurcampagnes neergeslagen kunnen worden met bot geweld.[10] Terroristen weten heel goed dat ze in zulke confrontaties weinig kans maken. Maar omdat ze heel zwak zijn en geen andere militaire mogelijkheden hebben, hebben ze niets te verliezen en heel veel te winnen. Een enkele keer pakt de politieke storm die wordt veroorzaakt door anti-terrorismecampagnes wel degelijk goed uit voor de terroristen, en daarom is het niet per se onlogisch om de gok te wagen. Een terrorist is net een gokker met afgrijselijk slechte kaarten die zijn rivalen zover probeert te krijgen dat er opnieuw gedeeld wordt. Hij kan er niet slechter van worden en maakt in elk geval een kans om te winnen.

Een klein muntje in een grote, lege pot

Waarom zou de staat ermee instemmen om de kaarten opnieuw te verdelen? De materiële schade die terroristen aanrichten is miniem, dus theoretisch gezien hoeft de staat er niets aan te doen of kan hij stevige, doch discrete maatregelen nemen, ver van alle camera's en microfoons. Dat is dan ook precies wat staten vaak doen. Nu en dan verliezen staten echter hun geduld en reageren ze veel te heftig en publiekelijk, waarmee ze de terroristen in de kaart spelen. Waarom zijn staten zo gevoelig voor terroristische provocaties?

Staten vinden het moeilijk om dit soort provocaties te negeren omdat de legitimiteit van de moderne staat stoelt op de belofte dat die de publieke sfeer vrijwaart van politiek geweld. Een regime kan de vreselijkste rampen doorstaan en die zelfs negeren, maar alleen als de legitimiteit ervan niet gebaseerd is op het voorkomen van zulke rampen. De andere kant van de medaille is dat een regime kan instorten door een klein probleem als dat in de beleving van het volk de legitimiteit ervan ondermijnt. In de veertiende eeuw stierf een kwart tot de helft van de bevolking in Europese landen aan de pest, maar daardoor is geen enkele koning van de troon gestoten en geen enkele koning heeft erg veel moeite gedaan om de epidemie in te dammen. In die tijd dacht niemand dat het voorkomen van ziekten de taak van de koning was. Heersers die de verspreiding van religieuze ketterij in hun land ongemoeid lieten, riskeerden echter wel hun troon of zelfs hun leven.

Tegenwoordig treden overheden soms minder hard op tegen huiselijk geweld en seksueel geweld dan tegen terrorisme, want ondanks de impact van bewegingen als #MeToo ondermijnt verkrachting de legitimiteit van die overheden niet. In Frankrijk worden elk jaar bijvoorbeeld meer dan tienduizend gevallen van verkrachting gemeld, en dan zijn er waarschijnlijk nog tienduizenden gevallen waarin geen aangifte wordt gedaan.[11] Verkrachters en handtastelijke echtgenoten worden echter niet ervaren als een existentiële bedreiging voor de Franse staat, omdat die staat niet is ontstaan vanuit de belofte om seksueel geweld de wereld uit te helpen. Terrorisme, dat veel minder voorkomt, wordt echter wel gezien als iets wat de Franse Republiek de doodsklap kan geven, want in de loop van de afgelopen eeuwen hebben moderne westerse staten hun wettige gezag opgebouwd op basis van de expliciete belofte dat ze geen politiek geweld zouden toestaan binnen hun landsgrenzen.

In de middeleeuwen was er volop politiek geweld. De mogelijkheid om geweld te gebruiken was zelfs een vereiste om mee te kunnen doen aan het politieke spel, en wie die mogelijkheid niet had, had geen politieke stem. Talloze aristocratische families hadden een eigen legertje, net als steden, gilden, kerken en kloosters. Als de oude abt stierf en er onenigheid ontstond over zijn opvolging, gebruikten rivaliserende partijen – bestaande uit monniken, plaatselijke sterke mannen en bezorgde buren – vaak gewapend geweld om het pleit te beslechten.

In zo'n wereld was geen plaats voor terrorisme. Wie niet sterk genoeg was om substantiële materiële schade aan te richten deed er gewoon niet toe. Als een paar moslimfanatici in 1150 een stuk of wat burgers vermoordden in Jeruzalem om hun eis dat de kruisvaarders het heilige land zouden verlaten kracht bij te zetten, zou dat eerder lacherige reacties opleveren dan angst. Wie serieus genomen wilde worden, moest minstens een fort of twee innemen. Onze middeleeuwse voorouders zaten niet met terrorisme, want ze hadden veel grotere problemen.

In de moderne tijd perkten gecentraliseerde staten het politieke geweld binnen hun grenzen steeds meer in en in de laatste decennia hebben westerse landen het zelfs bijna helemaal kunnen uitroeien. De inwoners van Frankrijk, Groot-Brittannië of de vs kunnen strijden om de zeggenschap in steden, bedrijven, organisaties en zelfs de regering zonder ooit een leger nodig te hebben. Het beheer over biljoenen dollars, miljoenen soldaten en duizenden schepen, vliegtuigen en kernraketten gaat van de ene groep politici over op de andere zonder dat er een schot wordt gelost. De mensen wenden daar heel snel aan en beschouwen het nu als een basisrecht. Daardoor worden zelfs sporadische gevallen van politiek geweld waarbij tien, twintig mensen omkomen beschouwd als een ernstige bedreiging voor de legitimiteit en zelfs het voortbestaan van de staat. Een klein muntje in een grote, lege pot kan een hoop lawaai maken.

Dit is de reden dat het terrorismetheater zoveel succes heeft. De staat heeft een enorme ruimte zonder politiek geweld gecreëerd, die nu fungeert als een klankkast die de impact van elke gewapende aanval versterkt, hoe klein die ook is. Hoe minder politiek geweld een bepaald land gewend is, des te groter de publieke schrikreactie na een terroristische actie. Als je een paar mensen vermoordt in België trekt dat veel meer aandacht dan honderden doden in Nigeria of Irak. Paradoxaal genoeg maakt juist de succesvolle manier waarop moderne staten politiek geweld voorkomen ze dus extra kwetsbaar voor terrorisme.

De staat heeft keer op keer benadrukt dat politiek geweld niet getolereerd wordt. De burgers zijn gewend geraakt aan de afwezigheid van politiek geweld. Elk staaltje terreurtheater genereert dus een instinctieve angst voor anarchie en geeft mensen het gevoel dat de sociale orde op instorten staat. Na eeuwen van bloedige oorlogen zijn we uit het zwarte gat van het geweld gekropen, maar we voelen wel aan dat het zwarte gat er nog steeds is en geduldig afwacht tot het ons weer kan verzwelgen. Een paar gruweldaden en we beginnen al te denken dat we er weer in vallen.

Om deze angsten tot bedaren te brengen, voelt de staat zich geroepen om op het terreurtheater te reageren met een eigen poppenkast van veiligheidsmaatregelen. Het efficiëntste antwoord op terrorisme is een goede inlichtingendienst en clandestiene acties tegen de financiële netwerken die terrorisme voeden. Maar dat is niet iets wat de burgers kunnen volgen op tv. De burgers hebben het terroristische drama van het instortende World Trade Center gezien. De staat voelt zich gedwongen om een even spectaculair tegendrama op te voeren, met nog meer vuur en rook, en komt dus niet stilletjes en effectief in actie, maar ontketent een hevige storm die niet zelden de stoutste dromen van de terroristen overtreft.

Goed, maar hoe moet de staat dan met terrorisme omgaan? Een succesvolle strijd tegen terrorisme moet op drie fronten gevoerd worden. Ten eerste moeten overheden clandestiene acties ondernemen tegen de terreurnetwerken. Ten tweede moeten de media de zaken niet opblazen en hysterie vermijden. Het terreurtheater is nergens zonder publiciteit. Helaas geven de media die publiciteit maar al te vaak gratis weg. Er wordt obsessief verslag gedaan van terreuraanvallen en het gevaar ervan wordt enorm aangedikt, omdat berichten over terrorisme veel meer kranten verkopen dan berichten over suikerziekte of luchtvervuiling.

Het derde front is onze fantasie. Terroristen kapen onze fantasie, laten die op hol slaan en gebruiken haar tegen ons. Keer op keer laten we de terroristische aanval in ons hoofd de revue passeren en denken we aan 9/11 of de laatste zelfmoordaanslagen. De terroristen vermoorden misschien honderd mensen, maar ze geven honderd miljoen mensen het idee dat er achter elke boom een moordenaar kan schuilgaan. Het is de verantwoordelijkheid van elke individuele burger om zijn of haar fantasie uit de klauwen van terroristen te houden en om de reële dimensies van deze bedreiging niet uit het oog te verliezen. Onze angst, onze vatbaarheid voor terreur, is de reden dat de media zo obsessief over terrorisme berichten en de regering zo overdreven reageert.

Het hangt dus van ons af of terroristen slagen of falen in hun opzet. Als we onze fantasie laten kapen door terroristen en uit pure angst wild om ons heen gaan slaan, dan zal terrorisme succesvol blijken. Als we onze fantasie niet op hol laten slaan door terrorisme en er gematigd en verstandig op reageren, dan zal het terrorisme falen.

Nucleair terrorisme

Bovenstaande analyse gaat op voor het terrorisme zoals we dat kennen van de laatste twee eeuwen en zoals het zich nu manifesteert in New York, Londen, Parijs en Tel Aviv. Als terroristen echter de beschikking krijgen over massavernietigingswapens, dan zal niet alleen de aard van het terrorisme zelf drastisch veranderen, maar ook die van de staat en de hele wereldpolitiek. Als kleine splinterorganisaties die een klein groepje fanatici vertegenwoordigen hele steden in de as konden leggen en miljoenen mensen konden doden, dan zou er geen openbare sfeer zonder politiek geweld meer bestaan.

Ondanks het feit dat het huidige terrorisme vooral theater is, zou toekomstig nucleair terrorisme, cyberterrorisme of bioterrorisme dus een veel ernstiger bedreiging vormen en een veel drastischer ingrijpen van overheden vereisen. Juist daarom moeten we heel nauwkeurig onderscheid blijven maken tussen dat soort hypothetische toekomstscenario's en de daadwerkelijke terroristische aanvallen die we tot dusver hebben gezien. De angst dat terroristen ooit een kernbom in handen zullen krijgen en New York of Londen plat zullen gooien, rechtvaardigt geen hysterische, overdreven reacties op een terrorist die een stuk of tien voorbijgangers vermoordt met een automatisch geweer of een hardrijdende vrachtwagen. Overheden moeten nog meer oppassen dat ze niet allerlei dissidentengroepen gaan vervolgen vanuit het idee dat ze op een dag misschien zullen proberen kernwapens te bemachtigen of dat ze onze zelfrijdende auto's zullen hacken om er een vloot van moordrobots van te maken.

Overheden moeten de angst voor nucleair terrorisme ook goed blijven afwegen tegen andere dreigende scenario's, hoewel ze zeker radicale groeperingen in de gaten moeten houden en stappen moeten ondernemen om te voorkomen dat die massavernietigingswapens in handen krijgen. De laatste twintig jaar hebben de Verenigde Staten biljoenen dollars en heel wat politiek kapitaal verspild aan hun War on Terror. George W. Bush, Tony Blair, Barack Obama en hun regeringen kunnen met enige grond aanvoeren dat ze met hun genadeloze jacht op terroristen hebben gezorgd dat die meer bezig waren met hun eigen voortbestaan dan met het bemachtigen van kernbommen. Daarmee zouden ze de wereld mogelijk gered hebben van een nucleair 9/11. Aangezien dit een contrafeitelijke bewering is – 'als we geen War on Terror waren begonnen, had Al Qaida kernwapens in handen kunnen krijgen' – is het moeilijk uit te maken of dit echt zo is of niet.

Waar we wel zeker van kunnen zijn, is dat de Amerikanen en hun bondgenoten met hun War on Terror niet alleen wereldwijd enorme schade hebben aangericht, maar ook 'alternatieve kosten' hebben geleden, zoals economen het noemen. Het geld, de tijd en het politieke kapitaal dat geïnvesteerd is in de strijd tegen het terrorisme zijn niet geïnvesteerd in de strijd tegen klimaatverandering, aids en armoede. Ze zijn niet gebruikt om vrede en welvaart te realiseren in de sub-Sahara of om de banden met Rusland en China aan te halen. Als New York of Londen uiteindelijk onder de golven van de stijgende Atlantische Oceaan verdwijnt of als spanningen met Rusland tot openlijke oorlog leiden, dan kunnen Bush, Blair en Obama er wel eens van beschuldigd worden dat ze de verkeerde strijd hebben gevoerd.

Prioriteiten stellen is moeilijk, terwijl het achteraf altijd makkelijk is om bepaalde prioriteiten te bekritiseren. We verwijten leiders dat ze de rampen die hebben plaatsgevonden niet konden tegenhouden, maar blijven in zalige onwetendheid over de rampen die nooit zijn gekomen. Zo kunnen mensen terugkijken op de regering-Clinton in de jaren negentig en roepen dat die de dreiging van Al Qaida heeft genegeerd, maar in de jaren negentig dacht bijna niemand dat islamitische terroristen ooit een wereldwijd conflict in gang zouden zetten door passagiersvliegtuigen in New Yorkse wolkenkrabbers te boren. Wel vreesden veel mensen dat Rusland helemaal zou instorten en niet alleen de controle zou verliezen over dat onmetelijke grondgebied, maar ook over duizenden nucleaire en biologische bommen. Een andere angst was dat de bloedige oorlogen in voormalig Joegoslavië zich zouden uitbreiden naar andere delen van Oost-Europa en dat er conflicten zouden ontstaan tussen Hongarije en Roemenië, tussen Bulgarije en Turkije of tussen Polen en Oekraïne.

Velen maakten zich zelfs nog meer zorgen over de Duitse hereniging. Een luttele vijfenveertig jaar na de val van het Derde Rijk voelden heel wat mensen nog steeds een instinctieve angst bij het idee van een machtig Duitsland. Zou Duitsland, eenmaal bevrijd van de Russische dreiging, een supermacht worden die het hele Europese continent zou domineren? En wat dacht je van China? Uit pure schrik over de ineenstorting van het Warschaupact zou China wel eens kunnen terugkomen op zijn hervormingen en teruggrijpen op een keihard maoïstisch beleid, waardoor het een grotere versie van Noord-Korea zou kunnen worden.

Nu kunnen we lachen om dat soort griezelscenario's, omdat we weten dat ze nooit zijn uitgekomen. De situatie in Rusland stabiliseerde zich, een groot deel van Oost-Europa werd vreedzaam opgenomen in de EU, het herenigde Duitsland wordt inmiddels geroemd als de grote aanvoerder van de vrije wereld en China is de economische motor van de hele aardbol geworden. Dit alles is in elk geval voor een deel gelukt dankzij constructieve maatregelen van de VS en de EU. Was het slimmer geweest als de VS en de EU zich in de jaren negentig hadden geconcentreerd op islamitische extremisten en niet op de situatie in de landen van het voormalige Warschaupact of China?

We kunnen nu eenmaal niet op alles voorbereid zijn. Daaruit volgt dat we er zeker alles aan moeten doen om nucleair terrorisme tegen te gaan, maar dat dit nooit het belangrijkste punt op de menselijke agenda moet worden. We moeten de theoretische dreiging van nucleair terrorisme zeker ook niet gebruiken als rechtvaardiging voor overdreven reacties op doodgewoon huis-, tuin- en keukenterrorisme. Het zijn verschillende problemen die verschillende oplossingen vereisen.

Het is lastig om nu al te weten hoe politieke conflicten zich zullen ontvouwen als terroristische groeperingen ondanks alles toch ooit massavernietigingswapens weten te bemachtigen, maar ze zullen in elk geval erg verschillen van de terreur- en antiterreurcampagnes van begin eenentwintigste eeuw. Als de wereld in 2050 wemelt van de nucleaire terroristen en bioterroristen, zullen hun slachtoffers op de wereld van 2018 terugkijken met een mengeling van weemoed en ongeloof: hoe konden mensen die zo'n veilig leventje leiden zich toch zo bedreigd voelen?

Uiteraard wordt ons huidige gevoel van dreiging niet alleen gevoed door terrorisme. Veel deskundigen en leken vrezen dat de Derde Wereldoorlog op uitbreken staat, alsof we deze film een eeuw geleden al eens hebben gezien. Net als in 1914 lijkt een combinatie van spanningen tussen de grote mogendheden en een paar onhandelbare mondiale problemen ons regelrecht naar een wereldwijde oorlog te voeren. Is die zorg gegronder dan onze overdreven angst voor terrorisme?

11

OORLOG

Onderschat nooit de menselijke stupiditeit

De afgelopen decennia beleefden we het vredigste tijdperk uit de menselijke geschiedenis. In vroege agrarische gemeenschappen was soms wel vijftien procent van alle menselijke sterfgevallen het gevolg van menselijk geweld, in de twintigste eeuw lag dat cijfer op vijf procent en nu nog maar op een procent.[1] Sinds de financiële wereldcrisis van 2008 is de internationale situatie echter rap aan het verslechteren. De oorlogshitsers zijn opgestaan uit de mottenballen en de defensiebudgetten rijzen de pan uit.[2] Leken en deskundigen vrezen dat een willekeurig incident in de Syrische woestijn of een onverstandige actie op het Koreaanse schiereiland in 2018 al een wereldwijd conflict kan uitlokken, zoals de moord op een Oostenrijkse aartshertog in 1914 tot het uitbreken van de Eerste Wereldoorlog leidde.

Gezien de toenemende spanningen in de wereld en de persoonlijke kenmerken van politieke leiders in Washington, Pyongyang en verscheidene andere landen is er zeker reden tot zorg. Er zijn alleen meerdere belangrijke verschillen tussen 2018 en 1914. Het belangrijkste is dat oorlog in 1914 een heel aantrekkelijke optie leek voor verscheidene elites, omdat ze de nodige concrete voorbeelden kenden waarin oorlog heel succesvol had bijgedragen aan economische welvaart en politieke macht. In 2018 zijn succesvolle oorlogen daarentegen zo ongeveer een bedreigde diersoort.

Sinds de tijden van de Assyriërs en de Qin-dynastie ontstonden grote rijken meestal door gewelddadige veroveringen. In 1914 dankten alle belangrijke mogendheden hun status eveneens aan succesvol verlopen oorlogen. Het keizerrijk Japan werd bijvoorbeeld een regionale grootmacht dankzij overwinningen op China en Rusland; Duitsland werd de grote baas van Europa na triomfen tegen Oostenrijk-Hongarije en Frankrijk; Engeland groeide uit tot 's werelds grootste, welvarendste rijk dankzij een reeks keurige kleine oorlogjes over de hele aardbol. In 1882 bezette Groot-Brittannië Egypte en verloor daarbij een luttele zevenenvijftig soldaten in de beslissende Slag bij Tel el-Kebir.[3] In onze tijd klinkt een invasie in een moslimland meer als een westerse nachtmerrie, maar na Tel el-Kebir kwamen de Britten nog maar heel weinig gewapend verzet tegen en ze hebben ruim zestig jaar de Nijlvallei en het o zo belangrijke Suezkanaal in handen gehad. Andere Europese mogendheden volgden het voorbeeld van de Britten en als regeringen in Parijs, Rome of Brussel overwogen grondtroepen naar Vietnam, Libië of Congo te sturen, was hun enige angst dat iemand hen misschien voor zou zijn.

Zelfs de Verenigde Staten dankten hun status als supermacht aan militaire acties en niet alleen aan economische voortvarendheid. In 1846 vielen ze Mexico binnen en veroverden ze Californië, Nevada, Utah, Arizona, New Mexico en delen van Colorado, Kansas, Wyoming en Oklahoma. Het vredesverdrag bekrachtigde ook de eerdere Amerikaanse annexatie van Texas. Er sneuvelden zo'n dertienduizend Amerikaanse soldaten in die oorlog, waarmee 2,3 miljoen vierkante kilometer aan het grondgebied van de VS werd toegevoegd (meer dan het oppervlak van Frankrijk, Groot-Brittannië, Spanje en Italië bij elkaar).[4] Het was het koopje van het millennium.

In 1914 wisten de elites in Washington, Londen en Berlijn dus precies hoe een succesvolle oorlog eruitzag en hoeveel ermee te winnen was. In 2018 hebben de wereldelites juist goede redenen om aan te nemen dat dit type oorlog is uitgestorven. Er zijn nog wel derdewerelddictators en 'niet-overheidsactoren' die floreren in oorlogssituaties, maar het ziet ernaar uit dat de grootmachten der aarde niet meer weten hoe dat moet.

De grootste overwinning sinds mensenheugenis – die van de Verenigde Staten op de Sovjet-Unie – werd bewerkstelligd zonder grote militaire confrontaties. De Verenigde Staten smaakten vervolgens een vluchtig proefje van ouderwetse militaire glorie in de Eerste Golfoorlog, maar dat verleidde ze alleen maar om biljoenen te verspillen aan vernederende militaire fiasco's in Irak en Afghanistan. China, de grootste rijzende mogendheid van het begin van de eenentwintigste eeuw, heeft alle gewapende conflicten zorgvuldig vermeden sinds zijn mislukte invasie in Vietnam van 1979 en dankt zijn opkomst uitsluitend aan economische factoren. Daarin heeft het niet de Japanse, Duitse en Italiaanse keizerrijken van voor 1914 willen nadoen, maar eerder de economische wonderen van na 1945 in Japan, Duitsland en Italië. In al die gevallen werden economische welvaart en geopolitieke invloed bereikt zonder een schot te lossen.

Zelfs in het Midden-Oosten – de vechtkooi van de wereld – kunnen regionale mogendheden geen succesvolle oorlogen voeren. Iran heeft niets gewonnen met het langdurige bloedbad van de Irak-Iranoorlog en heeft alle rechtstreekse militaire confrontaties daarna vermeden. De Iraniërs financieren en bewapenen plaatselijke groeperingen van Irak tot Jemen en hebben hun Revolutionaire Garde wel eens gestuurd om hun bondgenoten in Syrië en Libanon te helpen, maar tot dusver hebben ze het niet gewaagd om een ander land binnen te vallen. Recentelijk is Iran de grootste speler van de regio geworden, niet door middel van briljante overwinningen op het slagveld, maar eerder bij gebrek aan beter. Irans grootste vijanden – de vs en Irak – raakten verwikkeld in een oorlog die niet alleen Irak heeft verwoest, maar ook het Amerikaanse enthousiasme voor het politieke drijfzand dat het Midden-Oosten heet, zodat Iran er met de buit vandoor kon.

Hetzelfde kan min of meer gezegd worden van Israël, dat zijn laatste succesvolle oorlog voerde in 1967. Sindsdien heeft Israël het prima gedaan, niet dankzij, maar ondanks zijn vele oorlogen. De meeste bezette gebieden hebben het land vooral opgezadeld met een zware economische last en fnuikende politieke risico's. De laatste tijd heeft Israël, een beetje op dezelfde manier als Iran, zijn geopolitieke positie kunnen verbeteren door af te zien van militaire avonturen, en niet door het voeren van succesvolle oorlogen. Israël bleef afzijdig toen voormalige vijanden als Irak, Syrië en Libië werden geteisterd door oorlog. Velen zien het als Netanyahu's grootste politieke verdienste (tot op heden, of in elk geval tot maart 2018) dat hij zich niet heeft laten meeslepen in de Syrische burgeroorlog. Desgewenst had het Israëlische leger Damascus binnen een week kunnen innemen, maar wat zou Israël daarmee winnen? Het zou nog veel makkelijker zijn om Gaza te veroveren en het Hamasregime ten val te brengen, maar daarvoor heeft Israël herhaaldelijk gepast. Alle militaire overmacht en alle havikenretoriek van Israëlische politici ten spijt weet Israël heel goed dat er weinig te winnen valt met oorlog. Net als de VS, China, Duitsland, Japan en Iran lijkt Israël te begrijpen dat de succesvolste strategie in de eenentwintigste eeuw neerkomt op rustig blijven zitten waar je zit en het vechten aan anderen overlaten.

Het uitzicht vanuit het Kremlin

Tot nu toe is de enige succesvolle eenentwintigste-eeuwse invasie door een grote mogendheid de Russische verovering van de Krim geweest. In februari 2014 vielen Russische troepen hun buurland Oekraïne binnen en bezetten dit schiereiland in de Zwarte Zee, dat vervolgens werd ingelijfd bij Rusland. Zonder noemenswaardige veldslagen vergaarde Rusland een strategisch belangrijk gebied, joeg het zijn buren angst aan en herstelde het zijn positie als wereldmacht. Het succes van deze verovering was alleen wel afhankelijk van een paar buitengewone omstandigheden. Het Oekraïense leger en de plaatselijke bevolking boden weinig weerstand en andere mogendheden zagen af van rechtstreekse interventie. Die omstandigheden zullen elders in de wereld moeilijk te reproduceren zijn. Als de belangrijkste voorwaarde voor een succesvolle oorlog de afwezigheid is van vijanden die zich bereid tonen om verzet te bieden, perkt dat de beschikbare kansen behoorlijk in.

En jawel, toen Rusland zijn succes op de Krim probeerde te herhalen in andere delen van Oekraïne, stuitte het op beduidend meer oppositie en de oorlog in het oosten van Oekraïne verzandde in een onproductieve patstelling. Erger nog (vanuit Moskous perspectief), de oorlog wekte anti-Russische sentimenten op in Oekraïne en veranderde dat land van een bondgenoot in een gezworen vijand. Precies zoals het succes in de Eerste Golfoorlog de vs in de verleiding bracht om te veel hooi op hun vork te nemen in Irak heeft het succes op de Krim Rusland misschien verleid om zich te vergalopperen in Oekraïne.

Al met al kunnen de oorlogen die Rusland begin eenentwintigste eeuw voerde in de Kaukasus en Oekraïne moeilijk erg succesvol genoemd worden. Ze hebben Ruslands prestige als grootmacht wel opgevijzeld, maar ook het wantrouwen en de vijandigheid jegens Rusland vergroot en in economische termen waren het mislukte ondernemingen. Toeristenoorden op de Krim en vervallen fabrieken uit het Sovjettijdperk in Loehansk en Donetsk dekken nauwelijks de kosten van de oorlog en compenseren zeker niet de verliezen door kapitaalvlucht en internationale sancties. Om de beperkingen van het Russische beleid te zien, hoef je alleen de immense economische vooruitgang in het vreedzame China van de laatste twintig jaar maar te vergelijken met de economische stagnatie in het 'zegevierende' Rusland in dezelfde periode.[5]

Ondanks alle stoere taal uit Moskou is de Russische elite zelf waarschijnlijk heel goed op de hoogte van de echte kosten en voordelen van haar militaire avonturen, wat meteen de reden is dat ze er tot dusver wel voor heeft opgepast om ze niet te laten escaleren. Rusland heeft het voorbeeld van de grootste pestkop van het schoolplein gevolgd: het zwakste kind eruit pikken en hem niet al te bont en blauw slaan, anders komt de juf tussenbeide. Als Poetin zijn oorlogen had gevoerd in de geest van Stalin, Peter de Grote of Dzjengis Khan waren de Russische tanks allang op weg naar Tbilisi en Kiev, of zelfs naar Warschau en Berlijn. Maar Poetin is geen Dzjengis Khan, en ook geen Stalin. Hij lijkt beter dan wie dan ook te weten dat je met militair overwicht niet ver komt in de eenentwintigste eeuw en dat een succesvolle oorlog een beperkte oorlog is. Zelfs in Syrië heeft Poetin, ondanks de genadeloze Russische luchtbombardementen, moeite gedaan om het Russische stempel zo klein mogelijk te houden, om het echte vechten aan de anderen over te laten en om te voorkomen dat de oorlog zich uitbreidt naar naburige landen.

Vanuit Russisch perspectief waren alle zogenoemde agressieve stappen van de laatste jaren niet eens openingszetten voor een nieuwe wereldoorlog, maar eerder een poging om zwakke plekken in hun verdediging op te lappen. De Russen kunnen met enig recht aanvoeren dat ze na hun vreedzame terugtrekking aan het eind van de jaren tachtig en het begin van de jaren negentig zijn behandeld als een verslagen vijand. De VS en de NAVO hebben misbruik gemaakt van Ruslands zwakheid en de NAVO heeft zich ondanks allerlei beloften van het tegendeel uitgebreid naar Oost-Europa en zelfs een paar voormalige Sovjetrepublieken. Het Westen bleef de Russische belangen in het Midden-Oosten negeren, viel Servië en Irak binnen op twijfelachtige gronden en maakte Rusland op alle mogelijke manieren duidelijk dat het enige middel om zijn invloedssfeer te beschermen tegen westerse overname zijn eigen militaire macht was. Vanuit dit perspectief kunnen de recente militaire stappen van Rusland net zo goed op het conto van Bill Clinton en George W. Bush bijgeschreven worden als op dat van Vladimir Poetin.

Uiteraard kunnen de militaire acties van de Russen in Georgië, Oekraïne en Syrië alsnog openingssalvo's blijken van een veel doortastender uitbreidingsplan. Zelfs als Poetin geen serieuze plannen heeft om de wereld te veroveren, dan nog kunnen zijn successen zijn ambitie aanwakkeren. Het is echter belangrijk om te bedenken dat het Rusland van Poetin veel zwakker is dan de USSR van Stalin en dat het geen nieuwe Koude Oorlog – laat staan een regelrechte wereldoorlog – aankan als het geen steun krijgt van andere landen, zoals China. Rusland heeft een bevolking van honderdvijftig miljoen en een bbp van vier biljoen dollar. Daarmee valt het in beide opzichten in het niet bij de VS (driehonderdvijfentwintig miljoen mensen en negentien biljoen dollar) en de Europese Unie (vijfhonderd miljoen mensen en eenentwintig biljoen dollar).[6] De VS en de EU beschikken samen over vijf keer zoveel mensen en tien keer zoveel dollars als Rusland.

Recente technologische ontwikkelingen hebben deze kloof nog groter gemaakt dan hij lijkt. De USSR beleefde haar grote bloeiperiode halverwege de twintigste eeuw, toen de zware industrie de motor achter de wereldeconomie was, en het gecentraliseerde Sovjetsysteem muntte uit in de massaproductie van tractoren, vrachtwagens, tanks en intercontinentale raketten. Nu zijn informatietechnologie en biotechnologie belangrijker dan de zware industrie, maar in beide is Rusland geen uitblinker. Het heeft een indrukwekkende capaciteit voor cyberoorlogvoering, maar geen private IT-sector en de Russische economie leunt zwaar op natuurlijke hulpbronnen, met name olie en gas. Dat is misschien genoeg om een paar oligarchen rijk te maken en Poetin aan de macht te houden, maar niet genoeg om een digitale of biotechnologische wapenwedloop te winnen.

Wat nog veel belangrijker is, is dat het Rusland van Poetin geen universele ideologie heeft. Tijdens de Koude Oorlog kon de USSR net zo goed op de wereldwijde aantrekkingskracht van het communisme rekenen als op de lange arm van het Rode Leger. Het poetinisme heeft echter heel weinig te bieden voor Cubanen, Vietnamezen of Franse intellectuelen. Autoritaire vormen van nationalisme zijn misschien overal ter wereld in opkomst, maar van nature niet bevorderlijk voor hechte internationale blokvorming. Het Poolse communisme en het Russische communisme waren in elk geval in theorie allebei geïnteresseerd in de belangen van een internationale arbeidersklasse, maar het Poolse nationalisme en het Russische nationalisme hebben per definitie verschillende belangen. Als de rijzende ster van Poetin tot uitbarstingen van Pools nationalisme leidt, zal Polen daar alleen maar meer anti-Russisch van worden.

Rusland heeft zich weliswaar gestort op een wereldwijd project van desinformatie en ondermijning, waarmee het de NAVO en de EU kapot wil maken, maar het lijkt niet erg waarschijnlijk dat het wereldwijde militaire veroveringsplannen heeft. We kunnen alleen maar de – deels gegronde – hoop koesteren dat de overname van de Krim en de Russische invallen in Georgië en het oosten van Oekraïne losse incidenten zullen blijken, en geen voorboden van een nieuw tijdperk van oorlog.

De verloren kunst van het oorlog voeren

Waarom is het in de eenentwintigste eeuw zo moeilijk voor grote mogendheden om succesvol oorlog te voeren? Een reden is de manier waarop de economie is veranderd. In het verleden waren economische goederen meestal materieel van aard, dus was het relatief simpel om jezelf te verrijken door ze te veroveren. Als je je vijanden versloeg op het slagveld, kon je binnenlopen door hun steden te plunderen, hun burgers te verkopen op de slavenmarkten en waardevolle tarwevelden en goudmijnen te bezetten. De Romeinen floreerden door de verkoop van gevangengenomen Grieken en Galliërs, en de negentiende-eeuwse Amerikanen floreerden door de goudmijnen van Californië en de rundveehouderijen van Texas te bezetten.

In de eenentwintigste eeuw is met dat soort dingen echter maar weinig winst te behalen. Tegenwoordig zijn de belangrijkste economische middelen technische en organisatorische kennis in plaats van tarwevelden, goudmijnen of zelfs oliebronnen, en kennis kun je nu eenmaal niet veroveren met een oorlog. Een organisatie als Islamitische Staat kan misschien nog floreren door steden en oliebronnen in het Midden-Oosten te plunderen – ze hebben meer dan vijfhonderd miljoen dollar in beslag genomen in Iraakse banken en in 2015 verdienden ze nog eens vijfhonderd miljoen aan de verkoop van olie[7] – maar voor een grootmacht als China of de vs zijn dat bedragen van niets. China zal, met een jaarlijks bbp van meer dan twintig biljoen dollar, niet snel ten strijde trekken voor een schamel miljardje. En biljoenen dollars spenderen aan een oorlog tegen de vs? Hoe komt China dan ooit weer uit de kosten als er ook nog schadeloosstellingen bij komen en de Amerikaanse handel wegvalt? Door het zegevierende Volksbevrijdingsleger de rijkdommen van Silicon Valley te laten plunderen? Bedrijven als Apple, Facebook en Google zijn weliswaar honderden miljarden dollars waard, maar die fortuinen kun je niet met geweld inpikken. Er zijn in Silicon Valley geen siliciummijnen.

Een succesvolle oorlog zou in theorie nog steeds wel enorm winstgevend kunnen zijn, doordat de overwinnaar de wereldhandel op een voor hem gunstige manier kan beïnvloeden, zoals Groot-Brittannië deed na de overwinning op Napoleon en zoals de vs deden na hun overwinning op Hitler. Door allerlei militair-technologische veranderingen wordt het echter lastig om zoiets in de eenentwintigste eeuw nog eens dunnetjes over te doen. Sinds de atoombom komt een overwinning in een wereldoorlog automatisch neer op collectieve zelfmoord. Het is geen toeval dat de grote mogendheden elkaar sinds Hiroshima nooit rechtstreeks hebben bevochten en zich alleen hebben gemengd in conflicten waarbij ze zelf niet veel te winnen of verliezen hadden en waarin de verleiding om kernwapens in te zetten om een nederlaag af te wenden dus niet erg groot was. Zelfs een aanval op een tweederangs kernmacht als Noord-Korea is een uiterst onaantrekkelijk vooruitzicht. Je moet er toch niet aan denken wat de familie Kim zou doen bij een dreigende militaire nederlaag.

Cyberoorlogen maken alles nog erger voor imperialistische wannabe's. In de goede oude tijd van koningin Victoria en het maximgeweer kon het Britse leger de inboorlingen in een of andere vage woestijn uitroeien zonder de vrede in Manchester en Birmingham in gevaar te brengen. Zelfs in de tijd van George W. Bush konden de vs nog een puinhoop van Bagdad en Falluja maken en hadden de Irakezen geen middelen om represailles te nemen tegen San Francisco of Chicago. Maar als de vs nu een land aanvallen dat ook maar een beetje in staat is tot digitale oorlogvoering, kan de oorlog binnen een paar minuten al in Californië of Illinois zijn. Dankzij malware en logische bommen zou het luchtverkeer platgelegd kunnen worden in Dallas, kunnen er treinen op elkaar botsen in Philadelphia en kan de stroomvoorziening gesaboteerd worden in Michigan.

In de gouden tijd van de veroveraars was oorlog iets waarmee weinig schade werd aangericht en hoge winsten werden behaald. Met de Slag bij Hastings van 1066 sleepte Willem de Veroveraar heel Engeland binnen en dat kostte hem maar een paar duizend doden. Kernwapens en cyberaanvallen richten juist veel schade aan en de winst is laag. Je kunt zulke middelen gebruiken om hele landen plat te leggen, maar niet om winstgevende wereldrijken op te bouwen.

In een wereld waarin sabelgekletter en gemor steeds luider klinken is onze beste garantie voor vrede misschien dus wel dat grote mogendheden geen recente voorbeelden van succesvolle oorlogen kennen. Dzjengis Khan en Julius Caesar aarzelden geen seconde om andere landen binnen te vallen. Nationalistische voormannen als Erdogan, Modi en Netanyahu hebben wel een grote mond, maar zijn heel voorzichtig als het op echte oorlogen aankomt. Niettemin, als iemand alsnog een formule ontdekt voor succesvolle oorlogvoering onder eenentwintigste-eeuwse omstandigheden, gaan de poorten van de hel natuurlijk meteen open. Daarom is het Russische succes op de Krim ook zo'n angstaanjagend voorteken. Laten we hopen dat het een uitzondering blijft.

De opmars van de waanzin

Helaas, zelfs als oorlogen in de eenentwintigste eeuw weinig winstgevende ondernemingen blijven, dan is dat nog steeds geen keiharde garantie voor vrede. Je moet de menselijke stupiditeit nooit onderschatten. Op persoonlijk én collectief niveau hebben mensen nogal de neiging om zelfdestructieve acties te ondernemen.

In 1939 was oorlog waarschijnlijk een contraproductieve stap voor de asmogendheden, maar daarmee was de wereld nog niet gered. Een van de meest verbijsterende dingen aan de Tweede Wereldoorlog is dat de verslagen landen na de oorlog opbloeiden als nooit tevoren. Twintig jaar na de volledige vernietiging van hun legers en de totale instorting van hun wereldrijken, genoten Duitsers, Italianen en Japanners een ongekende welvaart. Waarom waren ze die oorlog dan toch begonnen? Waarom hebben ze nodeloos zoveel dood en verderf gezaaid onder talloze miljoenen? Dat kwam allemaal door een domme misrekening. In de jaren dertig waren Japanse generaals, admiraals, economen en journalisten het erover eens dat Japan zonder zeggenschap over Korea, Mantsjoerije en de Chinese kust gedoemd was tot economische stagnatie.[8] Ze hadden het allemaal mis. Het beroemde economische wonder van Japan begon juist pas nadat het al zijn veroveringen op het vasteland kwijt was.

Menselijke stupiditeit is een van de belangrijkste factoren in de geschiedenis, maar toch laten we die meestal buiten beschouwing. Politici, generaals en geleerden behandelen de wereld als een groot formaat schaakspel, waarin elke zet volgt uit door en door rationele berekeningen. Tot op zekere hoogte klopt dat ook wel. De geschiedenis kent maar heel weinig leiders die krankzinnig waren in de letterlijke zin van het woord en lukraak pionnen en paarden heen en weer schoven. Generaal Tojo, Saddam Hussein en Kim Jong-il hadden logische redenen voor elke zet die ze deden. Het probleem is alleen dat de wereld veel ingewikkelder is dan een schaakbord, zo ingewikkeld zelfs dat de menselijke rede hem nooit echt kan doorgronden. Daardoor doen zelfs rationele leiders uiteindelijk vaak ontzettend stomme dingen.

De vraag blijft natuurlijk hoe bang we moeten zijn voor een wereldoorlog. Het is het beste om daarin extremen te vermijden. Aan de ene kant is oorlog zeker niet onvermijdelijk. De vreedzame beëindiging van de Koude Oorlog bewijst dat zelfs conflicten tussen supermachten in alle redelijkheid opgelost kunnen worden als mensen de juiste beslissingen nemen. Bovendien is het enorm gevaarlijk om voetstoots aan te nemen dat een nieuwe wereldoorlog onontkoombaar is. Dat zou een selffulfilling prophecy zijn. Als landen eenmaal aannemen dat een oorlog onvermijdelijk is, breiden ze hun legers uit, beginnen ze onbeheersbare wapenwedlopen, weigeren ze compromissen te sluiten als het tot conflicten komt en gaan ze verwachten dat alle tekenen van welwillendheid eigenlijk valstrikken zijn. Dan breekt er gegarandeerd een oorlog uit.

Aan de andere kant zou het naïef zijn om te geloven dat er onmogelijk oorlog kan komen. Zelfs als een oorlog voor iedereen catastrofaal uitpakt, dan nog kan geen god of natuurwet ons beschermen tegen de menselijke stupiditeit.

Een potentiële remedie tegen menselijke stupiditeit is een dosis nederigheid. Nationale, religieuze en culturele spanningen worden verergerd door het bombastische gevoel dat mijn volk, mijn religie en mijn cultuur de belangrijkste van de hele wereld zijn en dat mijn belangen dus boven die van alle anderen gaan, of zelfs boven die van de mensheid als geheel. Hoe kunnen we volkeren, religies en culturen iets meer realisme en bescheidenheid bijbrengen over hun reële positie in de wereld?

12

NEDERIGHEID

De wereld draait niet om jou

De meeste mensen neigen ertoe te denken dat ze het middelpunt van de wereld zijn en dat hun cultuur de hoeksteen van de menselijke geschiedenis is. Veel Grieken geloven dat de geschiedenis begon bij Homerus, Sophocles en Plato, en dat alle belangrijke ideeën en uitvindingen zijn geboren in Athene, Sparta, Alexandrië of Constantinopel. Chinese nationalisten roepen juist dat de geschiedenis eigenlijk begon met de Gele Keizer, de Xia-dynastie en de Shang-dynastie, en dat alles wat westerlingen, moslims of Indiërs hebben gepresteerd hoogstens een slap aftreksel is van oorspronkelijke Chinese doorbraken.

Chauvinistische hindoes verwerpen die Chinese dikdoenerij en beweren dat zelfs vliegtuigen en kernbommen zijn uitgevonden door de oude wijsgeren van het Indiase subcontinent, eeuwen voor Confucius of Plato, laat staan Einstein en de gebroeders Wright. Wist je bijvoorbeeld dat Maharishi Bhardwaj de uitvinder was van raketten en vliegtuigen, dat Vishwamitra niet alleen militaire raketten uitvond, maar die ook gebruikte, dat Acharya Kanad de vader van de atoomtheorie was en dat kernwapens al heel nauwkeurig omschreven zijn in de *Mahabharata*?[1]

Vrome moslims beschouwen alles van voor de profeet Mohammed grotendeels als irrelevant en volgens hen draait de hele geschiedenis na de openbaarmaking van de Koran om de islamitische *oemma*. De voornaamste uitzonderingen hierop zijn Turkse, Iraanse en Egyptische nationalisten, die aanvoeren dat hun volk al voor Mohammed de bron van al het goede van de mensheid was en dat het zelfs na de openbaarmaking van de Koran vooral hun volk was dat de zuiverheid van het geloof behoedde en de glorie van de islam verspreidde.

Het behoeft geen toelichting dat Britten, Fransen, Duitsers, Amerikanen, Russen, Japanners en talloze andere groepen er net zozeer van overtuigd zijn dat de mensheid in barbaarse, immorele onwetendheid was blijven verkeren zonder de spectaculaire prestaties van hun volk. Sommige volkeren uit de geschiedenis beeldden zich zelfs in dat hun politieke instituten en hun religieuze praktijken essentieel waren voor de wetten van de natuurkunde. De Azteken geloofden bijvoorbeeld blind dat zonder de jaarlijkse offers die ze brachten de zon niet meer zou opkomen en het hele universum uit elkaar zou vallen.

Al die beweringen zijn onjuist. Ze komen voort uit een combinatie van moedwillige historische onwetendheid en meer dan een flinke snuf racisme. De religies en volkeren van nu bestonden nog niet eens toen de mens de wereld koloniseerde, planten en dieren domesticeerde, de eerste steden bouwde of het schrift en het geld uitvond. Ethiek, kunst, spiritualiteit en creativiteit zijn universele menselijke vermogens die ingebakken zitten in ons DNA. Ze zijn ontstaan in Afrika, in de steentijd. Het is dus een flagrant staaltje van eigenwaan om ze toe te schrijven aan een recentere plaats en tijd, of dat nu China is ten tijde van de Gele Keizer, Griekenland in de tijd van Plato of Arabië in de tijd van Mohammed.

Ik ken die flagrante eigenwaan persoonlijk maar al te goed, omdat de Joden, mijn eigen volk, ook denken dat ze het belangrijkste op de hele wereld zijn. Noem een menselijke prestatie of uitvinding en ze staan meteen klaar om met de eer te gaan strijken.

Omdat ik ze van zo dichtbij ken, weet ik dat ze dat echt uit volle overtuiging doen. Ik ging een keer naar een yogaleraar in Israël die in de eerste proefles met grote ernst verklaarde dat yoga was uitgevonden door Abraham en dat alle basishoudingen zijn afgeleid van de vorm van de letters van het Hebreeuwse alfabet! (Zo imiteert de *trikonasana*-houding de vorm van de Hebreeuwse letter alef, de *tuludandasana* de letter dalet, enzovoort.) Abraham onderwees die houdingen aan de zoon van een van zijn concubines, die naar India ging en de Indiërs yoga leerde. Toen ik om bewijzen vroeg, citeerde de meester een Bijbelpassage: 'Maar aan de zonen der bijwijven, die Abraham had, gaf Abraham geschenken; en zond hen weg van zijn zoon Izak, terwijl hij nog leefde, oostwaarts naar het land van het Oosten' (Genesis 25:6). Wat dacht je dat die geschenken waren? Zo zie je maar weer, zelfs yoga is eigenlijk uitgevonden door de Joden.

Abraham beschouwen als de uitvinder van yoga is een extreme opvatting, maar ook in het huis-, tuin- en keukenjodendom wordt heel plechtig beweerd dat de hele kosmos alleen maar bestaat opdat joodse rabbijnen hun heilige geschriften kunnen bestuderen en dat er een eind aan het universum zal komen als de joden die gewoonte afschaffen. China, India, Australië en zelfs allerlei verre sterrenstelsels zullen allemaal ten onder gaan als de rabbijnen in Jeruzalem en Brooklyn niet meer delibereren over de Talmoed. Voor orthodoxe joden is dat een centraal geloofsartikel en iedereen die er vraagtekens bij durft te zetten, wordt beschouwd als een onnozele gek. Seculiere Joden zijn misschien iets sceptischer over deze pompeuze claim, maar ook zij geloven dat de Joden de centrale helden van de geschiedenis zijn en dat het Joodse volk de ultieme bron van menselijke moraal, spiritualiteit en geleerdheid is.

Het ontbreekt mijn volk misschien aan numeriek overwicht en echte invloed, maar dat compenseren ze ruimschoots met hun gevoel voor gotspe. En aangezien het beleefder is om kritiek te uiten op je eigen volk dan om buitenlanders te bekritiseren, zal ik het voorbeeld van het jodendom gebruiken om te illustreren hoe potsierlijk zulke opgeblazen egoverhalen zijn en zal ik het aan lezers in andere delen van de wereld overlaten om de gezwollen mythen van hun eigen volk door te prikken.

De moeder van Freud

Mijn boek *Sapiens* was oorspronkelijk in het Hebreeuws geschreven, voor een Israëlisch publiek. Nadat de Hebreeuwse versie was uitgekomen, in 2011, was de vraag die ik het vaakst van Israëlische lezers krijg waarom ik het jodendom bijna niet aanstipte in mijn geschiedenis van de mensheid. Waarom schreef ik zo uitgebreid over het christendom, de islam en het boeddhisme en wijdde ik maar een paar woorden aan het joodse geloof en het Joodse volk? Negeerde ik opzettelijk hun immense bijdrage aan de wereldgeschiedenis? Zat daar een of andere sinistere politieke agenda achter?

Dat soort vragen is de natuurlijkste zaak van de wereld voor Israëlische Joden, die vanaf de kleuterschool aangeleerd krijgen dat het jodendom de superster van de menselijke geschiedenis is. De meeste Israëlische kinderen hebben na twaalf jaar school nog steeds geen helder beeld van mondiale historische processen. Ze leren bijna niets over China, India of Afrika en hoewel het Romeinse Rijk, de Franse Revolutie en de Tweede Wereldoorlog wel behandeld worden, valt er uit die geïsoleerde puzzelstukjes geen overkoepelend verhaal op te maken. De enige coherente geschiedenis die het Israëlische onderwijssysteem aanbiedt begint met het Hebreeuwse Oude Testament, gaat dan verder met de Tweede Tempel, springt vervolgens heen en weer tussen verschillende Joodse gemeenschappen in de diaspora en bereikt zijn hoogtepunt met de opkomst van het zionisme, de Holocaust en de vestiging van de staat Israël. De meeste leerlingen komen van school met de rotsvaste overtuiging dat dit wel de voornaamste plotlijn van de hele menselijke geschiedenis moet zijn. Zelfs als leerlingen iets te horen krijgen over het Romeinse Rijk of de Franse Revolutie wordt in de klas vooral gepraat over de manier waarop de Romeinen de Joden behandelden of over de juridische en politieke status van Joden in de Franse Republiek. Mensen die grootgebracht worden op zo'n historisch dieet kunnen heel moeilijk bevatten dat het jodendom relatief weinig impact heeft gehad op de wereld als geheel.

In werkelijkheid heeft het jodendom maar een bescheiden rolletje gespeeld in de annalen van onze soort. In tegenstelling tot universele religies als het christendom, de islam en het boeddhisme is het jodendom altijd een tribaal geloof geweest. Het draait om het lot van één klein volk en één klein landje, en het toont weinig belangstelling voor het lot van alle andere volkeren en landen. Het heeft bijvoorbeeld weinig met gebeurtenissen in Japan of de volkeren op het Indiase subcontinent. Geen wonder dus dat de historische rol ervan beperkt is gebleven.

Het is zeker waar dat het jodendom het christendom heeft voortgebracht en de geboorte van de islam heeft beïnvloed, en dat zijn twee van de belangrijkste religies uit de geschiedenis. Niettemin behoort alle lof voor de wereldwijde successen van het christendom en de islam – evenals de schuld aan hun vele misdaden – de christenen en moslims zelf toe, en niet de joden. Net zoals het oneerlijk zou zijn om het jodendom de schuld te geven van de massamoorden tijdens de kruistochten (waaraan het christendom voor honderd procent schuldig is) is er ook geen reden om het jodendom lof toe te zwaaien voor het belangrijke christelijke idee dat alle mensen gelijk zijn voor God (een idee dat lijnrecht in tegenspraak is met de joodse orthodoxie, die nog steeds luidt dat Joden intrinsiek superieur zijn aan alle andere mensen).

De rol van het jodendom in het verhaal van de mensheid is te vergelijken met de rol van Freuds moeder in de moderne westerse geschiedenis. Wat je ook van Freud mag vinden, hij heeft immens veel invloed gehad op de wetenschap, cultuur, kunst en volkswijsheden van het moderne Westen. Het is ook zo dat we zonder Freuds moeder geen Freud hadden gehad en dat Freuds persoonlijkheid, ambitie en opvattingen vermoedelijk in belangrijke mate zijn gevormd door zijn relatie met zijn moeder, zoals hij zelf als eerste zou toegeven. Toch verwacht niemand een heel hoofdstuk over de moeder van Freud in een geschiedenisboek over het moderne Westen. Zo zou het christendom er ook niet geweest zijn zonder het jodendom, maar dat is nog geen reden om veel belang te hechten aan het jodendom als je een geschiedenisboek over de hele wereld schrijft. Het cruciale punt is wat het christendom heeft gedaan met de erfenis van zijn Joodse moeder.

Uiteraard is het Joodse volk een uniek volk met een verbluffende geschiedenis (al geldt dat voor de meeste volkeren). Uiteraard is de Joodse traditie rijk aan diepe inzichten en hoogstaande waarden (en tevens aan twijfelachtige ideeën en racistische, misogyne en homofobe opvattingen). Verder is het zo dat het Joodse volk proportioneel gezien een relatief grote impact heeft gehad op de geschiedenis van de laatste tweeduizend jaar. Maar als je kijkt naar het grotere verhaal over onze geschiedenis als soort, sinds de verschijning van homo sapiens, meer dan honderdduizend jaar geleden, wordt al heel snel duidelijk dat de Joodse bijdrage aan de geschiedenis heel beperkt is. Mensen hebben de hele aardbol bevolkt, de landbouw uitgevonden, de eerste steden gebouwd en het schrift en het geld uitgevonden, duizenden jaren voor de opkomst van het jodendom.

Als je de geschiedenis bekijkt vanuit het perspectief van de Chinezen of de Amerikaanse indianen is het zelfs voor de laatste twee millennia lastig om grote Joodse bijdragen te ontwaren, hoogstens door tussenkomst van christenen en moslims. Het Hebreeuwse Oude Testament werd uiteindelijk een hoeksteen van de menselijke wereldcultuur omdat het overgenomen werd door het christendom en deel ging uitmaken van de Bijbel. De Talmoed daarentegen – die in de Joodse cultuur veel belangrijker is dan het Oude Testament – werd verworpen door het christendom en bleef daardoor een esoterische tekst die nauwelijks bekend is bij Arabieren, Polen of Nederlanders, laat staan bij Japanners en Maya's. (Wat heel jammer is, want de Talmoed is een veel bedachtzamer en barmhartiger boek dan het Oude Testament.)

Kun je een groot kunstwerk noemen dat geïnspireerd is op het Oude Testament? Da's een makkie: de David van Michelangelo, de *Nabucco* van Verdi, *The Ten Commandments* van Cecil B. DeMille. Ken je een beroemd werk dat geïnspireerd is op het Nieuwe Testament? Ja hoor, eitje: *Het Laatste Avondmaal* van Leonardo da Vinci, de *Matthäus-Passion* van Bach, *Life of Brian* van Monty Python. En nu een moeilijke: kun je een paar meesterwerken noemen die geïnspireerd zijn op de Talmoed?

Hoewel Joodse gemeenschappen die de Talmoed bestudeerden zich over een groot deel van de wereld hebben verspreid, hebben ze geen belangrijke rol gespeeld bij het ontstaan van de Chinese keizerrijken, de Europese ontdekkingsreizen, de vestiging van het democratische systeem of de industriële revolutie. De munt, de universiteit, het parlement, de bank, het kompas, de drukpers en de stoommachine zijn allemaal uitgevonden door gojim.

Voorbijbelse ethiek

Israëliërs gebruiken vaak de term 'de drie grote wereldreligies' en bedoelen daarmee dan het christendom (2,3 miljard aanhangers), de islam (1,8 miljard) en het jodendom (vijftien miljoen). Het hindoeïsme met zijn miljarden gelovigen en het boeddhisme met zijn vijfhonderd miljoen volgelingen – om maar te zwijgen van het shintoïsme (50 miljoen) en het sikh-geloof (vijfentwintig miljoen) – halen de selectie niet.[2] Dit verwrongen beeld van 'de drie grote religies' impliceert volgens veel Israëliërs dat alle grote religieuze en ethische tradities zijn ontsproten aan de boezem van het jodendom dat de eerste religie was die universele ethische regels predikte. Alsof mensen voor de hoogtijdagen van Abraham en Mozes in een soort hobbesiaanse natuurlijke staat verkeerden, zonder morele verplichtingen, en alsof de moderne moraal in zijn geheel is afgeleid van de Tien Geboden. Dit is een ongefundeerde, arrogante denkwijze die volkomen voorbijgaat aan een groot deel van 's werelds belangrijkste ethische tradities.

In de steentijd, tienduizenden jaren voor Abraham, hadden jagers-verzamelaarsstammen al morele codes. Toen de eerste Europese kolonisten eind achttiende eeuw Australië bereikten, kwamen ze Aboriginalstammen tegen die een hoogontwikkeld ethisch wereldbeeld hadden, hoewel ze nog nooit van Mozes, Jezus en Mohammed gehoord hadden. Het is moeilijk vol te houden dat de christelijke kolonisten die de inheemse bevolking met geweld verdreven superieure morele standaarden hanteerden.

Wetenschappers wijzen er nu op dat de menselijke moraal in werkelijkheid evolutionaire wortels heeft die dateren van miljoenen jaren voor het ontstaan van de eerste mensen. Alle sociale zoogdieren, zoals wolven, dolfijnen en apen, hebben ethische codes, die door het evolutieproces werden verfijnd om samenwerking in groepen mogelijk te maken.[3] Als wolvenwelpen bijvoorbeeld met elkaar spelen, hanteren ze bepaalde spelregels. Als een welp te hard bijt of een tegenstander blijft bijten als die al op zijn rug is gaan liggen en zich heeft overgegeven, willen de andere welpen niet meer met hem spelen.[4]

In groepen chimpansees wordt van dominante leden verwacht dat ze de eigendomsrechten van zwakkere leden respecteren. Als een jong chimpanseevrouwtje een banaan vindt, zal zelfs de alfaman die meestal niet van haar afpikken. Als hij die regel overtreedt, doet dat waarschijnlijk afbreuk aan zijn status.[5] Apen vermijden het niet alleen om zwakke groepsleden onheus te bejegenen, maar helpen ze soms ook actief. Een bonobomannetje dat Kidogo heette en in de dierentuin van Milwaukee woonde, had een serieuze hartkwaal, waardoor hij erg verzwakt en verward was geraakt. Toen hij net in de dierentuin aankwam, kon hij zich niet oriënteren en begreep hij de instructies van de oppassers niet. Toen de andere apen doorkregen dat hij het moeilijk had, grepen ze in. Ze namen Kidogo vaak bij de hand en brachten hem waar hij wezen moest. Als Kidogo verdwaalde, slaakte hij luide hulpkreten en kwam er meteen een aap aanhollen om hem te helpen.

Een van Kidogo's voornaamste hulpjes was het mannetje Lody, die het hoogst in de rangorde stond. Hij nam Kidogo niet alleen bij de hand, maar beschermde hem ook. Bijna alle groepsleden behandelden Kidogo heel vriendelijk, maar één jong mannetje, Murph geheten, pestte hem vaak verschrikkelijk. Als Lody dat soort gedrag in de smiezen kreeg, joeg hij de pestkop vaak weg of legde hij een beschermende arm om Kidogo heen.[6]

Een nog ontroerender tafereeltje is opgetekend in de oerwouden van Ivoorkust. Nadat een jonge chimpansee met de bijnaam Oscar zijn moeder had verloren, kon hij in zijn eentje maar heel moeilijk overleven. De andere vrouwtjes wilden hem niet adopteren of voor hem zorgen, omdat ze zelf jongen hadden om zich om te bekommeren. Oscar werd steeds magerder en zijn gezondheid en vitaliteit gingen zienderogen achteruit. Maar toen het einde nabij leek, werd Oscar 'geadopteerd' door de alfaman van de groep, Freddy. De alfa zorgde dat Oscar goed te eten kreeg en droeg hem zelfs rond op zijn rug. Genetische testen wezen uit dat Freddy en Oscar niet aan elkaar verwant waren.[7] We kunnen er alleen maar naar raden waarom de barse oude leider voor het weesje ging zorgen, maar blijkbaar hebben alfa-apen de neiging ontwikkeld om arme, behoeftige, vaderloze soortgenoten te helpen, miljoenen jaren voordat de Bijbel de oude Israëlieten maande dat 'Gij zult geen weduwe noch wees beledigen' (Exodus 22:22) en de profeet

Amos klaagde over een sociale elite 'die de armen verdrukt, die de nooddruftigen verplettert' (Amos 4:1).

Zelfs vergeleken bij homo sapiens die in het oude Midden-Oosten woonden hadden de Bijbelse profeten niets nieuws te vertellen. 'Gij zult niet doden' en 'gij zult niet stelen' waren alom bekend in de juridische en morele codes van Soemerische stadstaten, het Egypte van de farao's en het Babylonische rijk. Het idee van periodieke rustdagen is veel ouder dan de joodse sabbat. Duizend jaar voordat de profeet Amos de Israëlieten kapittelde over hun hardvochtige gedrag, verklaarde de Babylonische koning Hammurabi dat de grote goden hem hadden opgedragen om 'rechtvaardigheid te tonen in het land, om slechtheid en verdorvenheid uit te roeien, om te beletten dat de machtigen de zwakken uitbuiten'.[8]

Intussen tekenden klerken in Egypte – eeuwen voor de geboorte van Mozes – het 'verhaal van de welsprekende boer' op, over een arme boer wiens land was gestolen door een hebzuchtige landeigenaar. De boer verscheen voor de corrupte ambtenaren van de farao en toen die hem niet beschermden, legde hij ze uit waarom ze gerechtigheid moesten laten geschieden en met name waarom ze de armen moesten beschermen tegen de rijken. In een van zijn kleurrijke allegorieën verklaarde deze Egyptische boer dat de schamele bezittingen van de armen hun levensadem zijn en dat corruptie van bovenaf hen verstikt door hun neusgaten dicht te drukken.[9]

Veel Bijbelse wetten zijn kopieën van regels die eeuwen of zelfs millennia voor de vestiging van de koninkrijken Judea en Israël al gemeengoed waren in Mesopotamië, Egypte en Kanaän. Als het Bijbelse jodendom al een unieke draai aan deze wetten heeft gegeven, dan is het dat ze van universele regels die voor alle mensen golden werden veranderd in tribale codes die vooral betrekking hadden op het Joodse volk. De joodse moraal is oorspronkelijk ontstaan als een exclusieve, tribale aangelegenheid en dat is voor een deel zo gebleven. Het Oude Testament, de Talmoed en veel (zij het niet alle) rabbijnen verkondigden dat het leven van een Jood meer waard is dan het leven van een niet-Jood en dat het Joden daarom bijvoorbeeld is toegestaan om de sabbatsrust te doorbreken om een Jood het leven te redden, maar niet als er alleen maar een niet-Jood gered hoeft te worden (Babylonische Talmoed, Joma 84:2).[10]

Volgens sommige Joodse wijsgeren verwijst zelfs het beroemde gebod 'heb uw naasten lief als uzelf' alleen naar Joden en is er hoegenaamd geen gebod dat zegt dat je gojim moet liefhebben. Inderdaad luidt de oorspronkelijke tekst uit Leviticus: 'Gij zult niet wreken, noch toorn behouden tegen de kinderen uws volks; maar gij zult uw naaste liefhebben als uzelven' (Leviticus 19:18), wat het vermoeden wekt dat 'uw naaste' alleen verwijst naar 'kinderen uws volks'. Dit vermoeden wordt behoorlijk versterkt door het feit dat de Bijbel de Joden gebiedt om bepaalde mensen uit te roeien, zoals de Amalekieten en de Kanaänieten. 'Maar van de steden dezer volken, die u de HEERE, uw God, ten erve geeft, zult gij niets laten leven, dat adem heeft,' verordonneert de Heilige Schrift. 'Maar gij zult ze ganselijk verbannen: de Hethieten, en de Amorieten, en de Kanaänieten, en de Ferezieten, de Hevieten, en de Jebusieten, gelijk als u de HEERE, uw God, geboden heeft' (Deuteronomium 20:16-17). Dit is een van de eerste bewaard gebleven bronnen in de geschiedenis van de mensheid waarin genocide werd opgevoerd als een bindend religieus voorschrift.

Uiteindelijk waren het de christenen die een paar goedgekozen stukjes uit de joodse moraal pikten en er universele geboden van maakten, die ze vervolgens over de hele wereld verspreidden. Dat was juist ook de reden dat het christendom zich afsplitste van het jodendom. Veel Joden geloven nog steeds dat het zogenoemde 'uitverkoren volk' dichter bij God staat dan andere volkeren, maar de stichter van het christendom – de apostel Paulus – stipuleerde in zijn beroemde brief aan de Galaten dat 'daarin is noch Jood noch Griek; daarin is noch dienstbare noch vrije; daarin is geen man en vrouw; want gij allen zijt een in Christus Jezus' (Galaten 3:28).

We moeten hier nogmaals benadrukken dat dit ondanks de enorme impact van het christendom zeker niet de eerste keer was dat een mens een universele ethiek predikte. De Bijbel is op geen enkele manier de exclusieve bron van de menselijke moraal (en gelukkig maar, gezien de vele racistische, misogyne en homofobe opvattingen die erin worden verkondigd). Confucius, Laozi, Boeddha en Mahavira legden al de grondvesten voor universele ethische codes toen er van Paulus en Jezus nog lang geen sprake was, zonder ook maar iets te weten van het land Kanaän of de profeten van Israël. Confucius onderwees dat iedere persoon anderen moet liefhebben als zichzelf, en dat was zo'n vijfhonderd jaar voordat rabbijn Hillel de Oudere zei dat dit de essentie van de Thora was. In de tijd dat het jodendom nog steeds dierenoffers en de systematische uitroeiing van hele volksstammen voorschreef, instrueerden Boeddha en Mahavira hun volgelingen al om niet alleen geen mensen kwaad te doen, maar helemaal geen levende wezens te schaden, zelfs geen insecten. Het slaat dus nergens op om de schepping van de menselijke moraal toe te schrijven aan het jodendom en zijn christelijke en islamitische nakomelingen.

De opkomst van het fanatisme

Maar het monotheïsme dan? Verdient het jodendom in elk geval geen speciale lof voor de uitvinding van het geloof in één God, dat nergens ter wereld voorkwam (zelfs als dit geloof vervolgens naar alle windrichtingen werd verspreid door christenen en moslims, veel meer dan door joden)? Zelfs daarover kunnen we nog even doorkibbelen, want de eerste duidelijke aanwijzing voor monotheïsme komt van de religieuze revolutie van farao Achnaton rond 1350 v.Chr., en documenten als de Stèle van Mesha (opgericht door de

Moabitische koning Mesha) duiden erop dat de religie van het Bijbelse Israël niet veel verschilde van de religie van naburige koninkrijken, zoals Moab. Mesha beschrijft zijn grote god Chemosh bijna precies hetzelfde als het Oude Testament Jahwe beschrijft. Het echte probleem met het idee dat het jodendom de wereld heeft verrijkt met het monotheïsme is echter dat dat niet per se iets is om trots op te zijn. Vanuit ethisch perspectief was het monotheïsme aantoonbaar een van de slechtste ideeën uit de menselijke geschiedenis.

Het monotheïsme heeft de morele standaarden van mensen niet echt op een hoger plan gebracht. Denk je echt dat moslims inherent een hogere moraal hebben dan hindoes, alleen omdat moslims in één god geloven en hindoes in meerdere goden? Waren de christelijke conquistadores in moreel opzicht hoogstaander dan heidense indianenstammen? Het staat als een paal boven water dat het monotheïsme veel mensen veel intoleranter heeft gemaakt en daarmee heeft bijgedragen aan de verspreiding van religieuze vervolgingen en heilige oorlogen. Polytheïsten vonden het geen enkel punt dat verschillende mensen verschillende goden aanbaden en diverse riten en rituelen uitvoerden. Ze bestreden, vervolgden of doodden maar zelden mensen vanwege hun religieuze opvattingen. Monotheïsten geloofden daarentegen dat hun God de enige god was en dat Hij universele gehoorzaamheid eiste. Toen het christendom en de islam zich over de wereld verspreidden, kwamen er steeds meer kruistochten, jihads, inquisiteurs en religieuze discriminatie.[11]

Vergelijk bijvoorbeeld de houding van de Indiase keizer Asoka in de derde eeuw v.Chr. eens met die van de christelijke keizers van het laat-Romeinse Rijk. Keizer Asoka heerste over een rijk dat wemelde van de meest uiteenlopende religies, sektes en goeroes. Hij gaf zichzelf officiële titels als 'Favoriet der Goden' en 'Hij die eenieder met genegenheid tegemoet treedt'. Ergens rond 250 v.Chr. vaardigde hij een keizerlijk edict over tolerantie uit, waarin het volgende werd verkondigd:

De Favoriet der Goden, de koning die eenieder met genegenheid tegemoet treedt, eert zowel de asceten als de gezinshoofden aller religies [...] en waardeert uitbreiding van de essentiële punten van alle religies. Uitbreiding van essentiële punten kan op verschillende wijzen plaatsvinden, maar aan de wortel van allen ligt mondelinge terughoudendheid, wat inhoudt dat men zijn eigen religie niet zal prijzen en de religie van anderen niet zal verketteren zonder goede reden [...] Wie zijn eigen religie prijst door overmatige toewijding en anderen veroordeelt met de gedachte 'laat mij mijn eigen geloof verheerlijken', schaadt zijn geloof alleen. Daarom is contact tussen religies goed. We moeten luisteren naar de doctrines die anderen aanhangen en die respecteren. De Favoriet der Goden, de koning die eenieder met genegenheid tegemoet treedt, verlangt dat alles goed geleerd zal worden in de goede doctrines van andere religies.[12]

Vijfhonderd jaar later was het laat-Romeinse Rijk net zo divers als het India van Asoka, maar toen het christendom de touwtjes in handen kreeg, veranderde de aanpak van de keizers radicaal. Te beginnen met Constantijn de Grote en zijn zoon Constantius II sloten ze alle niet-christelijke tempels en verboden ze zogenaamde 'heidense' rituelen, waarvoor ze de doodstraf invoerden. De vervolgingen gingen verder onder het bewind van keizer Theodosius – wiens naam 'door God gegeven' betekent –, die in 391 per decreet alle religies behalve het christendom en het jodendom in wezen illegaal verklaarde (het jodendom werd ook op allerlei manieren vervolgd, maar het bleef toegestaan het te praktiseren).[13] Volgens de nieuwe wetten kon je zelfs terechtgesteld worden als je Jupiter of Mithras achter gesloten deuren eerde in je eigen huis.[14] In hun campagne om het rijk te zuiveren van alle vormen van ongelovig erfgoed verboden de christelijke keizers ook de Olympische Spelen. Die waren meer dan duizend jaar gehouden, maar de laatste antieke olympiade werd ergens eind vierde, begin vijfde eeuw georganiseerd.[15]

Uiteraard waren niet alle monotheïstische heersers zo intolerant als Theodosius, zoals er ook meer dan genoeg heersers waren die het monotheïsme verwierpen zonder het ruimdenkende beleid van Asoka over te nemen. Niettemin neigde het monotheïstische gedachtegoed ertoe om fanatisme en onverdraagzaamheid aan te moedigen vanuit het idee dat er 'geen God is naast de onze'. Joden zouden er goed aan doen om hun aandeel in de verspreiding van deze gevaarlijke meme te bagatelliseren en de schuld daarvoor bij de christenen en moslims te laten liggen.

Joodse natuurkunde, christelijke biologie

Pas in de negentiende en twintigste eeuw zien we Joden een bijzondere bijdrage leveren aan de mensheid als geheel via hun buitenproportioneel grote rol in de moderne wetenschap. Naast bekende namen als Einstein en Freud was zo'n twintig procent van alle Nobelprijswinnaars Joods, hoewel Joden minder dan 0,2 procent van de wereldbevolking uitmaken.[16] Daarbij moet echter wel gezegd worden dat dit een bijdrage was van individuele Joden, en niet van het jodendom als religie of cultuur. De meeste belangrijke Joodse wetenschappers van de afgelopen tweehonderd jaar opereerden buiten de joodse religieuze sfeer. Sterker nog, Joden begonnen pas opmerkelijke bijdragen aan de wetenschap te leveren toen ze de jesjiva's inruilden voor laboratoria.

Voor 1800 bleef de Joodse impact op de wetenschap beperkt. Joden speelden logischerwijs geen significante rol in de wetenschappelijke vooruitgang in China, India of de Mayabeschaving. In Europa en het Midden-Oosten hadden sommige Joodse denkers, zoals Maimonides, aanzienlijke invloed op hun niet-Joodse collega's, maar over het geheel genomen was de Joodse impact min of meer evenredig aan hun demografische gewicht. In de zestiende, zeventiende en achttiende eeuw was het jodendom niet bepaald cruciaal voor de uitbraak van de wetenschappelijke revolutie. Los van Spinoza (die doodleuk werd geëxcommuniceerd door de joodse gemeenschap) is er nauwelijks een individuele Jood te noemen die onmisbaar was voor de ontwikkeling van de moderne natuurkunde, scheikunde, biologie of de sociale wetenschappen. We weten niet wat Einsteins voorouders deden in de tijd van Galilei en Newton, maar naar alle waarschijnlijkheid bestudeerden ze liever de Talmoed dan de eigenschappen van het licht.

De grote verandering kwam pas in de negentiende en twintigste eeuw, toen secularisering en de joodse verlichting zorgden dat veel Joden het wereldbeeld en de levensstijl van hun niet-Joodse buren overnamen. Joden raakten verbonden aan universiteiten en onderzoekscentra in landen als Duitsland, Frankrijk en de Verenigde Staten. Joodse geleerden namen belangrijk cultureel erfgoed mee uit de getto's en sjtetls. Het grote belang dat in de Joodse cultuur aan onderwijs wordt gehecht was een van de belangrijkste redenen voor het opmerkelijke succes van Joodse wetenschappers. Andere factoren waren het verlangen van een vervolgde minderheid om te bewijzen wat ze waard was en de barrières die het talentvolle Joden beletten om vooruit te komen in meer antisemitische instellingen als het leger en de rijksoverheid.

Maar hoewel Joodse wetenschappers een sterk ontwikkelde discipline meebrachten uit de jesjiva's en een diep geloof in de waarde van kennis, brachten ze geen nuttige bagage mee in de vorm van concrete ideeën of inzichten. Einstein was een Jood, maar de relativiteitstheorie was geen 'joodse natuurkunde'. Wat heeft geloof in de heiligheid van de Thora te maken met het inzicht dat energie gelijk is aan massa maal de lichtsnelheid in het kwadraat? Ter vergelijking: Darwin was een christen en begon zijn studie aan Cambridge zelfs om een Anglicaans priester te worden. Wil dat zeggen dat de evolutietheorie een christelijke theorie is? Het zou absurd zijn om de relativiteitstheorie op de lijst te zetten van Joodse bijdragen en het zou al net zo absurd zijn om de evolutieleer aan het christendom toe te schrijven.

Zo is het ook lastig om iets typisch Joods te ontwaren in het proces waarmee ammoniak gesynthetiseerd kan worden, een uitvinding van Fritz Haber (Nobelprijs voor scheikunde, 1918), of de ontdekking van het antibioticum streptomycine door Selman Waksman (Nobelprijs voor fysiologie of geneeskunde, 1952), of de ontdekking van quasikristallen door Dan Shechtman (Nobelprijs voor scheikunde, 2011). Bij menswetenschappers en sociale wetenschappers – zoals Freud – had hun Joodse erfgoed waarschijnlijk meer impact op hun inzichten, maar zelfs bij hen is het gebrek aan continuïteit opvallender dan de banden met het verleden. Freuds opvattingen over de menselijke psyche weken enorm af van die van rabbijn Yosef Karo of rabbijn Jochanan ben Zakkai en hij ontdekte het oedipuscomplex niet door nauwgezette studie van de *Sjoelchan Aroech* (het joodse wetboek).

Om kort te gaan heeft het belang dat de Joden aan onderwijs hechten waarschijnlijk een belangrijke bijdrage geleverd aan het buitengewone succes van Joodse wetenschappers, maar waren het niet-Joodse denkers die de basis legden voor de wapenfeiten van Einstein, Haber en Freud. De wetenschappelijke revolutie was geen Joods project en de Joden vonden hun plaats daar pas in toen ze van de jesjiva's verkasten naar de universiteiten. De Joodse gewoonte om de antwoorden op alle vragen te zoeken in oeroude teksten was zelfs een significant obstakel voor de integratie van Joden in de wereld van de moderne wetenschap, waar antwoorden geput worden uit observatie en experimenten. Als het joodse geloof iets bevatte wat logischerwijs leidt tot wetenschappelijke doorbraken, waarom hebben tussen 1905 en 1933 dan tien seculiere Duitse Joden Nobelprijzen gewonnen voor scheikunde, geneeskunde en natuurkunde, maar heeft in diezelfde periode niet één ultra-orthodoxe Jood en geen enkele Bulgaarse of Jemenitische Jood een Nobelprijs gewonnen?

Voordat ik er nu van verdacht word dat ik aan 'Joodse zelfhaat' lijd of een antisemiet ben, wil ik graag benadrukken dat ik niet zeg dat het jodendom een bijzonder kwaadaardige of achterlijke godsdienst is. Het enige wat ik zeg is dat het jodendom niet overdreven belangrijk was voor de geschiedenis van de mensheid. Het is eeuwenlang het nederige geloof geweest van een kleine, vervolgde minderheid die liever las en nadacht dan verre landen te veroveren en ketters te verbranden.

Antisemieten denken meestal dat Joden heel belangrijk zijn. Antisemieten beelden zich in dat Joden de wereld beheersen, of de bankwereld, of in elk geval de media, en dat ze verantwoordelijk zijn voor van alles en nog wat, van klimaatverandering tot de aanslagen van 9/11. Dat soort antisemitische paranoia is net zo belachelijk als Joodse megalomanie. De Joden zijn misschien een heel interessant volk, maar als je het wat algemener bekijkt, kun je alleen maar concluderen dat ze heel weinig impact op de wereld hebben gehad.

Van oudsher hebben mensen honderden verschillende religies en sektes gevormd. Een paar daarvan – het christendom, de islam, het hindoeïsme, het confucianisme en het boeddhisme – hebben miljarden mensen beïnvloed (niet altijd ten goede). De overgrote meerderheid van de religies – zoals het Bon-geloof, het Yoruba-geloof en het joodse geloof – hadden veel minder impact. Ik vind het persoonlijk wel een fijn idee dat ik niet afstam van brute wereldveroveraars, maar van onbeduidende mensen die zelden hun neus in andermans zaken staken. Veel religies roemen nederigheid als een deugd, maar gaan zichzelf vervolgens beschouwen als het belangrijkste van het hele universum. Ze vermengen oproepen tot persoonlijke bescheidenheid met schaamteloze collectieve arrogantie. Mensen van alle geloven zouden er goed aan doen die nederigheid iets serieuzer te nemen.

En van alle vormen van nederigheid is de belangrijkste misschien wel nederigheid ten opzichte van God. Als mensen het over God hebben, belijden ze al te vaak een diepe bescheidenheid, maar vervolgens gebruiken ze de naam van God om de baas te spelen over hun broeders.

13

GOD

Gij zult Gods naam niet ijdel gebruiken

Bestaat God? Dat hangt ervan af welke god je in gedachten hebt. Het kosmische mysterie of de aardse wetgever? Als mensen over God praten, hebben ze het soms over een groots, ontzagwekkend raadsel waarover we helemaal niets weten. We roepen die mysterieuze God aan om de diepste raadselen van de kosmos te verklaren. Waarom is er iets in plaats van niets? Waardoor zijn de fundamentele natuurkundige wetten gevormd? Wat is bewustzijn en waar komt het vandaan? We kennen de antwoorden op deze vragen niet en we geven onze onwetendheid de verheven naam van God. De meest fundamentele eigenschap van deze mysterieuze God is dat we niets concreets over Hem kunnen zeggen. Dit is de God van de filosofen, de God over wie we praten als we 's avonds laat rond het kampvuur zitten en ons afvragen waar het leven nu precies om draait.

Bij andere gelegenheden zien mensen God als een strenge wetgever, over wie we maar al te veel weten. We weten precies wat Hij vindt van mode, voedsel, seks en politiek en we roepen deze Boze Man in de Hemel op om een miljoen regels, decreten en conflicten te rechtvaardigen. Hij raakt overstuur als vrouwen iets met korte mouwen dragen, als twee mannen seks met elkaar hebben of als tieners masturberen. Volgens sommigen wil Hij niet dat we ooit alcohol drinken, terwijl Hij er volgens sommigen juist op staat dat we elke vrijdagavond of elke zondagochtend wijn drinken. Er zijn hele bibliotheken volgeschreven om tot in het kleinste detail te verklaren wat Hij precies wil en waar Hij niet van houdt. De meest fundamentele eigenschap van deze aardse wetgever is dat we uiterst concrete dingen over Hem kunnen zeggen. Dit is de God van de kruisvaarders en jihadisten, van de inquisiteurs, de vrouwenhaters en de homofoben. Dit is de God over wie we het hebben als we rond een vlammende brandstapel staan en de ketters die daarop verbrand worden stenen en scheldwoorden naar het hoofd slingeren.

Als gelovigen gevraagd wordt of God echt bestaat, beginnen ze vaak over de raadselachtige mysteriën van het universum en de beperkingen van het menselijke begripsvermogen. 'De wetenschap kan de oerknal niet verklaren,' roepen ze, 'dus dat moet wel Gods werk zijn.' Maar als een goochelaar die zijn publiek ertussen neemt door onmerkbaar de ene kaart door de andere te vervangen, vervangen de gelovigen vliegensvlug het kosmische mysterie door de aardse wetgever. Eerst geven ze de naam van 'God' aan de onbekende geheimen van de kosmos en vervolgens gebruiken ze die ineens als reden om bikini's en echtscheiding in de ban te doen. 'We begrijpen de oerknal niet en daarom moet je in het openbaar je haar bedekt houden en tegen het homohuwelijk stemmen.' Niet alleen is er geen logisch verband tussen die twee dingen, ze spreken elkaar ook nog eens tegen. Hoe dieper de mysteriën van het universum, des te minder waarschijnlijk het is dat hetgeen wat daarvoor verantwoordelijk is ook maar het minste ziertje geeft om kledingvoorschriften voor vrouwen of menselijke seksuele gedragingen.

De missing link tussen het kosmische mysterie en de aardse wetgever wordt meestal geleverd in de vorm van een of ander heilig boek. Het boek staat vol onbeduidende regeltjes, maar wordt niettemin toegeschreven aan het kosmische mysterie. De schepper van tijd en ruimte heeft het schijnbaar geschreven, maar Hij heeft al die moeite vooral gedaan om ons in te lichten over wat esoterische tempelrituelen en voedseltaboes. In werkelijkheid hebben we geen enkel bewijs dat de Bijbel of de Koran of het Boek van Mormon of de Veda's of welk heilig boek dan ook is geschreven door de oermacht die heeft bepaald dat energie gelijkstaat aan massa maal de lichtsnelheid in het kwadraat en dat protonen 1837 meer massa hebben dan elektronen. Voor zover de wetenschap heeft kunnen nagaan zijn al die heilige geschriften geschreven door fantasierijke homo sapiens. Het zijn gewoon verhalen die onze voorouders hebben verzonnen om sociale normen en politieke structuren te legitimeren.

Ik blijf me persoonlijk altijd verwonderen over het mysterie van het leven, maar ik heb nooit begrepen wat het te maken heeft met de pietluttige regeltjes van het jodendom, het christendom of het hindoeïsme. Ongetwijfeld zijn die wetten duizenden jaren lang heel nuttig geweest bij het vestigen en handhaven van de sociale orde, maar daarin verschillen ze niet wezenlijk van de wetten van seculiere staten en instellingen.

Een van de Bijbelse Tien Geboden instrueert mensen om de naam van God niet ijdel te gebruiken. Veel mensen vatten dat heel kinderachtig op als een verbod om expliciet de naam van God uit te spreken (zoals in de beroemde Monty Python-scène: 'Als je Jehova zegt...'). Misschien is de diepere betekenis van dit gebod dat we de naam van God nooit mogen gebruiken om onze politieke belangen, onze economische ambities of onze persoonlijke antipathieën te rechtvaardigen. Mensen haten iemand en zeggen dan: 'God haat hem'; mensen willen een stuk land hebben en zeggen dan: 'God wil het hebben'. De wereld zou een stuk mooier zijn als we dit gebod wat trouwer opvolgden. Wil je oorlog voeren tegen je buren en hun land inpikken? Laat God erbuiten en zoek een ander excuus.

Als puntje bij paaltje komt is het een semantische kwestie. Als ik het woord 'God' gebruik, denk ik aan de God van Islamitische Staat, de kruisvaarders, de inquisitie en de spandoeken met GOD HAAT FLIKKERS. Als ik aan het mysterie van het leven denk, gebruik ik liever andere woorden, om verwarring te voorkomen. En in tegenstelling tot de God van Islamitische Staat en de kruisvaarders – die zich heel druk maakt over namen en vooral over Zijn eigen allerheiligste naam – kan het het mysterie van het leven geen barst schelen welke naam wij apen eraan geven.

Ethiek zonder God

Uiteraard helpt het kosmische mysterie ons totaal niet bij het handhaven van de sociale orde. Mensen beweren vaak dat we in een god moeten geloven die de mensen een paar heel concrete wetten heeft gegeven, anders zal alle moraal verdwijnen en gaat de samenleving ten onder in een soort oerchaos.

Het is zeker waar dat het geloof in goden cruciaal was voor verschillende sociale ordes en dat het soms positief uitwerkte. Dezelfde religies die sommige mensen aanzetten tot haat en onverdraagzaamheid wekken in anderen immers liefde en medeleven op. Een voorbeeld: eind jaren zestig werd de methodistische dominee Ted McIlvenna zich bewust van het leed van lhbt'ers in zijn gemeente. Hij begon zich te verdiepen in de positie van homo's en lesbiennes in de samenleving en zette in mei 1964 een baanbrekende dialoog van drie dagen op touw tussen geestelijken en homoseksuele en lesbische activisten, in het White Memorial Retreat Center in Californië. De deelnemers zetten vervolgens de 'Raad voor Religie en Homoseksualiteit' op, die naast de activisten bestond uit methodistische, episcopaalse, lutherse en andere dominees. Dit was de eerste Amerikaanse organisatie die het woord 'homoseksualiteit' in haar officiële naam durfde te gebruiken.

In de jaren daarna varieerden de activiteiten van de Raad van het organiseren van gekostumeerde feestjes tot juridische acties tegen onterechte discriminatie en vervolging. De Raad legde de kiem voor de Californische homorechtenbeweging. Dominee McIlvenna en de andere mannen van God die meededen waren zich heel wel bewust van het Bijbelse verbod op homoseksualiteit. Ze vonden het alleen belangrijker om trouw te blijven aan de medelevende geest van Christus dan aan de droge letter van de Bijbel.[1]

Hoewel goden ons dus kunnen inspireren tot barmhartigheid, is religieus geloof geen noodzakelijke voorwaarde voor ethisch gedrag. Het idee dat we een opperwezen nodig hebben om te zorgen dat we ons goed gedragen veronderstelt dat er iets onnatuurlijks is aan goed gedrag. Maar waarom? Een zekere vorm van moraal is volkomen natuurlijk. Alle sociale dieren, van chimpansees tot ratten, hebben ethische codes die dingen als diefstal en moord inperken. Bij mensen is de moraal in alle samenlevingen aanwezig, hoewel ze niet allemaal geloven in dezelfde god, of überhaupt niet geloven. Christenen gedragen zich ook menslievend als ze niet geloven in het hindoeïstische pantheon, moslims waarderen eerlijkheid, hoewel ze de goddelijkheid van Christus verwerpen, en seculiere landen als Denemarken en Tsjechië zijn niet gewelddadiger dan vrome landen als Iran en Pakistan.

Moraal betekent niet 'het volgen van goddelijke geboden', het betekent 'het beperken van leed'. Om je moreel hoogstaand te gedragen hoef je dus niet te geloven in een mythe of verhaal. Je hoeft alleen maar een diep inzicht te ontwikkelen in wat leed is. Als je echt begrijpt dat een bepaalde actie jou of anderen onnodig leed toebrengt, zul je daar op een heel natuurlijke manier van afzien. Er zijn niettemin mensen die moorden, verkrachten en stelen, omdat ze hoogstens een heel oppervlakkig beeld hebben van de ellende die dit veroorzaakt. Ze zijn gefixeerd op het bevredigen van hun directe wellust of hebzucht, zonder zich te bekommeren om de impact daarvan op anderen, of zelfs de impact op henzelf op de langere termijn. Zelfs inquisiteurs die hun slachtoffers opzettelijk zo veel mogelijk pijnigen, gebruiken meestal verschillende desensibiliserende en ontmenselijkende technieken om afstand te scheppen tussen henzelf en wat ze doen.²

Hier kun je tegen inbrengen dat alle mensen van nature proberen te vermijden dat ze zich ellendig gaan voelen, maar waarom zou een mens zich bekommeren om de ellende van anderen als de een of andere god dat niet van ze eist? Een logisch antwoord daarop is dat mensen sociale dieren zijn en dat hun geluk dus voor een heel groot deel afhangt van hun relaties met anderen. Wie kan gelukkig zijn zonder liefde, vriendschap en sociaal leven? Als je een eenzaam leven leidt dat alleen maar om jou draait, is dat bijna een garantie voor een ellendig bestaan. Om je een beetje gelukkig te voelen moet je dus op zijn minst geven om je familie, je vrienden en je sociale kring.

Maar hoe zit het met wildvreemden? Waarom zou je vreemden niet vermoorden en hun bezit inpikken om jezelf en je eigen stam te verrijken? Veel denkers hebben ingewikkelde sociale theorieën opgesteld om te verklaren waarom zulk gedrag op de lange termijn contraproductief is. Je wilt niet in een samenleving wonen waarin vreemden met de regelmaat van de klok worden beroofd en vermoord. Dan zou je namelijk niet alleen constant in gevaar verkeren, maar je zou ook niet kunnen profiteren van dingen die afhankelijk zijn van een zeker vertrouwen tussen vreemden, zoals handel. Handelaren gaan meestal niet langs bij dievenbendes. Daarom hebben seculiere theoretici vanaf het oude China tot het moderne Europa een gouden regel opgesteld, namelijk: wat gij niet wilt dat u geschiedt, doe dat ook een ander niet.

Eigenlijk hebben we zulke ingewikkelde langetermijntheorieën niet eens echt nodig om een natuurlijke basis te vinden voor universele compassie. Vergeet die handel maar even. Op een veel directer niveau schaadt het schaden van anderen jou namelijk ook altijd. Elke gewelddaad op de wereld begint met een gewelddadig verlangen in iemands hoofd, dat de rust en het geluk van die persoon zelf al verstoort voordat het de rust en het geluk van een ander verstoort. Daarom stelen mensen maar zelden als ze niet eerst een heleboel hebzucht en afgunst opbouwen in hun hoofd. Mensen moorden meestal niet, of alleen als ze eerst heel veel woede en haat opbouwen. Emoties als hebzucht, afgunst, woede en haat zijn ontzettend onaangenaam. Je kunt geen vreugde en harmonie ervaren als je kookt van woede of afgunst. Lang voordat je iemand vermoordt heeft je woede je eigen gemoedsrust dus al om zeep geholpen.

Je kunt zelfs jarenlang blijven koken van woede zonder het voorwerp van je haat ooit te vermoorden. In dat geval heb je niemand anders kwaad gedaan, maar jezelf wel. Eigenlijk zou je natuurlijke eigenbelang – en niet het gebod van een of andere god – je dus zover moeten krijgen dat je iets aan je woede doet. Als je helemaal geen woede zou voelen, zou je je veel beter voelen dan als je een irritante vijand vermoordt.

Voor sommigen kan een sterk geloof in een barmhartige god die ons opdraagt vijanden de andere wang toe te keren helpen bij het bedwingen van woede. In die zin heeft religieus geloof een enorme bijdrage geleverd aan de vrede en harmonie in de wereld. Helaas is het geloof bij anderen juist iets wat hun woede aanwakkert en rechtvaardigt, zeker als iemand het waagt hun god te beledigen of zijn wensen te negeren. De waarde van de wetgevende god hangt uiteindelijk dus af van het gedrag van zijn volgelingen. Als ze zich goed gedragen, kunnen ze geloven wat ze maar willen. De waarde van religieuze riten en heilige plaatsen hangt eveneens af van het soort gevoelens en gedrag dat ze opwekken. Als mensen een vredig, harmonieus gevoel krijgen van een bezoek aan een tempel, is dat heerlijk. Maar als een bepaalde tempel geweld en conflicten veroorzaakt, wat hebben we er dan aan? Dan is het duidelijk een disfunctionele tempel. En net zoals het zinloos is te vechten om een zieke boom die geen vruchten produceert, maar alleen doornen, is het ook zinloos om te vechten om een gebrekkige tempel die vijandschap produceert in plaats van harmonie.

Geen tempels bezoeken en niet in een god geloven is ook een werkbare optie. Zoals de laatste paar eeuwen hebben bewezen, hoeven we God niet aan te roepen om een moreel hoogstaand leven te leiden. Het secularisme kan ons alle waarden verschaffen die we nodig hebben.

14

SECULARISME

Ken je eigen schaduwkanten

Wat houdt secularisme in? Secularisme wordt soms omschreven als het loochenen van alle religies en secularisten worden dan gedefinieerd aan de hand van wat ze niet geloven of doen. Volgens deze definitie geloven secularisten niet in goden of engelen, gaan ze niet naar kerken of tempels en voeren ze geen riten en rituelen uit. Zo bekeken lijkt de seculiere wereld hol, nihilistisch en amoreel – een lege kist die erop wacht om ergens mee gevuld te worden.

Er zijn maar weinig mensen die zo'n negatieve identiteit zouden aannemen. Mensen die zichzelf seculier noemen, zien het secularisme heel anders. Voor hen is het een heel positief en actief wereldbeeld dat zich kenmerkt door een duidelijk systeem van waarden, en niet per se door verzet tegen dit of dat geloof. Veel seculiere waarden zijn zelfs gelijk aan die uit verschillende religieuze tradities. Anders dan bij sekten die beweren dat ze het monopolie hebben op alle wijsheid en goedheid is een van de belangrijkste kenmerken van secularisten dat ze zich niet op zo'n monopolie beroepen. Ze denken niet dat ethiek en wijsheid op een zeker moment op een bepaalde plek uit de hemel zijn neergedaald, maar beschouwen ethiek en wijsheid als het natuurlijke erfgoed van alle mensen. Het is dus logisch dat in elk geval sommige van die waarden overal ter wereld terug te vinden zijn in menselijke samenlevingen en dat ze voorkomen bij moslims, christenen, hindoes en atheïsten.

Religieuze leiders geven hun volgelingen vaak een keus die heel zwart-wit is: of je bent een moslim, of je bent het niet. En als je moslim bent, moet je alle andere geloven verwerpen. Secularisten hebben daarentegen geen moeite met verschillende mengelingen van identiteiten. Wat het secularisme betreft, kun je jezelf moslim blijven noemen en blijven bidden tot Allah, halal eten en de hadj naar Mekka ondernemen, maar tegelijk een prima lid zijn van een seculiere samenleving, zolang je je maar aan de scheiding tussen kerk en staat houdt. De seculiere ethiek – die overigens gedeeld wordt door miljoenen moslims, christenen, hindoes én atheïsten – koestert waarden als waarheid, compassie, gelijkheid, vrijheid, moed en verantwoordelijkheid. Het is de hoeksteen van onze moderne wetenschappelijke en democratische instellingen.

Zoals alle morele codes is de seculiere code een ideaal om na te streven en niet per se een sociale realiteit. Zoals christelijke samenlevingen en christelijke instellingen ook vaak afwijken van het christelijke ideaal, voldoen seculiere samenlevingen en instellingen vaak niet aan het seculiere ideaal. Het middeleeuwse Frankrijk noemde zichzelf een christelijk koninkrijk, maar het hield er allerlei niet al te christelijke praktijken op na (vraag maar aan de onderdrukte plattelandsbevolking). Het moderne Frankrijk noemt zich een seculiere staat, maar al sinds de tijd van Robespierre neemt die het niet altijd even nauw met het begrip vrijheid (vraag maar aan de vrouwen). Dat wil niet zeggen dat secularisten – in Frankrijk of elders – geen moreel kompas hebben of geen ethisch streven. Het betekent alleen maar dat het niet makkelijk is om een ideaal te verwezenlijken.

Het seculiere ideaal

Wat is dat seculiere ideaal dan? Het belangrijkste seculiere streven is dat naar **waarheid**, gebaseerd op waarneming en bewijzen, en niet zuiver op geloof. Secularisten streven ernaar om waarheid niet te verwarren met geloof. Als je heel sterk in iets gelooft, kan dat allerlei interessante dingen zeggen over je psyche, je jeugd en je hersenstructuur, maar het bewijst niet dat het waar is. (Vaak is een sterk geloof juist het hardst nodig als iets niet waar is.)

Daar komt nog bij dat secularisten geen groepen mensen, personen of boeken verheerlijken alsof die de enige hoeders van de waarheid zijn. In plaats daarvan verheerlijken secularisten de waarheid waar die zich maar voordoet – in oeroude fossiele botten, in beelden van verre sterrenstelsels, in tabellen met statistische gegevens of in de geschriften van uiteenlopende menselijke tradities. Dit streven naar waarheid ligt aan de basis van de moderne wetenschap, die de mensheid in staat heeft gesteld om het atoom te doorgronden, het genoom te ontcijferen, de evolutie van het leven op aarde te ontraadselen en de geschiedenis van de mensheid zelf te begrijpen.

Het andere grote streven van secularisten is het humanistische idee van **compassie**. Seculiere ethiek is niet gebaseerd op het gehoorzamen van de geboden van deze of gene god, maar op een diep inzicht in menselijk leed. Secularisten houden zich bijvoorbeeld niet verre van moord omdat een of ander antiek boek dat verbiedt, maar omdat moord enorm veel leed met zich meebrengt voor levende wezens. Mensen die alleen maar niet moorden 'omdat dat niet mag van God' zijn ergens heel griezelig en gevaarlijk. Zulke mensen worden niet gemotiveerd door compassie, maar door gehoorzaamheid, en wat zullen ze doen als ze gaan geloven dat hun god wil dat ze ketters, heksen, echtbrekers of buitenlanders gaan vermoorden?

Uiteraard zien seculiere ethici zich vaak voor moeilijke dilemma's gesteld door de afwezigheid van absolute goddelijke wetten.

Wat gebeurt er als een bepaalde actie de ene persoon schaadt, maar de ander helpt? Is het ethisch verantwoord om de rijken veel belasting te laten betalen om de armen te helpen? Om een bloedige oorlog te beginnen en een wrede dictator af te zetten? Om een onbeperkt aantal vluchtelingen ons land in te laten? Als secularisten op dit soort dilemma's stuiten, vragen ze zich niet af wat God in zo'n geval voorschrijft, maar wegen ze nauwgezet de gevoelens van alle betrokken partijen tegen elkaar af, onderzoeken een breed scala aan waarnemingen en mogelijkheden, en gaan op zoek naar een middenweg die zo min mogelijk schade aanricht.

Kijk bijvoorbeeld naar onze opvattingen over seksualiteit. Hoe besluiten secularisten of ze voor of tegen verkrachting, homoseksualiteit, bestialiteit en incest moeten zijn? Door de bijbehorende gevoelens te onderzoeken. Verkrachting is duidelijk immoreel, niet omdat het een goddelijk gebod overtreedt, maar omdat het mensen schaadt. Een liefdevolle relatie tussen twee mannen schaadt daarentegen niemand, dus is er geen reden om die te verbieden.

Maar hoe zit het met bestialiteit? Ik heb talloze discussies over het homohuwelijk gevoerd, in de huiselijke kring en en plein public, en het komt maar al te vaak voor dat een of andere slimmerik vraagt: 'Als twee mannen mogen trouwen, waarom zou je dan ook geen huwelijken tussen een man en een geit toestaan?' Vanuit seculier perspectief is het antwoord nogal logisch. Een gezonde relatie vereist emotionele, intellectuele en zelfs spirituele diepgang. Een huwelijk zonder enige diepgang is frustrerend, je wordt er eenzaam van en het is slecht voor je psychische ontwikkeling. Twee mannen kunnen elkaars emotionele, intellectuele en spirituele behoeften zeker bevredigen, maar een relatie met een geit kan dat niet. Als je het huwelijk dus ziet als een instituut dat bedoeld is om het menselijk welzijn te bevorderen – zoals secularisten doen – zou het niet eens bij je opkomen om zo'n bizarre vraag te stellen. Alleen mensen die het huwelijk als een of ander wonderbaarlijk ritueel zien zullen zoiets doen.

En hoe zit het met relaties tussen vader en dochter? Het zijn allebei mensen, dus wat is daar dan mis mee? Simpel zat. Talloze psychologische onderzoeken hebben aangetoond dat zulke relaties het kind enorme en meestal onherstelbare schade toebrengen. Bovendien getuigen ze van destructieve neigingen bij de ouder en versterken ze die. De sapiens-psyche is zo geëvolueerd dat romantische gevoelens gewoon niet goed samengaan met ouderlijke banden. Je hebt dus geen God of Bijbel nodig om tegen incest te zijn, je hoeft alleen de desbetreffende psychologische onderzoeken maar te lezen.[1]

Dit is de onderliggende reden waarom seculieristen zoveel waarde hechten aan wetenschappelijke feiten. Niet om hun nieuwsgierigheid te bevredigen, maar om te weten hoe ze het leed in de wereld het beste kunnen beperken. Zonder hulp van wetenschappelijk onderzoek is onze compassie vaak blind.

Deze twee kernwaarden – waarheid en compassie – leiden ook tot een streven naar **gelijkheid**. Hoewel de meningen uiteenlopen over kwesties als economische en politieke gelijkheid, koesteren seculieristen een fundamentele achterdocht tegen vaststaande hiërarchieën. Leed is leed, wie het ook voelt, en kennis is kennis, wie die ook ontdekt. Als we de ervaringen of ontdekkingen van een bepaald volk, een bepaalde klasse of een bepaalde sekse boven die van andere stellen, kan dat bijna alleen maar leiden tot ongevoeligheid en onwetendheid. Seculieristen zijn zeker trots op de unieke eigenschappen van hun eigen volk, land en cultuur, maar ze verwarren uniciteit niet met superioriteit. Seculieristen voelen wel degelijk een speciale verplichting ten opzichte van hun volk en hun land, maar niet exclusief, want ze erkennen ook hun verplichtingen ten opzichte van de mensheid als geheel.

We kunnen niet zoeken naar waarheid en naar manieren om het leed in de wereld te verminderen zonder de **vrijheid** om na te denken, te onderzoeken en te experimenteren. Daarom koesteren seculieristen de vrijheid en schrijven ze geen oppergezag toe aan één

Ken je eigen schaduwkanten

tekst, instelling of leider die het laatste woord heeft over wat waar of goed is. Mensen moeten altijd de vrijheid houden om te twijfelen, om er nog eens over na te denken, om andere meningen aan te horen of een nieuwe weg te zoeken. Secularisten bewonderen Galileo Galilei, die het waagde te betwisten dat de aarde zich echt roerloos in het middelpunt van het heelal bevond, ze bewonderen het gewone volk dat in 1789 massaal de Bastille bestormde en het despotische regime van Lodewijk XVI ten val bracht en ze bewonderen Rosa Parks, die de moed had om in de bus op een plek te gaan zitten die uitsluitend voor blanke passagiers was bestemd.

Er is heel wat moed voor nodig om vooroordelen en tirannieke regimes te bestrijden, maar het vergt nog meer moed om je eigen onwetendheid te erkennen en het onbekende tegemoet te gaan. Het seculiere onderwijs leert ons dat we, als we iets niet weten, niet bang moeten zijn om dat toe te geven en op zoek te gaan naar nieuwe informatie. Zelfs als we iets denken te weten, moeten we niet bang zijn om vraagtekens bij onze eigen mening te zetten en er nog eens diep over na te denken. Veel mensen zijn bang voor het onbekende en willen een pasklaar antwoord op elke vraag. Die angst voor het onbekende kan verlammender werken dan welke tiran ook. Van oudsher zijn mensen bang dat de samenleving zal instorten als we niet vertrouwen op dit of dat systeem van absolute antwoorden, maar in wezen heeft de moderne geschiedenis juist aangetoond dat een samenleving van dappere mensen die bereid zijn hun eigen onwetendheid onder ogen te zien en moeilijke vragen te stellen meestal niet alleen welvarender, maar ook vreedzamer is dan samenlevingen waarin iedereen onvoorwaardelijk één antwoord moet accepteren. Mensen die bang zijn om hun waarheid te verliezen zijn vaak gewelddadiger dan mensen die gewend zijn om alles van verschillende kanten te bekijken. Vragen die je niet kunt beantwoorden zijn vaak veel beter voor je dan antwoorden die je niet kunt betwisten.

Tot slot koesteren secularisten het idee van **verantwoordelijkheid**. Ze geloven niet in een hogere macht die voor de wereld zorgt, slechteriken bestraft, goede mensen beloont en ons beschermt tegen honger, ziekte of oorlog. Wij stervelingen van vlees en bloed moeten dus de volledige verantwoordelijkheid aanvaarden voor alles wat we doen – of niet doen. Als de wereld één groot tranendal is, is het onze plicht om met oplossingen te komen. Secularisten zijn trots op de immense prestaties van moderne samenlevingen, die onder meer een eind hebben gemaakt aan dodelijke epidemieën, die hongerige mensen voeden en die in een groot deel van de wereld vrede hebben gebracht. We hoeven die prestaties niet toe te schrijven aan een goddelijke beschermheer, want ze zijn geleverd doordat mensen hun kennis en compassie hebben ontwikkeld. Precies om dezelfde reden moeten we echter ook de volledige verantwoordelijkheid op ons nemen voor de misdaden en tekortkomingen van de moderne tijd, variërend van genocide tot ecologisch verval. In plaats van bidden om een wonder moeten we ons afvragen wat we daar zelf aan kunnen doen.

Dit zijn de voornaamste waarden van de seculiere wereld. Zoals we eerder al zagen, is niet een van deze waarden per se seculier. Joden hechten ook veel waarde aan waarheid, christenen aan compassie, moslims aan gelijkheid, hindoes aan verantwoordelijkheid, enzovoort. Seculiere samenlevingen en instellingen vinden het geen enkel punt om die overeenkomsten te erkennen en om de handen ineen te slaan met religieuze joden, christenen, moslims en hindoes, zolang religieuze doctrines de seculiere code maar voor laten gaan als die twee in aanvaring komen. Om geaccepteerd te worden in een seculiere samenleving wordt van orthodoxe joden bijvoorbeeld verwacht dat ze niet-Joden als gelijken behandelen, van christenen dat ze geen ketters op de brandstapel zetten, van moslims dat ze de vrijheid van meningsuiting respecteren en van hindoes dat ze geen mensen discrimineren op basis van kaste.

Er wordt echter niet van religieuze mensen verwacht dat ze God loochenen of hun traditionele riten en rituelen afzweren. De seculiere wereld beoordeelt mensen aan de hand van hun gedrag en niet op basis van hun favoriete kledij en ceremonieel. Je kunt als persoon de meest bizarre sektarische kledingvoorschriften volgen en de vreemdste religieuze ceremoniëen uitvoeren, maar toch blijk geven van een diepe betrokkenheid bij de belangrijkste seculiere waarden. Er zijn genoeg joodse wetenschappers, christelijke milieuactivisten, islamitische feministen en hindoeïstische mensenrechtenstrijders. Als ze trouw zijn aan de wetenschappelijke waarheid, compassie, gelijkheid en vrijheid, zijn ze volwaardige leden van de seculiere wereld en is er geen enkele reden om te eisen dat ze hun keppeltjes, kruisjes, hoofddoeken of tilaka's verwijderen.

Om dezelfde reden is seculier onderwijs geen vorm van negatieve indoctrinatie waarbij kinderen leren om niet in God te geloven en niet deel te nemen aan religieuze ceremonieën. Het seculiere onderwijs leert kinderen hooguit aan om waarheid te onderscheiden van geloof, om compassie te ontwikkelen voor alles wat leeft en pijn kan voelen, om de wijsheid en ervaring van alle wereldburgers te waarderen, om in alle vrijheid na te denken, zonder angst voor het onbekende, en om de verantwoordelijkheid te nemen voor hun eigen daden en de wereld als geheel.

Was Stalin seculier?

Het mist dus elke grond om het secularisme te hekelen vanwege een gebrek aan ethische geboden of sociale verantwoordelijkheden. Het voornaamste probleem met het secularisme is juist precies het omgekeerde. Waarschijnlijk legt het de ethische lat te hoog. Voor de meeste mensen is het gewoon niet haalbaar om aan zo'n veeleisende code te voldoen en grote samenlevingen kunnen niet bestuurd worden op basis van een oneindig streven naar waarheid en compassie. Vooral in moeilijke tijden – denk aan oorlog of economische crises – moeten landen snel en doortastend optreden, zelfs als ze niet goed weten wat waar is en wat niet, en wat de barmhartigste maatregelen zijn. Ze hebben duidelijke richtlijnen nodig, pakkende slogans en inspirerende strijdkreten. Omdat het moeilijk is om soldaten naar het slagveld te sturen of radicale economische hervormingen door te voeren in naam van twijfelachtige gissingen, ontaarden seculiere bewegingen vaak in dogmatische geloofsovertuigingen.

Karl Marx begon bijvoorbeeld met de bewering dat alle religies onderdrukkende vormen van fraude waren en moedigde zijn volgelingen aan om zich zelf te gaan verdiepen in de ware aard van de wereldorde. In de daaropvolgende decennia verhardde het marxisme zich door de spanningen van revolutie en oorlog, tot de officiële lijn van de communistische Sovjetpartij in de tijd van Stalin zei dat de wereldorde het begrip van de gewone man te boven ging en dat het dus het beste was om altijd te vertrouwen op de wijsheid van de partij en alles te doen wat die zei, zelfs als dat neerkwam op de internering en uitroeiing van tientallen miljoenen onschuldige mensen. Het was misschien niet mooi, maar – zoals de partijideologen niet moe werden te verklaren – de revolutie was geen kinderpartijtje, en waar gehakt wordt vallen spaanders.

Of je Stalin nu moet beschouwen als een seculiere leider is dus een kwestie van hoe je 'secularisme' wilt definiëren. Als we de minimalistische, negatieve definitie hanteren – 'secularisten geloven niet in God' – was Stalin absoluut een seculiere leider. Als we een positieve definitie gebruiken – 'secularisten verwerpen alle onwetenschappelijke dogma's en koesteren waarheid, compassie en vrijheid' – was Marx een seculier wonder, maar Stalin verre van. Hij was de profeet van de goddeloze, maar extreem dogmatische religie die we het stalinisme noemen.

Het stalinisme is geen geïsoleerd voorbeeld. Aan de andere kant van het politieke spectrum begon het kapitalisme ook als een heel ruimdenkende wetenschappelijke theorie, die gaandeweg verhardde tot een dogma. Veel kapitalisten blijven maar het mantra van vrijemarktwerking en economische groei herhalen, ongeacht de realiteit in de echte wereld. Wat voor akelige gevolgen modernisering, industrialisering of privatisering soms ook kan hebben, de ware kapitalist zal die altijd afdoen als 'groeipijntjes' en beloven dat alles goed zal komen met een beetje meer groei.

Gematigde liberale democraten zijn van oudsher iets trouwer aan het seculiere streven naar waarheid en compassie, maar zelfs zij ruilen dat soms in voor comfortabele dogma's. Geconfronteerd met de ellende van wrede dictaturen en mislukte staten blijven ze bij hun onvoorwaardelijke geloof in het geweldige ritueel van algemene verkiezingen. Ze voeren peperdure oorlogen en geven miljarden uit aan landen als Irak, Afghanistan en Congo, in het onwankelbare geloof dat het houden van verkiezingen die landen op magische wijze zal veranderen in warmere versies van Denemarken. Dit ondanks herhaaldelijke mislukkingen en ondanks het feit dat zelfs in landen waar al sinds jaar en dag democratische verkiezingen gehouden worden soms autoritaire populisten aan de macht komen en alle mooie democratische rituelen niets anders opleveren dan meerderheidsdictaturen. Als je vraagtekens probeert te zetten bij de zelfverklaarde wijsheid van democratische verkiezingen, word je niet direct naar de goelag gestuurd, maar wacht je waarschijnlijk wel een ijskoude douche van dogmatische scheldwoorden.

Uiteraard zijn niet alle dogma's even schadelijk. Sommige religieuze opvattingen zijn de mensheid alleen maar ten goede gekomen en voor sommige seculiere dogma's geldt dat net zo goed. Dit gaat vooral op voor de doctrine van de mensenrechten. Rechten bestaan alleen in de verhalen die mensen verzinnen en aan elkaar doorvertellen. Die verhalen zijn verheven tot een vaststaand dogma in de strijd tegen religieuze onverdraagzaamheid en autocratische regeringen. Hoewel het niet zo is dat mensen een natuurlijk recht op leven of vrijheid hebben, heeft het geloof in dit verhaal de macht van autoritaire regimes ingeperkt, minderheden beschermd en miljarden mensen gevrijwaard van de ergste gevolgen van armoede en geweld. Daarmee heeft het waarschijnlijk meer bijgedragen aan het geluk en het welzijn van de mensheid dan welke andere doctrine ook.

Toch blijft het een dogma. Artikel 19 van de Universele Verklaring van de Rechten van de Mens van de Verenigde Naties stelt: 'Eenieder heeft recht op vrijheid van mening en meningsuiting'. Als we dit opvatten als een politieke eis ('eenieder zou recht op vrijheid van mening en meningsuiting moeten hebben'), klinkt het heel zinnig. Als we echter geloven dat elke individuele sapiens van nature is begiftigd met een 'recht op vrijheid van mening' en dat censuur dus in strijd is met een of andere natuurwet, gaan we voorbij aan de waarheid over de mensheid. Zolang je jezelf omschrijft als 'een individu dat onvervreemdbare natuurlijke rechten heeft', heb je geen idee wie je precies bent en zul je niets begrijpen van de historische ontwikkelingen die hebben geleid tot jouw samenleving en jouw manier van denken (inclusief je geloof in 'natuurlijke rechten').

Die onwetendheid deed er misschien niet zoveel toe in de twintigste eeuw, toen mensen druk aan het vechten waren tegen Hitler en Stalin, maar het zou ons in de eenentwintigste eeuw wel eens fataal kunnen worden, omdat biotechnologie en kunstmatige intelligentie op het punt staan de hele betekenis van het woord 'mensheid' te veranderen. Als we voor het recht op leven zijn, wil dat dan zeggen dat we biotechnologie moeten inzetten om de dood te overwinnen? Als we voor het recht op vrijheid zijn, moeten we dan macht geven aan algoritmen die onze verborgen verlangens ontcijferen en vervullen? Als alle mensen evenveel mensenrechten hebben, hebben supermensen dan superrechten? Secularisten en humanisten zullen moeite met dat soort vragen blijven houden zolang ze bij hun dogmatische geloof in 'mensenrechten' blijven.

Het dogma van de mensenrechten is in voorgaande eeuwen gevormd als wapen tegen de inquisitie, het ancien régime, de nazi's en de KKK. Het is er niet echt op toegerust om iets te zeggen over supermensen, cyborgs en superintelligente computers. Mensenrechtenbewegingen hebben een heel indrukwekkend arsenaal van argumenten en verdedigingen tegen religieuze vooroordelen en menselijke tirannen opgebouwd, maar dit arsenaal kan ons niet echt beschermen tegen excessief consumentisme en technologische utopieën.

Herken de schaduwkanten

Secularisme moet niet gelijkgesteld worden aan stalinistisch dogmatisme of de bittere vruchten van het westerse imperialisme en de op hol geslagen industrialisering. Toch kan het niet alle verantwoordelijkheid voor die dingen van de hand wijzen. Seculiere bewegingen en wetenschappelijke instellingen hebben miljarden mensen gehypnotiseerd met beloften om de mensheid te perfectioneren en de overvloed die de aarde te bieden heeft in te zetten voor het welzijn van onze soort. Zulke beloften leidden niet alleen tot overwinningen op infectieziekten en hongersnood, maar ook tot goelags en smeltende ijskappen. Daar kun je natuurlijk tegen inbrengen dat dit allemaal de schuld is van mensen die de belangrijkste seculiere idealen en de harde wetenschappelijke feiten verkeerd begrijpen en verdraaien, en dan zou je nog gelijk hebben ook, maar dat probleem hebben alle invloedrijke bewegingen.

Het christendom is bijvoorbeeld verantwoordelijk geweest voor grove misdaden, zoals de inquisitie, de kruistochten, onderdrukking van inheemse culturen over de hele wereld en vrouwenonderdrukking. Een christen kan hier gepikeerd op antwoorden dat al die misdaden voortvloeien uit een totaal verkeerde interpretatie van het christendom. Jezus predikte enkel liefde en de inquisitie baseerde zich op een gruwelijke verdraaiing van zijn leer. We kunnen wel met die bewering sympathiseren, maar het zou verkeerd zijn om het christendom zo terloops vrij te pleiten. Christenen die niets dan afschuw voelen over de inquisitie en de kruistochten kunnen de handen niet zomaar in onschuld wassen, maar moeten zichzelf een paar heel taaie gewetensvragen stellen. Hoe kon hun 'religie van liefde' zich ooit op zo'n manier laten verdraaien, en dat niet één keer, maar talloze keren? Protestanten die het allemaal op het fanatisme van de katholieken proberen te gooien, mogen wel eens een boek lezen over het gedrag van protestantse kolonisten in Ierland of Noord-Amerika. En marxisten mogen zich wel eens afvragen welk deel van de leer van Marx de weg heeft vrijgemaakt voor de goelag. Wetenschappers mogen zich wel eens afvragen hoe het wetenschappelijke project zich zo makkelijk heeft kunnen lenen om het mondiale ecosysteem te destabiliseren en met name de genetici moeten de manier waarop de nazi's met Darwins theorieën aan de haal zijn gegaan als een duidelijke waarschuwing beschouwen.

Elke religie, ideologie en geloofsopvatting heeft zijn schaduwkanten en welk geloof je ook aanhangt, die schaduwkanten moet je erkennen en de naïeve geruststelling dat het 'ons niet kan overkomen' moet je zien te vermijden. De seculiere wetenschap heeft minstens één groot voordeel boven de meeste traditionele religies, namelijk dat ze niet bang is voor haar eigen schaduw en in principe bereid is haar fouten en blinde vlekken te erkennen. Als je gelooft in een absolute waarheid die ons geopenbaard is door een hogere macht, kun je jezelf niet toestaan fouten te erkennen, want dat zou je hele verhaal ongeldig verklaren. Als je echter gelooft in een zoektocht naar waarheid door feilbare mensen, is het toegeven van blunders een inherent onderdeel van het spel.

Dit is ook de reden dat ondogmatische seculiere bewegingen meestal relatief bescheiden beloften doen. Ze kennen hun eigen onvolmaaktheden en hopen stapsgewijs kleine veranderingen door te voeren, door bijvoorbeeld het minimumloon met een paar dollar te verhogen of de kindersterfte met een paar procentpunten te verlagen. Het is een kenmerk van dogmatische ideologieën dat ze dankzij hun overdreven zelfvertrouwen stelselmatig het onmogelijke beloven. Hun leiders reppen veel te makkelijk van 'eeuwigheid', 'zuiverheid' en 'redding', alsof ze met het invoeren van de een of andere wet, het bouwen van de een of andere tempel, of het veroveren van een stukje gebied met één groot gebaar de hele wereld kunnen redden.

Nu we op het punt staan om de belangrijkste beslissingen in de geschiedenis van het leven op aarde te nemen, zou ik persoonlijk meer vertrouwen stellen in mensen die hun eigen onwetendheid erkennen dan in mensen die onfeilbaarheid claimen. Als je wilt dat jouw religie, ideologie of wereldbeeld toonaangevend wordt in de wereld, is mijn eerste vraag aan jou: 'Wat was de grootste fout die jouw religie, ideologie of wereldbeeld heeft gemaakt? Wat heeft die verkeerd gedaan?' Als je daar geen serieus antwoord op kunt geven, zou ik je voor geen cent vertrouwen.

Deel vier

WAARHEID

Als je je overdonderd en verward voelt door de problemen die de wereld teisteren, zit je op het juiste spoor. Mondiale processen zijn zo ingewikkeld geworden dat één persoon ze niet meer kan overzien. Hoe kun je dan toch de waarheid over de wereld achterhalen en hoe vermijd je dat je het slachtoffer wordt van propaganda en desinformatie?

15

ONWETENDHEID

Je weet minder dan je denkt

In de voorgaande hoofdstukken bekeken we een paar belangrijke problemen en ontwikkelingen van nu, van ons overdreven beeld van de gevaren van terrorisme tot ons zwakke inzicht in de gevaren van technologische ontwrichting. Als je daar het vervelende gevoel van krijgt dat het allemaal te veel is en dat je het niet allemaal kunt behappen, dan heb je volkomen gelijk. Dat kan niemand.

In de afgelopen eeuwen bracht het liberale gedachtegoed een enorm vertrouwen in het rationele individu met zich mee. Het schilderde individuele mensen af als onafhankelijke, rationele actoren en bombardeerde die mythische wezens tot de hoeksteen van de moderne samenleving. Democratie is gebaseerd op het idee dat de kiezer alles het beste weet, in het kapitalistische systeem van vrijemarktwerking is de klant koning en het liberale onderwijs leert studenten om zelfstandig na te denken.

Het is alleen een vergissing om zoveel vertrouwen in het rationele individu te stellen. Postkoloniale en feministische denkers wijzen er sinds jaar en dag op dat dit 'rationele individu' wel eens een chauvinistische westerse fantasie zou kunnen zijn ter meerdere eer en glorie van de autonomie en de macht van hooggeplaatste blanke mannen. Zoals we al eerder zagen, hebben gedragseconomen en evolutionair psychologen aangetoond dat de meeste menselijke beslissingen niet op rationele analyses berusten, maar op emotionele reacties en heuristische shortcuts; onze emoties en heuristieken waren misschien heel geschikt voor het leven in de steentijd, maar in het computertijdperk schieten ze ernstig tekort.

Niet alleen rationaliteit is een mythe, het individu zelf is dat ook. Mensen denken zelden zelfstandig na. We denken doorgaans in groepen. Zoals er een heel dorp voor nodig is om een kind groot te brengen, is er ook een heel dorp voor nodig om een werktuig uit te vinden, een conflict op te lossen of een ziekte te genezen. Geen enkel individu weet alles wat je moet weten om een kathedraal, een atoombom of een vliegtuig te bouwen. Dat wat homo sapiens net dat ietsje meer gaf dan andere dieren en ons de baas van de hele planeet maakte, was niet onze individuele rationaliteit, maar ons ongekende vermogen om in groten getale de koppen bij elkaar te steken.[1]

Individuele mensen weten gênant weinig van de ons omringende wereld en in de loop van de geschiedenis gingen ze steeds minder weten. Jagers-verzamelaars uit de steentijd wisten hoe ze zelf kleren moesten maken, hoe ze een vuurtje moesten stoken, hoe ze konijnen moesten vangen en hoe ze aan leeuwen konden ontsnappen. We denken dat we vandaag de dag veel meer weten, maar als individuen weten we in feite veel minder. We zijn voor bijna al onze behoeften afhankelijk van de expertise van anderen. In een ontnuchterend experiment werd mensen gevraagd in te schatten hoeveel ze wisten over de werking van een doodgewone ritssluiting. De meesten antwoordden zelfverzekerd dat ze daar alles van wisten, want ze gebruikten immers continu ritssluitingen. Vervolgens moesten ze zo gedetailleerd mogelijk alle stappen omschrijven die bij de werking van de rits kwamen kijken. De meeste mensen hadden geen idee.[2] Dit is wat Steven Sloman en Philip Fernbach de 'kennisillusie' hebben genoemd. We denken dat we heel veel weten, terwijl we op individueel niveau heel weinig weten, omdat we de kennis van anderen behandelen alsof die van ons is.

Dit is niet per se slecht. Onze afhankelijkheid van groepsdenken heeft ons oppermachtig gemaakt en de kennisillusie stelt ons in staat om door het leven te gaan zonder de hele tijd geconfronteerd te worden met de onmogelijke opgave om alles zelf te doorgronden. Vanuit evolutionair perspectief heeft ons vertrouwen in de kennis van anderen bijzonder goed uitgepakt voor homo sapiens.

Maar net als veel andere menselijke eigenschappen die vroeger heel nuttig waren, maar in de moderne tijd problemen veroorzaken, heeft de kennisillusie ook nadelen. De wereld wordt steeds ingewikkelder en mensen beseffen domweg niet hoe weinig ze precies van alles snappen. Zo kan iemand die zo goed als niets weet over meteorologie of biologie toch maatregelen voorstellen op het gebied van klimaatverandering en genetisch gemodificeerde gewassen, terwijl anderen er heel expliciete standpunten op nahouden over wat er in Irak of Oekraïne moet gebeuren, terwijl ze die landen niet eens kunnen aanwijzen op de kaart. Mensen zijn zich maar zelden bewust van hun eigen onwetendheid, omdat ze zich opsluiten in een echoput vol gelijkgestemde vrienden en nieuwsbronnen, waar hun opvattingen constant worden versterkt en zelden tegengas krijgen.[3]

Waarschijnlijk wordt het er niet eens beter op als mensen meer en betere informatie krijgen. Wetenschappers proberen onjuiste opvattingen te corrigeren met beter onderwijs en deskundigen proberen de publieke opinie inzake kwesties als Obamacare of klimaatverandering bij te stellen door het publiek te voorzien van kloppende feiten en verklaringen van experts. Die pogingen komen voort uit een verkeerd begrip van hoe mensen echt denken. Het merendeel van onze opvattingen wordt gevormd door het gemeenschappelijke groepsdenken en niet door individuele rationaliteit, en we houden aan die opvattingen vast uit loyaliteit aan de groep. Waarschijnlijk werkt het alleen maar averechts om mensen te bombarderen met feiten en hun individuele onwetendheid aan het licht te brengen. De meeste mensen houden niet van grote hoeveelheden feiten en ze houden er al helemaal niet van om zich dom te voelen. Denk maar niet dat je aanhangers van de Tea Party-beweging kunt doordringen van de waarheid over klimaatverandering met een paar velletjes statistische gegevens.[4]

De macht van het groepsdenken is zo groot dat ze moeilijk te doorbreken is, zelfs als de opvattingen van zo'n groep tamelijk willekeurig lijken. In de vs geven de meeste rechtse conservatieven bijvoorbeeld veel minder om dingen als vervuiling en bedreigde diersoorten dan linkse progressieven, wat meteen de reden is dat Louisiana veel zwakkere milieuregels hanteert dan Massachusetts. We zijn aan die situatie gewend, dus nemen we die voor lief, maar eigenlijk is het verbazingwekkend. Je zou toch verwachten dat conservatieven het behoud van de oude ecologische orde en de bescherming van hun landschappelijk erfgoed, hun bossen en rivieren veel belangrijker zouden vinden. En je zou denken dat progressieven veel meer zouden openstaan voor radicale veranderingen aan het landschap, zeker als die bedoeld zijn om de vooruitgang te versnellen en de menselijke levensstandaard te verhogen. Maar als de partijlijn wat betreft dit soort kwesties eenmaal is uitgezet, met dank aan allerlei historische kronkelwegen, wordt het voor conservatieven hun tweede natuur om zorgen over vervuilde rivieren en verdwijnende vogels weg te wuiven, terwijl linkse progressieven alle verstoringen van de oude ecologische orde doorgaans met argusogen bekijken.[5]

Zelfs wetenschappers zijn niet immuun voor de macht van het groepsdenken. Wetenschappers die geloven dat feiten de publieke opinie kunnen veranderen zijn zelf misschien het slachtoffer van wetenschappelijk groepsdenken. De wetenschappelijke wereld gelooft in de kracht van feiten, dus blijven de leden van die gemeenschap geloven dat ze publieke debatten kunnen winnen door met de juiste feiten te strooien, ondanks de vele empirische bewijzen van het tegendeel.

Het liberale geloof in individuele rationaliteit is zelf misschien ook een product van liberaal groepsdenken. In een van de mooiste scènes uit de Monty Python-film *Life of Brian* ziet een enorme menigte idealistische volgelingen Brian voor de messias aan. Brian roept tegen zijn discipelen: 'Jullie hoeven me niet te volgen, jullie hoeven niemand te volgen! Jullie moeten zelf nadenken! Jullie zijn allemaal individuen! Jullie zijn allemaal anders!' De enthousiaste massa scandeert vervolgens unisono: 'Ja! We zijn allemaal individuen! Ja! We zijn allemaal anders!' De makers parodieerden de orthodoxie van de alternatieve cultuur van de jaren zestig, maar hetzelfde geldt misschien wel net zo goed voor het algemene geloof in rationeel individualisme. Moderne democratieën wemelen van de menigten die in koor schreeuwen: 'Ja, de kiezer weet alles beter! Ja, de klant is altijd koning!'

Het zwarte gat van de macht

Het probleem met groepsdenken en individuele onwetendheid is niet alleen iets van gewone kiezers en consumenten, maar ook van presidenten en directeuren. Ze hebben misschien volop adviseurs en gigantische inlichtingendiensten, maar daar wordt het niet per se beter van. Als je de hele wereld regeert, is het ontzettend moeilijk om de waarheid te doorgronden, want daar heb je het domweg veel te druk voor. De meeste politieke kopstukken en zakenbonzen staan nooit een seconde stil. Maar als je diep in een onderwerp wilt doordringen, heb je heel veel tijd nodig en vooral ook de luxe dat je tijd kunt verspillen. Je moet kunnen experimenteren met onproductieve gedachtegangen, doodlopende wegen verkennen, ruimte laten voor twijfel en verveling, en kleine sprankjes inzicht de tijd geven om langzaam te groeien en tot wasdom te komen. Als je het je niet kunt permitteren om tijd te verspillen, zul je nooit erg dicht bij de waarheid komen.

Wat nog erger is, is dat macht de waarheid vaak vervormt. Macht draait om het veranderen van de realiteit, niet om het doorgronden ervan. Als je een hamer in handen hebt, ziet alles eruit als een spijker, en als je heel veel macht hebt, ziet alles eruit als een uitnodiging om je ertegenaan te bemoeien. Zelfs als je die neiging weet te onderdrukken, zullen de mensen om je heen nooit vergeten dat je een gigantische hamer in je hand hebt. Iedereen die met je praat zal bewust of onbewust een bepaalde agenda hebben, dus kun je nooit honderd procent vertrouwen op wat ze zeggen. De sultan kan er nooit op bouwen dat zijn hovelingen en onderknuppels hem de waarheid zullen vertellen.

Macht gedraagt zich dus als een zwart gat dat alles eromheen vervormt. Hoe dichter je het nadert, hoe verwrongener alles wordt. Elk woord wordt extra zwaar zodra het bij je in de buurt komt en iedereen die je ziet probeert je te vleien, je te vriend te houden of iets van je gedaan te krijgen. Ze weten dat je hoogstens een minuut of twee de tijd voor ze hebt en ze zijn bang om iets onbehoorlijks of warrigs te zeggen, dus komen er uiteindelijk alleen lege slogans of gigantische clichés uit.

Een paar jaar geleden werd ik uitgenodigd voor een diner met Benjamin Netanyahu, de Israëlische premier. Vrienden waarschuwden me dat ik niet moest gaan, maar ik kon de verleiding niet weerstaan. Ik dacht dat ik misschien eindelijk wat grote geheimen te horen zou krijgen die alleen achter gesloten deuren aan belangrijke mensen worden doorgegeven. Wat een teleurstelling! Er waren ongeveer dertig mensen en iedereen probeerde de aandacht van de grote man te trekken, hem te imponeren met zijn gevatheid, bij hem in de gunst te komen of iets van hem los te krijgen. Als daar mensen aanwezig waren die een groot geheim kenden, deden ze bijzonder goed hun best dat voor zich te houden. Dat was niet per se de schuld van Netanyahu, of van wie dan ook.

Het was de schuld van de zwaartekracht van de macht.

Als je echt waarheid wilt, moet je je losrukken uit het zwarte gat van de macht en jezelf de kans geven om heel veel tijd te verprutsen met ronddwalen in de periferie. Revolutionaire kennis belandt zelden in het centrum, omdat het centrum is opgebouwd uit bestaande kennis. De hoeders van de gevestigde orde bepalen meestal wie in de machtscentra mag doordringen en ze filteren de brengers van verontrustende onconventionele ideeën er meestal uit. Uiteraard filteren ze er ook een onvoorstelbare hoeveelheid onzin uit. Het is zeker geen waarmerk van wijsheid om niet uitgenodigd te worden voor het Wereld Economisch Forum in Davos. Daarom is het ook nodig om zoveel tijd te verprutsen in de periferie – die kan namelijk briljante, revolutionaire inzichten bevatten, maar zit vooral vol met ongefundeerde gissingen, doorgeprikte mythen, bijgelovige dogma's en idiote complottheorieën.

Leiders staan dus altijd voor een dilemma. Als ze in het machtscentrum blijven zitten, zullen ze een uiterst verwrongen beeld van de wereld krijgen. Als ze zich daar te ver buiten wagen, zullen ze te veel kostbare tijd verspillen. En dat probleem zal alleen maar erger worden, want in de komende decennia zal de wereld nog ingewikkelder worden dan hij al was. Individuele mensen – of ze nu pionnen zijn of koningen – zullen daardoor steeds minder weten over de technologische gadgets, de economische ontwikkelingen en de politieke dynamiek die de wereld veranderen. Zoals Socrates meer dan tweeduizend jaar geleden al zei, kunnen we in dat soort situaties maar beter onze eigen individuele onwetendheid erkennen.

Maar hoe zit het dan met moraal en rechtvaardigheid? Als we de wereld niet begrijpen, hoe kunnen we dan ooit het verschil zien tussen goed en slecht, tussen rechtvaardigheid en onrechtvaardigheid?

16

RECHTVAARDIGHEID

Is ons gevoel voor rechtvaardigheid verouderd?

Net als al onze gevoelens heeft ons gevoel voor rechtvaardigheid ook oeroude evolutionaire wortels. De menselijke moraal is in de loop van miljoenen jaren ontstaan en aangepast aan de omgang met de sociale en ethische dilemma's die zich voordeden in het leven van kleine groepen jagers-verzamelaars. Als ik met jou ging jagen en ik een hert ving, en jij niets, moest ik mijn buit dan met jou delen? Als jij paddenstoelen ging zoeken en terugkwam met een volle mand, mocht ik die dan van je afpakken, alleen omdat ik sterker was? En als ik weet dat jij van plan bent mij te vermoorden, mag ik dan preventieve maatregelen nemen en in het holst van de nacht je keel doorsnijden?[1]

Op het eerste gezicht is er niet veel veranderd sinds we de Afrikaanse savanne hebben ingeruild voor de jungle van de grote stad. Je zou zeggen dat de vraagstukken waarmee we nu te maken hebben – de Syrische burgeroorlog, de ongelijkheid in de wereld, de opwarming van de aarde – gewoon dezelfde vraagstukken zijn als vroeger, maar dan iets groter. Dat is echter een illusie. Grootte doet er wel degelijk toe en vanuit het standpunt van de rechtvaardigheid zijn we, net als vanuit veel andere standpunten, slecht aangepast aan de wereld waarin we leven.

Is ons gevoel voor rechtvaardigheid verouderd?

Het probleem is niet een gebrek aan waarden, want de burgers van de eenentwintigste eeuw hebben meer dan genoeg waarden, seculier dan wel religieus. Het probleem heeft te maken met het implementeren van die waarden in een complexe, geglobaliseerde wereld. Het ligt allemaal aan de aantallen. Het rechtvaardigheidsgevoel van verzamelaars was gestructureerd rond het oplossen van dilemma's in het leven van een paar honderd mensen die heel dicht op elkaar woonden. Als we de relaties tussen miljoenen mensen op hele continenten proberen te overzien, raakt ons morele zintuig overvoerd.

Voor rechtvaardigheid is niet alleen een stelsel van abstracte waarden nodig, maar ook inzicht in concrete correlaties tussen oorzaak en gevolg. Als je paddenstoelen hebt gezocht om je kinderen te voeden en ik met geweld jouw mandje paddenstoelen afpak, zodat al dat werk voor niets is geweest en je kinderen hongerig naar bed moeten, is dat oneerlijk. Dat is makkelijk te begrijpen, omdat het verband tussen oorzaak en gevolg makkelijk te zien is. Helaas is het een inherente eigenschap van onze moderne, geglobaliseerde wereld dat allerlei causale relaties uiterst fijn vertakt en complex zijn. Ik kan een vredig leventje leiden in mijn eigen huis en nooit een vlieg kwaad doen, maar volgens linkse activisten toch volledig medeaansprakelijk zijn voor het onrecht dat Israëlische soldaten en kolonisten aanrichten op de Westelijke Jordaanoever. Volgens de socialisten wordt mijn comfortabele leventje mogelijk gemaakt door kinderarbeid in ellendige sweatshops in de Derde Wereld. Voorvechters van dierenrechten wrijven me onder mijn neus dat mijn leven vervlochten is met een van de gruwelijkste misdaden uit de geschiedenis, namelijk de onderwerping van miljarden gedomesticeerde dieren aan een wreed regime van uitbuiting.

Ben ik echt schuldig aan al die dingen? Dat is niet goed te zeggen. Aangezien ik voor mijn bestaan afhankelijk ben van een onoverzienbaar netwerk van economische en politieke banden en aangezien de wereldwijde causale verbanden zo onbegrijpelijk met elkaar vervlochten zijn, vind ik het al moeilijk om de simpelste vragen te beantwoorden, zoals waar mijn lunch vandaan komt, wie mijn schoenen heeft gemaakt en wat mijn pensioenfonds met mijn geld uitvoert.[2]

Gestolen rivieren

Een jager-verzamelaar uit de oertijd wist heel goed waar zijn lunch vandaan kwam (die had hij zelf verzameld), wie zijn mocassins had gemaakt (die sliep twintig meter bij hem vandaan) en wat zijn pensioenfonds uitvoerde (dat speelde in het zand. In die tijd hadden mensen maar één pensioenfonds, 'kinderen' genaamd). Ik weet veel minder dan die jager-verzamelaar. Na jaren van onderzoek zal mogelijk blijken dat de regering waarvoor ik heb gekozen in het geniep wapens verkoopt aan een schimmige dictator aan de andere kant van de wereld. Maar in de tijd die het mij zou kosten om daarachter te komen, mis ik misschien veel belangrijkere ontdekkingen, bijvoorbeeld over het lot van de kippen wier eieren ik gisteravond heb gegeten.

Het systeem is zo opgebouwd dat mensen die geen moeite doen om ergens achter te komen in zalige onwetendheid kunnen blijven verkeren en dat het voor mensen die wel die moeite doen heel moeilijk zal zijn om de waarheid te achterhalen. Hoe is het mogelijk om niet te stelen als het wereldwijde economische systeem onophoudelijk steelt namens mij, zonder dat ik dat weet? Het maakt daarbij niet uit of je daden beoordeelt op hun gevolgen (stelen is verkeerd, omdat het vervelend is voor het slachtoffer) of gelooft in plichten die categorisch vervuld moeten worden, los van de gevolgen (stelen is verkeerd, want dat heeft God zo gezegd). Het probleem is dat het zo ontzettend ingewikkeld is geworden om te begrijpen wat we precies doen.

Is ons gevoel voor rechtvaardigheid verouderd?

Het gebod om niet te stelen is opgesteld in een tijd waarin stelen betekende dat je fysiek iets pakte wat niet jouw eigendom was. Vandaag de dag draaien de echt belangrijke debatten over diefstal echter om heel andere scenario's. Stel dat ik tienduizend dollar investeer in aandelen van een groot petrochemisch bedrijf en dat ik daar jaarlijks een rendement van vijf procent uit opstrijk. Het bedrijf is heel winstgevend, omdat het allerlei externe kosten niet op zich neemt. Het dumpt giftig afval in een rivier zonder zich te bekommeren om de schade aan de regionale drinkwatervoorraad, de volksgezondheid of de plaatselijke fauna. Het gebruikt zijn rijkdom om een leger van advocaten in te huren dat het beschermt tegen alle eisen tot compensatie. Het heeft ook lobbyisten in dienst, die alle pogingen om strengere milieueisen door te voeren dwarsbomen.

Kunnen we zo'n bedrijf ervan beschuldigen dat het 'een rivier steelt'? En hoe zit het met mij persoonlijk? Ik breek nooit ergens in en gris nooit bankbiljetten uit iemands handtasje. Ik weet niet hoe dit specifieke bedrijf zijn winsten behaalt. Ik kan me zelfs nauwelijks herinneren dat het in mijn aandelenportefeuille zit. Ben ik dan schuldig aan diefstal? Hoe kunnen we moreel juist handelen als we niet bij alle relevante feiten kunnen?

Je kunt proberen het probleem uit de weg te gaan door iemands moraal af te meten aan zijn bedoelingen. Dan telt alleen wat mijn bedoeling met iets was, niet wat ik uiteindelijk doe of de uitkomst van wat ik doe. In een wereld waarin alles met alles samenhangt, wordt het hoogste morele gebod echter het gebod om te weten. De grootste misdaden uit de moderne geschiedenis vloeiden niet alleen voort uit haat en hebzucht, maar nog meer uit onwetendheid en onverschilligheid. Charmante Engelse dametjes financierden de trans-Atlantische slavenhandel door aandelen en obligaties te kopen op de Londense beurs, zonder ooit een voet in Afrika of het Caribisch gebied te zetten. Vervolgens zoetten ze hun middagthee met sneeuwwitte suikerklontjes die geproduceerd werden op helse plantages, waarvan ze helemaal niets wisten.

In het Duitsland van eind jaren dertig kon de chef van een postkantoortje heel goed een rechtschapen burger zijn die zich inzette voor het welzijn van zijn werknemers en persoonlijk mensen in nood hielp om zoekgeraakte pakketjes op te sporen. Hij was altijd de eerste die op het werk verscheen en de laatste die naar huis ging, en zelfs tijdens sneeuwstormen zorgde hij dat de post op tijd kwam. Helaas was dit efficiënte, vriendelijke postkantoor een cruciale cel in het zenuwstelsel van de nazistaat. Het faciliteerde de prompte verzending van racistische propaganda, rekruteringsbevelen van de Wehrmacht en strikte orders aan plaatselijke ss'ers. Er is iets niet helemaal in de haak met de bedoelingen van mensen die geen serieuze pogingen ondernemen om dingen te weten te komen.

Maar wat telt dan als een 'serieuze poging om dingen te weten te komen'? Moeten postbeambten overal ter wereld de inkomende post openen en ontslag nemen of in opstand komen als ze overheidspropaganda tegenkomen? Het is makkelijk om met absolute morele zekerheid terug te kijken op het nazistische Duitsland van de jaren dertig, omdat we immers weten waar de keten van oorzaak en gevolg toe heeft geleid, maar zonder het voordeel van wijsheid achteraf is morele zekerheid misschien wel niet haalbaar. De bittere waarheid is dat de wereld domweg te ingewikkeld is geworden voor onze jagers-verzamelaarshersentjes.

De meeste onrechtvaardigheden in de huidige wereld vloeien veelal niet voort uit individuele vooroordelen, maar uit grootschalige structurele tendensen, en ons jagers-verzamelaarsbrein is niet geëvolueerd om structurele tendensen te ontwaren. We zijn allemaal medeschuldig aan in elk geval een deel van die tendensen en we hebben gewoonweg niet de tijd en energie om ze allemaal te achterhalen. Die les heb ik zelf ook geleerd tijdens het schrijven van dit boek. Als ik mondiale kwesties beschrijf, loop ik altijd het gevaar dat ik het standpunt van de mondiale elite boven dat van allerlei minder bevoorrechte groepen laat prevaleren. De mondiale elite overheerst de conversatie, dus hun standpunten zijn onmogelijk te missen. Achtergestelde groepen worden juist stelselmatig monddood gemaakt, dus zijn ze makkelijk over het hoofd te zien, niet uit opzettelijke kwaadaardigheid, maar uit pure onwetendheid.

Ik weet bijvoorbeeld helemaal niets over de unieke standpunten en problemen van de oorspronkelijke Tasmaniërs. Daar weet ik zelfs zo weinig van dat ik er in een vorig boek van uitging dat de oorspronkelijke Tasmaniërs niet meer bestonden, omdat ze allemaal waren uitgeroeid door Europese kolonisten. Toch zijn er nog duizenden mensen op aarde die afstammen van de oorspronkelijke bevolking van Tasmanië en die worstelen met allerlei specifieke problemen. Een van die problemen is dat hun bestaan regelmatig wordt ontkend, óók door geleerde deskundigen.

Zelfs als je persoonlijk tot een achtergestelde groep mensen behoort en daardoor een diep, direct inzicht hebt in hun standpunten, wil dat nog niet zeggen dat je de standpunten van al dat soort groepen begrijpt. Elke groep en subgroep kampt namelijk met zijn eigen doolhof van glazen plafonds, dubbele standaarden, onderhuidse beledigingen en institutionele discriminatie. Een dertigjarige zwarte Amerikaanse man heeft dertig jaar ervaring met wat het betekent om een zwarte Amerikaanse man te zijn, maar hij weet niet wat het inhoudt om een zwarte Amerikaanse vrouw te zijn, een Bulgaarse Roma, een blinde Rus of een Chinese lesbienne. In de loop van zijn leven is deze zwarte Amerikaan herhaaldelijk zonder duidelijke reden aangehouden en gefouilleerd door de politie, iets waarmee de Chinese lesbienne nooit te maken heeft gehad. Wel is hij geboren in een zwart Amerikaans gezin in een zwarte Amerikaanse woonwijk, waardoor hij omringd was met mensen zoals hij, van wie hij leerde wat hij moest weten om te overleven en zich te ontplooien als zwarte Amerikaanse man. De Chinese lesbienne is niet geboren in een lesbisch gezin in een lesbische buurt en had misschien wel helemaal niemand van wie ze belangrijke levenslessen kon leren. Als zwarte opgroeien in Baltimore maakte het dus niet per se makkelijk om te begrijpen hoe moeilijk het kan zijn om als lesbienne op te groeien in Hangzhou.

In vroeger tijden deed dit er minder toe, omdat je niet echt verantwoordelijk was voor de ellende van mensen aan de andere kant van de wereld. Als je de moeite nam om met minder fortuinlijke buren te sympathiseren, was dat al heel wat. Maar tegenwoordig raken wereldwijd gevoerde discussies over dingen als klimaatverandering en kunstmatige intelligentie aan ieders leven – of je nu in Tasmanië woont, in Hangzhou of in Baltimore – dus moeten we alle standpunten overwegen. Maar hoe doe je zoiets? Hoe kan één iemand het web van relaties tussen duizenden met elkaar verstrengelde groepen over de hele wereld overzien?[3]

Versimpelen of ontkennen?

Zelfs als we het echt willen, zijn de meesten van ons niet meer in staat om de grote ethische problemen op aarde te begrijpen. Mensen begrijpen de relaties tussen twee verzamelaars, twintig verzamelaars of twee naburige clans. Ze zijn er slecht op toegerust om de relaties tussen miljoenen Syriërs, vijfhonderd miljoen Europeanen of alle door elkaar heen lopende groepen en subgroepen op de hele planeet te doorgronden.

Bij pogingen om ethische dilemma's op zo'n schaal te begrijpen en beoordelen, zijn er vier methoden die mensen vaak hanteren. De eerste methode is versimpeling van het probleem, waarbij je de Syrische burgeroorlog bijvoorbeeld beschouwt alsof het iets tussen twee verzamelaars is, door het regime-Assad als één persoon voor te stellen en de rebellen als een andere persoon, waarvan de een goed is en de ander slecht. De historische complexiteit van het conflict wordt vervangen door een simpele, heldere plotlijn.[4]

De tweede methode is focussen op een ontroerend menselijk verhaal dat ogenschijnlijk het hele conflict illustreert. Als je mensen probeert uit te leggen hoe complex het conflict precies is aan de hand van statistieken en exacte gegevens, ben je ze al snel kwijt, maar een persoonlijk verhaal over het lot van één kind activeert de traanklieren, doet ons bloed koken en genereert valse morele zekerheid.[5] Dit is iets wat veel goede doelen al heel lang weten. In één vermeldenswaardig experiment werd mensen gevraagd geld te doneren om een arm zevenjarig meisje uit Mali te helpen, Rokia geheten. Velen waren tot tranen geroerd door haar verhaal en grepen grif naar de portemonnee. Maar als de onderzoekers naast het persoonlijke verhaal van Rokia ook statistieken bijleverden over het algemene armoedeprobleem in Afrika, waren de respondenten ineens *minder* bereid tot hulp. In een ander onderzoek vroegen wetenschappers om donaties om ofwel één ziek kind te helpen, of acht. Mensen gaven meer geld voor dat ene kind dan voor het groepje van acht.[6]

De derde methode om met grootschalige morele dilemma's om te gaan is het verzinnen van complottheorieën. Hoe functioneert de wereldeconomie en is dat goed of slecht? Dat is te ingewikkeld om er alles van te begrijpen. Het is veel makkelijker om je voor te stellen dat twintig multimiljardairs achter de schermen aan de touwtjes trekken, de media beheersen en oorlog stoken om zichzelf te verrijken. Dit is bijna altijd een ongefundeerde fantasie. De huidige wereld is te ingewikkeld, niet alleen voor ons gevoel voor rechtvaardigheid, maar ook voor onze bestuurlijke kwaliteiten. Niemand weet echt helemaal wat er gaande is in de wereld, en dat geldt net zo goed voor de multimiljardairs, de CIA, de Vrijmetselaars en de Wijzen van Sion. Daardoor is niemand in staat om effectief aan de touwtjes te trekken.[7]

Deze drie methoden zijn pogingen om de reële complexiteit van de wereld te ontkennen. De vierde en laatste methode is een dogma creëren, vertrouwen op een zogenaamd alwetende theorie, instelling of bovenbaas en daar blind op varen. Religieuze en ideologische dogma's zijn in ons wetenschappelijke tijdperk nog steeds uiterst aantrekkelijk, juist omdat ze een veilige haven bieden, een uitweg uit de frustrerend complexe realiteit. Zoals we al eerder zagen, speelt dit gevaar ook bij seculiere bewegingen. Zelfs als je begint met de verwerping van alle religieuze dogma's en een groot respect voor wetenschappelijke feiten, wordt de complexiteit van de werkelijkheid vroeg of laat zo gekmakend dat de neiging ontstaat een doctrine te creëren die niet betwist mag worden. Zulke doctrines bieden wel intellectuele zielenrust en morele zekerheid, maar het is de vraag of ze rechtvaardigheid brengen.

Wat moeten we dan doen? Moeten we het liberale dogma omarmen en vertrouwen op de optelsom van individuele kiezers en consumenten? Of moeten we de individualistische aanpak verwerpen en net als veel voorgaande culturen uit de geschiedenis de macht geven aan collectieven om het woord 'samen' weer inhoud te geven? Met zo'n oplossing komen we alleen van de wal van de individuele onwetendheid in de sloot van het tendentieuze groepsdenken terecht. Groepen jagers-verzamelaars, dorpsgemeenschappen en zelfs stadswijken konden samen nadenken over de gemeenschappelijke problemen die ze tegenkwamen, maar we staan nu voor wereldwijde problemen zonder dat we een wereldwijde gemeenschap hebben. Facebook, het nationalisme of welke religie dan ook hebben bij lange na niet zo'n gemeenschap kunnen creëren. Alle bestaande mensenstammen zijn drukker bezig hun eigen belangen na te jagen dan iets te begrijpen van wereldwijde realiteiten. De 'wereldgemeenschap' bestaat niet uit Amerikanen, Chinezen, moslims of hindoes, dus hun interpretatie van de werkelijkheid is niet echt betrouwbaar.

Moeten we het bijltje er dan maar bij neergooien en concluderen dat het menselijke streven naar waarheid en rechtvaardigheid heeft gefaald? Is nu officieel het post-truth-tijdperk aangebroken?

17

DE WAARHEID VOORBIJ

Sommig nepnieuws blijft eeuwig bestaan

We krijgen tegenwoordig vaak te horen dat we in een nieuw, angstaanjagend tijdperk van 'post-truth' leven, waarin we worden doodgegooid met leugens en verzinsels. Voorbeelden daarvan zijn overal te vinden. Eind februari 2014 vielen Russische speciale eenheden in neutrale uniformen Oekraïne binnen en bezetten cruciale bases en gebouwen op de Krim. De Russische regering en president Poetin zelf ontkenden herhaaldelijk dat dit Russische troepen waren en omschreven ze als spontaan opgerichte 'zelfverdedigingsgroepen' die misschien Russisch ogend materieel hadden aangeschaft in plaatselijke dumpshops.[1] Toen ze die tamelijk absurde beweringen deden, wisten Poetin en zijn medewerkers heel goed dat ze logen.

Russische nationalisten kunnen die leugens goedpraten met het idee dat ze een hogere waarheid dienden. Rusland was verwikkeld in een rechtvaardige oorlog en als het oké is om te doden voor een rechtvaardige zaak, is het toch ook wel oké om te liegen? De goede zaak die de invasie in Oekraïne moest rechtvaardigen was het behoud van de heilige Russische natie. Volgens Russische nationale mythen is Rusland een heilige entiteit die al duizend jaar fier rechtop staat, ondanks herhaaldelijke pogingen van gemene vijanden om het binnen te vallen en uiteen te rukken. Na de Mongoliërs, de Polen, de Zweden, de Grande Armée van Napoleon en de Wehrmacht van Hitler waren het in de jaren negentig de NAVO, de VS en de EU die poogden Rusland te vernietigen door er delen af te breken en daar 'neplanden' als Oekraïne van te maken. Voor veel Russische nationalisten is het idee dat Oekraïne losstaat van Rusland een veel grotere leugen dan alles wat er uit president Poetins mond komt in zijn heilige missie om de Russische natie weer één te maken.

Oekraïense burgers, buitenlandse waarnemers en professionele historici kunnen zich terecht opwinden over die verklaring en die beschouwen als een soort 'atoombomleugen' in het Russische deceptie-arsenaal. De bewering dat Oekraïne geen onafhankelijk land is en Oekraïners geen volk gaat lijnrecht in tegen een hele waslijst aan historische feiten, zoals het feit dat Kiev en Moskou tijdens die duizendjarige zogenaamde Russische eenheid maar zo'n driehonderd jaar deel hebben uitgemaakt van hetzelfde land. Het is ook strijdig met talloze internationale wetten en verdragen waarmee Rusland eerder instemde en die de soevereiniteit en de grenzen van het onafhankelijke Oekraïne waarborgden. Belangrijker nog, het gaat voorbij aan de manier waarop miljoenen Oekraïners zichzelf zien. Hebben zij niets te zeggen over wie of wat ze zijn?

Oekraïense nationalisten zouden het zeker met Russische nationalisten eens zijn dat er neplanden bestaan, maar Oekraïne hoort daar niet bij. Die neplanden zijn juist de 'Volksrepubliek Loegansk' en de 'Volksrepubliek Donetsk' die Rusland heeft opgetuigd om zijn onrechtmatige invasie in Oekraïne te verhullen.[2]

Welke kant je ook steunt, het ziet ernaar uit dat we echt in een angstaanjagend tijdperk van post-truth leven als niet alleen specifieke militaire incidenten, maar hele geschiedenissen en naties nep kunnen zijn. Maar als dit het tijdperk is waarin we de waarheid voorbij zijn, wanneer beleefden we dan precies de hoogtijdagen van de waarheid? In de jaren tachtig? De jaren vijftig? De jaren dertig?

En wat heeft die overgang naar het post-truth-tijdperk veroorzaakt? Het internet? Sociale media? De opkomst van Poetin en Trump?

Een vluchtige blik op de geschiedenis onthult dat propaganda en desinformatie niets nieuws zijn en dat zelfs de gewoonte om hele naties te ontkennen en neplanden op te zetten een oeroude stamboom heeft. In 1931 ensceneerde het Japanse leger nepaanvallen op zichzelf om een invasie in China te rechtvaardigen en zette vervolgens het nepland Manchukuo op de kaart om zijn veroveringen te legitimeren. China zelf ontkent sinds jaar en dag dat Tibet ooit een onafhankelijk land is geweest. De Britse kolonisatie van Australië werd gerechtvaardigd met de juridische term *terra nullius* ('niemandsland'), waarmee vijftigduizend jaar Aboriginal-geschiedenis werd uitgewist.

Begin twintigste eeuw was er een geliefde zionistische slogan over de terugkeer van 'een volk zonder land [de Joden] naar een land zonder volk [Palestina]'. Van de plaatselijke Arabische bevolking werd voor het gemak niet gerept. In 1969 deed de Israëlische premier Golda Meir de beroemde uitspraak dat het Palestijnse volk niet bestond en ook nooit had bestaan. Zulke opvattingen zijn nog steeds gemeengoed in Israël, ondanks decennia van gewapende conflicten met iets wat niet bestaat. In februari 2016 hield het parlementslid Anat Berko bijvoorbeeld een toespraak in het Israëlische parlement waarin ze het bestaan en de geschiedenis van het Palestijnse volk in twijfel trok. Haar bewijs? De letter 'p' bestaat niet eens in het Arabisch, dus hoe kan er een Palestijns volk bestaan? (In het Arabisch staat de 'f' voor een 'p' en de Arabische naam voor Palestina is Falastin.)

Een typische post-truth-soort

Eigenlijk heeft de mens altijd al in het post-truth-tijdperk geleefd. Homo sapiens is een post-truth-diersoort die zijn overwicht te danken heeft aan het creëren en geloven van fictieve verhalen. Al sinds de steentijd dienen zichzelf versterkende mythen als bindmiddel voor menselijke collectieven. Homo sapiens heeft deze planeet zelfs vooral kunnen veroveren dankzij het unieke menselijke vermogen om verhalen te verzinnen en verspreiden. Wij zijn de enige zoogdieren die kunnen samenwerken met talloze vreemden, omdat alleen wij fictieve verhalen kunnen bedenken, die kunnen verspreiden en miljoenen anderen zover kunnen krijgen dat ze erin geloven. Zolang iedereen in hetzelfde verhaal gelooft, gehoorzamen we allemaal aan dezelfde wetten en kunnen we dus effectief samenwerken.

Als je Facebook, Trump of Poetin dus wilt verwijten dat ze een nieuw, angstaanjagend tijdperk van post-truth hebben ingeluid, bedenk dan dat miljoenen christenen zich eeuwen geleden al opsloten in een zelfversterkende mythologische filterbubbel en het nooit zelfs maar waagden om het feitelijke waarheidsgehalte van de Bijbel te betwisten, terwijl miljoenen moslims onvoorwaardelijk vertrouwden op de Koran. Duizenden jaren lang bestond een groot deel van wat in menselijke sociale netwerken doorging voor 'nieuws' of 'feiten' uit verhalen over wonderen, engelen, demonen en heksen, en deden dappere verslaggevers live verslag vanuit de diepste dalen van de onderwereld. We hebben nul komma nul wetenschappelijk bewijs dat Eva werd verleid door de slang, dat de zielen van alle ongelovigen na hun dood zullen branden in de hel of dat de schepper van het universum het niet fijn vindt als een brahmaan met een onaanraakbare trouwt, maar toch geloven miljarden mensen al duizenden jaren lang in die verhalen. Sommig nepnieuws blijft eeuwig bestaan.

Ik weet dat veel mensen het misschien schokkend zullen vinden dat ik het geloof gelijkstel aan nepnieuws, maar dat is nu precies mijn punt. Als duizend mensen één maand lang geloven in een of ander verzinsel, dan is dat nepnieuws. Als een miljard mensen er duizend jaar in geloven, dan is het een religie en mogen we het geen 'nepnieuws' noemen, om de gevoelens van de gelovigen niet te kwetsen (en hun woede niet te wekken). Let wel, ik zal de effectiviteit en de potentiële goede kanten van religie nooit ontkennen. Integendeel. Of we het nu leuk vinden of niet, fictie is een van de effectiefste instrumenten in de menselijke gereedschapskist. Religieuze ideeën brengen mensen bij elkaar en maken grootschalige menselijke samenwerking mogelijk. Ze inspireren mensen om ziekenhuizen, scholen en bruggen te bouwen, naast legers en gevangenissen. Adam en Eva hebben nooit bestaan, maar daar is de kathedraal van Chartres niet minder mooi om. Een groot deel van de Bijbelverhalen mag dan fictief zijn, ze dragen niettemin bij aan het geluk van miljoenen en kunnen mensen niettemin aanzetten tot mededogen, moed en creativiteit, net als andere grote fictieklassiekers als *Don Quichot*, *Oorlog en vrede* en *Harry Potter*.

Wederom zullen sommigen het beledigend vinden dat ik de Bijbel vergelijk met *Harry Potter*. Als je een wetenschappelijk georiënteerde christen bent, kun je alle fouten en mythen in de Bijbel misschien verklaren vanuit het idee dat de Heilige Schrift nooit bedoeld was als een feitelijk verslag, maar meer als een metaforisch verhaal dat diepe wijsheden bevat. Maar geldt hetzelfde niet voor *Harry Potter*?

Als je een fundamentalistische christen bent, is het waarschijnlijker dat je elk woord in de Bijbel als letterlijke waarheid zult beschouwen. Laten we even aannemen dat je gelijk hebt en dat de Bijbel inderdaad het onfeilbare woord van de enige ware God is. Wat moeten we dan denken van de Koran, de Talmoed, het Boek van Mormon, de Veda's en de Avesta? Kom je dan niet in de verleiding om te zeggen dat die teksten uitvoerige verzinsels zijn, opgesteld door mensen van vlees en bloed (of misschien door duivels)? En hoe kijk je aan tegen de goddelijke status van Romeinse keizers als Augustus? De Romeinse Senaat beweerde de macht te hebben om mensen in goden te veranderen en verwachtte vervolgens van de onderdanen van het rijk dat ze die goden aanbaden. Was dat dan geen verzinsel? Inderdaad kennen we minstens één voorbeeld van een valse god die zijn verzinsels zelf opbiechtte. Zoals we eerder al zagen, leunde het Japanse militarisme op een fanatisch geloof in de goddelijke status van keizer Hirohito. Nadat Japan verslagen was, verklaarde Hirohito publiekelijk dat hij toch geen god was.

Zelfs als we met zijn allen aannemen dat de Bijbel waarlijk het woord van God is, zitten we dus nog steeds met miljarden vrome hindoes, moslims, Romeinen en Japanners die duizenden jaren in verzinsels hebben geloofd. Zelfs de meest gelovige mensen zijn het er wel over eens dat alle religies, behalve één, verzinsels zijn. Nogmaals, dit betekent niet dat die verzinsels per se waardeloos of schadelijk zijn. Ze kunnen nog steeds wel mooi en inspirerend zijn.

Uiteraard waren niet alle religieuze mythen even goedaardig. Op 29 augustus 1255 werd het lijk van het negenjarige Engelse jongetje Hugh gevonden in een put in het plaatsje Lincoln. Zelfs zonder Facebook en Twitter verspreidde het gerucht dat Hugh ritueel was vermoord door plaatselijke Joden zich als een lopend vuurtje. Hoe vaker het verhaal werd verteld, hoe uitgebreider het werd, en een van de vermaardste Engelse kroniekschrijvers van die tijd – Matthew Paris – schreef een gedetailleerd, bloederig verslag over prominente Joden die uit heel Engeland waren samengekomen in Lincoln om het ontvoerde kind vet te mesten, te martelen en uiteindelijk te kruisigen. Er werden negentien Joden veroordeeld en terechtgesteld voor de vermeende moord. Dergelijke bloedsprookjes werden ook populair in andere Engelse plaatsen en leidden tot een reeks pogroms waarbij hele gemeenschappen werden uitgemoord. Uiteindelijk werd in 1290 de hele Joodse bevolking uit Engeland verdreven.[3]

Daarmee was het verhaal nog niet afgelopen. Een eeuw na de verdrijving van de Joden uit Engeland nam Geoffrey Chaucer – de stamvader van de Engelse literatuur – een bloedsprookje dat gemodelleerd was naar het verhaal van Hugh op in zijn *Canterbury Tales*. Het verhaal eindigt met de ophanging van de Joden. Dit soort bloedsprookjes werd vervolgens vaste prik voor alle antisemitische bewegingen, van het laatmiddeleeuwse Spanje tot het moderne Rusland. Er is zelfs een verre nagalm van te horen in het 'nepnieuws' van 2016 dat Hillary Clinton een pedofielennetwerk aanvoerde dat kinderen als seksslaven vasthield in de kelder van een populaire pizzeria. Er waren genoeg Amerikanen die dat geloofden om Clintons verkiezingscampagne te schaden en één persoon kwam zelfs met een geweer naar de pizzeria en eiste op hoge toon toegang tot de kelder (waarop bleek dat de pizzeria helemaal geen kelder had).[4]

Wat Hugh zelf betreft, niemand weet hoe hij echt aan zijn eind is gekomen, maar hij is begraven in de kathedraal van Lincoln en werd vereerd als een heilige. Naar verluidt bewerkstelligde hij verscheidene wonderen en zijn graftombe trekt nog steeds pelgrims, eeuwen na de verdrijving van alle Joden uit Engeland.[5] Pas in 1955 – tien jaar na de Holocaust – distantieerde de kathedraal van Lincoln zich van het bloedsprookje en kwam er een plaquette bij Hughs graf met de volgende tekst:

> Verzonnen verhalen over 'rituele moorden' op christelijke jongens door Joodse gemeenschappen waren gemeengoed in de middeleeuwen en zelfs veel later nog. Deze verzinsels hebben veel onschuldige Joden het leven gekost. Lincoln had zijn eigen legende en het vermeende slachtoffer is in het jaar 1255 begraven in de kathedraal. Deze verhalen komen de reputatie van het christendom niet ten goede.[6]

Oké, sommig nepnieuws houdt het maar zevenhonderd jaar vol.

Eens een leugen, altijd de waarheid

Oeroude religies zijn niet de enige die verzinsels gebruikten om samenwerking te bevorderen. In recenter tijden heeft elk land zijn eigen nationale mythologie gecreëerd en hebben bewegingen als het communisme, het fascisme en het liberalisme uitgebreide zelfversterkende credo's gesponnen. Joseph Goebbels, de propagandamaestro van de nazi's en misschien wel de meest geslaagde mediamagiër van de moderne tijd, heeft zijn methode naar verluidt eens samengevat met de woorden: 'Een leugen die maar één keer wordt verteld, blijft een leugen, maar een leugen die duizend keer wordt verteld, wordt de waarheid.'[7] In *Mein Kampf* schreef Hitler: 'Zelfs de geniaalste propagandatechniek zal geen succes oogsten als niet doorlopend rekening gehouden wordt met één fundamenteel principe: ze moet zich beperken tot een paar punten en die telkens blijven herhalen.'[8] Zouden moderne verspreiders van *fake news* daar nog iets aan toe te voegen hebben?

De propagandamachine van de Sovjets sprong al even creatief met de waarheid om en herschreef niet alleen de geschiedenis van losse foto's, maar zelfs die van complete oorlogen. Op 29 juni 1936 plaatste de officiële krant *Pravda* (de naam betekent 'waarheid') een foto op de voorpagina van een glimlachende Jozef Stalin, die het zevenjarige meisje Gelja Markizova omhelsde. Het beeld werd een stalinistische icoon, die Stalin verheerlijkte als de Vader des Volks en de 'gelukkige Sovjetjeugd' idealiseerde. Drukpersen en fabrieken in het hele land begonnen miljoenen affiches, beeldjes en mozaïeken van dit tafereeltje te produceren, die in de hele Sovjet-Unie werden uitgestald in publieke gebouwen. Zoals geen Russisch-orthodoxe kerk compleet was zonder icoon van de Maagd Maria met het kindeke Jezus, zo kon geen Sovjetschool zonder een icoon van papa Stalin met de kleine Gelja in zijn armen.

Helaas was roem in het rijk van Stalin vaak een voorbode van tegenspoed. Een jaar later werd Gelja's vader gearresteerd omdat hij zogenaamd een Japanse spion en een trotskistische terrorist was. In 1938 werd hij terechtgesteld, als een van de miljoenen slachtoffers van de stalinistische terreur. Gelja en haar moeder werden verbannen naar Kazachstan, waar de moeder al snel stierf onder mysterieuze omstandigheden. Wat moest men nu met de talloze iconen waarop de Vader des Volks was afgebeeld met de dochter van een veroordeelde 'volksvijand'? Geen enkel probleem. Vanaf dat moment verdween Gelja Markizova en heette het 'blije Sovjetkind' op de alomtegenwoordige afbeelding ineens Mamlakat Nachangova – een dertienjarig Tadzjieks meisje dat de Leninorde had verdiend door heel vlijtig grote hoeveelheden katoen te plukken (als er al mensen waren die vonden dat het meisje op de foto er niet uitzag als een dertienjarige, hielden die wijselijk hun mond en pasten ze er wel voor op om dergelijke contrarevolutionaire ketterij te verkondigen).[9]

De Sovjet-propagandamachine was zo effectief dat ze monsterlijke wandaden in eigen land wist te verbergen en een utopisch beeld van de communistische heilstaat exporteerde naar het buitenland. De Oekraïners klagen nu dat Poetin veel westerse media een rad voor ogen heeft weten te draaien omtrent Russische acties op de Krim en in het Donetskbekken, maar als bedrieger valt hij bijna in het niet bij Stalin. Begin jaren dertig hemelden linkse westerse journalisten en intellectuelen de USSR op als een ideale samenleving, terwijl miljoenen Oekraïners en andere Sovjetburgers crepeerden door de hongersnoden die Stalin orkestreerde. In de tijd van Facebook en Twitter is het soms moeilijk uit te maken welke versie van bepaalde gebeurtenissen je moet geloven, maar het is in elk geval niet meer mogelijk dat een regime miljoenen mensen vermoordt zonder dat de wereld erachter komt.

Naast religies en ideologieën leunen ook bedrijven zwaar op verzinsels en nepnieuws. In reclames worden dezelfde fictieve verhalen vaak keer op keer herhaald, tot mensen ervan overtuigd raken dat ze waar zijn. Welk beeld komt er bij je op als je aan Coca-Cola denkt? Denk je aan jonge, gezonde mensen die sporten en plezier hebben? Of denk je aan zwaarlijvige diabetici in ziekenhuisbedden? Van veel Coca-Cola drinken word je niet jong, gezond of sportief, het verhoogt hoogstens de kans op overgewicht en suikerziekte. Toch heeft Coca-Cola tientallen jaren lang miljarden dollars geïnvesteerd om zijn merk te verbinden aan jeugd, gezondheid en sport, en miljarden mensen hechten onbewust geloof aan die link.

De waarheid is dat de waarheid nooit hoog op de agenda van homo sapiens heeft gestaan. Als een bepaalde religie of ideologie de werkelijkheid verdraait, denken veel mensen dat de aanhangers daarvan dat vroeg of laat wel zullen ontdekken, omdat ze niet tegen rivalen met een frissere blik op zullen kunnen. Helaas is dat hoogstens de zoveelste comfortabele mythe. In de praktijk is menselijke samenwerking afhankelijk van een fijne balans tussen waarheid en fictie.

Als je de werkelijkheid te erg verdraait, zal dat je inderdaad verzwakken, doordat je onrealistische dingen gaat doen. In 1905 was er bijvoorbeeld een Oost-Afrikaans medium, Kinjikitile Ngwale geheten, dat beweerde dat hij bezeten was door de slangengeest Hongo. De nieuwe profeet had een revolutionaire boodschap voor het volk van de Duitse kolonie Oost-Afrika: verenig u en verdrijf de Duitsers. Om die boodschap aantrekkelijker te maken, gaf Ngwale zijn volgelingen een tovermedicijn waardoor Duitse kogels naar verluidt zouden veranderen in water (*maji* in het Swahili). En zo begon de Maji-Maji-opstand. Die mislukte grandioos. Duitse kogels veranderden namelijk niet in water op het slagveld, maar schoten de slecht bewapende rebellen genadeloos aan flarden.[10] Tweeduizend jaar eerder was de Joodse Opstand tegen de Romeinen ook geïnspireerd door het vurige geloof dat God voor de Joden zou vechten en ze zou helpen het schijnbaar onoverwinnelijke Romeinse Rijk te verslaan. Die opstand mislukte eveneens en leidde tot de verwoesting van Jeruzalem en de verbanning van de Joden.

Aan de andere kant kun je niet effectief massa's mensen organiseren zonder iets van mythologie in te zetten. Als je je aan de onversneden werkelijkheid houdt, zullen maar weinig mensen je volgen. Zonder mythen was het niet alleen nooit gelukt om de mislukte Maji-Maji-opstand en de Joodse opstanden te organiseren, maar waren ook de veel succesvollere opstanden van de Mahdi en de Makkabeeën nooit van de grond gekomen.

In wezen hebben nepverhalen een intrinsiek voordeel boven de waarheid als het erop aankomt mensen te verenigen. Als je ergens de groepsloyaliteit wilt peilen, is het een veel betere test om te eisen dat mensen iets absurds geloven dan ze te vragen de waarheid te geloven. Als een groot opperhoofd zegt dat de zon opkomt in het oosten en ondergaat in het westen, is er geen trouw aan het opperhoofd voor nodig om daarvoor te applaudisseren. Als het opperhoofd echter zegt dat de zon opkomt in het westen en ondergaat in het oosten, zullen alleen ware loyalisten in hun handen klappen. Op vergelijkbare wijze kun je erop rekenen dat je buren in tijden van nood de handen ineen zullen slaan als ze allemaal in hetzelfde krankzinnige verhaal geloven. Als ze alleen bewezen feiten willen geloven, wat bewijst dat dan?

Hier valt tegen in te brengen dat het soms best mogelijk is om mensen effectief te organiseren door middel van vrijwillige afspraken in plaats van met verzinsels en mythen. In de economische sfeer zijn geld en bedrijven veel effectievere bindende factoren dan welke god of welk heilig boek dan ook, ondanks het feit dat iedereen weet dat ze gewoon gebaseerd zijn op menselijke afspraken. Bij een heilig boek zou een ware gelovige zeggen: 'Ik geloof dat dit boek heilig is', maar in het geval van de dollar zal een ware gelovige alleen zeggen: 'Ik geloof dat *andere mensen* geloven dat de dollar waarde heeft'. Het is duidelijk dat de dollar gewoon een menselijke uitvinding is, maar toch respecteren mensen die overal ter wereld. Als dat zo is, waarom kunnen mensen dan niet alle mythen en ficties afschaffen en zich organiseren op basis van vrijwillige afspraken, zoals met de dollar?

Zulke afspraken verschillen echter niet duidelijk van verzinsels. Het verschil tussen heilige boeken en geld is bijvoorbeeld veel kleiner dan je op het eerste gezicht zou denken. De meeste mensen vergeten bij het zien van een dollarbiljet dat het gewoon een menselijke afspraak is om daar waarde aan te hechten. Als ze zo'n groen stukje papier met de beeltenis van een dode blanke man zien, zien ze het als iets wat zelf waarde heeft. Ze zeggen zelden iets bij zichzelf als: 'Eigenlijk is dit een waardeloos vodje papier, maar omdat andere mensen het als waardevol zien, kan ik het gebruiken.' Als je iemands hersenen bekijkt met een fMRI-scanner en die persoon krijgt een koffer vol briefjes van honderd toegestopt, zijn de hersengebieden die dan beginnen te knetteren van opwinding niet de sceptische gebiedjes ('Andere mensen geloven dat dit waardevol is'), maar eerder de hebzuchtige gebiedjes ('Jeminee, die wil ik wel!'). Mensen die de Bijbel, de Veda's of het Boek van Mormon als heilig beschouwen, doen dat meestal ook pas na langdurige, herhaalde blootstelling aan andere mensen die deze geschriften een heilige status toedichten. We leren heilige boeken op precies dezelfde manier te respecteren als we bankbiljetten leren respecteren.

In de praktijk is er dus geen strikte scheiding tussen 'weten dat iets zuiver berust op onderlinge afspraken' en 'geloven dat iets inherent waardevol is'. Mensen vergeten dit onderscheid vaak of gaan er dubbelzinnig mee om. Een ander voorbeeld: als je echt even gaat zitten voor een diepe filosofische discussie over dit onderwerp, zal bijna iedereen het erover eens zijn dat bedrijven fictieve dingen zijn, bedacht door mensen. Microsoft is niet de gebouwen die het bezit, de mensen die het in dienst heeft of de aandeelhouders die het dient, maar eerder een ingewikkelde juridische fictie, geconstrueerd door wetgevers en advocaten. 99 procent van de tijd zijn we echter niet verwikkeld in diepzinnige filosofische gesprekken en behandelen we bedrijven alsof het reëel bestaande entiteiten zijn, net als tijgers of mensen.

De grens tussen fictie en werkelijkheid kan voor veel doeleinden vervaagd worden, om te beginnen gewoon voor de lol en uiteindelijk omwille van ons voortbestaan. Je kunt geen spelletjes doen of romans lezen als je niet in elk geval heel even bereid bent erin te geloven. Om echt te genieten van een potje voetbal moet je de regels van het spel accepteren en minstens negentig minuten lang vergeten dat het domweg menselijke bedenksels zijn. Als je dat niet doet, ga je het volkomen belachelijk vinden dat tweeëntwintig mensen achter een bal aanrennen. Voetbal kan beginnen met een spelletje voor de lol, maar het kan ook veel serieuzere vormen aannemen, zoals elke Engelse hooligan of Argentijnse nationalist je kan vertellen. Voetbal kan helpen bij de vorming van iemands persoonlijke identiteit, het kan grote gemeenschappen verbinden en het kan zelfs aanleiding vormen voor geweld. Naties en religies zijn in wezen opgepompte voetbalclubs.

Mensen hebben het opmerkelijke vermogen om dit tegelijk wel en niet te weten. Of preciezer gezegd, ze kunnen iets weten als ze er echt over nadenken, maar meestal denken ze er niet over na, dus weten ze het niet. Als je er echt even bij stilstaat, besef je dat geld iets fictiefs is, maar meestal sta je er niet bij stil. Desgevraagd weet je best dat voetbal een menselijke uitvinding is, maar tijdens een spannende wedstrijd vraagt niemand daarnaar. Als je er wat tijd en energie in steekt, kun je inzien dat naties eigenlijk heel uitgebreide, ingewikkelde hersenspinsels zijn. Als je midden in een oorlog zit, heb je daar alleen de tijd en energie niet voor. Als je op zoek gaat naar de ultieme waarheid, besef je dat het verhaal van Adam en Eva een mythe is. Maar hoe vaak ga je op zoek naar de ultieme waarheid?

Waarheid en macht gaan maar tot op zekere hoogte samen op. Vroeg of laat gaan ze elk hun eigen weg. Als je macht wilt, zul je op zeker moment verzinsels moeten verspreiden. Als je de waarheid over de wereld wilt weten, zul je op zeker moment alle macht moeten afzweren. Je zult dingen moeten toegeven – bijvoorbeeld over het succes van je eigen macht – die bondgenoten boos maken en volgelingen ontmoedigen of de sociale harmonie ondermijnen.

Er is niets mystieks aan deze kloof tussen waarheid en macht. Om hem te zien, hoef je alleen maar een typische Amerikaanse WASP te zoeken en over rassenkwesties te beginnen, of met de gemiddelde Israëliër over de bezette gebieden te praten, of een gesprekje over het patriarchaat aan te knopen met de gewone man.

Van oudsher hebben wetenschappers herhaaldelijk voor dit dilemma gestaan: dienen ze de macht of de waarheid? Moeten ze ernaar streven mensen te verenigen door te zorgen dat iedereen in hetzelfde verhaal gelooft, of moeten ze mensen de waarheid vertellen, zelfs als dat tot verdeeldheid kan leiden? De machtigste academische orden – en dat geldt evenzeer voor christelijke priesters als voor confuciaanse mandarijnen en communistische ideologen – plaatsten eenheid boven waarheid. Daarom waren ze ook zo machtig.

Als soort prefereert de mens macht boven waarheid. We besteden veel meer tijd en moeite aan pogingen om de wereld te beheersen dan om die te doorgronden, en zelfs als we haar proberen te doorgronden, doen we dat meestal in de hoop dat de wereld makkelijker te beheersen zal zijn als we er meer van begrijpen. Wie droomt van een samenleving waarin de waarheid hoogtij viert en mythen niets meer waard zijn, hoeft van homo sapiens weinig te verwachten. Die kan zijn heil beter zoeken bij de chimpansees.

Ontsnapping uit de hersenspoelmachine

Dit alles betekent niet dat nepnieuws geen serieus probleem is of dat het politici en priesters vrijstaat om alles aan elkaar te liegen. Het zou ook ronduit verkeerd zijn om te concluderen dat alles eigenlijk nepnieuws is, dat alle pogingen om bij de waarheid te komen automatisch gedoemd zijn en dat er hoegenaamd geen verschil is tussen serieuze journalistiek en propaganda. Onder al het nepnieuws gaan echte feiten en echt leed schuil. In Oekraïne vechten bijvoorbeeld echt Russische soldaten, er zijn echt al duizenden doden gevallen en honderdduizenden mensen zijn echt verdreven van huis en haard. Menselijk leed wordt vaak veroorzaakt door een rotsvast geloof in verzinsels, maar daar is het leed niet minder echt door.

We zouden nepnieuws dus niet als norm moeten accepteren, maar erkennen dat het een veel lastiger probleem is dan we meestal denken en er nog harder naar streven om realiteit van fictie te onderscheiden. Verwacht geen perfectie. Een van de allergrootste verzinsels is het idee dat de wereld helemaal niet zo ingewikkeld in elkaar zit en dat er zoiets is als het absolute goed en het absolute kwaad. Geen enkele politicus vertelt alleen maar de zuivere waarheid, maar sommige politici zijn nog steeds veel beter dan andere. Als ik moest kiezen, zou ik Churchill veel eerder vertrouwen dan Stalin, hoewel de Britse premier er niet vies van was om de waarheid een beetje te verbloemen als het zo uitkwam. Zo is ook geen enkele krant vrij van vooroordelen en vergissingen, maar sommige kranten doen oprecht hun best om de waarheid te achterhalen, terwijl andere hersenspoelmachines zijn. Als ik in de jaren dertig had geleefd, mag ik hopen dat ik het gezond verstand zou hebben gehad om meer geloof aan *The New York Times* te hechten dan aan de *Pravda* en *Der Stürmer*.

We hebben allemaal de verantwoordelijkheid om er tijd en moeite in te steken om onze eigen vooroordelen te onderzoeken en de betrouwbaarheid van onze informatiebronnen na te lopen. Zoals we in eerdere hoofdstukken al zagen, kunnen we niet alles zelf uitzoeken. Juist daarom moeten we op zijn minst heel goed kijken naar onze favoriete informatiebronnen, of dat nu kranten zijn, een website, een omroeporganisatie of een persoon. In hoofdstuk 20 zullen we nog wat dieper ingaan op manieren om hersenspoeling te voorkomen en onderscheid te maken tussen werkelijkheid en verzinsels. Ik wil hier alleen nog twee simpele vuistregels geven.

Ten eerste, als je betrouwbare informatie wilt, moet je ervoor betalen. Momenteel is het dominante model op de nieuwsmarkt 'spannend nieuws dat je geen cent kost – in ruil voor je aandacht'. Je betaalt niets en je krijgt geen kwaliteitsnieuws. Erger nog, je wordt zelf zonder het te weten het product. Je aandacht wordt eerst getrokken door sensationele krantenkoppen en vervolgens doorverkocht aan adverteerders of politici.

'Kwaliteitsnieuws dat geld kost, maar geen misbruik maakt van je aandacht' zou een beter model zijn voor de nieuwsmarkt. In de huidige wereld zijn informatie en aandacht cruciale goederen. Het is krankzinnig om je aandacht gratis weg te geven en in ruil daarvoor alleen wat informatie van lage kwaliteit te krijgen. Als je bereid bent te betalen voor kwalitatief goed voedsel, kleding en auto's, waarom zou je dan niet willen betalen voor kwalitatief goede informatie?

De tweede vuistregel is deze: als een bepaalde kwestie heel belangrijk voor je is, neem dan de moeite om de wetenschappelijke literatuur erop na te slaan. Met wetenschappelijke literatuur bedoel ik artikelen die getoetst zijn door vakgenoten, boeken die zijn uitgegeven door bekende academische uitgeverijen en geschriften van hoogleraren aan respectabele universiteiten. De wetenschap heeft duidelijke beperkingen en er is in het verleden veel mee misgegaan, maar toch zijn wetenschappers al eeuwen onze betrouwbaarste bron van kennis. Als je denkt dat de wetenschappelijke wereld iets verkeerd ziet, dan is dat zeker mogelijk, maar zorg dat je in elk geval goed op de hoogte bent van de wetenschappelijke theorieën die je verwerpt en dat je empirische bewijzen kunt leveren om je eigen beweringen te staven.

Wetenschappers zelf moeten zich veel meer bemoeien met actuele publieke discussies. Ze moeten niet bang zijn om hun stem te laten horen als het debat zich op hun kennisterrein begeeft, of dat nu de geneeskunde is of geschiedenis. Zwijgen is niet neutraal, want het versterkt de status-quo. Natuurlijk is het ontzettend belangrijk om wetenschappelijk onderzoek te blijven doen en de uitkomsten te publiceren in wetenschappelijke tijdschriften die hoogstens gelezen worden door een stuk of wat vakgenoten. Het is echter net zo belangrijk om de nieuwste wetenschappelijke theorieën door te geven aan de rest van de mensheid, in de vorm van populairwetenschappelijke boeken of zelfs door een vakkundig gebruik van kunst en fictie.

Wil dat nu zeggen dat wetenschappers sciencefiction moeten gaan schrijven? Eigenlijk is dat niet eens zo'n slecht idee. Kunst speelt een belangrijke rol in de manier waarop mensen zich een beeld van de wereld vormen en in de eenentwintigste eeuw is sciencefiction absoluut het belangrijkste genre van allemaal, omdat het invloed heeft op de ideeën die de meeste mensen hebben over AI, biotechnologie en klimaatverandering. We hebben zeker goede wetenschap nodig, maar vanuit politiek perspectief is een goede sciencefictionfilm veel meer waard dan een artikel in *Science* of *Nature*.

18

SCIENCEFICTION

De toekomst is anders dan in de film

Mensen zijn heer en meester van de wereld geworden omdat ze beter kunnen samenwerken dan alle andere dieren en ze kunnen zo goed samenwerken omdat ze in verzonnen verhalen geloven. Dichters, schilders en toneelschrijvers zijn dus minstens zo belangrijk als soldaten en technici. Mensen voeren oorlog en bouwen kathedralen omdat ze in God geloven en ze geloven in God omdat ze gedichten hebben gelezen over God, omdat ze afbeeldingen van God hebben gezien en omdat ze gebiologeerd naar toneelstukken over God hebben zitten kijken. Op min of meer dezelfde manier wordt ons geloof in de moderne mythologie van het kapitalisme geschraagd door de artistieke creaties van Hollywood en de popindustrie. We geloven dat we gelukkiger worden als we meer spullen kopen, want we hebben het kapitalistische paradijs met eigen ogen op tv gezien.

Begin eenentwintigste eeuw is het belangrijkste artistieke genre misschien wel sciencefiction. Er zijn maar heel weinig mensen die de vakliteratuur bijhouden op het gebied van machine learning of genetische modificatie. In plaats daarvan beïnvloeden films als *The Matrix* en *Her*, en tv-series als *Westworld* en *Black Mirror* de manier waarop de meeste mensen aankijken tegen de belangrijkste technologische, sociale en economische ontwikkelingen van onze tijd. Dit houdt meteen in dat sciencefiction veel verantwoordelijker moet gaan omspringen met de wetenschappelijke realiteiten die het afbeeldt, anders kan het mensen op verkeerde ideeën brengen of hun aandacht op de verkeerde problemen vestigen.

Zoals we eerder in dit boek al zagen, is de ergste zonde van de sciencefiction van nu misschien wel dat het intelligentie vaak verwart met bewustzijn. Daardoor gaat het te vaak over een potentiële oorlog tussen robots en mensen, terwijl we eigenlijk bang moeten zijn voor een conflict tussen een kleine elite van supermensen die almachtig zijn geworden dankzij algoritmen en een gigantische onderklasse van onmondig gemaakte homo sapiens. Bij het nadenken over de toekomst van AI is Karl Marx nog altijd een betere gids dan Steven Spielberg.

Veel films over kunstmatige intelligentie staan zo ver af van de wetenschappelijke realiteit dat je zou gaan vermoeden dat het gewoon allegorieën over compleet andere zorgen zijn. Zo lijkt de film *Ex Machina* uit 2015 over een AI-expert te gaan die verliefd wordt op een vrouwelijke robot, die hem vervolgens om de tuin leidt en manipuleert. In wezen is het echter geen film over de menselijke angst voor intelligente robots, maar over de mannelijke angst voor intelligente vrouwen, en met name de angst dat vrouwenemancipatie ertoe zal leiden dat vrouwen de baas worden. Als je een film ziet over een AI waarin de AI vrouwelijk is en de wetenschapper een man, gaat die waarschijnlijk meer over feminisme dan over cybernetica, want waarom zou een AI überhaupt een geslachtelijke identiteit hebben? Het hebben van een sekse is een eigenschap van organische meercellige wezens. Wat zou een anorganisch cybernetisch wezen met zoiets moeten?

Leven in gevangenschap

Een thema waarin de sciencefiction veel dichter tegen de werkelijkheid aan schuurt is het gevaar dat technologie wordt gebruikt om mensen te manipuleren en onder de duim te houden. *The Matrix* gaat over een wereld waarin bijna alle mensen gevangen worden gehouden in cyberspace en alles wat ze beleven bepaald wordt door een algoritme. *The Truman Show* toont ons het leven van een individu dat onbewust de ster is van een realityshow. Hij weet het zelf niet, maar al zijn vrienden en bekenden – onder wie zijn moeder, zijn vrouw en zijn beste vriend – zijn acteurs, alles wat hem overkomt volgt een vaststaand script en alles wat hij zegt en doet wordt opgenomen door verborgen camera's en gretig gevolgd door miljoenen fans.

Toch schrikken beide films – ondanks hun genialiteit – uiteindelijk terug voor de uiterste consequenties van hun scenario's. Ze gaan uit van de aanname dat de mensen die vastzitten in de matrix een authentiek 'zelf' hebben dat onaangetast blijft door alle technologische manipulaties en dat er buiten de matrix een authentieke realiteit wacht die de helden kunnen betreden als ze maar hard genoeg hun best doen. De matrix is hoogstens een kunstmatige barrière die je innerlijke, authentieke zelf scheidt van de authentieke buitenwereld. Na allerlei beproevingen weten beide helden – Neo in *The Matrix* en Truman in *The Truman Show* – het web van manipulaties te ontstijgen en te ontvluchten, waarna ze hun authentieke zelf ontdekken en het authentieke beloofde land bereiken.

Vreemd genoeg is dit authentieke beloofde land in alle opzichten die ertoe doen identiek aan de vervalste matrix. Als Truman uit de tv-studio ontsnapt, probeert hij zijn vriendinnetje van de middelbare school terug te vinden, dat uit de serie is geschreven. Maar als Truman die romantische fantasie vervult, zou zijn leven precies lijken op de ideale Hollywood-droom die *The Truman Show* verkocht aan miljoenen kijkers over de hele wereld, met vakanties in Fiji als extraatje. De film gaat niet eens in op het alternatieve leven dat Truman eventueel in de echte wereld kan vinden.

Met Neo gebeurt min of meer hetzelfde. Als hij uit de matrix ontsnapt door de beroemde rode pil in te nemen, ontdekt hij dat de buitenwereld net zo is als de wereld in de matrix. Buiten en binnen zijn er gewelddadige conflicten en worden mensen gedreven door angst, wellust, liefde en afgunst. De film had moeten eindigen met Neo die de boodschap krijgt dat de werkelijkheid waar hij net in is doorgedrongen gewoon een grotere matrix is en dat hij nog eens tussen de blauwe en de rode pil moet kiezen als hij wil ontsnappen naar de 'échte echte wereld'.

De huidige technologische en wetenschappelijke revolutie houdt niet in dat authentieke individuen en authentieke realiteiten gemanipuleerd kunnen worden door algoritmen en tv-camera's, maar eerder dat authenticiteit een mythe is. Mensen zijn bang om ergens in opgesloten te worden, maar ze beseffen niet dat ze allang opgesloten zitten, namelijk in hun eigen hersenen, die weer opgesloten zitten in de menselijke samenleving met zijn talloze verzinsels. Als je aan de matrix ontsnapt, is het enige wat je ontdekt een nog grotere matrix. Toen de boeren en arbeiders in 1917 in opstand kwamen tegen de tsaar, kregen ze uiteindelijk Stalin, en als je de vele manieren begint te onderzoeken waarop de wereld jou manipuleert, besef je uiteindelijk dat je persoonlijke identiteit een complexe illusie is die gecreëerd wordt door neurale netwerken.

Mensen zijn bang dat ze alle wonderen van de wereld zullen missen als ze ergens in opgesloten zitten. Zolang Neo vastzit in de matrix en Truman in de tv-studio, zullen ze nooit naar Fiji, Parijs of Machu Picchu gaan, maar uiteindelijk zit alles wat je ooit in je leven zult ervaren in je eigen lichaam en je eigen geest. Het maakt geen verschil of je aan de matrix ontsnapt of naar Fiji gaat. Het is niet zo dat er ergens in je geest een ijzeren kist zit met een groot, knalrood waarschuwingsbord met ALLEEN OPENEN IN FIJI en dat er, als je eindelijk naar de Stille Zuidzee gaat en die kist kunt openen, dan allerlei speciale emoties en gevoelens uit komen die je alleen in Fiji kunt hebben. Het is ook niet zo dat je die speciale gevoelens voor altijd zult moeten ontberen als je nooit naar Fiji gaat. Nee. Wat je in Fiji kunt voelen, kun je overal ter wereld voelen, zelfs in de matrix.

Misschien leven we allemaal wel in een gigantische computersimulatie à la *The Matrix*. Dat zou al onze nationale, religieuze en ideologische verhalen tegenspreken, maar onze geestelijke ervaringen zouden er niet minder echt om zijn. Als ooit zal blijken dat de geschiedenis van de mensheid een uitvoerige simulatie is die draait op de supercomputer van ratachtige wetenschappers op de planeet Zircon, zou dat tamelijk gênant zijn voor Karl Marx en Islamitische Staat, maar die ratachtige wetenschappers zouden zich nog steeds moeten verantwoorden voor de Armeense genocide en voor Auschwitz. Hoe hebben ze die ooit door de ethische commissie van de Universiteit van Zircon gekregen? Zelfs als de gaskamers alleen maar elektrische signalen in computerchips waren, dan nog waren de gevoelens van pijn, angst en wanhoop daar geen zier minder afgrijselijk door.

Pijn is pijn, angst is angst en liefde is liefde, zelfs in de matrix. Het maakt niet uit of de angst die je voelt ingegeven wordt door een collectie atomen in de buitenwereld of door elektrische signalen die gemanipuleerd worden door een computer. De angst blijft echt. Als je de realiteit van je eigen geest wilt verkennen, kun je dat dus net zo goed in de matrix doen als daarbuiten.

Volgens de beste wetenschappelijke theorieën en de meest geavanceerde technologische middelen is de geest nooit gevrijwaard van manipulatie. Er is geen authentiek zelf dat afwacht tot het bevrijd wordt uit een manipulatieve gevangenis. De meeste sciencefictionfilms vertellen eigenlijk een oeroud verhaal, namelijk dat van de overwinning van de geest op de materie. Dertigduizend jaar geleden ging het verhaal zo: 'Geest bedenkt stenen mes – hand maakt mes – mens doodt mammoet'. De waarheid is echter dat mensen de wereld niet zozeer gingen beheersen door messen uit te vinden en mammoeten te doden, maar eerder door het manipuleren van menselijke geesten. De geest is niet het onderwerp dat vrijelijk historische daden en biologische realiteiten vormt, de geest is het lijdend voorwerp dat gevormd wordt door geschiedenis en biologie. Zelfs onze diepst gekoesterde idealen – vrijheid, liefde, creativiteit – zijn een soort stenen mes dat iemand anders heeft gemaakt om mammoeten te doden.

Heb je enig idee hoeveel films, boeken en gedichten je door de jaren heen tot je hebt genomen en hoe die kunstwerken je ideeën over liefde hebben geboetseerd en bijgevijld? Romantische comedy's verhouden zich tot liefde zoals porno zich verhoudt tot seks en Rambo tot oorlog. En als je denkt dat je een deleteknop kunt indrukken en alle sporen van Hollywood uit je onderbewuste en je limbische systeem kunt wissen, dan hou je jezelf lelijk voor de gek.

Het idee van stenen messen maken bevalt ons wel, maar het idee dat we zelf stenen messen zijn vinden we niet prettig. Daarom gaat de matrixversie van het oude mammoetverhaal ongeveer zo: 'Geest bedenkt robot – hand bouwt robot – robot doodt terroristen, maar probeert ook de geest te overheersen – geest doodt robot'. Dit verhaal klopt echter niet. Het probleem is niet dat de geest de robot niet zal kunnen doden, maar dat de geest die de robot ooit heeft bedacht zelf al het product was van veel eerdere manipulaties. Het doden van de robot zal ons dus niet bevrijden.

Disney verliest zijn geloof in de vrije wil

In 2015 brachten Pixar Animation Studios en Walt Disney Pictures een veel realistischer en verontrustender animatiesaga uit over de condition humaine, die al snel een hit werd onder kinderen én volwassenen. *Inside Out* vertelt het verhaal van het elfjarige meisje Riley Andersen, dat met haar ouders van Minnesota naar San Francisco verhuist. Ze mist haar vrienden en haar oude woonplaats, ze heeft moeite zich aan te passen aan haar nieuwe leven en ze probeert weg te lopen, terug naar Minnesota. Maar zonder dat Riley het weet speelt zich nog een veel groter drama af. Riley is niet onbewust de ster van een realityprogramma en ze zit niet opgesloten in de matrix, maar ze is zélf de matrix en er zit iets in háár opgesloten.

Disney heeft zijn imperium opgebouwd door telkens dezelfde mythe te blijven hervertellen. In talloze Disney-films worden de helden geconfronteerd met moeilijkheden en gevaren, maar uiteindelijk triomferen ze door hun authentieke zelf te vinden en hun eigen keuzes te maken. *Inside Out* schoffelt die mythe bruusk onderuit. De film hanteert de modernste neurobiologische kijk op de mens en neemt ons mee op een reis naar Rileys hersenen, waar we ontdekken dat ze geen authentiek zelf heeft en dat ze nooit haar eigen keuzes maakt. Riley is in wezen een gigantische robot die bestuurd wordt door een verzameling tegenstrijdige biochemische mechanismen, die in de film belichaamd worden door geinige stripfiguurtjes: de gele, vrolijke Plezier, de blauwe, sombere Verdriet, de rode, heetgebakerde Woede, enzovoort. Deze personages regelen al Rileys stemmingen, beslissingen en handelingen met allerlei knoppen en hendels in het Hoofdkwartier, waar ze alles wat Riley doet volgen op een enorm scherm.

Rileys onvermogen om zich aan te passen aan haar nieuwe leven in San Francisco is het gevolg van een miskleun in het Hoofdkwartier, waardoor Rileys brein compleet uit balans dreigt te raken. Om een en ander te herstellen ondernemen Plezier en Verdriet een heroïsche tocht door Rileys brein. Ze nemen de gedachtetrein, verkennen de gevangenis van het onderbewustzijn en bezoeken de droomstudio, waar een team artistieke neuronen druk bezig is dromen te produceren. Terwijl we deze vleesgeworden biochemische mechanismen volgen door de krochten van Rileys hersenen, komen we nergens een ziel, een authentiek zelf of een vrije wil tegen. Het grote moment van onthulling waar de hele pot om draait, komt ook niet als Riley haar eigen authentieke zelf ontdekt, maar juist als duidelijk wordt dat Riley niet vereenzelvigd kan worden met één duidelijke kern en dat haar welzijn afhangt van de interactie tussen allerlei verschillende mechanismen.

In eerste instantie worden de kijkers aangespoord om Riley te vereenzelvigen met het hoofdpersonage, de gele, vrolijke Plezier. Uiteindelijk blijkt echter dat dit de kritieke fout was die Rileys leven dreigde te verpesten. Plezier overdondert alle andere innerlijke personages vanuit het idee dat zij alleen de authentieke essentie van Riley is en verstoort daarmee het wankele evenwicht van Rileys brein. De catharsis komt als Plezier haar fout onderkent en – samen met de kijkers – inziet dat Riley niet Plezier is, of Verdriet, of een van de andere personages. Riley is een complex verhaal dat ontstaat uit de conflicten en samenwerkingsverbanden van alle biochemische personages bij elkaar.

Het verbluffende hieraan is niet alleen dat Disney het heeft gewaagd een film met zo'n radicale boodschap op de markt te brengen, maar dat het ook nog een wereldhit werd. Misschien werd het zo'n succes omdat het een comedy met een happy end is en het zou goed kunnen dat de meeste kijkers de neurologische betekenis en de sinistere implicaties daarvan is ontgaan.

Dat kunnen we niet zeggen over het meest profetische sciencefictionboek van de twintigste eeuw. Daarvan kun je de sinistere kant niet missen. Het is bijna een eeuw geleden geschreven, maar het wordt elk jaar relevanter. Aldous Huxley schreef *Heerlijke nieuwe wereld* (ook in Nederland beter bekend onder de oorspronkelijke titel, *Brave New World*) in 1931, toen het communisme en het fascisme zich hadden ingegraven in Rusland en Italië, het nazisme in opkomst was in Duitsland, het militaristische Japan aan zijn veroveringsoorlog in China begon en de hele wereld in de greep was van de Great Depression. Toch wist Huxley door al die donkere wolken heen te kijken en een toekomstige samenleving te schetsen zonder oorlogen, hongersnoden en epidemieën, waar enkel vrede, voorspoed en gezondheid heersen. Het is een consumentistische wereld, waarin seks, drugs en rock-'n-roll de vrije teugel krijgen en waar geluk de belangrijkste waarde is. De onderliggende aanname van het boek is dat mensen biochemische algoritmen zijn, dat de wetenschap het menselijke algoritme kan kraken en dat technologie kan worden ingezet om het te manipuleren.

In deze heerlijke nieuwe wereld gebruikt de wereldregering geavanceerde biotechnologie en social engineering om te zorgen dat iedereen altijd tevreden is en niemand redenen heeft om in opstand te komen. Het is bijna alsof Plezier, Verdriet en de andere personages in Rileys hoofd in trouwe regeringsfunctionarissen zijn veranderd. Er is dus geen behoefte aan een geheime politie, concentratiekampen of een ministerie van Liefde à la *1984* van George Orwell. Het geniale aan Huxley is juist dat hij laat zien dat je mensen veel veiliger onder de duim kunt houden met liefde en genot dan met angst en geweld.

Voor mensen die *1984* lezen is meteen duidelijk dat Orwell een angstaanjagende nachtmerriewereld beschrijft en de enige vraag die openblijft, is hoe we kunnen vermijden dat er ooit zo'n akelige staat komt. *Brave New World* is veel verontrustender en uitdagender, omdat het lastig is precies aan te wijzen wat er zo dystopisch aan is. Er heerst vrede en welvaart en ieders behoeften worden volop bevredigd. Wat kan daar nu mis mee zijn?

Huxley behandelt die vraag rechtstreeks in de climax van de roman, de dialoog tussen Mustapha Mond, de Chef voor West-Europa, en John de Wilde, die zijn hele leven in een inheemsenreservaat in New Mexico heeft gewoond en de enige andere man in Londen is die nog iets weet over Shakespeare of God.

Als John de Wilde de inwoners van Londen wil aanzetten tot een opstand tegen het systeem dat hen overheerst, reageren ze volkomen apathisch op zijn oproep. Hij wordt gearresteerd en de politie brengt hem bij Mustapha Mond. De Chef voert een vriendelijk gesprekje met John en verklaart dat hij zich maar ergens terug moet trekken en als kluizenaar moet leven als hij per se antisociaal wil zijn. John betwist de ideeën waarop de wereldorde is gebaseerd en beschuldigt de wereldregering ervan dat die in haar streven naar geluk niet alleen waarheid en de schoonheid heeft geëlimineerd, maar alles in het leven wat edel en heroïsch is:

'Beste jonge vriend,' zei Mustapha Mond, 'de civilisatie heeft niet de minste behoefte aan adeldom of heldendom. Dat zijn symptomen van ondoelmatige politiek. In een behoorlijk georganiseerde maatschappij zoals de onze komt niemand in de gelegenheid om edel of heldhaftig te zijn. De omstandigheden moeten buitengewoon instabiel zijn eer de gelegenheid zich zal voordoen. Waar oorlogen zijn, waar verdeelde loyaliteiten zijn, waar verleidingen weerstaan moeten worden, waar gevochten moet worden om liefdesobjecten te winnen of te verdedigen – daar hebben adeldom en heldendom uiteraard wel zin. Maar er zijn tegenwoordig geen oorlogen meer. Er wordt met grote zorg naar gestreefd te voorkomen dat je te veel van iemand gaat houden. Verdeelde loyaliteiten bestaan al helemaal niet; je wordt zo geconditioneerd dat je niet anders kunt dan doen wat je behoort te doen. En wat je behoort te doen is over het geheel genomen zo aangenaam, er wordt aan zoveel natuurlijke aandriften vrij spel gegund, dat er eigenlijk geen verleidingen zijn waaraan weerstand moet worden geboden. En als er ooit, door een ongelukkig toeval, toch op de een of andere manier iets onprettigs zou gebeuren, nou ja, dan is er altijd soma waarmee je vakantie kunt nemen van de feiten. En er is altijd soma om je boosheid te sussen, om je met je vijanden te verzoenen, om je geduldig en verdraagzaam te maken. In het verleden kon je dat alleen bereiken door erg je best te doen en na een jarenlange, zware geestelijke training. Nu slik je twee of drie tabletjes van een halve gram, en klaar ben je. Iedereen kan nu deugdzaam zijn. Je kunt zeker de helft van je moraal in een flesje bij je dragen. Christendom zonder tranen – dat is soma.'

'Maar de tranen zijn noodzakelijk. Weet u niet meer wat Othello zei? "Volgt zulk een kalmte op elke storm, dan mogen de winden blazen tot de dood ontwaakt." Er is een verhaal dat een van de oude indianen ons vroeger vertelde, over het meisje van Mátsaki. De jonge mannen die met haar wilden trouwen, moesten elk een ochtend schoffelen in haar tuin. Het leek gemakkelijk; maar er waren vliegen en muggen, betoverde vliegen en muggen. De meeste jonge mannen hielden het niet vol, gebeten en gestoken te worden. Maar de ene die het wel volhield, die kreeg het meisje.'

'Alleraardigst! Maar in geciviliseerde landen,' zei de Chef, 'kun je het met meisjes doen zonder voor hen te schoffelen; en er zijn geen vliegen of muggen om je te steken. Die hebben we al eeuwen geleden allemaal uitgeroeid.'

De Wilde knikte, met gefronst voorhoofd. 'Jullie hebben ze uitgeroeid. Ja, dat is echt iets voor jullie. Alles wat vervelend is uitroeien in plaats van te leren het te slikken. Is 't eed'ler voor de geest, de slingerstenen en pijlen van het nijdig lot te dulden, of 't hoofd te bieden aan een zee van plagen, en, door verzet, ze te enden... Maar jullie doen geen van beide. Dulden of je verzetten. Jullie verwijderen domweg de slingerstenen en pijlen. Het is te gemakkelijk. [...] Wat jullie nodig hebben,' vervolgde de Wilde, 'is, voor de verandering, iets mét tranen. [...] Gevaarlijk leven, dat heeft toch iets?'

'Dat heeft zeker iets,' antwoordde de Chef. 'Mannen en vrouwen moeten af en toe hun bijnieren laten prikkelen. [...] Het is een van de voorwaarden voor een volmaakte gezondheid. Daarom hebben we de HHS-behandeling verplicht gesteld.'

'HHS?'

'Heftige Hartstocht-surrogaat. Regelmatig, één keer per maand.

We overstromen het hele systeem met adrenaline. Dat is het complete fysiologische equivalent van angst en woede. De hele opwekkende uitwerking van het vermoorden van Desdemona en het vermoord worden door Othello, zonder de bijkomende ongemakken.'

'Maar ik houd van de ongemakken.'

'Wij niet,' zei de Chef. 'Wij doen alles het liefst op ons gemak.'

'Maar ik wil geen gemak. Ik wil God, ik wil gedichten, ik wil echt gevaar, ik wil vrijheid, ik wil goedheid, ik wil de zonde.'

'Het komt erop neer,' zei Mustapha Mond, 'dat u het recht opeist om ongelukkig te zijn.'

'Goed dan,' zei de Wilde uitdagend, 'ik eis het recht op om ongelukkig te zijn.'

'Om maar te zwijgen van het recht om oud te worden, en lelijk, en impotent; het recht om syfilis en kanker te krijgen; het recht om te weinig te eten te hebben; het recht om vergeven te zijn van de luizen; het recht om te leven in voortdurende angst voor wat er morgen kan gebeuren; het recht om tyfus te krijgen; het recht om gekweld te worden door alle mogelijke onzegbare pijnen.'

Het bleef lang stil.

'Al die rechten eis ik op,' zei de Wilde ten slotte.

Mustapha Mond haalde zijn schouders op. 'Ga uw gang,' zei hij.[1]

John de Wilde trekt zich terug in een onbewoonde wildernis en leidt daar een kluizenaarsbestaan. Na jaren geleefd te hebben in een indianenreservaat, waar hij is gehersenspoeld door Shakespeare en religie, is hij zo geconditioneerd dat hij alle zegeningen van de moderne tijd afwijst. Het nieuws over zo'n ongewone, spannende kerel verspreidt zich razendsnel, de mensen komen in drommen aanzetten om hem te bekijken en al zijn doen en laten vast te leggen, en binnen de kortste keren is hij een beroemdheid. Doodziek van alle ongewenste aandacht ontvlucht de Wilde de beschaafde matrix, niet door een rode pil in te nemen, maar door zich op te hangen.

Anders dan de makers van *The Matrix* en *The Truman Show* betwijfelde Huxley dat er ontsnappingsmogelijkheden waren, want hij vroeg zich af of er nog wel iemand was die een ontsnappingspoging zou doen. Aangezien je hersenen en je 'zelf' deel uitmaken van de matrix, moet je aan jezelf ontsnappen om aan de matrix te ontsnappen. Dat is echter een mogelijkheid die het verkennen waard is. Het zou heel goed kunnen dat ontsnappen aan onze beperkte definitie van het begrip 'zelf' een noodzakelijke overlevingstechniek wordt in de eenentwintigste eeuw.

Deel vijf

VEERKRACHT

Hoe moet je leven in een chaotische tijd als de oude verhalen zijn ingestort en er nog geen nieuw verhaal is om ze te vervangen?

19

ONDERWIJS

Verandering is de enige constante

Er staan de mens ongekende revoluties te wachten, al onze oude verhalen brokkelen af en er is nog geen nieuw verhaal dat als vervanging kan dienen. Hoe kunnen we onszelf en onze kinderen voorbereiden op een wereld met zulke ongehoord radicale veranderingen en onzekerheden? Een baby die nu geboren wordt, zal in 2050 in de dertig zijn. Als alles goed gaat, zal die baby in 2100 nog steeds leven en misschien zelfs wel een actieve tweeëntwintigste-eeuwer zijn. Wat moeten we dat kind leren, wat zal hem helpen overleven en floreren in de wereld van 2050 of de tweeëntwintigste eeuw? Wat voor vaardigheden zal hij nodig hebben om een baan te krijgen, te begrijpen wat er in de wereld gebeurt en zijn weg te vinden door de doolhof van het leven?

Helaas weet niemand hoe de wereld er in 2050 zal uitzien – laat staan die van 2100 – en kunnen we die vraag dus niet beantwoorden. Mensen hebben de toekomst natuurlijk nooit zo accuraat kunnen voorspellen, maar nu is het moeilijker dan ooit, want zodra er technologische ontwikkelingen komen waarmee we lichamen, hersenen en geesten kunnen modificeren, kunnen we helemaal nergens meer zeker van zijn, ook niet van dingen die vroeger onveranderlijk en eeuwig leken.

Duizend jaar geleden, in 1018, was er van alles wat mensen niet wisten over de toekomst, maar toch waren ze ervan overtuigd dat de basale kenmerken van de menselijke samenleving niet zouden veranderen. Als je in 1018 in China woonde, wist je dat in 1050 de Song-dynastie ten val zou kunnen komen, dat de Kitan mogelijk zouden aanvallen vanuit het noorden en dat er miljoenen mensen aan infectieziekten konden overlijden. Het was je echter duidelijk dat zelfs in 1050 de meeste mensen nog steeds boeren en wevers zouden zijn, dat heersers nog steeds mensen nodig zouden hebben voor hun legers en bureaucratieën, dat mannen nog steeds vrouwen zouden overheersen, dat de gemiddelde levensverwachting nog steeds rond de veertig zou liggen en dat de menselijke anatomie precies hetzelfde zou zijn. In 1018 leerden arme Chinese ouders hun kinderen dus rijst planten of zijde weven, rijkere ouders leerden hun zoons de confucianistische klassieken lezen, kalligraferen of zwaardvechten te paard, en hun meisjes om bescheiden, gehoorzame huisvrouwen te worden. Het was duidelijk dat die vaardigheden in 1050 nog steeds nodig zouden zijn.

Nu hebben we geen idee hoe China of de rest van de wereld er in 2050 uit zal zien. We weten niet wat mensen voor de kost zullen doen, we weten niet hoe legers of bureaucratieën zullen functioneren en we weten niet hoe de onderlinge verhoudingen tussen de seksen eruit zullen zien. Sommige mensen zullen waarschijnlijk veel langer leven dan nu en de menselijke anatomie zou best eens revolutionaire veranderingen kunnen doormaken dankzij biotechnologie en rechtstreekse interfaces tussen hersenen en computers. Een groot deel van wat kinderen nu leren zal in 2050 waarschijnlijk dus ontzettend gedateerd zijn.

Momenteel richten te veel scholen zich op het stampen van informatie. In het verleden had dat zin, omdat informatie schaars was en zelfs het trage stroompje bestaande informatie herhaaldelijk werd geblokkeerd door de censuur. Als je in 1800 bijvoorbeeld in een klein Mexicaans provinciestadje woonde, was het lastig iets aan de weet te komen over de rest van de wereld. Er was geen radio, geen televisie, er waren geen dagbladen en geen openbare bibliotheken.[1] Zelfs als je kon lezen en toegang had tot een privébibliotheek was er niet veel meer te lezen dan romans en religieuze traktaten. Het Spaanse rijk censureerde alle plaatselijk gedrukte teksten heel streng en liet hoogstens een klein aantal goedgekeurde publicaties van buitenaf door.[2] In provinciestadjes in Rusland, India, Turkije of China was het niet veel anders. Het moderne schoolsysteem, waarin alle kinderen leren lezen en schrijven, en een zekere basiskennis van aardrijkskunde, geschiedenis en biologie meekrijgen, was een enorme vooruitgang.

Anders dan toen worden we in de eenentwintigste eeuw overspoeld met gigantische hoeveelheden informatie en zelfs de censoren proberen die niet tegen te houden. In plaats daarvan doen ze hun uiterste best om desinformatie te verspreiden of ons af te leiden met futiliteiten. Als je in een Mexicaans provinciestadje woont en je hebt een smartphone, dan kun je vele mensenlevens lang Wikipediapagina's blijven lezen, TED-talks bekijken en gratis online cursussen volgen. Geen regering op aarde kan nog alle informatie tegenhouden die haar niet bevalt. Wel is het schrikbarend makkelijk om het publiek te overspoelen met tegenstrijdige berichten en afleidingsmanoeuvres. Overal ter wereld zijn mensen maar één klik verwijderd van het laatste nieuws over het bombardement op Aleppo of het smeltende poolijs, maar daarover zijn zoveel tegenstrijdige verhalen te vinden dat je bijna niet meer weet wat je moet geloven. Bovendien zijn talloze andere dingen ook met één klik onder handbereik, wat het lastig maakt om je te concentreren, en als politieke of wetenschappelijke informatie te ingewikkeld lijkt, is het verleidelijk om door te surfen naar grappige kattenfilmpjes, roddels over filmsterren of porno.

In zo'n wereld is informatie het laatste wat leraren hun leerlingen hoeven aan te bieden. Daar hebben ze al veel te veel van. Veel belangrijker is het vermogen om informatie te interpreteren, de kunst om het verschil te zien tussen belangrijke en onbelangrijke informatie en vooral ook de kunst om allerlei stukjes informatie samen te voegen tot een overkoepelend wereldbeeld.

In wezen is dit al eeuwen het ideaal van het westerse liberale onderwijssysteem, maar tot nu toe zijn zelfs veel westerse scholen tamelijk laks geweest in het bereiken van dat ideaal. Leraren namen genoegen met het doorschuiven van gegevens en moedigden hun leerlingen onderwijl aan om 'voor zichzelf te denken'. Door hun angst voor totalitaire systemen hadden liberale scholen een grote afkeer van politiek. Ze gingen ervan uit dat leerlingen hun eigen wereldbeeld wel zullen vormen zolang we ze heel veel feiten en een beetje vrijheid geven, en zelfs als deze generatie al die feiten niet kan omsmeden tot een samenhangend, zinvol verhaal over de wereld, is er in de toekomst nog tijd genoeg om dat te doen. Maar nu is de tijd op. De beslissingen die we de komende decennia zullen nemen, zullen de toekomst van het leven zelf bepalen en we kunnen die beslissingen alleen nemen op basis van ons huidige wereldbeeld. Als deze generatie geen duidelijk beeld heeft van de kosmos, zal de toekomst van het leven op aarde afhangen van lukrake beslissingen.

De tijd dringt

Naast het doorgeven van informatie zijn de meeste scholen ook te veel bezig met het aanleren van vooraf vastgestelde vaardigheden, zoals het oplossen van differentiaalvergelijkingen, programmeren met c++, chemische stofjes identificeren in een reageerbuisje of Chinees spreken. Omdat we echter geen idee hebben hoe de wereld en de banenmarkt er in 2050 zullen uitzien, weten we ook niet echt wat voor vaardigheden mensen precies nodig zullen hebben. We kunnen wel heel veel moeite doen om kinderen te laten programmeren in c++ of ze Chinees te leren, maar wie weet zal in 2050 blijken dat AI veel beter kan programmeren dan mensen en dat je met een nieuwe Google Translate-app gesprekken kunt voeren in zo goed als vlekkeloos Mandarijn, Kantonees of Hakka, ook als je zelf alleen maar *ni hao* kunt zeggen.

Wat moeten we kinderen dan leren? Veel pedagogen vinden dat scholen zich moeten gaan richten op vier belangrijke vaardigheden: kritisch denken, communicatie, samenwerking en creativiteit.[3] Ruimer gezegd zouden scholen minder aan technische vaardigheden moeten doen en meer aan algemene vaardigheden. De belangrijkste vaardigheden worden aanpassingsvermogen, het vermogen om nieuwe dingen te leren en het vermogen je niet uit het lood te laten slaan door onbekende situaties. Om mee te kunnen komen in de wereld van 2050 moet je niet alleen in staat zijn om nieuwe ideeën en producten te bedenken, je zult vooral jezelf meermalen opnieuw moeten uitvinden.

Naarmate de veranderingen elkaar sneller opvolgen, zal immers niet alleen de economie, maar het hele idee van wat 'menselijk' is waarschijnlijk veranderen. In 1848 verklaarde *Het Communistisch Manifest* al dat 'al het vaststaande verdampt', al dachten Marx en Engels daarbij vooral aan sociale en economische structuren. In 2048 zullen de fysieke en cognitieve structuren ook verdampen, of opgaan in een cloud van databits.

In 1848 verloren miljoenen mensen hun werk op plattelandsboerderijen en trokken ze naar de grote steden om in fabrieken te werken, maar toen ze daar eenmaal waren, was het niet erg waarschijnlijk dat ze van geslacht zouden veranderen of een zesde zintuig zouden ontwikkelen. En als ze een baantje vonden in een textielfabriek, was te verwachten dat ze de rest van hun werkende leven in dat beroep zouden blijven.

In 2048 zullen mensen misschien te maken krijgen met migraties naar cyberspace, fluïde genderidentiteiten en nieuwe zintuiglijke ervaringen die gegenereerd worden door computerimplantaten. Als ze werk en plezier krijgen in het ontwerpen van met de minuut veranderende modes voor een virtuele 3D-realitygame, zou tien jaar later niet alleen dat specifieke beroep, maar alle banen die zo'n mate van artistieke creativiteit vereisen overgenomen kunnen zijn door AI. Straks introduceer je je als vijfentwintigjarige op een datingsite als 'heteroseksuele vrouw die in Londen woont en in een modewinkel werkt'. Op je vijfendertigste zeg je dat je een 'gendernonspecifiek persoon bent die leeftijdsaanpassingen ondergaat, wiens neocorticale activiteiten voornamelijk plaatsvinden in de virtuele NewCosmos-wereld en wiens levensdoel het is te gaan waar geen modeontwerper ooit gegaan is'. Op je vijfenveertigste zijn dating en omschrijvingen van jezelf volkomen passé. Je wacht gewoon tot een algoritme de perfecte match voor je vindt (of creëert). De zin van het leven ligt voor jou ook niet meer in de kunst van het modeontwerpen, want je bent zo onherroepelijk ingehaald door de algoritmen dat je grootste pronkstukken uit het vorige decennium eerder gênant zijn dan iets om trots op te zijn. En op je vijfenveertigste heb je nog vele decennia van radicale veranderingen voor je.

Neem dit scenario alsjeblieft niet letterlijk. Niemand kan de specifieke veranderingen die we zullen meemaken precies voorspellen. Al te specifieke scenario's zullen waarschijnlijk nooit bewaarheid worden. Als iemand de wereld rond het midden van de eenentwintigste eeuw beschrijft en het klinkt als sciencefiction, dan klopt er waarschijnlijk niets van, maar als iemand die wereld beschrijft zonder dat het als sciencefiction klinkt, dan klopt er zéker niets van. We kunnen niet weten hoe het precies wordt. Het enige wat zeker is, is dat er dingen gaan veranderen.

Zulke diepgaande veranderingen zouden de basale structuur van het leven zelfs wel eens volkomen kunnen transformeren, met een gebrek aan continuïteit als meest saillante kenmerk. Sinds mensenheugenis is het leven verdeeld geweest in twee elkaar aanvullende delen: een leerperiode die gevolgd werd door een werkperiode. In het eerste deel van je leven verzamelde je informatie, ontwikkelde je vaardigheden, vormde je je wereldbeeld en bouwde je een stabiele identiteit op. Zelfs als je op je vijftiende het grootste deel van de dag op de rijstvelden van je familie werkte (in plaats van op school te zitten), was leren het belangrijkste wat je deed: hoe je rijst moest telen, hoe je moest onderhandelen met de gierige rijstkoopmannen uit de grote stad en hoe je conflicten om land en water moest oplossen met de andere dorpelingen. In het tweede deel van je leven gebruikte je die aangeleerde vaardigheden om je weg in de wereld te vinden, de kost te verdienen en je steentje bij te dragen aan de samenleving. Natuurlijk bleef je er ook op je vijftigste nog van alles bij leren over rijst, kooplieden en conflicten, maar dat waren hoogstens kleine toevoegingen aan goed ontwikkelde vaardigheden.

Medio eenentwintigste eeuw zal dit traditionele model in onbruik raken doordat de veranderingen zich steeds sneller zullen opvolgen en de mensen langer zullen leven. Het leven zal desintegreren en de continuïteit, de logische samenhang tussen de ene en de andere levensfase, zal steeds meer zoekraken. De vraag 'wie ben ik?' zal prangender en ingewikkelder worden dan ooit.[4]

Dit zal hoogstwaarschijnlijk enorm veel stress met zich meebrengen, want verandering is bijna altijd stressvol en boven een bepaalde leeftijd willen mensen gewoon niet meer zo hard veranderen. Als je vijftien bent, bestaat je hele leven uit verandering. Je lichaam groeit, je geest is volop in ontwikkeling, je relaties verdiepen zich. Alles verandert en alles is nieuw. Je bent voortdurend aan het bepalen wie je bent. De meeste tieners vinden dit doodeng, maar het is ook spannend. Er gaan nieuwe horizonten voor je open en je hebt een hele wereld te veroveren.

Tegen de tijd dat je vijftig bent, wil je geen veranderingen meer en de meeste mensen zijn op die leeftijd opgehouden de wereld te bestormen. *Been there, done that.* Je houdt meer van stabiliteit. Je hebt zoveel geïnvesteerd in je talenten, je carrière, je identiteit en je wereldbeeld dat je niet nog eens helemaal opnieuw wilt beginnen. Hoe harder je hebt gewerkt om iets op te bouwen, hoe moeilijker het is om dat los te laten en ruimte te maken voor iets nieuws. Je geniet misschien nog steeds wel van nieuwe ervaringen en kleine aanpassingen, maar de meeste vijftigers zijn niet bereid om de diepgewortelde structuur van hun identiteit en persoonlijkheid overhoop te halen.

Daar zijn neurologische redenen voor. Het volwassen brein is weliswaar flexibeler en veranderlijker dan we ooit dachten, maar het is altijd nog minder kneedbaar dan het tienerbrein. Het is een hoop werk om nieuwe neuronenverbindingen te maken en synapsen te verleggen.[5] Maar in de eenentwintigste eeuw kun je je nauwelijks stabiliteit veroorloven. Als je probeert vast te houden aan een stabiele identiteit, baan of wereldbeeld, loop je het risico dat je hopeloos achterblijft. Aangezien de levensverwachting waarschijnlijk zal stijgen, zul je dan misschien nog decennia moeten doorbrengen als achterlijk fossiel. Om ertoe te blijven doen – niet alleen in economisch, maar vooral ook in sociaal opzicht – zul je in staat moeten zijn om constant bij te leren en jezelf opnieuw uit te vinden, zeker op zo'n jonge leeftijd als vijftig.

Als vreemd het nieuwe normaal wordt, zullen ervaringen van vroeger minder betrouwbare leidraden worden en hetzelfde geldt voor de vroegere ervaringen van de hele mensheid. Individuele mensen en de mensheid als geheel zullen steeds vaker iets aan moeten met dingen die niemand ooit eerder is tegengekomen, zoals superintelligente machines, anatomische modificaties, algoritmen die griezelig precies je emoties kunnen manipuleren, een snelle opeenvolging van door de mens veroorzaakte klimaatrampen en de noodzaak om elke tien jaar van beroep te veranderen. Wat kun je het beste doen als je geconfronteerd wordt met een volkomen nieuwe situatie? Wat moet je als je overspoeld wordt door enorme hoeveelheden informatie die je echt op geen enkele manier allemaal kunt opnemen en analyseren? Hoe moet je leven in een wereld waarin continue onzekerheid geen ongelukje is, maar een vast onderdeel?

Om in zo'n wereld te overleven en het te redden zul je heel wat mentale flexibiliteit nodig hebben en een groot emotioneel evenwicht. Je zult herhaaldelijk een deel van je eigen expertise moeten loslaten en je thuis moeten voelen in het onbekende. Helaas is het veel moeilijker om kinderen te leren het onbekende te omarmen en hun geestelijk evenwicht te bewaren dan om ze natuurkundige vergelijkingen te leren, of de oorzaken van de Eerste Wereldoorlog. Veerkracht is niet iets wat je kunt leren uit een boek of een les. Veel leraren hebben zelf niet de mentale flexibiliteit die de eenentwintigste eeuw vereist, omdat ze zelf een product zijn van het oude onderwijssysteem.

De onderwijskundige lopendebandtheorie is een erfenis van de industriële revolutie. Midden in de stad staat een groot betonnen gebouw dat is onderverdeeld in heel veel identieke lokalen, elk voorzien van rijen tafeltjes en stoelen. Als er een bel klinkt, ga je naar een van die lokalen, samen met dertig andere kinderen, die allemaal in hetzelfde jaar zijn geboren als jij. Elk uur komt er een of andere volwassene binnen, die vervolgens begint te praten. Daar krijgen ze voor betaald van de overheid. Een van die lui vertelt over de vorm van de aarde, een ander vertelt over het verleden van de mensheid en nummer drie vertelt over het menselijk lichaam. Het is makkelijk om dit model belachelijk te maken en bijna iedereen vindt dat het ondanks bewezen diensten in het verleden nu echt achterhaald is, maar we hebben nog steeds geen werkbaar alternatief, laat staan een alternatief dat ook op het Mexicaanse platteland toegepast kan worden, en niet alleen in rijke Californische buitenwijken.

Mensen hacken

Het beste advies dat ik kan geven aan vijftienjarigen die op een ouderwetse school ergens in Mexico, India of Alabama zitten, is dus dat ze niet te veel op de volwassenen moeten vertrouwen. Ze bedoelen het meestal goed, maar ze begrijpen gewoon niet hoe de wereld werkt. Vroeger was het een relatief veilige zet om naar de volwassenen te luisteren, omdat ze de wereld tamelijk goed kenden en de wereld maar langzaam veranderde, maar de eenentwintigste eeuw wordt anders. Doordat de veranderingen elkaar in steeds hoger tempo gaan opvolgen, kun je nooit zeker weten of dat wat de volwassenen je vertellen tijdloze wijsheid is of een verouderd vooroordeel.

Maar waar moet je dan op vertrouwen? Op de technologie? Dat is een nog riskantere gok. Technologie kan heel veel voor je doen, maar als het te veel macht over je leven krijgt, kun je zomaar een gevangene van de technologische agenda worden. Duizenden jaren geleden vonden mensen de landbouw uit, maar van die technologie werd alleen een kleine elite beter, en de meeste andere mensen moesten werken als slaven. Ze zwoegden van 's ochtends vroeg tot 's avonds laat op het land, schoffelden onkruid, droegen water aan en oogstten graan in de brandende zon. Zoiets kan jou ook overkomen.

Technologie is niet per se slecht. Als je weet wat je wilt in je leven, kan technologie je helpen dat te bereiken. Maar als je niet weet wat je wilt, kan de technologie maar al te makkelijk doelen voor je gaan verzinnen en je leven overnemen. Vooral als de technologie mensen beter gaat doorgronden, zul je misschien gaan merken dat jouw leven steeds meer in dienst staat van de technologie in plaats van andersom. Heb je al die zombies gezien die over straat dwalen met hun blik strak op hun smartphone gericht? Denk je dat zij de technologie beheersen, of beheerst de technologie hen?

Moet je dan op jezelf vertrouwen? Dat klinkt goed in *Sesamstraat* of in een ouderwetse Disney-film, maar in het echte leven werkt het minder goed. Zelfs Disney komt daar langzaam achter. Net als Riley Andersen kennen de meeste mensen zichzelf niet echt en als ze proberen 'naar zichzelf te luisteren', vallen ze maar al te makkelijk ten prooi aan manipulatie van buitenaf. Het stemmetje in ons hoofd was vroeger al niet te vertrouwen, omdat het altijd al het product is geweest van staatspropaganda, ideologische hersenspoeling en commerciële reclame, en dan heb ik het nog niet eens over biochemische storinkjes.

Als biotechnologie en machine learning beter worden, zal het makkelijker worden om de diepste emoties en verlangens van mensen te manipuleren en wordt het gevaarlijker dan ooit om je 'hart te volgen'. Als Coca-Cola, Amazon, Baidu of de regering weten hoe ze aan de touwtjes van je hart moeten trekken en de knopjes in je hersenen moeten indrukken, kun je dan het verschil nog zien tussen je eigen zelf en hun marketingexperts?

Om zoiets ontzettend moeilijks te kunnen, zul je heel erg je best moeten doen om je eigen besturingssysteem beter te leren kennen – om te weten wie je bent en wat je wilt in het leven. Ken uzelve. Dat is natuurlijk het oudste advies ter wereld. Filosofen en profeten sporen de mens al duizenden jaren aan om zichzelf te kennen, maar dat is nooit belangrijker geweest dan in de eenentwintigste eeuw, want anders dan in de tijden van Laozi of Socrates heb je nu serieuze concurrentie. Coca-Cola, Amazon, Baidu en de regering doen allemaal keihard hun best om je te hacken. Niet je smartphone, niet je computer en niet je bankrekening, maar jóu en je organische besturingssysteem. Misschien heb je wel eens gehoord dat we in het tijdperk van het computerhacken leven, maar dat is maar een klein deel van de waarheid. Eigenlijk leven we in het tijdperk van het mensenhacken.

De algoritmen houden je constant in de gaten. Ze houden in de gaten waar je naartoe gaat, wat je koopt, met wie je afspreekt. Nog even en ze zullen elke stap bijhouden, elke ademhaling, elke hartslag. Met behulp van big data en machine learning leren ze je steeds beter kennen. En zodra die algoritmen je beter kennen dan jij zelf, kunnen ze je in principe sturen en manipuleren, zonder dat je daar veel tegen kunt doen. Dan zit je in de *Matrix*, of in *The*

Truman Show. Uiteindelijk is het een simpele empirische kwestie: als de algoritmen echt beter snappen wat er in je omgaat dan jij zelf, worden zij de baas.

Misschien vind je het wel prima om je over te leveren aan de algoritmen en die van alles voor jou en de rest van de wereld te laten beslissen, als ze dat zo goed kunnen. Als dat zo is, maak je dan niet druk en ga er gewoon lekker voor zitten, want dan hoef je niets te doen. De algoritmen zorgen voor alles. Maar als je nog een beetje de controle wilt houden over je eigen bestaan en de toekomst van het leven op aarde, dan zul je harder je best moeten doen dan de algoritmen, Amazon en de regering, en moet je zorgen dat je jezelf leert kennen voordat zij dat doen. Het is een race tegen de klok. Als je ze voor wilt blijven, neem dan niet te veel bagage mee. Laat al je illusies achter. Die wegen namelijk nogal wat.

20

ZINGEVING

Het leven is geen verhaal

Wie ben ik? Wat moet ik met mijn leven doen? Wat is de zin van het leven? Die vragen worden al sinds mensenheugenis gesteld. Elke generatie heeft een nieuw antwoord nodig, want wat we weten en niet weten verandert constant. Wat is het beste antwoord dat we nu kunnen geven, met alles wat we weten en niet weten over wetenschap, God, politiek en religie?

Wat voor soort antwoord verwachten mensen? Als mensen vragen stellen over de zin van het leven verwachten ze bijna altijd dat ze een verhaal te horen krijgen. Homo sapiens is een diersoort die verhalen vertelt en in verhalen denkt, veel meer dan in cijfers of grafieken, en gelooft dat het universum zelf in elkaar zit als een verhaal, compleet met helden en slechteriken, conflicten en oplossingen, een climax en een goede afloop. Als we op zoek gaan naar de zin van het leven, willen we een verhaal dat verklaart hoe de werkelijkheid in elkaar steekt en wat onze eigen rol in het grote kosmische drama is. Die rol maakt ons een deel van iets wat groter is dan wijzelf en geeft betekenis aan al onze ervaringen en keuzes.

Een populair verhaal dat duizenden jaren aan miljarden angstige mensen is verteld, luidt dat we allemaal deel uitmaken van een eeuwige cyclus die alle levende wezens omvat en met elkaar verbindt. Elk wezen heeft een specifieke functie in die cyclus. Als je de zin van het leven wilt doorgronden, moet je dus je eigen unieke functie doorgronden en een goed leven is een leven waarin je die functie vervult.

Het hindoe-epos de *Bhagavad Gita* verhaalt hoe de grote, krijgshaftige prins Arjuna midden in een bloedige burgeroorlog wordt overmand door twijfel. Als hij vrienden en familieleden in het vijandige kamp ziet, aarzelt hij om tegen ze te vechten en ze te doden. Hij begint zich af te vragen wat goed is en wat kwaad, wie dat bepaalt en wat de zin van het leven is. De god Krishna legt Arjuna vervolgens uit dat elk wezen in de grote kosmische cyclus zijn eigen unieke 'dharma' heeft, het pad dat je moet volgen en de plichten die je moet vervullen. Als je je dharma volbrengt, hoe moeilijk dat pad ook is, komt je gemoed tot rust en word je bevrijd van alle twijfel. Als je weigert je dharma te volgen en het pad van iemand anders probeert te volgen – of rond blijft dwalen zonder enig pad – verstoor je de kosmische balans en zul je nooit rust of vreugde vinden. Het maakt niet uit wat je pad precies is, zolang je het maar volgt. Een wasvrouw die zich met hart en ziel aan de weg van de wasvrouw wijdt, is torenhoog verheven boven een prins die de weg van de prins verlaat. Nu Arjuna de zin van het leven begrijpt, wijdt hij zich trouw aan zijn dharma als krijger. Hij doodt zijn vrienden en familieleden, leidt zijn leger naar de overwinning en wordt een van de meest gerespecteerde en geliefde helden van de hindoewereld.

Het Disney-epos *De leeuwenkoning* uit 1994 stak dit oeroude verhaal in een nieuw jasje voor het moderne publiek, met de jonge leeuw Simba in de rol van Arjuna. Als Simba wil weten wat de zin van het bestaan is, vertelt zijn vader, de leeuwenkoning Mufasa, hem over de grote Cirkel des Levens. Mufasa legt uit dat de antilopen het gras eten en de leeuwen de antilopen, en als de leeuwen sterven, vergaat hun lichaam en wordt het voedsel voor het gras. Zo gaat het leven door, van generatie op generatie, als elk dier zijn rol in het drama maar vervult. Alles hangt met elkaar samen en iedereen is afhankelijk van iedereen. Zelfs als het kleinste grassprietje zijn roeping niet vervult, kan de hele Cirkel des Levens uiteenvallen. Simba's roeping, aldus Mufasa, is dat hij na Mufasa's dood het leeuwenrijk moet regeren en de orde der dieren moet handhaven.

Als Mufasa voortijdig vermoord wordt door zijn kwaadaardige broer Scar, geeft de kleine Simba zichzelf echter de schuld van die ramp en verlaat hij het leeuwenrijk, gekweld door schuldgevoel. Hij onttrekt zich aan zijn koninklijke lot en trekt in zijn eentje de wildernis in. Daar ontmoet hij twee andere buitenbeentjes, een stokstaartje en een wrattenzwijn, en samen brengen ze een paar zorgeloze jaren door in de marge van het dierenrijk. Hun antisociale filosofie houdt in dat ze alle problemen wegwuiven door *hakuna matata* te zingen – 'geen zorgen'.

Maar Simba kan niet aan zijn dharma ontkomen. Als hij ouder wordt, wordt hij steeds rustelozer omdat hij niet weet wie hij is en wat hij met zijn leven aan moet. Op het keerpunt in de film verschijnt de geest van Mufasa in een visioen om Simba te herinneren aan de Cirkel des Levens en zijn koninklijke identiteit. Simba komt ook aan de weet dat de gemene Scar in zijn afwezigheid de troon heeft bestegen en het rijk zo slecht beheert dat het ten onder dreigt te gaan door onenigheid en honger. Simba begrijpt eindelijk wie hij is en wat hem te doen staat. Hij keert terug naar het leeuwenrijk, doodt zijn oom, wordt koning en herstelt de harmonie en de welvaart. De film eindigt met een trotse Simba die zijn pasgeboren erfgenaam toont aan het verzamelde dierenrijk. De voortgang van de grote Cirkel des Levens is weer gewaarborgd.

De Cirkel des Levens presenteert het kosmische drama als een cyclisch verhaal. Simba en Arjuna gaan ervan uit dat leeuwen al sinds het begin der tijden antilopen aten en krijgers oorlogen voerden, en dat ze dat ook eeuwig zullen blijven doen. Die eeuwige herhaling is de grote kracht van het verhaal. Het impliceert dat dit de natuurlijke gang van zaken is en dat als Arjuna weigert te vechten of als Simba afziet van het koningschap, ze daarmee in feite tegen de wetten van de natuur ingaan.

Als je gelooft in deze of gene versie van dit verhaal over de Cirkel des Levens houdt dat in dat je een vaststaande, ware identiteit hebt die je plichten in het leven bepaalt. Je kunt jaren twijfelen aan die identiteit, of hem niet eens kennen, maar op een dag zal hij op een groots, dramatisch moment onthuld worden. Dan zal je rol in het kosmische drama je duidelijk worden en hoewel je daarna misschien nog veel beproevingen en ontberingen wachten, zul je geen twijfel of wanhoop meer kennen.

Andere religies en ideologieën geloven in een lineair kosmisch drama, dat een duidelijk begin heeft, een niet al te lang midden en een vaststaand einde. Het islamitische verhaal zegt bijvoorbeeld dat Allah in den beginne het hele universum schiep en het zijn wetten oplegde. Die wetten onthulde hij vervolgens aan de mens in de Koran. Helaas waren er onwetende, slechte mensen die in opstand kwamen tegen Allah en zijn wetten probeerden te overtreden of verhullen, en het is de taak van vrome, trouwe moslims om die wetten te handhaven en ze te verspreiden. Uiteindelijk zal Allah op de Dag des Oordeels rechtspreken over het gedrag van ieder afzonderlijk individu. Hij zal de rechtschapenen belonen met eeuwigdurende zaligheid in het paradijs en de zondaars in de brandende vuren van de hel gooien.

Volgens dit allesomvattende verhaal houdt mijn kleine, doch belangrijke rol in het leven in dat ik Allahs geboden moet opvolgen, Zijn wetten moet verspreiden en moet zorgen dat Zijn wensen gehoorzaamd worden. Als ik in het islamitische verhaal geloof, geeft het mijn leven betekenis als ik vijf keer per dag bid, geld doneer voor een nieuwe moskee en de strijd aanga tegen afvalligen en ongelovigen. Zelfs de meest alledaagse handelingen – handen wassen, wijn drinken, de liefde bedrijven – hebben in kosmische zin een grote betekenis.

Het nationalisme gaat eveneens uit van een lineair verhaal. Het zionistische verhaal begint bijvoorbeeld met de Bijbelse avonturen en verrichtingen van het Joodse volk, het verhaalt van tweeduizend jaar ballingschap en vervolging, bereikt zijn climax met de Holocaust en de vestiging van de staat Israël en kijkt reikhalzend uit naar de dag waarop Israël in vrede en voorspoed zal leven en in moreel en spiritueel opzicht een lichtend voorbeeld voor de rest van de wereld zal worden. Als ik in het zionistische verhaal geloof, maak ik daaruit op dat het mijn missie is om de belangen van het Joodse volk te bevorderen door de zuiverheid van de Hebreeuwse taal te behoeden, door te vechten om verloren gegaan Joods grondgebied terug te winnen of misschien door een nieuwe generatie loyale Israëlische kinderen op de wereld te zetten en groot te brengen.

Ook hier hebben zelfs de meest doorsnee handelingen een enorme betekenis. Op Onafhankelijkheidsdag zingen groepjes Israëlische scholieren vaak een populair Hebreeuws lied waarin alles wat gedaan wordt voor het moederland wordt geprezen. Eén kind zingt: 'Ik heb een huis gebouwd in het land van Israël', een ander kweelt: 'Ik heb een boom geplant in het land van Israël', nummer drie valt in met: 'Ik heb een gedicht geschreven in het land van Israël', en zo gaat het verder, tot ze allemaal in koor zingen: 'Dus we hebben een huis, en een boom, en een gedicht [en wat je daar verder nog aan zou willen toevoegen] in het land van Israël'.

Het communisme vertelt een vergelijkbaar verhaal, alleen draait alles daarin om klasse en niet om etniciteit. *Het Communistisch Manifest* begint met de volgende verklaring:

De geschiedenis van iedere maatschappij tot nu toe is de geschiedenis van de klassenstrijd.

Vrije en slaaf, patriciër en plebejer, baron en lijfeigene, gildemeester en gezel, kortom onderdrukkers en onderdrukten stonden in voortdurende tegenstelling tot elkaar, voerden een onafgebroken, nu eens bedekte dan weer open strijd, een strijd die iedere keer eindigde met een revolutionaire omvorming van de gehele maatschappij of met de gemeenschappelijke ondergang van de strijdende klassen.[1]

Het manifest gaat verder met de uitleg dat in de moderne tijd 'de gehele maatschappij zich meer en meer splitst in twee grote vijandelijke kampen, in twee grote lijnrecht tegenover elkaar staande klassen: bourgeoisie en proletariaat'.[2] Deze strijd zal eindigen met de overwinning van het proletariaat, wat het einde van de geschiedenis zal inluiden. Er zal een communistisch paradijs op aarde gevestigd worden waarin niemand iets zal bezitten en iedereen volkomen vrij en gelukkig zal zijn.

Als ik in dit communistische verhaal geloof, maak ik daaruit op dat het mijn missie is om de wereldrevolutie te versnellen door opruiende pamfletten te schrijven, stakingen en demonstraties te organiseren of misschien inhalige kapitalisten te vermoorden en hun marionetten te bestrijden. Volgens dit verhaal heeft zelfs het kleinste gebaar nut, zoals het boycotten van een merk dat textielarbeiders uitbuit in Bangladesh, of felle discussies met mijn foute, kapitalistische schoonvader tijdens het kerstdiner.

Als je kijkt naar al die verhalen die bedoeld zijn om je ware identiteit te omschrijven en je daden inhoud te verschaffen, is het opvallend dat schaal geen belangrijke factor lijkt te zijn. Sommige verhalen, zoals dat van Simba's Cirkel des Levens, lijken eeuwig door te gaan. Daarin komt het hele universum eraan te pas om te weten wie je bent. Andere verhalen, zoals de meeste nationalistische en tribale mythen, steken daar heel kleintjes bij af. Het zionisme gaat uit van de heiligheid van de avonturen van zo'n 0,2 procent van de mensheid en 0,005 procent van het aardoppervlak gedurende een fractie van de eeuwigheid. In het zionistische verhaal is geen rol weggelegd voor de Chinese keizerrijken, de stammen in Nieuw-Guinea en de Andromedanevel, of voor de miljarden jaren die voorafgingen aan het leven van Mozes, Abraham en de evolutie van de apen.

Dat soort bijziendheid kan ernstige repercussies hebben. Zo is een van de grootste obstakels voor een vredesverdrag tussen Israëliërs en Palestijnen het feit dat de Israëliërs de stad Jeruzalem niet willen opdelen. Volgens hen is deze stad 'de eeuwige hoofdstad van het Joodse volk' en je kunt natuurlijk geen compromissen sluiten over iets wat eeuwig is.[3] Wat zijn een paar dode mensen vergeleken met de eeuwigheid? Dit is natuurlijk grote flauwekul. De eeuwigheid is op zijn minst 13,8 miljard jaar, oftewel de huidige leeftijd van het heelal. De aarde is zo'n 4,5 miljard jaar geleden gevormd en er bestaan al minstens twee miljoen jaar mensen. De stad Jeruzalem is daarentegen pas vijfduizend jaar geleden gesticht en het Joodse volk is hooguit drieduizend jaar oud. Dat kun je moeilijk gelijkstellen aan de eeuwigheid.

Wat de toekomst betreft, weten natuurkundigen te melden dat de aarde over zo'n 7,5 miljard jaar verzwolgen zal worden door een opzwellende zon[4] en dat het heelal daarna nog minstens dertien miljard jaar zal voortbestaan. Is er echt iemand die serieus gelooft dat het Joodse volk, de staat Israël of de stad Jeruzalem over dertienduizend jaar nog zal bestaan, laat staan over dertien miljard jaar? Als we naar de toekomst kijken, heeft het zionisme hoogstens nog een paar eeuwen, maar dat gaat het bevattingsvermogen van de meeste Israëliërs blijkbaar zo ver te boven dat het wordt aangemerkt als 'eeuwigheid'. En mensen zijn bereid om offers te brengen ten behoeve van de 'eeuwige stad' die ze waarschijnlijk niet zouden willen brengen voor een vluchtige verzameling gebouwen.

Als tiener in Israël was ik aanvankelijk ook helemaal vol van de nationalistische belofte dat ik deel kon uitmaken van iets wat groter was dan ikzelf. Ik wilde graag geloven dat ik voor eeuwig door zou leven in de natie als ik daar mijn leven voor gaf. Ik kon alleen niet bevatten wat het inhield om 'voor eeuwig door te leven in de natie'. Het klonk heel diep, maar wat betekende het eigenlijk? Ik kan me een Herdenkingsdag herinneren uit de tijd dat ik dertien of veertien was. In Israël is Herdenkingsdag een enorm plechtige en belangrijke aangelegenheid. Op die dag houden de scholen plechtigheden ter herinnering aan de soldaten die zijn gevallen in de vele oorlogen die Israël heeft gevoerd. De kinderen dragen witte kleren, dragen gedichten voor, zingen liederen, leggen kransen en zwaaien met vlaggen. Dus daar stond ik, helemaal in het wit gekleed voor de plechtigheid, en tussen het zwaaien met vlaggen en het voordragen van gedichten door dacht ik uiteraard dat ik later als ik groot was ook wel een gevallen soldaat zou willen worden. Als ik een heldhaftige gevallen soldaat was die zijn leven had gegeven voor Israël, dan zouden al die kinderen immers gedichten opzeggen en met vlaggen zwaaien ter ere van mij.

Maar toen dacht ik: ja, maar wacht eens even. Als ik dood ben, hoe kan ik dan weten of die kinderen echt gedichten voor me declameren? Dus probeerde ik me voor te stellen hoe het zou zijn als ik dood was. Ik stelde me voor hoe ik onder een witte grafsteen zou liggen op een keurig onderhouden militaire begraafplaats, luisterend naar de gedichten die bovengronds werden opgezegd. Maar toen dacht ik: als ik dood ben, kan ik helemaal geen gedichten horen, want dan heb ik geen oren en ook geen hersenen, en kan ik dus niets horen of voelen. Wat heeft het dan voor nut?

Sterker nog, op mijn dertiende wist ik al dat het heelal miljarden jaren oud is en waarschijnlijk nog miljarden jaren zal blijven bestaan. Was het realistisch om te verwachten dat Israël zo lang zou blijven bestaan? Zullen in het wit geklede homo-sapienskindjes na tweehonderd miljoen jaar nog gedichten voordragen ter ere van mij? Hier klopte iets niet.

Als je toevallig een Palestijn bent, ga nu dan niet zelfvoldaan zitten grinniken. Het is al even onwaarschijnlijk dat er over tweehonderd miljoen jaar nog Palestijnen zullen zijn. Hoogstwaarschijnlijk zullen er dan zelfs helemaal geen zoogdieren meer zijn. Andere nationalistische groeperingen zijn al net zo kortzichtig. Het Servische nationalisme houdt zich niet bezig met gebeurtenissen uit de jura, Koreaanse nationalisten geloven dat een klein schiereiland aan de oostkust van Azië het enige deel van de kosmos is dat er echt toe doet.

Natuurlijk staat zelfs Simba er ondanks zijn toewijding aan de eeuwigdurende Cirkel des Levens nooit bij stil dat leeuwen, antilopen en gras niet echt eeuwig zijn. Simba houdt geen rekening met de staat van het heelal voor de evolutie van zoogdieren of wat er van zijn geliefde Afrikaanse savanne zal worden als mensen alle leeuwen doden en de grasvlakten bedekken met asfalt en beton. Zou dat Simba's leven volkomen zinloos maken?

Alle verhalen zijn incompleet, maar om een werkbare identiteit te construeren en mijn leven zin te geven, heb ik ook geen compleet verhaal nodig dat helemaal vrij is van blinde vlekken en tegenstrijdigheden. Om mijn leven zin te geven hoeft een verhaal maar aan twee dingen te voldoen. Ten eerste moet er een rol voor *mij* in zijn weggelegd. Een stamlid uit Nieuw-Guinea zal niet snel in het zionisme of het Servische nationalisme gaan geloven, omdat er in die verhalen helemaal geen plek is voor Nieuw-Guinea en de inwoners daarvan. Net als filmsterren houden mensen alleen van scenario's waarin ze zelf een belangrijke rol spelen.

Ten tweede hoeft een goed verhaal niet per se eeuwigdurend te zijn, maar moet het wel verder reiken dan ik kan overzien. Het verhaal biedt me een identiteit en het geeft mijn leven zin doordat het mij inbedt in iets wat groter is dan ikzelf. Toch is er altijd een gevaar dat ik me ga afvragen wat de zin van dat 'grotere' is. Als de zin van mijn leven eruit bestaat dat ik het proletariaat of het Poolse volk moet helpen, wat is dan precies de zin van het proletariaat of het Poolse volk? Er is een verhaal over een man die beweerde dat de wereld gedragen wordt op de rug van een gigantische olifant. Op de vraag waar die olifant dan op staat, antwoordde hij dat die op de rug van een grote schildpad staat. En de schildpad? Op de rug van een nog grotere schildpad. En die grotere schildpad?

De man verloor zijn geduld en zei: 'Ja, hou maar op. Voor de rest is het een en al schildpadden, helemaal tot beneden.'

De meeste succesvolle verhalen hebben een open einde. Ze hoeven nooit uit te leggen waar de zin van het leven uiteindelijk vandaan komt, omdat ze de aandacht van mensen zo goed vasthouden en die op veilig terrein houden. Als je wilt beweren dat de wereld op de rug van een gigantische olifant rust, moet je eventuele lastige vragen dus voor zijn door heel uitgebreid te omschrijven dat er orkanen ontstaan als de olifant met zijn enorme oren klappert en dat er aardbevingen komen als de olifant trilt van woede. Als je verhaal maar mooi genoeg is, zal het bij niemand opkomen om te vragen waar de olifant op staat. Zo betovert het nationalisme ons met verhalen over heldendaden, het roert ons tot tranen door van rampen uit het verleden te verhalen en het wekt onze gerechtvaardigde woede door stil te staan bij het onrecht dat ons volk is aangedaan. We gaan zo op in dat nationale epos dat we alles wat er in de wereld gebeurt afmeten aan de impact ervan op ons volk en ons nauwelijks nog afvragen wat ons volk nu eigenlijk zo belangrijk maakt.

Als je in een bepaald verhaal gelooft, ben je altijd enorm geïnteresseerd in de kleinste details en blijf je blind voor alles wat buiten het verhaal valt. Vrome communisten kunnen uren debatteren over de vraag of het geoorloofd is om in het eerste stadium van de revolutie samen te werken met de sociaal-democraten, maar ze vragen zich zelden af welke rol het proletariaat speelt in de evolutie van zoogdieren op aarde of in de verspreiding van organisch leven in de kosmos. Dat soort ijdele praat wordt beschouwd als contrarevolutionaire tijdverspilling.

Hoewel in sommige verhalen de moeite wordt gedaan om het geheel van tijd en ruimte erin op te nemen, kunnen veel andere goedwerkende verhalen het veel bescheidener houden, als ze de aandacht maar weten vast te houden. Een hoofdregel bij dit soort verhalen is dat de uiteindelijke reikwijdte ervan weinig uitmaakt zolang het verhaal maar verder reikt dan het publiek kan kijken. Mensen kunnen hetzelfde moordzuchtige fanatisme tentoonspreiden ten gunste van een duizendjarig volk als ten gunste van een miljardjarige god. Mensen zijn gewoon niet zo goed met grote getallen. Meestal is er verrassend weinig voor nodig om onze fantasie te boven te gaan.

Met alles wat we over het heelal weten, zou je denken dat een verstandig mens nooit zou kunnen geloven dat de ultieme waarheid over het heelal en het bestaan van de mens het verhaal van het Israëlische, Duitse of Russische nationalisme is, of dat van nationalisme in het algemeen. Een verhaal dat voorbijgaat aan bijna alle tijd, de hele ruimte, de oerknal, de kwantumfysica en de evolutie van het leven op aarde is op zijn hoogst een piepklein stukje van de waarheid. Toch krijgen mensen het op de een of andere manier voor elkaar om niet verder te kijken dan het verhaal lang is.

Van oudsher geloven miljarden dat hun leven ook zin kan hebben als ze geen deel uitmaken van een volk of een grote ideologische beweging, maar dat het genoeg is als ze 'iets achterlaten', zodat hun persoonlijke verhaal na hun dood verdergaat. Het 'iets' dat ik achterlaat is idealiter mijn ziel of mijn essentie. Als ik na de dood van mijn huidige lichaam herboren word in een nieuw lichaam, dan is de dood niet het einde. Dan is het alleen de witte bladzijde tussen twee hoofdstukken en zal de plot die in het ene hoofdstuk begon, verdergaan in het volgende. Veel mensen hechten op zijn minst een vaag geloof aan dit soort theorieën, zelfs als dat niet gebaseerd is op een specifieke theologie. Ze hebben geen breedvoerig dogma nodig, alleen het geruststellende gevoel dat hun verhaal voorbij de horizon van de dood reikt.

Deze theorie van het leven als een oneindig epos is uiterst aantrekkelijk en gangbaar, maar er komen twee grote problemen bij kijken. Ten eerste maak ik mijn persoonlijke verhaal niet per se zinvoller door het te verlengen. Ik maak het alleen langer. De twee grote religies die het idee van een oneindige cyclus van geboorte en dood omarmen – het hindoeïsme en het boeddhisme – gruwen dan ook van de futiliteit van dit al. Miljoenen en nog eens miljoenen keren leer ik lopen, groei ik op, ruzie ik met mijn schoonmoeder, word ik ziek, ga ik dood – en dan doe ik dat allemaal nog een keer. Wat heeft dat voor nut? Als ik alle tranen verzamel die ik in al mijn vorige levens heb geplengd, zouden we daar de Stille Oceaan mee kunnen vullen; als ik alle tanden en al het haar dat ik heb verloren opstapel, kom ik hoger dan de Himalaya. En wat hou ik daaraan over? Geen wonder dat hindoeïstische en boeddhistische wijsgeren vooral zoeken naar manieren om uit die mallemolen te ontsnappen in plaats van eindeloos rondjes te blijven draaien.

Het tweede probleem met deze theorie is het gebrek aan bewijzen. Wat voor bewijs heb ik dat ik in een vorig leven een middeleeuwse boer was, een neanderthalerjager, een tyrannosaurus rex of een amoebe (want als ik echt miljoenen levens heb geleid, moet ik op zeker moment een dinosaurus en een amoebe geweest zijn, want mensen bestaan pas de laatste tweeënhalf miljoen jaar)? Wie garandeert mij dat ik in de toekomst herboren zal worden als cyborg, als intergalactische ruimteverkenner of zelfs maar als kikker? Als ik mijn leven op die belofte baseer, heeft dat wel wat weg van mijn huis verkopen in ruil voor een gepostdateerde cheque van een bank in de wolken.

Mensen die betwijfelen dat er na hun dood echt iets als een ziel of geest overblijft, proberen dus iets na te laten wat ietsje tastbaarder is. Dat 'tastbare iets' kan twee vormen aannemen: cultureel of biologisch. Ik kan bijvoorbeeld een gedicht nalaten, of een deel van mijn kostbare genen. Mijn leven heeft zin omdat mijn gedicht over honderd jaar nog gelezen zal worden of omdat mijn kinderen en kleinkinderen er dan nog zullen zijn. En wat is de zin van hun leven? Tja, dat is hun probleem, niet het mijne. De zin van het leven lijkt dus wel wat op het doorgeven van een handgranaat waar de pin uit is getrokken. Zodra je hem hebt doorgegeven, ben je veilig.

Helaas wordt die bescheiden hoop dat je 'iets zult achterlaten' zelden vervuld. De meeste organismen die ooit hebben bestaan zijn uitgestorven zonder wat voor genetische erfenis dan ook achter te laten. Dat geldt bijvoorbeeld voor alle dinosauriërs. Of een neanderthalergezinnetje dat uitstierf toen sapiens het overnam. Of de Poolse familie van mijn grootmoeder. In 1934 emigreerde mijn oma Fanny naar Jeruzalem met haar ouders en twee zussen, maar de meesten van hun verwanten bleven achter in de Poolse plaatsjes Chmielnik en Częstochowa. Een paar jaar later kwamen de nazi's langs en die roeiden ze uit tot het laatste kind.

Pogingen om een culturele erfenis na te laten hebben zelden meer succes. Van mijn grootmoeders Poolse familie is niets over, alleen een paar vervaagde gezichten in het familiealbum, en nu ze zesennegentig is, kan zelfs mijn grootmoeder geen namen meer bij die gezichten noemen. Voor zover ik weet hebben ze geen culturele creaties nagelaten – geen gedicht, geen dagboek, zelfs geen boodschappenlijstje. Je zou kunnen aanvoeren dat ze deel uitmaken van de collectieve nalatenschap van het Joodse volk of de zionistische beweging, maar dat geeft hun individuele levens niet direct betekenis. Bovendien, hoe weet je of ze hun Joodse identiteit überhaupt koesterden of het eens waren met de zionistische beweging? Misschien was een van hen overtuigd communist en gaf hij zijn leven als spion voor de Sovjets? Misschien wilde een ander niets liever dan assimileren in de Poolse samenleving, diende hij als officier in het Poolse leger en werd hij door de Sovjets gedood tijdens het Bloedbad van Katyn? Misschien was weer een ander een radicale feministe, die alle traditionele religieuze en nationalistische identiteiten verwierp? Aangezien ze niets hebben nagelaten is het al te makkelijk om ze postuum te rekruteren voor deze of gene zaak, zonder dat ze daar zelf nog tegen kunnen protesteren.

Als we niets tastbaars – zoals een gen of een gedicht – kunnen achterlaten, zou het dan misschien genoeg zijn als we de wereld gewoon een klein beetje beter maken? Je kunt iemand helpen, en die iemand zal vervolgens iemand anders helpen, en zo kun je bijdragen aan een betere wereld en een klein schakeltje vormen in een grote keten van goedheid. Misschien fungeer je als mentor voor een lastig, maar briljant kind dat later arts wordt en honderden levens redt? Misschien kun je een oud vrouwtje helpen oversteken en een uurtje van haar leven verlichten? De grote keten van goedheid heeft zo haar verdiensten, maar voor de rest lijkt ze wel wat op de grote keten van schildpadden, want het is verre van duidelijk waaraan ze haar zin ontleent. Een oude wijze man kreeg ooit de vraag wat hij had geleerd over de zin van het leven. 'Nou,' zei hij, 'ik heb geleerd dat ik op aarde ben om anderen te helpen. Ik ben er alleen nog niet achter waarom die anderen hier zijn.'

Voor mensen die niet geloven in grote ketenen, toekomstige nalatenschappen of collectieve epossen, is het veiligste en karigste verhaal waartoe ze zich kunnen wenden misschien de romantiek. Die streeft niet verder dan het hier en nu. Zoals talloze liefdesgedichten kunnen getuigen, wordt het hele heelal als je verliefd bent teruggebracht tot de oorlel, de wimper of de tepel van je geliefde. Als Romeo Julia ziet, die met haar gezicht op haar hand leunt, verzucht hij dat hij dolgraag een handschoen aan die hand zou zijn en die wang zou aanraken. Door je band met één lichaam in het hier en nu voel je je verbonden met de hele kosmos.

In werkelijkheid is je geliefde gewoon een ander mens, die niet essentieel verschilt van de drommen mensen die je dagelijks negeert in de trein en de supermarkt, maar voor jou lijkt hij of zij oneindig en je verliest je maar wat graag in die oneindigheid. Mystieke dichters uit alle tradities hebben romantische liefde vaak vergeleken met een kosmisch verbond en God beschreven als een geliefde. Romantische dichters hebben op hun beurt geliefden omschreven als goden. Als je echt verliefd bent, maak je je nooit druk om de zin van het leven.

En als je niet verliefd bent? Tja, als je in het romantische verhaal gelooft, maar niet verliefd bent, weet je in elk geval wat het doel van je leven is: de ware liefde vinden. Je hebt het in talloze films gezien en er legio boeken over gelezen. Je weet dat je op een dag die ene speciale persoon zult tegenkomen. Je zult de oneindigheid zien in twee fonkelende ogen, je hele leven heeft in één klap zin en alle vragen die je ooit hebt gehad worden beantwoord door telkens weer die ene naam te prevelen, zoals Tony in *West Side Story* of Romeo als hij Julia omlaag ziet kijken vanaf haar balkon.

Het gewicht van het dak

Een goed verhaal moet mij dus een rol toebedelen en het moet zich uitstrekken voorbij mijn horizon, maar het hoeft niet per se waar te zijn. Een verhaal kan pure fictie zijn en me toch een identiteit verschaffen en me het gevoel geven dat mijn leven zin heeft. Sterker nog, voor zover de wetenschap heeft kunnen nagaan, zijn al die duizenden verhalen die verschillende culturen, religies en stammen door de eeuwen heen hebben verzonnen geen van alle waar. Ze zijn allemaal verzonnen door mensen. Als je naar de echte zin van het leven vraagt en als antwoord een verhaal krijgt, weet dan dat dit het verkeerde antwoord is. De precieze details doen er niet toe. Alle verhalen zijn het verkeerde antwoord, al was het maar omdat het verhalen zijn. Het universum zit niet in elkaar als een verhaal.

Waarom geloven mensen dan toch in die verzinsels? Een reden is dat hun persoonlijke identiteit is opgebouwd rond het verhaal. Mensen leren van kinds af aan te geloven in het verhaal. Ze horen het van hun ouders, hun leraren, hun buren en hun cultuur in het algemeen, lang voor ze de intellectuele en emotionele onafhankelijkheid ontwikkelen die ervoor nodig is om vraagtekens bij zulke verhalen te kunnen zetten en ze te verifiëren. Tegen de tijd dat hun intellect gerijpt is, zijn ze zo verknocht aan het verhaal dat ze hun intellect eerder gaan gebruiken om het te rationaliseren dan om eraan te twijfelen. De meeste mensen die op zoek gaan naar hun eigen identiteit zijn net kinderen die paaseieren gaan zoeken. Ze vinden alleen wat hun ouders voor ze hebben verstopt.

Een andere reden is dat niet alleen onze eigen identiteit, maar ook onze collectieve instellingen zijn opgebouwd rond het verhaal. Daardoor is het heel griezelig om aan het verhaal te gaan twijfelen. In veel gemeenschappen wordt iedereen die zoiets waagt verstoten of vervolgd. Zelfs al is dat niet zo, dan nog heb je sterke zenuwen nodig om vraagtekens te zetten bij dat wat de samenleving bijeenhoudt, want als het verhaal inderdaad niet klopt, is de hele wereld zo onlogisch als wat. Wetten, sociale normen, economische instellingen – die kunnen dan allemaal instorten.

De meeste verhalen worden meer bijeengehouden door het gewicht van hun dak dan door hun sterke fundering. Neem het christelijke verhaal. Dat heeft een basis van niets. Wat voor bewijs hebben we dat de zoon van de Schepper van het hele universum zo'n tweeduizend jaar geleden ergens in de Melkweg is geboren als een organische levensvorm? Wat voor bewijs hebben we dat dat in Galilea gebeurde en dat Zijn moeder een maagd was? Toch zijn er enorme, wereldwijde instituten opgebouwd rond dat verhaal en die hebben zo'n gewicht dat ze het verhaal op zijn plek houden. Er zijn hele oorlogen uitgevochten over het veranderen van één woordje in dat verhaal. Het duizendjarige schisma tussen de westelijke christenen en de oosters-orthodoxen, dat zich tamelijk recent nog deed gelden bij de onderlinge slachtpartijen tussen Serviërs en Kroaten, begon over het woordje *filioque* ('en van de zoon' in het Latijn). De westelijke christenen wilden dit woord invoegen in de christelijke geloofsbelijdenis, terwijl de oostelijke christenen daar faliekant tegen waren. (De theologische implicaties van het gebruik van dat woord zijn zo esoterisch dat ik ze hier onmogelijk op een zinvolle manier uiteen kan zetten. Als je nieuwsgierig bent, vraag het dan aan Google.)

Zodra er persoonlijke identiteiten en complete sociale systemen rond zo'n verhaal zijn opgebouwd, wordt het ondenkbaar om eraan te twijfelen, niet vanwege de onderliggende bewijzen, maar omdat de afbraak ervan persoonlijke en sociale rampen kan veroorzaken. In de geschiedenis is het dak soms belangrijker dan de fundering.

Hocus pocus en de geloofsindustrie

De verhalen die ons leven zin geven en ons onze identiteit verschaffen, zijn allemaal fictief, maar de mensen moeten er toch in geloven. Hoe kleed je het dan zo in dat het verhaal op zijn minst echt aanvoelt? Het is wel duidelijk waarom mensen erin willen geloven, maar hoe doen ze dat precies? Priesters en sjamanen hebben het antwoord op die vraag duizenden jaren geleden al gevonden: rituelen. Een ritueel is een magische handeling die het abstracte concreet maakt en het fictieve echt. De essentie van het ritueel is de magische spreuk. 'Hocus pocus, x is y!'[5]

Hoe maak je Christus echt voor zijn aanhangers? Tijdens de mis neemt de priester een stuk brood en een glas wijn en verklaart dat het brood het lichaam van Christus is en de wijn Zijn bloed. Door het te eten en te drinken worden de gelovigen één met Christus. Wat is er nu echter dan een Christus die je daadwerkelijk kunt proeven? Van oudsher deed de priester deze boude uitspraken in het Latijn, de oude taal van het geloof, het recht en de geheimen des levens. Ten overstaan van een kerk vol verwonderde boeren hield de priester een stuk brood omhoog met de woorden *'Hoc est corpus!'* – 'Dit is het lichaam' – en dan werd het brood schijnbaar het lichaam van Christus. Onder de analfabete boeren, die geen Latijn spraken, raakte *hoc est corpus* algauw verbasterd tot 'hocus pocus' en zo werd de toverspreuk geboren waarmee een kikker in een prins veranderd kan worden, of een pompoen in een koets.[6]

Duizend jaar voor de geboorte van het christendom gebruikten de hindoes dezelfde truc. De *Brihadaranyaka Upanishad* interpreteert het rituele offeren van een paard als een verwezenlijking van het hele verhaal van de kosmos. De tekst volgt dezelfde structuur als 'hocus pocus, x is y!' en luidt: 'Het hoofd van het offerpaard is de dageraad, zijn oog de zon, zijn levenskracht de lucht, zijn open mond het vuur dat Vaisvanara wordt genoemd en het lichaam van het offerpaard is het jaar [...] zijn ledematen zijn de seizoenen, zijn gewrichten de maanden en halve maanden, zijn hoeven de dagen en nachten, zijn botten de sterren en zijn vlees de wolken [...] als hij gaapt bliksemt het, als hij trilt gaat het donderen, als hij watert regent het, en zijn hinniken is de stem.'[7] Zo wordt dat arme paard de hele kosmos.

Bijna alles kan in een ritueel veranderd worden door alledaagse handelingen, zoals kaarsen aansteken, een klok luiden of kralen tellen, een diepe religieuze betekenis te geven. Hetzelfde geldt voor fysieke gebaren, zoals je hoofd buigen, je ter aarde werpen of je handen vouwen. Aan verschillende hoofddeksels, van de tulband van de sikhs tot de islamitische hoofddoek, is zoveel betekenis toegekend dat er al eeuwenlang verhit over wordt getwist.

Voedsel kan ook een spirituele betekenis krijgen die ver boven de voedingswaarde ervan uitstijgt, zoals paaseieren, die staan voor nieuw leven en de wederopstanding van Christus, of de bittere kruiden en het ongerezen brood die Joden tijdens Pesach eten om hun slavenbestaan in Egypte en hun wonderbaarlijke ontsnapping te gedenken. Er is bijna geen gerecht ter wereld dat nooit symbool heeft gestaan voor iets anders. Op Nieuwjaarsdag eten religieuze Joden bijvoorbeeld honing, zodat het komende jaar zoet zal worden, ze eten vissenkoppen in de hoop dat ze zo productief zullen zijn als vissen en altijd vooruit zullen gaan in plaats van achteruit, en ze eten granaatappels opdat hun goede werken zich zullen vermenigvuldigen als de vele zaadjes van de granaatappel.

Dergelijke rituelen zijn ook wel voor politieke doeleinden gebruikt. Duizenden jaren lang hebben kronen, tronen en scepters symbool gestaan voor koninkrijken en keizerrijken, en zijn er miljoenen mensen gesneuveld in bloedige oorlogen om 'de troon' of 'de kroon'. Koninkrijken cultiveerden uiterst ingewikkelde protocollen, die niet onderdeden voor de meest uitvoerige religieuze ceremonieën. In het leger zijn discipline en rituelen onafscheidelijk en al vanaf de Romeinse tijd brengen soldaten talloze uren door met exerceren, salueren en het poetsen van hun laarzen. Napoleon deed de beroemde uitspraak dat hij mannen zover kon krijgen dat ze hun leven offerden voor een kleurig lintje.

Confucius begreep het politieke belang van rituelen misschien wel beter dan wie dan ook. Hij zag de strenge naleving van riten (*li*) als de sleutel tot sociale harmonie en politieke stabiliteit. Confucianistische klassiekers als het *Boek der riten*, *De riten van Zhou* en het *Boek der regels en riten* beschreven tot in het kleinste detail welke rite bij welke gelegenheid uitgevoerd moest worden, tot op het precieze aantal rituele vaten dat gebruikt moest worden, de muziekinstrumenten die erbij gespeeld moesten worden en de kleur van de gewaden die erbij gedragen moesten worden. Als China te kampen kreeg met een of andere crisis, weten confucianistische geleerden dat prompt aan rituele nalatigheid, zoals een sergeant-majoor die een militaire nederlaag wijt aan luie soldaten die hun laarzen niet poetsen.[8]

In het moderne Westen wordt de confucianistische obsessie voor rituelen van oudsher vaak oppervlakkig en archaïsch gevonden, maar eigenlijk bewijst het waarschijnlijk vooral wat een diep, tijdloos inzicht Confucius had in de menselijke aard. Misschien is het geen toeval dat confucianistische culturen – eerst en vooral China, maar ook het naburige Korea, Vietnam en Japan – uiterst duurzame sociale en politieke structuren voortbrachten. Als je de ultieme waarheid wilt weten over het leven, zijn riten en rituelen alleen maar lastig, maar als je – zoals Confucius – geïnteresseerd bent in sociale stabiliteit en harmonie, is de waarheid vaak een handicap en zijn riten en rituelen fantastische bondgenoten.

Dit gaat in de eenentwintigste eeuw net zo goed op als in het oude China. De macht van 'hocus pocus' is ongebroken in onze moderne industriële wereld. Voor veel mensen in 2018 zijn twee op elkaar getimmerde stukjes hout God, een kleurige poster op de muur is de revolutie en een stukje stof dat klappert in de wind is hun natie. Je kunt Frankrijk niet zien of horen, omdat het alleen in je hoofd bestaat, maar je kunt de driekleur wel zien wapperen en je kunt de 'Marseillaise' horen. Zo verander je de natie van een abstract verhaal in een tastbare realiteit door met een kleurige vlag te zwaaien en een volkslied te zingen.

Duizenden jaren geleden offerden vrome hindoes kostbare paarden, nu investeren ze in dure vlaggen. De vlag van India wordt de Tiranga genoemd (letterlijk de 'driekleur') omdat hij drie strepen heeft: saffraangeel, wit en groen. De Indiase Vlagcode van 2002 verklaart dat de vlag 'de hoop en het streven van het Indiase volk vertegenwoordigt. Het is het symbool van onze nationale trots. In de laatste vijftig jaar hebben meerdere mensen, onder wie leden van onze strijdkracht, grif hun leven gegeven opdat de driekleur in volle glorie kan blijven wapperen.'[9] Vervolgens citeert de Vlagcode Sarvepalli Radhakrishnan, de tweede president van India, die het volgende verklaarde:

Het saffraangeel duidt op zelfverloochening of belangeloosheid. Onze leiders moeten onverschillig staan tegenover materiële winst en zich geheel en al aan hun werk wijden. Het wit in het midden is het licht, het pad van de waarheid dat ons doen en laten leidt. Het groen toont onze verhouding tot de aarde, onze relatie met het plantenleven waarvan al het andere leven afhankelijk is. Het Ashokawiel in het midden van de witte baan is het wiel van de wet van het dharma. Waarheid ofwel *satya* en dharma ofwel deugd horen de leidende principes te zijn van allen die arbeiden onder deze vlag.[10]

In 2017 hees de nationalistische Indiase regering een van de grootste vlaggen ter wereld bij Attari, aan de grens met Pakistan, in een gebaar dat weinig te maken had met zelfverloochening of belangeloosheid, maar eerder bedoeld was om de afgunst van Pakistan te wekken. De Tiranga in kwestie was zesendertig meter lang en vierentwintig meter breed, en werd gehesen aan een vlaggenstok van honderdtien meter hoog (wat zou Freud daarover te zeggen hebben gehad?). De vlag was te zien tot in de Pakistaanse metropool Lahore. Helaas bleef de vlag almaar scheuren door de harde wind en de nationale trots vereiste dat hij keer op keer gerepareerd werd, wat de Indiase belastingbetalers heel wat gekost zal hebben.[11] Waarom investeert de Indiase regering schaarse middelen in het weven van enorme vlaggen, in plaats van riolering aan te leggen in de sloppenwijken van Delhi? Omdat de vlag India echt maakt, en riolering niet.

De hoge kosten van de vlag maken het ritueel hoogstens effectiever. Van alle rituelen werken offers het sterkst, omdat lijden echter is dan wat dan ook. Als je echt wilt dat mensen in een of ander verzinsel geloven, haal ze dan over om er iets voor op te offeren. Zodra je iets hebt geleden voor een verhaal, is dat meestal genoeg om je te overtuigen van de waarheid ervan. Als je vast omdat God dat zo heeft bevolen, maakt het reële gevoel van honger God tastbaarder dan een beeldje of een icoon. Als je je benen verliest in een oorlog voor volk en vaderland, maken je stompen en je rolstoel de natie echter dan welk gedicht of volkslied ook. Het kan ook minder hoogdravend, bijvoorbeeld als je liever inferieure plaatselijke pasta koopt dan goede geïmporteerde Italiaanse pasta; zo breng je een klein dagelijks offer waardoor de natie zelfs echt aanvoelt in de supermarkt.

Uiteraard berust dit op een denkfout. Als je lijdt voor je geloof in God of in de natie wil dat nog niet zeggen dat de dingen waarin je gelooft waar zijn. Misschien betaal je alleen maar de prijs voor je eigen lichtgelovigheid. De meeste mensen geven echter niet graag toe dat ze dom zijn. Hoe meer ze opofferen voor een bepaalde overtuiging, hoe sterker hun geloof wordt. Dit is de mysterieuze alchemie van het offer. De priester die het offer brengt hoeft ons niets te geven om ons in zijn macht te krijgen – geen regen, geen geld, geen overwinning op het slagveld. Hij hoeft ons alleen maar iets af te nemen. Zodra hij ons heeft overtuigd om een pijnlijk offer te brengen, zitten we in de val.

In de commerciële sector werkt het net zo. Als je een tweedehands Fiat koopt voor tweeduizend euro, zul je daar waarschijnlijk over klagen tegen eenieder die het maar horen wil, maar als je een gloednieuwe Ferrari koopt voor twee ton, zul je dat ding alleen maar de hemel in prijzen, niet omdat het zo'n goede auto is, maar omdat je er zoveel voor hebt betaald dat je wel moet geloven dat het een wonderding is. Zelfs op het vlak van de romantiek weet elke beginnende Romeo of Werther dat er zonder opoffering geen ware liefde bestaat. Opoffering is niet alleen een manier om je geliefde te laten weten dat het je menens is, maar ook om jezelf ervan te overtuigen dat je echt verliefd bent. Waarom denk je dat vrouwen hun minnaars om diamanten ringen vragen? Zodra de minnaar zo'n enorm financieel offer heeft gebracht, moet hij zichzelf er wel van overtuigen dat de vrouw in kwestie het waard was.

Zelfopoffering werkt niet alleen heel overtuigend voor de martelaren zelf, maar ook voor de omstanders. Er zijn maar weinig goden, naties of revoluties die zichzelf overeind kunnen houden zonder martelaren. Als je vraagtekens durft te zetten bij het goddelijke drama, de nationalistische mythe of de revolutionaire saga, word je direct op de vingers getikt: 'Maar de gezegende martelaren zijn hiervoor gestorven! Hoe waag je het te zeggen dat ze voor niets zijn gestorven? Denk je soms dat die helden domme sukkels waren?'

Voor sjiitische moslims bereikte het drama van de kosmos zijn climax op de dag van Asjoera, de tiende dag van de maand Muharram, eenenzestig jaar na de Hijrah (10 oktober 680, volgens de christelijke kalender). Op die dag vermoordden soldaten van de kwaadaardige usurpator Yazid in de Irakese stad Karbala de kleinzoon van de profeet Mohammed – Hussein ibn Ali – en enkele volgelingen van hem. Voor sjiieten is Husseins martelaarschap het symbool geworden van de eeuwige strijd van goed tegen kwaad en van de onderdrukten tegen het onrecht. Zoals christenen regelmatig het drama van de kruisiging heropvoeren en het lijden van Christus imiteren, zo spelen sjiieten het drama van Asjoera en het lijden van Hussein na. Miljoenen sjiieten komen jaarlijks bijeen bij het heilige graf in Karbala, op de plek waar Hussein het martelaarschap verkreeg, en op de dag van Asjoera voeren sjiieten over de hele wereld rouwrituelen uit, soms compleet met flagellanten en mensen die zichzelf snijden met messen en kettingen.

Het belang van Asjoera blijft echter niet beperkt tot één plek en één dag. Ayatollah Ruholla Khomeini en talloze andere sjiitische leiders hebben hun volgelingen herhaaldelijk laten weten dat het 'elke dag Asjoera is en elke plek Karbala is'.[12] De martelaarsdood van Hussein in Karbala geeft dus zin aan elke gebeurtenis, waar of wanneer dan ook, en zelfs de meest alledaagse beslissingen moeten beschouwd worden als onderdeel van de grote kosmische strijd tussen goed en kwaad. Als je het waagt dit verhaal in twijfel te trekken, zal er direct iemand over Karbala beginnen en twijfel of spot aangaande de martelaarsdood van Hussein is zo ongeveer de ergste overtreding die je kunt begaan.

Als de martelaren schaars zijn en er niet direct mensen klaarstaan om zichzelf op te offeren, kan de priester hen er ook toe aanzetten om iemand anders te offeren. Je kunt een mens offeren aan de wraakzuchtige god Ba'al, een ketter op de brandstapel zetten ter meerdere eer en glorie van Jezus Christus, overspelige vrouwen terechtstellen omdat dat moet van Allah of klassenvijanden naar de goelag sturen. Als je dat eenmaal hebt gedaan, begint de magie van een iets andere vorm van de offeralchemie zijn werk te doen. Als je jezelf iets aandoet of ontzegt in naam van een of ander verhaal, zijn er twee mogelijkheden: ofwel het verhaal is waar, of je bent een goedgelovige sukkel. Als je anderen iets aandoet, zijn er eveneens twee mogelijkheden: ofwel het verhaal is waar, of je bent een gemene moordenaar. Niet alleen geven we niet graag toe dat we dom zijn, we geven ook niet graag toe dat we moordenaars zijn, dus geloven we liever dat het verhaal waar is.

In maart 1839 kreeg een Joodse vrouw met een huidziekte van een of andere kwakzalver in de Iraanse stad Mashhad te horen dat ze zou genezen als ze een hond doodde en haar handen waste met zijn bloed. Mashhad is een heilige sjiitische stad en toevallig begon ze aan deze bloedige therapie op de heilige dag Asjoera. Ze werd betrapt door een paar sjiieten, die geloofden – of alleen maar zeiden te geloven – dat de vrouw de hond had gedood om de martelaar van Karbala te bespotten. Het nieuws over deze ondenkbare vorm van heiligschennis verspreidde zich als een lopend vuurtje door Mashhad. Op aanstichten van de plaatselijke imam toog een boze menigte naar de Joodse wijk, waar ze de synagoge in brand staken en ter plekke 36 Joden vermoordden. Alle nog levende Joden van Mashhad kregen vervolgens de keus: of ze bekeerden zich stante pede tot de islam, of ze gingen eraan. Deze onfrisse episode heeft de reputatie van Mashhad als 'spirituele hoofdstad van Iran' nauwelijks geschaad.[13]

Als we aan mensenoffers denken, zien we vaak ijzingwekkende rituelen in Kanaän of het land van de Azteken voor ons en er wordt vaak gezegd dat het monotheïsme een einde heeft gemaakt aan dit soort akelige praktijken. In werkelijkheid brachten monotheïsten mensenoffers op een veel grotere schaal dan de meeste polytheïstische cultussen. Het christendom en de islam hebben veel meer mensen gedood in naam van God dan de volgelingen van Ba'al of Huitzilopochtli. In de tijd dat de Spaanse conquistadores een einde maakten aan mensenoffers voor de Azteken- en Incagoden, zette de inquisitie thuis in Spanje karrenvrachten ketters op de brandstapel.

Offers kunnen allerlei vormen aannemen. Er komen niet altijd priesters met scherpe messen of bloedige pogroms aan te pas. Het jodendom verbiedt bijvoorbeeld werken of reizen op de heilige dag van de sabbat (de letterlijke betekenis van het woord 'sabbat' is 'stilstaan' of 'rusten'). De sabbat begint op vrijdag bij zonsondergang en duurt tot zonsondergang op zaterdag, en daartussenin onthouden orthodoxe joden zich van bijna alles wat werk genoemd kan worden, waaronder zelfs dingen gerekend worden als velletjes toiletpapier afscheuren op de wc. (Hierover is druk beraadslaagd door enkele zeer geleerde rabbijnen en die kwamen tot de conclusie dat velletjes wc-papier afscheuren onder het sabbatstaboe valt, zodat vrome joden die op de sabbat hun achterste willen afvegen een stapeltje van tevoren afgescheurde velletjes toiletpapier moeten klaarleggen.)[14]

In Israël proberen religieuze joden andere, seculiere Joden en zelfs totale atheïsten vaak te dwingen zich aan deze regels te houden. Aangezien orthodoxe partijen vaak de overhand hebben in de Israëlische politiek, hebben ze door de jaren heen heel wat wetten kunnen doordrukken die allerlei activiteiten op de sabbat verbieden. Het is ze niet gelukt het gebruik van privéauto's illegaal te maken op de sabbat, maar het openbaar vervoer hebben ze wel stilgelegd. Dit landelijke religieuze offer treft voornamelijk de zwaksten in de samenleving, vooral omdat zaterdag de enige dag in de week is waarop werkende mensen op pad kunnen om verre verwanten, vrienden en toeristenattracties te bezoeken. Voor een rijke oma is het geen probleem om met haar gloednieuwe auto op bezoek te gaan bij haar kleinkinderen in een andere stad, maar een arme oma kan dat niet, omdat er geen bussen en treinen rijden.

De religieuze partijen bewijzen en versterken hun onwrikbare geloof door het honderdduizenden burgers op zo'n manier moeilijk te maken. Er vloeit geen bloed, maar het welzijn van veel mensen wordt wel degelijk opgeofferd. Als het jodendom gewoon een fictief verhaal is, is het wreed en harteloos om een oma te beletten haar kleinkinderen te bezoeken of te voorkomen dat een arme student zich wat kan gaan verpozen op het strand. Toch doen de religieuze partijen het en daarmee vertellen ze de wereld – en zichzelf – dat ze echt geloven in het joodse verhaal. Je dacht toch niet dat ze het leuk vinden om mensen dwars te zitten zonder geldige reden?

Offers versterken niet alleen je geloof in het verhaal, maar vervangen vaak ook al je andere geloofsverplichtingen. De meeste grote verhalen die de mensheid kent hebben idealen gesteld die voor de meeste mensen onbereikbaar zijn. Hoeveel christenen volgen de Tien Geboden echt tot op de letter na, zonder ooit te liegen of begeren? Hoeveel boeddhisten hebben inmiddels een staat van egoloosheid bereikt? Hoeveel socialisten werken naar beste kunnen zonder ooit meer te nemen dan ze echt nodig hebben?

Als mensen het ideaal niet kunnen bereiken, gebruiken ze offers als oplossing. Een hindoe die de belasting oplicht, nu en dan een prostituee bezoekt en zijn bejaarde ouders slecht behandelt, kan zichzelf er niettemin van overtuigen dat hij heel vroom is, omdat hij voor de verwoesting van de Babri-moskee in Ayodhya was en zelfs geld heeft gedoneerd om er een hindoetempel voor in de plaats te bouwen. Net als in de oudheid eindigt het menselijke streven naar zingeving in de eenentwintigste eeuw nog steeds maar al te vaak met een reeks offers.

De identiteitsportefeuille

De oude Egyptenaren, Kanaänieten en Grieken spreidden hun offers. Ze hadden allerlei goden en als een daarvan niet deed wat ze wilden, hoopten ze dat een andere alsnog uitkomst zou brengen. Daarom offerden ze 's ochtends aan de zonnegod, 's middags aan de aardegoden en 's avonds aan een gemengd assortiment feeën en demonen. Daaraan is ook niet veel veranderd. Alle verhalen en goden waarin mensen nu geloven – Jahweh, Mammon, volk en vaderland of de revolutie – zijn incompleet, ze zitten vol gaten en ze wemelen van de tegenstrijdigheden. Daardoor investeren mensen maar zelden al hun geloof in één verhaal. In plaats daarvan houden ze er een portefeuille op na met verschillende verhalen en identiteiten, zodat ze indien nodig van de ene naar de andere kunnen switchen. Dit soort cognitieve dissonantie is inherent aan bijna alle samenlevingen en bewegingen.

Neem een doorsnee Tea Party-aanhanger die op de een of andere manier een vurig geloof in Jezus Christus combineert met een gezonde afkeer van bijstandsuitkeringen en ferme steun aan de National Rifle Association. Was Jezus niet ietsje enthousiaster over het helpen van armen dan over wapens? Het klinkt misschien onverenigbaar, maar de menselijke hersenen hebben heel veel laatjes en compartimentjes, en sommige neuronen praten gewoon niet met elkaar. Zo kun je ook zat aanhangers van Bernie Sanders vinden die vaag geloven in een of andere toekomstige revolutie, maar tegelijk vinden dat het belangrijk is om je geld verstandig te investeren. In een gesprek over de onrechtvaardige verdeling van rijkdom in de wereld schakelen ze moeiteloos over naar het rendement van hun investeringen op de beurs.

Bijna niemand heeft maar één identiteit. Niemand is alleen maar moslim, of alleen maar Italiaan, of alleen maar kapitalist. Nu en dan staat er echter een clubje fanaten op dat van mensen eist dat ze maar in één verhaal geloven en maar één identiteit hebben. In de laatste generaties was het meest fanatische van dit soort geloven het fascisme. Volgens het fascisme mochten mensen alleen in het nationalistische verhaal geloven en mochten ze maar één identiteit hebben, namelijk hun nationale identiteit. Niet alle nationalisten zijn fascisten. De meeste nationalisten geloven sterk in het verhaal van hun eigen land en volk, en benadrukken de unieke kwaliteiten ervan en de unieke verplichtingen die ze hebben ten opzichte van land en volk, maar ze erkennen tegelijk dat er meer in de wereld is dan alleen hun land en volk. Je kunt een trouwe Italiaan zijn met speciale verplichtingen ten opzichte van de Italiaanse natie en tegelijk nog andere identiteiten hebben. Je kunt ook nog socialist zijn, katholiek, echtgenoot, vader, wetenschapper en vegetariër, en bij al die identiteiten komen weer nieuwe verplichtingen kijken. Soms willen al die verschillende identiteiten verschillende dingen van je en conflicteren bepaalde verplichtingen met elkaar, maar ach, het leven is nu eenmaal niet makkelijk en dat is het nooit geweest ook.

Fascisme is wat er gebeurt als het nationalisme het leven te makkelijk voor zichzelf wil maken door alle andere identiteiten en verplichtingen te ontkennen. Er bestaat de laatste tijd veel verwarring over de exacte betekenis van het woord 'fascisme'. Mensen noemen bijna iedereen die ze niet mogen een 'fascist'. De term dreigt te verworden tot een algemeen scheldwoord. Maar wat betekent het dan precies? Om kort te gaan zegt het nationalisme alleen dat mijn land en volk uniek zijn en dat ik er het een en ander aan verplicht ben, maar zegt het fascisme dat mijn land en volk het allerbelangrijkste zijn en dat ik alleen daaraan verplichtingen heb. Ik mag de belangen van groepen of individuen nooit boven de belangen van mijn land en volk laten gaan, ongeacht de omstandigheden. Zelfs als mijn land karige winsten behaalt door miljoenen vreemden in een ver land heel ellendig te behandelen, dan nog moet ik niet aarzelen om er vierkant achter te blijven staan. Zo niet, dan ben ik een laaghartige verrader. Als mijn land van me eist dat ik miljoenen mensen dood, dan moet ik miljoenen mensen doden. Als mijn land van me eist dat ik alle waarheid en schoonheid verloochen, dan moet ik alle waarheid en schoonheid verloochenen.

Hoe beoordeelt een fascist kunst? Hoe weet een fascist of een film goed is of niet? Heel simpel. Er is maar één maatstaf. Als de film het nationaal belang dient, is het een goede film. Als de film het nationaal belang niet dient, is het een slechte film. En hoe bepaalt een fascist wat kinderen moeten leren op school? Daarbij gebruikt hij dezelfde maatstaf. Leer de kinderen alleen wat het belang van de natie dient; de waarheid is onbelangrijk.[15]

Dit soort verheerlijking van de eigen natie is uiterst aantrekkelijk, niet alleen omdat het allerlei lastige dilemma's versimpelt, maar ook omdat het mensen de kans geeft te denken dat ze deel uitmaken van het belangrijkste en mooiste wat er is: hun natie. De gruwelen van de Tweede Wereldoorlog en de Holocaust illustreren de afgrijselijke consequenties van deze manier van denken. Helaas maken veel mensen een grove fout als ze het hebben over de kwaden van het fascisme, omdat ze het vaak afschilderen als een akelig monster, zonder uit te leggen wat er zo verleidelijk aan is. Daardoor zijn er tegenwoordig mensen die fascistische ideeën hebben zonder dat zelf te beseffen. Ze denken: ik heb geleerd dat fascisme iets heel lelijks is en als ik in de spiegel kijk, zie ik iets heel moois, dus kan ik geen fascist zijn.

Het lijkt wel wat op de fout die vaak wordt gemaakt in Hollywood-films, waarin de slechteriken – Voldemort, Sauron, Darth Vader – altijd heel lelijk en gemeen zijn. Meestal doen ze zelfs heel vals en wreed tegen hun trouwste trawanten. Wat ik nooit begrijp als ik dat soort films zie, is waarom iemand ooit in de verleiding zou komen om zich aan te sluiten bij zo'n weerzinwekkende griezel als Voldemort.

Het probleem met het kwaad is dat het in het echte leven niet per se lelijk is. Het kan er heel mooi uitzien. Het christendom wist dit beter dan Hollywood en daarom werd Satan in oude christelijke kunstwerken vaak afgebeeld als een ontzettend lekker ding. Daarom is het zo moeilijk om Satans verleiding te weerstaan. Daarom is het ook zo moeilijk om je tegen het fascisme te verweren. Als je in de fascistische spiegel kijkt, zie je daar niets lelijks. Als Duitsers in de jaren dertig in de fascistische spiegel keken, zagen ze Duitsland als het allermooiste van de hele wereld. En als Israëliërs in de fascistische spiegel kijken, zien ze Israël als het allermooiste van de hele wereld. Dan willen ze niets liever dan zich verliezen in dat oogverblindend mooie collectief.

Het woord 'fascisme' komt van het Latijnse woord *fascis*, wat zoiets als 'roe' betekent. Dat klinkt als een tamelijk glamourloos symbool voor een van de dodelijkste, meest meedogenloze ideologieën uit de wereldgeschiedenis, maar het heeft een sinistere diepere betekenis. Eén twijgje is heel zwak en je kunt het makkelijk doormidden breken. Als je een heel bundeltje twijgen echter samenvoegt tot een fascis, wordt die bijna onbreekbaar. Dit impliceert dat het individu een onbelangrijk iets is, maar zolang het collectief bijeenblijft, is het heel sterk.[16] Fascisten geloven dus dat de belangen van het collectief boven die van het individu gaan en vinden dat niet één individuele twijg ooit de eenheid van de bundel mag doorbreken.

Het is natuurlijk nooit duidelijk waar de ene menselijke roe eindigt en de andere begint. Waarom zou ik Italië moeten beschouwen als de twijgenbundel waartoe ik behoor? Waarom niet mijn familie, of de stad Florence, of de provincie Toscane, of het continent Europa, of de hele menselijke soort? Mildere vormen van nationalisme vinden het prima dat ik verplichtingen voel ten opzichte van mijn familie, Florence, Europa en het hele mensdom, naast mijn speciale verplichtingen aan Italië. Italiaanse fascisten zullen daarentegen absolute trouw eisen aan Italië, en aan Italië alleen.

Ondanks de inspanningen van Mussolini en zijn fascistische partij waren de meeste Italianen maar matig enthousiast over het idee dat ze Italië boven hun eigen *famiglia* moesten stellen. In Duitsland pakte de nazipropagandamachine het een stuk grondiger aan, maar zelfs Hitler kreeg niet voor elkaar dat mensen al hun andere verhalen vergaten. Zelfs in de donkerste dagen van de nazitijd hielden mensen altijd hun eigen verhalen achter de hand, naast het officiële verhaal. Dat werd zonneklaar in 1945. Je zou denken dat veel Duitsers na twaalf jaar hersenspoeling door de nazi's volstrekt niets aan zouden kunnen met hun naoorlogse leven. Ze hadden al hun vertrouwen in één groot verhaal gestopt en wat moesten ze toen dat verhaal uit elkaar klapte? Toch herstelden de meeste Duitsers zich verbluffend snel. Ergens in hun hoofd zaten nog andere verhalen over de wereld en Hitler had zich nog geen kogel door de kop gejaagd of mensen in Berlijn, Hamburg en München namen al nieuwe identiteiten aan en vonden nieuwe dingen die hun leven zin gaven.

Het is wel zo dat zo'n twintig procent van de Duitse Gauleiters – de regionale nazipartijleiders – zelfmoord pleegde, evenals zo'n tien procent van de generaals,[17] maar dat betekent ook dat tachtig procent van de Gauleiters en negentig procent van de generaals vrolijk doorleefden. De overgrote meerderheid van de gecertificeerde nazi's of zelfs ss'ers werd niet krankzinnig en beroofde zich niet van het leven. Ze werden productieve boeren, leraren, artsen en verzekeringsagenten.

Zelfs zelfmoord is niet per se een bewijs dat iemand voor de volle honderd procent is opgegaan in één verhaal. Op 13 november 2015 orkestreerde Islamitische Staat meerdere zelfmoordaanslagen in Parijs, waarbij honderddertig mensen omkwamen. De extremisten verklaarden dat dit gebeurde uit wraak voor Franse luchtbombardementen op activisten van Islamitische Staat in Syrië en Irak, en in de hoop dat dit Frankrijk genoeg zou afschrikken om in de toekomst van dat soort bombardementen af te zien.[18] In één adem door verklaarde Islamitische Staat dat alle moslims die gedood waren door de Franse luchtmacht martelaren waren, die nu de eeuwige zaligheid in de hemel genoten.

Hier klopt iets niet helemaal. Als de martelaren die gedood zijn door de Franse luchtmacht nu in de hemel zijn, waarom zou iemand daar dan wraak voor nemen? Wraak voor wat precies? Voor het naar de hemel sturen van die mensen? Als je net hebt gehoord dat je geliefde broer een miljoen heeft gewonnen in de loterij, zou je dan lotenverkooppunten gaan opblazen uit wraak? Waarom zou je dan wel zo tekeergaan in Parijs, alleen omdat de Franse luchtmacht een paar broeders een enkele reis naar het paradijs heeft bezorgd? Het zou pas echt erg zijn als je de Fransen inderdaad zover kreeg dat ze geen bommen meer op Syrië gooiden, want dan zouden er minder moslims naar de hemel gaan.

Het is erg verleidelijk om hieruit te concluderen dat de activisten van Islamitische Staat helemaal niet echt geloven dat martelaren naar de hemel gaan. Daarom zijn ze ook boos als ze gedood worden door bombardementen. Maar als dat zo is, waarom doen sommigen dan bomgordels om en blazen ze zichzelf vrijwillig op? Hoogstwaarschijnlijk is het antwoord dat ze er twee tegenstrijdige verhalen op nahouden zonder te veel na te denken over de inconsistenties. Zoals we eerder al zagen, maken sommige neuronen gewoon geen contact met elkaar.

Acht eeuwen voordat de Franse luchtmacht bolwerken van Islamitische Staat bombardeerde in Syrië en Irak viel een ander Frans leger het Midden-Oosten binnen in het kader van de 'Zevende Kruistocht', zoals hij de geschiedenis in is gegaan. Onder leiding van de vrome koning Lodewijk IX wilden de kruisvaarders de Nijlvallei veroveren en van Egypte een christelijk bastion maken. Ze werden echter verslagen in de Slag bij Mansoura en de meeste kruisvaarders werden gevangengenomen. De kruisridder Jean de Joinville schreef later in zijn memoires dat een van zijn mannen, toen de slag verloren was en ze besloten zich over te geven, het volgende zei: 'Ik kan het niet met deze beslissing eens zijn. Wat ik voorstel, is dat we ons allemaal laten doden, want dan zullen we naar het paradijs gaan.' Joinvilles droge commentaar hierop luidde: 'Allen sloegen zijn advies in de wind.'[19]

Joinville legt niet uit waarom ze dat weigerden. Dit waren immers mannen die hun comfortabele chateaus in Frankrijk hadden verlaten voor een langdurig, gevaarlijk avontuur in het Midden-Oosten, grotendeels omdat ze geloofden in de belofte van eeuwige verlossing. Waarom lieten ze zich dan liever gevangennemen door de moslims, terwijl ze nog maar een haartje verwijderd waren van de eeuwige zaligheid in het paradijs? Blijkbaar kozen de kruisvaarders, die voor het overige vurig geloofden in verlossing en het paradijs, op het moment van de waarheid toch eieren voor hun geld.

De supermarkt in Elsinore

Van oudsher geloofden bijna alle mensen in verschillende verhalen tegelijk en waren ze nooit honderd procent overtuigd van de waarheid van die verhalen. Die onzekerheid was onaangenaam voor de meeste religies, die geloof dus gingen beschouwen als een van de hoofddeugden en twijfel als een van de ergste zonden die er waren. Alsof er iets intrinsiek goeds was aan dingen geloven zonder dat er bewijs voor was. Met de opkomst van de moderne cultuur zijn de rollen echter omgedraaid. Het geloof ging steeds meer lijken op mentale slavernij, terwijl twijfel steeds meer werd beschouwd als een voorwaarde voor vrijheid.

Ergens tussen 1599 en 1602 schreef William Shakespeare zijn eigen versie van *De leeuwenkoning*, beter bekend als *Hamlet*. Anders dan Simba voegt Hamlet zich alleen niet naar de Cirkel des Levens. Hij blijft tot het bittere einde sceptisch en onzeker, zonder ooit te ontdekken waar het leven precies om draait en zonder ooit te weten of het beter is te zijn of niet te zijn. In die zin is Hamlet een schoolvoorbeeld van een moderne held. De moderne tijd keerde zich niet tegen de overvloed aan verhalen die de mensheid uit het verleden had geërfd, maar opende er een supermarkt voor. De moderne mens mag ze allemaal uitproberen en zelf naar eigen smaak kiezen en combineren.

Sommige mensen kunnen niet tegen al die vrijheid en onzekerheid. Moderne totalitaire bewegingen, zoals het fascisme, reageerden heftig op deze supermarkt vol twijfelachtige ideeën en overtroffen zelfs de traditionele religies door een absoluut geloof in één verhaal verplicht te stellen. De meeste moderne mensen vonden de supermarkt echter wel fijn. Wat doe je als je niet weet waar het leven om draait en welk verhaal je moet geloven? Dan verklaar je de mogelijkheid om zelf te kiezen heilig. Je blijft voor altijd in het gangpad van de supermarkt staan met de mogelijkheid en de vrijheid om te kiezen wat je maar wilt, je bekijkt de producten die voor je uitgestald liggen en... *freeze frame*. Cut. Einde. Aftiteling.

Als je maar lang genoeg in die grote supermarkt blijft, zul je volgens de liberale mythologie vroeg of laat een liberale openbaring krijgen en begrijpen wat de echte zin van het leven is. Alle verhalen in de supermarktschappen zijn nep. De zin van het leven is geen kant-en-klaar product. Er is geen goddelijk script en buiten mij is er niets wat mijn leven zin kan geven. Ik ben zelf degene die aan alles betekenis geeft door middel van mijn vrije keuze en mijn eigen gevoel.

In de fantasyfilm *Willow* – een doorsnee filmsprookje van George Lucas – is de titelheld een doodgewone dwerg die ervan droomt om een grote tovenaar te worden en de geheimen van het bestaan te leren. Op een dag komt zo'n tovenaar door het dwergendorp, op zoek naar een leerling. Willow en twee andere kandidaten melden zich en de tovenaar geeft de aspiranten een simpel testje op. Hij spreidt zijn vingers en vraagt op Yoda-achtige toon: 'De macht om de wereld te beheersen zit in welke vinger?' De drie dwergen kiezen elk een vinger uit, maar ze hebben het allemaal fout. Toch ziet de tovenaar iets in Willow en later vraagt hij hem: 'Toen ik mijn vingers omhooghield, wat was toen je eerste ingeving?'

'Nou, eigenlijk iets heel stoms,' zegt Willow verlegen. 'Ik wilde mijn eigen vinger kiezen.'

'Aha!' roept de tovenaar triomfantelijk. 'Dat was het juiste antwoord! Je hebt niet genoeg vertrouwen in jezelf.'

De liberale mythologie wordt het niet moe om deze les te herhalen.

Mensenhanden hebben de Bijbel, de Koran en de Veda's geschreven en onze eigen geest geeft die verhalen hun macht. Het zijn zonder twijfel prachtige verhalen, maar hun schoonheid is heel persoonlijk. Jeruzalem, Mekka, Varanasi en Bodh Gaya zijn heilige plaatsen, maar alleen door het gevoel dat mensen krijgen als ze ernaartoe gaan. Op zich is het heelal een zinloze verzameling atomen, waarin niets mooi, heilig of sexy is, maar het menselijke gevoel maakt dat ervan. Het menselijke gevoel maakt een rode appel onweerstaanbaar en een drol walgelijk. Haal het menselijke gevoel weg en je blijft over met wat klompjes moleculen.

In onze zoektocht naar zingeving plaatsen we onszelf in een kant-en-klaar verhaal over het universum, maar volgens de liberale interpretatie van de wereld is de waarheid precies het tegenovergestelde. Het universum geeft mijn leven geen zin, ik ben degene die het universum zin geeft. Dat is mijn kosmische roeping. Ik heb geen vaststaand lot of dharma. Als ik in de schoenen van Simba of Arjuna sta, kan ik ervoor kiezen om te vechten voor de kroon van een koninkrijk, maar het hoeft niet. Ik kan me net zo goed aansluiten bij een rondreizend circus, op Broadway gaan zingen in een musical of naar Silicon Valley verhuizen en een start-up beginnen. Ik ben helemaal vrij om mijn eigen dharma te creëren.

Net als andere kosmische verhalen gaat het liberale verhaal ook uit van een scheppingsverhaal. Dat zegt dat de schepping elk moment plaatsvindt en dat ik de schepper ben. Wat is dan het doel van mijn leven? Om alles zin te geven door te voelen, denken, verlangen en verzinnen. Alles wat de menselijke vrijheid om te voelen, denken, verlangen en verzinnen inperkt, doet iets af aan de zin van het heelal. Vrij zijn van dat soort beperkingen is dus het hoogste ideaal.

In praktische zin leven mensen die in het liberale verhaal geloven volgens twee geboden: creëren en vechten voor de vrijheid. Creativiteit kan geuit worden door een gedicht te schrijven, je seksualiteit te verkennen, een nieuwe app uit te vinden of een onbekende stof te ontdekken. Vechten voor de vrijheid geldt voor alles wat mensen bevrijdt van sociale, biologische en fysieke beperkingen: tegen dictators demonstreren, meisjes leren lezen, een remedie tegen kanker vinden, een ruimteschip bouwen. In het pantheon van liberale helden staan Rosa Parks en Pablo Picasso zij aan zij met Louis Pasteur en de gebroeders Wright.

In theorie klinkt dit allemaal razend interessant en heel wijs. Helaas zijn menselijke vrijheid en menselijke creativiteit niet wat het liberale verhaal ervan maakt. Voor zover de wetenschap heeft kunnen nagaan zit er niets magisch achter onze keuzes en creaties. Die zijn namelijk het product van miljarden neuronen die biochemische signalen uitwisselen en zelfs als je mensen bevrijdt van het juk van de katholieke kerk en de Sovjet-Unie, worden hun keuzes nog steeds gedicteerd door biochemische algoritmen die net zo genadeloos zijn als de inquisitie en de KGB.

Het liberale verhaal zegt dat ik moet streven naar de vrijheid om me te uiten en mijn eigen zelf te realiseren, maar dat 'zelf' en die vrijheid zijn mythologische hersenschimmen, ontleend aan oeroude sprookjes. Het liberalisme heeft al helemaal een verward idee van de 'vrije wil'. Mensen hebben duidelijk een wil, ze hebben verlangens en soms zijn ze vrij om die verlangens in vervulling te laten gaan. Als je met 'vrije wil' de vrijheid bedoelt om te doen wat je wilt, dan hebben mensen inderdaad een vrije wil. Maar als je met 'vrije wil' de vrijheid bedoelt om zelf te kiezen wat je wilt, dan hebben mensen geen vrije wil.

Als ik me seksueel aangetrokken voel tot mannen, kan ik vrij zijn om mijn fantasieën tot uitvoer te brengen, maar ik ben niet vrij om in plaats daarvan op vrouwen te vallen. Soms kan ik besluiten om mijn seksuele impulsen te onderdrukken of zelfs een 'seksuele heroriënteringstherapie' te proberen, maar het verlangen om mijn seksuele oriëntatie te veranderen is iets wat me wordt opgedrongen door mijn neuronen, die zich misschien laten opjutten door culturele en religieuze vooroordelen. Waarom schaamt de een zich voor zijn seksualiteit en wil hij daar iets aan veranderen, terwijl een ander volop plezier beleeft aan dezelfde seksuele verlangens, zonder het minste spoortje schuldgevoel? Je kunt nu zeggen dat meneer een misschien sterkere religieuze gevoelens heeft dan meneer twee. Maar kiezen mensen er echt in alle vrijheid voor of ze sterke of zwakke religieuze gevoelens willen? Nogmaals, iemand kan besluiten om elke zondag naar de kerk te gaan om bewust te proberen zijn zwakke religieuze gevoelens te versterken, maar waarom wil de ene persoon religieuzer worden, terwijl een ander het geen enkel punt vindt om atheïst te blijven? Dat kan voortvloeien uit allerlei culturele en genetische omstandigheden, maar het is nooit een kwestie van 'vrije wil'.

Wat opgaat voor seksuele verlangens gaat op voor alle verlangens, en zelfs voor alle gevoelens en gedachten. Sta gewoon even stil bij de volgende gedachte die bij je opkomt. Waar komt die vandaan? Heb je er zelf voor gekozen om dit te denken en heb je het toen pas gedacht? Zeer zeker niet. Het menselijke proces van zelfverkenning begint met simpele dingen en wordt vervolgens steeds moeilijker. Eerst merken we dat we de wereld buiten onszelf niet naar onze hand kunnen zetten. Ik beslis niet wanneer het gaat regenen. Dan beseffen we dat we niet beheersen wat er in ons eigen lichaam gebeurt. Ik bepaal niet hoe hoog mijn bloeddruk is. Vervolgens gaan we begrijpen dat we zelfs onze eigen hersenen niet onder controle hebben. Ik vertel mijn neuronen niet wanneer ze moeten aanslaan. Uiteindelijk moeten we beseffen dat we onze eigen verlangens niet eens onder controle hebben en zelfs onze reacties op die verlangens niet.

Dit besef kan ons helpen om minder obsessief bezig te zijn met onze eigen meningen en gevoelens, en meer open te staan voor anderen. Het kan ons ook helpen de waarheid over onszelf te leren. Sommigen denken dat we volkomen apathisch zullen worden als we ons geloof in een vrije wil opgeven, alsof we dan gewoon in een hoekje gaan zitten sterven, terwijl het opgeven van deze illusie juist een diepgaande nieuwsgierigheid kan opwekken. Zolang je je helemaal identificeert met de gedachten en verlangens die bij je opkomen hoef je niet zo'n moeite te doen om jezelf te leren kennen. Dan denk je dat je allang weet wie je bent. Maar zo gauw je beseft dat die gedachten niet jóú zijn, maar gewoon biochemische vibraties, besef je meteen ook dat je geen idee hebt wie – of wat – je bent. Dit kan het begin zijn van de interessantste ontdekkingsreis die een mens maar kan maken.

Een belangrijke stap in die reis is erkennen dat het 'zelf' een verzinsel is dat de ingewikkelde mechanismen in onze geest doorlopend fabriceren, updaten en herschrijven. Er zit een verteller in mijn hoofd die me vertelt wie ik ben, waar ik vandaan kom, waar ik naartoe ga en wat er op dit moment gebeurt. Net als de spindoctors van de regering, die de nieuwste politieke omwentelingen verklaren, heeft die innerlijke verteller het vaak genoeg mis, maar dat geeft hij zelden of nooit toe. En zoals de regering een nationale mythe optuigt met vlaggen, iconen en optochten, zo bouwt mijn innerlijke propagandamachine een persoonlijke mythe op uit dierbare herinneringen en favoriete trauma's, al vertoont die mythe vaak weinig gelijkenis met de werkelijkheid.

In deze tijd van Facebook en Instagram kun je dit proces van mythevorming makkelijker observeren dan ooit tevoren, omdat de geest het voor een deel heeft uitbesteed aan de computer. Het is een fascinerend en angstaanjagend schouwspel, al die mensen die talloze uren achter hun computer zitten om een perfect 'zelf' te construeren en verfraaien, en vervolgens zo gehecht raken aan hun eigen creatie dat ze die gaan aanzien voor de waarheid over henzelf.[20] Zo kan een dagje uit met het gezin dat verpest wordt door files, gekibbel en pijnlijke stiltes veranderen in een verzameling prachtige panorama's, perfecte maaltijden en lachende gezichten. Negenennegentig procent van wat we meemaken gaat nooit onderdeel uitmaken van het verhaal.

Het is vooral het vermelden waard dat ons fantasie-zelf vaak heel visueel is, terwijl onze echte ervaringen lichamelijk zijn. In je fantasie zie je een scène in je hoofd of op het computerscherm. Je ziet jezelf op een tropisch strand met de blauwe zee achter je en een brede glimlach op je gezicht, met een cocktail in je hand en je arm om je geliefde heen. Paradijselijk. Wat dit plaatje niet laat zien, is de irritante vlieg die in je been steekt, het misselijke gevoel in je maag vanwege die bedorven vissoep, de spanning in je kaak terwijl je een grote nepglimlach opzet en de akelige ruzie die het gelukkige stel vijf minuten eerder had. Konden we maar voelen wat die mensen op de foto's voelden toen ze werden genomen!

Als je jezelf echt wilt kennen, moet je je dus niet identificeren met je Facebookaccount of met het innerlijke verhaal over je eigen zelf. In plaats daarvan moet je kijken wat er echt in je lichaam en geest gebeurt. Dan zie je gedachten, emoties en verlangens opkomen en weer verdwijnen, zonder duidelijke redenen en zonder dat je ze zelf oproept of verjaagt, zoals de wind uit verschillende richtingen kan komen en je haar alle kanten op kan blazen. Zelf ben je niet de wind. Je bent ook niet de wirwar van gedachten, emoties en verlangens die je ervaart en je bent zeker niet het aangeharkte verhaal dat je er achteraf over vertelt. Je ervaart ze allemaal, maar je beheerst ze niet, je bent er niet de baas over en je bent ze niet. Als mensen zich afvragen wie ze zijn, verwachten ze een verhaal. Het eerste wat je over jezelf moet weten, is dat je geen verhaal bent.

Geen verhaal

Het liberalisme zette de radicale stap om alle kosmische drama's te ontkennen, maar voerde datzelfde drama vervolgens op in de mens zelf – het universum heeft geen plot, dus moeten wij mensen zelf een plot creëren; dat is onze roeping, de zin van ons leven. Duizenden jaren voor ons liberale tijdperk gingen de oude boeddhisten nog verder. Ze ontkenden niet alleen alle kosmische drama's, maar zelfs het innerlijke drama van de menselijke schepping. Het universum heeft geen zin en menselijke gevoelens ook niet. Ze maken geen deel uit van een groot kosmisch verhaal, het zijn gewoon vluchtige vibraties die om onduidelijke redenen komen opzetten en weer verdwijnen. Dat is de waarheid. Leer er maar mee leven.

De *Brihadaranyaka Upanishad* vertelt ons het volgende: 'Het hoofd van het offerpaard is de dageraad, zijn ogen de zon [...] zijn ledematen de seizoenen, zijn gewrichten de maanden en halve maanden, zijn hoeven de dagen en nachten, zijn botten de sterren en zijn vlees de wolken.' De *Mahasatipatthana Sutta*, een belangrijke boeddhistische tekst, zegt echter dat iemand die mediteert zijn lichaam heel zorgvuldig observeert en dingen opmerkt als: 'Dit lichaam heeft hoofdhaar, lichaamshaar, nagels, tanden, huid, vlees, pezen, botten, merg, nieren, een hart [...] speeksel, snot, synoviaal vocht en urine. Hij blijft het lichaam observeren [...] Nu begrijpt hij het: "Dit is het lichaam!"'[21] De haren, botten of urine staan nergens anders voor. Ze zijn gewoon wat ze zijn.

Passages lang gaat de tekst verder met de verklaring dat de mediterende mens alles wat hij opmerkt in het lichaam of de geest opvat zoals het is. Als hij bijvoorbeeld ademt gebeurt er dit: 'Hij haalt diep adem en begrijpt heel precies dat hij diep ademhaalt. Hij haalt oppervlakkig adem en begrijpt heel precies dat hij oppervlakkig ademhaalt.'[22] De lange ademtocht staat niet voor de seizoenen en de korte ademhaling niet voor de dagen. Het zijn gewoon vibraties in het lichaam.

Boeddha onderwees dat de drie meest basale realiteiten van het universum zijn dat alles constant verandert, dat niets een blijvende essentie heeft en dat niets volledig bevredigt. Je kunt de verste uithoeken van het sterrenstelsel, je eigen lichaam of je eigen geest onderzoeken, maar je zult nooit iets tegenkomen wat niet verandert, wat een eeuwige essentie heeft en wat je volledig bevredigt.

Mensen lijden omdat ze dit niet begrijpen. Ze geloven dat er ergens een eeuwige essentie is en als ze die maar vinden en er contact mee maken, zullen ze eindelijk tevreden zijn. Die eeuwige essentie wordt soms God genoemd, of de natie, of de ziel, en soms ook het authentieke zelf of de ware liefde. Hoe meer mensen eraan hechten, hoe teleurgestelder en ongelukkiger ze worden omdat ze het niet kunnen vinden, of nog erger, want hoe groter de hang naar zoiets is, des te groter is de haat die zulke mensen gaan voelen voor elke persoon, groep of instelling die tussen hen en hun diep gekoesterde doel lijkt te staan.

Volgens Boeddha heeft het leven geen zin en hoeven mensen niet aan zingeving te doen. Ze moeten gewoon beseffen dat er geen zin van het leven is en zo bevrijd raken van het leed dat we ervaren door onze gehechtheid aan en onze identificatie met lege fenomenen. Mensen vragen: 'Wat moet ik doen?' en Boeddha adviseert: 'Doe niets. Helemaal niets.' Het probleem is namelijk dat we constant iets doen. Niet per se in fysieke zin, want we kunnen urenlang stilzitten met onze ogen dicht, maar in mentale zin zijn we dan heel druk bezig verhalen en identiteiten te verzinnen, gevechten te voeren en overwinningen te behalen. Echt niets doen betekent dat de geest ook niets doet en niets creëert.

Helaas verandert dit ook al te makkelijk in een heldenepos. Zelfs als je met gesloten ogen zit te observeren hoe je adem je neusgaten in en uit gaat, kun je daar heel goed verhalen over gaan construeren. 'Ik adem een beetje geforceerd en als ik wat rustiger adem, word ik vast gezonder' of 'Als ik gewoon mijn adem observeer en verder niets doe, zal ik verlicht raken en dan word ik de wijste, gelukkigste mens op aarde'. Voor je het weet, breidt het epos zich uit en gaan mensen er niet alleen naar streven om zich te bevrijden van hun eigen gehechtheden, maar proberen ze anderen over te halen om hetzelfde te doen. Als ik heb geaccepteerd dat het leven geen zin heeft, geef ik mijn leven zin door dit uit te leggen aan anderen, te redetwisten met ongelovigen, lezingen te geven voor sceptici, geld te doneren om kloosters te bouwen, enzovoort. 'Geen verhaal' kan voor je het weet het zoveelste verhaal worden.

De geschiedenis van het boeddhisme telt duizend voorbeelden van mensen die geloven in de vergankelijkheid en leegheid van alle fenomenen en in het belang om nergens aan gehecht te raken, maar toch ruziën en vechten om het bestuur van een land, het eigendom van een gebouw of zelfs de betekenis van een woord. Anderen bestrijden omdat je gelooft in de glorie van een eeuwige God is betreurenswaardig, maar begrijpelijk; anderen bestrijden omdat je gelooft in de leegheid van alle fenomenen is ronduit bizar, maar o zo menselijk.

In de achttiende eeuw gingen de dynastieën van Birma en het naburige Siam allebei prat op hun toewijding aan Boeddha en vergrootten ze hun gezag door het boeddhistische geloof te beschermen. De koningen deden schenkingen aan kloosters, lieten pagodes bouwen en luisterden wekelijks naar geleerde monniken die welbespraakte sermoenen afstaken over de vijf morele basisvoorschriften: niet doden, niet stelen, geen seksueel wangedrag, geen bedrog en geen verdovende middelen. Toch bestreden de twee koninkrijken elkaar op leven en dood. Op 7 april 1767 bestormde het leger van de Birmese koning Hsinbyushin de hoofdstad van Siam na een lang beleg. De zegevierende troepen moordden, plunderden, verkrachtten en waarschijnlijk bedronken ze zich hier en daar ook. Daarna brandden ze een groot deel van de stad plat, met alle paleizen, kloosters en pagodes, en voerden ze duizenden slaven en karrenvrachten vol goud en edelstenen weg.

Niet dat koning Hsinbyushin zijn boeddhisme niet serieus nam. Zeven jaar na zijn grote overwinning ondernam de koning een reis langs de grote rivier de Irrawaddy om alle belangrijke pagodes die hij tegenkwam eer te betuigen en Boeddha te vragen zijn leger te zegenen met nog meer overwinningen. Toen Hsinbyushin Rangoon bereikte, wijdde hij zich aan de restauratie en uitbreiding van het heiligste gebouw in heel Birma, de Shwedagon-pagode.

Hij verguldde het vergrote bouwwerk met zijn eigen gewicht in goud, liet een gouden spits op de pagode zetten en liet die opsieren met edelstenen (mogelijk geplunderd in Siam). Hij nam de gelegenheid ook te baat om de gevangengenomen koning van Pegu, diens broer en diens zoon terecht te stellen.[23]

In het Japan van de jaren dertig vond men nog creatievere manieren om boeddhistische doctrines te combineren met nationalisme, militarisme en fascisme. Radicale boeddhistische denkers als Nissho Inoue, Ikki Kita en Tanaka Chigaku voerden aan dat mensen zich moesten bevrijden van hun eigen egoïstische gehechtheden door zich met huid en haar over te leveren aan de keizer, hun persoonlijke gedachten te laten varen en absolute trouw aan de natie te betuigen. Verscheidene ultranationalistische organisaties raakten geïnspireerd door deze ideeën, waaronder een groep fanatieke militairen die het conservatieve politieke systeem van Japan ten val wilden brengen door middel van een reeks moordaanslagen. Ze vermoordden de voormalige minister van Financiën, de directeur van het bedrijf Mitsui en uiteindelijk ook premier Inukai Tsuyoshi. Hiermee veranderden ze Japan versneld in een militaire dictatuur. Toen het leger vervolgens een oorlog begon, predikten boeddhistische priesters en zenmeesters belangeloze gehoorzaamheid aan het staatsgezag en zelfopoffering om het succes van de oorlog te bespoedigen. Alle boeddhistische leerstellingen over mededogen en geweldloosheid waren in één klap vergeten en hadden geen merkbare invloed op het gedrag van Japanse troepen in Nanjing, Manila of Seoul.[24]

Tegenwoordig is de mensenrechtensituatie in het boeddhistische Myanmar een van de slechtste ter wereld en een boeddhistische monnik, Ashin Wirathu, voert er de antimoslimbeweging aan. Hij beweert dat hij Myanmar en het boeddhisme alleen maar wil beschermen tegen islamitische jihadcomplotten, maar zijn preken en artikelen zijn zo opruiend dat Facebook in februari 2018 zijn account verwijderde wegens haatzaaien. In 2017 riep deze monnik in een interview met *The Guardian* op tot mededogen voor een langsvliegende mug, maar toen hij werd geconfronteerd met aantijgingen dat er moslimvrouwen waren verkracht door het leger van Myanmar zei hij lachend: 'Onmogelijk. Hun lichamen zijn te weerzinwekkend.'[25]

Er is maar weinig kans dat er wereldvrede en wereldwijde harmonie van zal komen als acht miljard mensen regelmatig gaan mediteren. Het is gewoon zo moeilijk om de waarheid over jezelf te zien! Zelfs als je het op de een of andere manier voor elkaar krijgt dat de meeste mensen het gaan proberen, dan nog zullen velen de waarheid die ze tegenkomen razendsnel omvormen tot een of ander verhaal met helden, slechteriken en vijanden, en fantastische excuses vinden om oorlogen te beginnen.

De werkelijkheidstest

Alle grote verhalen mogen dan verzinsels zijn, ontsproten aan onze eigen geest, maar er is geen reden voor wanhoop. De werkelijkheid is er nog steeds. Je kunt misschien geen rol spelen in fantasiedrama's, maar waarom zou je dat willen? De grote vraag voor de mensheid is niet 'wat is de zin van het leven?' maar 'hoe kunnen we zorgen dat we niet hoeven te lijden?' Als je alle verzonnen verhalen opgeeft, kun je de werkelijkheid veel helderder zien dan voorheen en als je echt de waarheid kent over jezelf en de wereld, kan niets je nog ongelukkig maken. Maar natuurlijk is dat makkelijker gezegd dan gedaan.

Wij mensen hebben de wereld veroverd dankzij ons vermogen om fictieve verhalen te creëren en geloven. Daardoor zijn we er ontzettend slecht in om het verschil te zien tussen fictie en werkelijkheid. Het was puur een kwestie van overleven om dat verschil te negeren. Als je toch het verschil wilt kennen, is leed je beste uitgangspunt, want leed is het echtste wat er bestaat.

Als je geconfronteerd wordt met een of ander groot verhaal en je wilt weten of het echt of verzonnen is, is een van de belangrijkste vragen: kan de centrale held van het verhaal lijden? Als iemand je bijvoorbeeld het verhaal over de Poolse natie vertelt, sta dan even stil bij de vraag of Polen kan lijden. Adam Mickiewicz, de grote romantische dichter en de vader van het moderne Poolse nationalisme, gaf Polen de beroemde bijnaam 'de Christus der naties'. Mickiewicz schreef dit in 1832, tientallen jaren nadat Polen was opgedeeld door Rusland, Pruisen en Oostenrijk en kort nadat de Poolse opstand van 1830 genadeloos was neergeslagen door de Russen. Hij verklaarde dat het onmenselijke lijden van Polen een offer was uit naam van de hele mensheid, vergelijkbaar met het offer van Christus, en dat Polen net als Christus zou herrijzen uit de dood. In een beroemde passage schreef hij het volgende:

> Polen zei [tot de volkeren van Europa]: 'Wie tot mij zal komen, zal vrijheid en gelijkheid smaken, want ik ben VRIJHEID.' Maar de koningen die dit hoorden waren diep vanbinnen bang en ze kruisigden de Poolse natie en droegen die ten grave met de kreet: 'Wij hebben de Vrijheid gedood en begraven.' Maar hun kreten waren dwaasheid. [...] Want de Poolse natie stierf niet [...] Op de Derde Dag zal de Ziel terugkeren in het Lichaam en de Natie zal opstaan en alle volkeren van Europa bevrijden van de Slavernij.[26]

Kan een land echt lijden? Heeft een land ogen, handen, zintuigen, liefdevolle gevoelens en passies? Als je het prikt, bloedt het dan? Natuurlijk niet. Als het verslagen wordt in een oorlog, een provincie verliest of zelfs zijn onafhankelijkheid kwijtraakt, kan het nog steeds geen pijn, verdriet of andere ellende voelen, want het heeft geen lichaam, geen geest en al helemaal geen gevoelens. Eigenlijk is het gewoon een metafoor. Polen is alleen een echte identiteit die kan lijden in de fantasie van bepaalde mensen. Polen houdt stand omdat die mensen het hun lichaam lenen, niet alleen door dienst te doen in het Poolse leger, maar door het geluk en het verdriet van de natie te belichamen. Toen in mei 1831 in Warschau bekend werd dat de Polen waren verslagen bij OstrołĐka, raakten menselijke magen in de knoop, zonken mensenharten in schoenen en vulden mensenogen zich met tranen.

Dat alles rechtvaardigt natuurlijk niet de Russische invasie en het ondermijnt ook niet het recht van de Polen om een onafhankelijk land te hebben en over hun eigen wetten en gewoonten te beslissen. Het betekent echter wel dat de werkelijkheid uiteindelijk niet het verhaal van de Poolse natie kan zijn, omdat het bestaan van Polen afhangt van beelden die mensen in hun hoofd hebben.

Vergelijk dit eens met het lot van een vrouw uit Warschau die is beroofd en verkracht door soldaten van het Russische invasieleger. Anders dan het metaforische lijden van de Poolse natie was het leed van die vrouw volkomen echt. Het kan wel veroorzaakt zijn door het menselijke geloof in verschillende verzinsels, zoals het Russische nationalisme, het Russisch-orthodoxe christendom en allerlei heldhaftige macho-ideeën, want daardoor waren veel Russische staatslieden en soldaten geïnspireerd, maar het leed dat het veroorzaakte was hoe dan ook honderd procent echt.

Pas op als politici in mythische bewoordingen gaan spreken. Dat kan namelijk een poging zijn om echt leed te verhullen en rechtvaardigen door het te verpakken in moeilijke, onbegrijpelijke termen. Wees vooral op je hoede voor de volgende vier woorden: opoffering, eeuwigheid, zuiverheid en verlossing. Als je een van die woorden hoort, sla dan meteen alarm. En als je toevallig in een land woont waarvan de leider regelmatig dingen zegt als: 'Hun offer zal de zuiverheid van onze eeuwige natie waarborgen en ons naar de verlossing leiden', besef dan dat je een groot probleem hebt. Als je een beetje bij je verstand wilt blijven, moet je altijd proberen zulke lulkoek te vertalen naar de werkelijkheid: een soldaat die het uitschreeuwt van de pijn, een vrouw die geslagen en aangerand wordt, een kind dat beeft van angst.

Als je de waarheid wilt weten over het universum, de zin van het leven en je eigen identiteit, kun je dus het beste beginnen door naar het leed in de wereld te kijken en te onderzoeken wat het precies is.

Het antwoord is geen verhaal.

21

MEDITATIE

Alleen maar observeren

Na het bekritiseren van zoveel verhalen, religies en ideologieën lijkt het me wel zo eerlijk als ik mezelf ook eens in de vuurlinie zet en uitleg hoe iemand die zo sceptisch is 's ochtends toch zo vrolijk wakker kan worden. Ik aarzel een beetje om dat te doen, deels uit angst om mezelf te groot te maken en deels omdat ik niemand de verkeerde indruk wil geven dat wat voor mij werkt voor iedereen zal werken. Ik ben me er maar al te goed van bewust dat de eigenaardigheden van mijn genen, neuronen, persoonlijke geschiedenis en dharma niet voor iedereen opgaan. Maar misschien is het toch goed als lezers in elk geval weten door wat voor bril ik de wereld bekijk en hoe die mijn visie en wat ik schrijf beïnvloedt.

Als tiener was ik een rusteloze tobber. Ik snapte niets van de wereld en ik vond nergens antwoorden op de grote levensvragen die ik had. Ik begreep vooral niet waarom er zoveel leed in de wereld was, en in mijn eigen leven, en wat eraan gedaan kon worden. De dingen die ik van de mensen om me heen hoorde en in boeken las waren uitgebreide verzinsels: religieuze mythen over goden en hemels, nationalistische mythen over het vaderland en onze historische missie, romantische mythen over liefde en avontuur, of kapitalistische mythes over economische groei, die zeiden dat ik gelukkig kon worden door spullen te kopen en te consumeren. Ik was slim genoeg om te beseffen dat het waarschijnlijk allemaal verzinsels waren, maar ik had geen idee hoe ik waarheden moest vinden.

Toen ik aan de universiteit ging studeren, dacht ik dat dat de ideale plek zou zijn om antwoorden te vinden, maar dat werd een teleurstelling. De academische wereld gaf me wel effectieve middelen om alle mythen die de mensheid ooit heeft gefabriceerd door te prikken, maar geen bevredigende antwoorden op grote levensvragen. Integendeel, want ik werd juist aangemoedigd om me op steeds kleinere deelvraagstukken te concentreren. Uiteindelijk promoveerde ik toch aan de Universiteit van Oxford, met een proefschrift over autobiografische teksten van middeleeuwse soldaten. Daarnaast bleef het mijn hobby om heel veel te lezen over filosofie en filosofische discussies te voeren, maar hoewel dat eindeloos veel intellectueel amusement opleverde, bracht het me geen echte inzichten. Het was ontzettend frustrerend.

Uiteindelijk adviseerde mijn goede vriend Ron me om in elk geval een paar dagen alle boeken en intellectuele discussies te laten voor wat ze waren en een cursus vipassana-meditatie te proberen. ('Vipassana' betekent 'introspectie' in het Pali, een oude Indiase taal.) Ik dacht dat het waarschijnlijk typische newageflauwekul was en besloot het niet te doen, omdat ik geen zin had om de zoveelste verzameling mythen aan te horen, maar na een jaar geduldig doorzetten kreeg hij me in april 2000 zover dat ik me inschreef voor een tiendaagse vipassana-retraite.[1]

Voor die tijd wist ik heel weinig over meditatie en nam ik aan dat er vast allerlei ingewikkelde mystieke theorieën aan te pas kwamen. Ik was dus stomverbaasd toen ik merkte hoe praktisch de lessen eigenlijk waren. De leraar, S.N. Goenka, instrueerde zijn leerlingen om in kleermakerszit te gaan zitten, hun ogen dicht te doen en hun aandacht volledig te richten op de adem die hun neusgaten in en uit ging. 'Doe helemaal niets,' bleef hij zeggen. 'Probeer je adem niet te beheersen of op een bepaalde manier te ademen. Observeer gewoon hoe alles op dit moment werkelijk is, wat het ook is. Als je inademt, wees je daar dan gewoon bewust van: nu komt de adem binnen. Als je uitademt, wees je daar dan gewoon bewust van: nu gaat de adem naar buiten. En als je aandacht verslapt en je gedachten afdwalen naar herinneringen en fantasieën, wees je daar dan gewoon bewust van: nu zijn mijn gedachten afgedwaald van mijn ademhaling.' Het was het belangrijkste wat iemand me ooit had verteld.

Als mensen grote levensvragen stellen, interesseert het ze meestal geen lor wanneer hun adem door hun neusgaten naar binnen komt en wanneer hij eruit gaat. Ze willen andere dingen weten, zoals wat er na de dood gebeurt. Het echte raadsel van het leven is echter niet wat er gebeurt na je dood, maar wat er gebeurt voor je dood. Als je de dood wilt begrijpen, moet je het leven begrijpen.

Mensen vragen zich dingen af als: 'Als ik doodga, verdwijn ik dan gewoon? Ga ik naar de hemel? Word ik herboren in een nieuw lichaam?' Die vragen zijn gebaseerd op de aanname dat er een 'ik' is dat van geboorte tot dood blijft bestaan en de vraag is dan: 'Wat gebeurt er met dat "ik" als ik sterf?' Maar wat blijft er nu eigenlijk van geboorte tot dood bestaan? Het lichaam verandert constant, de hersenen veranderen constant, de geest verandert constant. Hoe nauwkeuriger je jezelf observeert, hoe duidelijker het wordt dat er niets is wat zelfs maar van het ene op het andere moment blijft bestaan. Wat houdt een heel leven dan bijeen? Als je daar het antwoord niet op weet, begrijp je het leven niet en zul je zeker ook nooit iets begrijpen van de dood. Als je ooit ontdekt wat het leven bijeenhoudt, zal het antwoord op de grote vraag over de dood je ook duidelijk worden.

Mensen zeggen dingen als: 'De ziel blijft van geboorte tot dood bestaan en is dus de constante in een leven', maar dat is gewoon een verhaaltje. Heb je ooit een ziel gezien? Je kunt dit op elk moment onderzoeken, niet alleen op het moment dat je sterft. Als je kunt begrijpen wat er met je gebeurt als het ene moment ophoudt en een ander moment begint, dan zul je ook begrijpen wat er met je zal gebeuren op het moment dat je sterft. Als je jezelf echt kunt observeren in de tijd die het kost om één keer adem te halen, zul je het allemaal begrijpen.

Het eerste wat ik leerde door mijn adem te observeren, was dat ik ondanks alle boeken die ik had gelezen en alle colleges die ik aan de universiteit had gevolgd zo goed als niets wist over mijn eigen geest en daar ook maar heel weinig controle over had. Hoe ik ook mijn best deed, ik kon de werkelijkheid waarin mijn adem mijn neusgaten in en uit ging niet meer dan tien seconden vasthouden voordat mijn gedachten afdwaalden. Jarenlang had ik in de overtuiging geleefd dat ik de baas was over mijn eigen leven, de directeur van het bedrijf dat 'ik' heette, maar een paar uurtjes mediteren was genoeg om me duidelijk te maken dat ik nauwelijks controle over mezelf had. Ik was niet de directeur, ik was zelfs amper de portier. Mij was gevraagd om bij de ingang van mijn lichaam te gaan staan – mijn neusgaten – en gewoon te observeren wat er in en uit ging, maar na een paar tellen verslapte mijn aandacht al en verliet ik mijn post. Het was een ontnuchterende ervaring.

In de loop van de cursus leerden de pupillen niet alleen hun adem te observeren, maar ook allerlei andere sensaties in hun lichaam – geen speciale gevoelens van gelukzaligheid en extase, maar gewoon de meest alledaagse, normale sensaties: warmte, druk, pijn, enzovoort. De vipassana-techniek is gebaseerd op het inzicht dat de bewegingen van de geest nauw samenhangen met lichamelijke sensaties. Tussen mij en de wereld staan altijd lichamelijke sensaties. Ik reageer niet op gebeurtenissen in de buitenwereld, maar op de sensaties in mijn eigen lichaam. Bij onaangename sensaties reageer ik met afkeer. Bij aangename sensaties reageer ik met een verlangen naar meer. Zelfs als je denkt dat je reageert op wat iemand anders heeft gedaan, op de laatste tweet van president Trump of op een oude jeugdherinnering, reageer je eigenlijk altijd op je lichamelijke sensaties van dat moment. Als je woedend bent omdat iemand je land of je god heeft beledigd, is datgene wat de belediging ondraaglijk maakt het brandende gevoel in je binnenste en de knellende pijn in je hart. Je land voelt niets, maar je lichaam doet gemeen zeer.

Wil je weten wat woede is? Observeer dan de sensaties die er door je lichaam gaan als je boos bent. Ik was vierentwintig toen ik naar die retraite ging en tegen die tijd was ik waarschijnlijk al tienduizend keer boos geweest, maar ik had nooit de moeite genomen om te observeren hoe woede precies voelt. Als ik boos was, richtte ik me altijd op de oorzaak van mijn woede – iets wat iemand deed of zei – in plaats van op de zintuiglijke realiteit van mijn woede.

Ik geloof dat ik meer over mezelf en over mensen in het algemeen heb geleerd door die tien dagen lang mijn sensaties te observeren dan ik tot dan toe in mijn hele leven had geleerd, en daarvoor hoefde ik geen enkel verhaal te accepteren, geen enkele theorie of mythologie. Ik hoefde alleen de reële werkelijkheid maar te observeren. Het belangrijkste wat ik besefte was dat de diepste bron van mijn leed in de patronen van mijn eigen geest zit. Als ik iets wil en het gebeurt niet, reageert mijn geest daarop door leed te genereren. Leed is geen objectieve toestand in de buitenwereld, het is een mentale reactie die ontstaat in mijn eigen geest. Die les is de eerste stap op weg naar een toestand waarin je ophoudt meer leed te genereren.

Sinds die eerste cursus in 2000 begon ik elke dag twee uur te mediteren en ik maak elk jaar tijd voor een lange meditatieretraite van een maand of twee. Het is geen vlucht uit de werkelijkheid, maar een manier om in contact te komen met de werkelijkheid. Minstens twee uur per dag observeer ik de realiteit zoals ze echt is, terwijl ik de andere tweeëntwintig uur overvoerd word met e-mails en tweets en filmpjes van schattige puppy's. Zonder de focus en de helderheid die dit me geeft, had ik *Sapiens* of *Homo Deus* nooit kunnen schrijven. Ik denk zeker niet dat meditatie dé magische oplossing is voor alle wereldproblemen. Om de wereld te veranderen moet je iets doen en, belangrijker nog, je organiseren. Vijftig samenwerkende leden in een organisatie kunnen veel meer voor elkaar krijgen dan vijfhonderd individuen die elk voor zich bezig zijn. Als je echt ergens om geeft, sluit je dan aan bij een relevante organisatie. Meteen deze week nog.

Effectief handelen en samenwerken wordt echter makkelijker als je iets begrijpt van de menselijke geest en je eigen geest, en als je weet hoe je moet omgaan met je innerlijke angsten, vooroordelen en complexen. Meditatie is zeker niet de enige manier om dat voor elkaar te krijgen. Voor sommigen kan therapie, kunst of sport effectiever werken. Als het om de mysteriën van de menselijke geest gaat, moeten we meditatie niet beschouwen als een panacee, maar als een waardevol extra werktuig in de wetenschappelijke gereedschapskist.

Van beide kanten graven

De wetenschap heeft moeite om de mysteriën van de geest te ontcijferen en dat komt voor een groot deel doordat we daar geen efficiënte middelen voor hebben. Veel mensen, onder wie veel wetenschappers, verwarren de geest vaak met de hersenen, maar eigenlijk zijn het twee heel verschillende dingen. De hersenen zijn een materieel netwerk van neuronen, synapsen en biochemische stofjes. De geest is een stroom van subjectieve ervaringen, zoals pijn, genot, woede en liefde. Biologen gaan ervan uit dat de hersenen op de een of andere manier de geest voortbrengen en dat biochemische reacties in miljarden neuronen op de een of andere manier ervaringen voortbrengen als pijn en liefde. Tot dusver hebben we echter geen enkele verklaring voor de manier waarop de geest voortvloeit uit de hersenen. Hoe komt het dat ik pijn voel als miljarden neuronen elektrische signaaltjes afvuren in een bepaald patroon en dat ik liefde voel als ze dat in een ander patroon doen? We hebben geen flauw idee. Als de geest inderdaad een uitvloeisel is van de hersenen, is het bestuderen van de geest dus in elk geval voorlopig nog een andere onderneming dan het bestuderen van de hersenen.

Hersenonderzoekers maken grote vorderingen dankzij hulpmiddelen als microscopen, hersenscanners en krachtige computers, maar we kunnen de geest niet bekijken met een microscoop of hersenscanner. Die apparaten stellen ons in staat om biochemische en elektrische activiteit in de hersenen te bespeuren, maar ze vertellen ons niets over de subjectieve ervaringen die daarmee samenhangen. In 2018 is de enige geest waar ik rechtstreeks bij kan nog steeds mijn eigen geest. Als ik wil weten wat andere levende wezens ervaren, kan dat alleen op basis van verslagen uit de tweede hand, die logischerwijs enorm vervormd en beperkt zullen zijn.

We zouden ongetwijfeld heel veel van dat soort verslagen van verschillende mensen kunnen verzamelen en met behulp van de statistiek repeterende patronen kunnen vinden. Met dit soort methoden hebben psychologen en neurowetenschappers niet alleen een veel beter inzicht in de geest gekregen, ze hebben er ook het leven van miljoenen mensen mee kunnen verbeteren of zelfs redden. Op zeker moment kom je echter niet verder met alleen verslagen uit de tweede hand. In de wetenschap is rechtstreekse observatie altijd het beste als je meer over een bepaald fenomeen te weten wilt komen. Antropologen maken bijvoorbeeld uitgebreid gebruik van secundaire bronnen, maar als je de Samoaanse cultuur echt wilt doorgronden, zul je vroeg of laat je koffers moeten pakken en naar Samoa moeten gaan.

Een bezoekje is natuurlijk niet genoeg. Het blog van een rugzaktoerist die door Samoa reist wordt niet beschouwd als een wetenschappelijke antropologische studie, omdat de meeste rugzaktoeristen daar niet de juiste middelen en opleiding voor hebben. Hun waarnemingen zijn te lukraak en te bevooroordeeld. Om een betrouwbare antropoloog te worden, moet je leren hoe je op methodische, objectieve wijze menselijke culturen kunt observeren, zonder vooropgezette meningen of vooroordelen. Dat is wat je leert aan de faculteit antropologie en daarmee hebben antropologen zo'n belangrijke rol kunnen spelen in het overbruggen van kloven tussen verschillende culturen.

De wetenschappelijke studie van de geest volgt dit antropologische model maar zelden. Antropologen doen continu verslag van hun bezoeken aan verre eilanden en mysterieuze landstreken, maar zij die het bewustzijn onderzoeken ondernemen zelden zulke persoonlijke reizen naar het rijk van de geest. De enige geest die je rechtstreeks kunt observeren is namelijk je eigen geest en hoe moeilijk het ook is om onbevooroordeeld de Samoaanse cultuur te bestuderen, het is nog veel moeilijker om objectief naar je eigen geest te kijken. Na meer dan een eeuw zwoegen hebben antropologen ijzersterke procedures ontwikkeld voor objectieve observatie. Dat geldt niet voor onderzoekers van de geest. Die hebben weliswaar allerlei manieren bedacht om verslagen uit de tweede hand te verzamelen en analyseren, maar als het op het observeren van onze eigen geest aankomt, zijn we nog nergens.

Bij gebrek aan moderne methoden om de geest rechtstreeks te observeren, kunnen we het proberen met middelen die premoderne culturen hebben ontwikkeld. Verscheidene klassieke culturen staken veel aandacht in onderzoek naar de geest en dat deden ze niet aan de hand van verslagen uit de tweede hand, maar door mensen te trainen om systematisch hun eigen geest te observeren. De methoden die ze hebben ontwikkeld worden meestal ondergebracht in de algemene categorie 'meditatie'. Die term wordt tegenwoordig vaak geassocieerd met religie en mysticisme, maar in principe is meditatie elke methode die je kunt gebruiken om je eigen geest rechtstreeks te observeren. Veel religies maken uitgebreid gebruik van verschillende meditatietechnieken, maar dat wil niet zeggen dat meditatie per se iets religieus is. Veel religies maken ook uitgebreid gebruik van boeken en dat betekent ook niet dat het gebruik van boeken een religieuze praktijk is.

Door de millennia heen hebben mensen honderden meditatietechnieken ontwikkeld, die erg kunnen verschillen in hun uitgangspunten en effectiviteit. Ik heb zelf alleen ervaring met één techniek – vipassana – dus is dat de enige waarover ik met enig gezag kan spreken. Net als verschillende andere meditatietechnieken is vipassana naar verluidt ontdekt door Boeddha, in het oude India. Door de eeuwen heen zijn er talloze theorieën en verhalen toegeschreven aan Boeddha, vaak zonder enig bewijs. Je hoeft die verhalen echter niet te geloven om te mediteren. Goenka, de leraar van wie ik vipassana heb geleerd, was een heel praktisch soort gids. Hij instrueerde leerlingen herhaaldelijk dat ze alle omschrijvingen, religieuze dogma's en filosofische speculaties achterwege moesten laten bij het observeren van de geest en dat ze zich moesten richten op hun eigen ervaringen en wat voor werkelijkheid ze daadwerkelijk tegenkwamen. Er kwamen dagelijks talloze leerlingen naar zijn kamer om zijn advies in te winnen en vragen te stellen. Bij de ingang van zijn kamer hing een bordje met: VERMIJD ALSTUBLIEFT ALLE THEORETISCHE EN FILOSOFISCHE DISCUSSIES, EN BEPERK UW VRAGEN TOT ZAKEN DIE VERBAND HOUDEN MET UW WIJZE VAN MEDITEREN.

Die wijze van mediteren hield in dat je je lichamelijke sensaties en mentale reacties op sensaties doorlopend observeerde op een methodische, objectieve manier, om zo de basispatronen van de geest te onthullen. Mensen veranderen meditatie soms in een zoektocht naar speciale ervaringen, naar een toestand van gelukzaligheid en extase. In werkelijkheid is het bewustzijn het grootste mysterie in het universum en zijn alledaagse gevoelens als warmte en jeuk net zo mysterieus als gevoelens van vervoering of kosmische eenheid. Wie aan vipassana-meditatie doet, wordt continu gewaarschuwd om nooit op zoek te gaan naar speciale ervaringen, maar zich te concentreren op een goed begrip van de werkelijkheid van de geest, wat die werkelijkheid ook moge zijn.

De laatste jaren tonen bewustzijns- en neurowetenschappers steeds meer belangstelling voor dit soort meditatietechnieken, maar de meeste onderzoekers hebben dit middel tot nu toe alleen indirect ingezet.[2] De gemiddelde wetenschapper mediteert ook niet zelf, maar nodigt mensen met veel meditatie-ervaring uit in het lab, zet allerlei elektroden op hun hoofd, vraagt ze te mediteren en observeert vervolgens hun hersenactiviteit. Dat kan ons allerlei interessante dingen leren over de hersenen, maar als we de geest willen begrijpen, lopen we de belangrijkste inzichten grotendeels mis. Vergelijk het met iemand die de structuur van materie wil doorgronden door een steen te bekijken door een vergrootglas. Je gaat naar die persoon toe, geeft hem een microscoop en zegt: 'Probeer dit, dan zie je het veel beter.' Hij neemt de microscoop van je over, pakt zijn vertrouwde vergrootglas erbij en gaat daar ingespannen doorheen staan turen naar de materie waarvan de microscoop gemaakt is... Meditatie is een middel om rechtstreeks de geest te observeren. Je mist een groot deel van dat potentieel als je in plaats van zelf te gaan mediteren de elektrische activiteit in de hersenen van een mediterende ander gaat bekijken.

Hiermee wil ik zeker niet suggereren dat we de huidige middelen en praktijken binnen het hersenonderzoek moeten afschaffen. Meditatie kan die niet vervangen, maar het kan ze mogelijk wel aanvullen. Vergelijk het met ingenieurs die een tunnel aanleggen door een gigantische berg. Waarom zou je maar aan één kant gaan graven? Je kunt beter aan beide kanten tegelijk beginnen. Als de hersenen en de geest inderdaad hetzelfde zijn, zullen de twee tunnels onvermijdelijk op elkaar stuiten. En als de hersenen en de geest niet hetzelfde zijn? Dan is het des te belangrijker om ook in de geest te graven en niet alleen in de hersenen.

Sommige universiteiten en laboratoria zijn meditatie daadwerkelijk gaan inzetten als onderzoeksmiddel en niet alleen als onderwerp van hersenonderzoek. Dit proces staat echter nog in de kinderschoenen, deels omdat het een enorme investering van de kant van de onderzoekers vereist. Serieuze meditatie vergt enorm veel discipline. Als je objectief je sensaties observeert, zal je als eerste opvallen hoe tomeloos en ongeduldig de geest is. Zelfs als je je concentreert op het observeren van een relatief duidelijke sensatie, zoals het in- en uitademen door je neus, houdt je geest dat meestal niet langer dan een paar seconden vol voordat hij afdwaalt naar allerlei gedachten, herinneringen en dromen.

Als een microscoop onscherp wordt, hoeven we alleen maar aan een wieltje te draaien. Als het wieltje kapot is, kunnen we een reparateur bellen. Maar als de geest onscherp wordt, kun je die niet zo makkelijk repareren. Meestal is er heel wat oefening voor nodig om de geest dusdanig te kalmeren en te focussen dat hij zichzelf methodisch en objectief kan observeren. Misschien kunnen we in de toekomst een pilletje slikken om op slag gefocust te zijn, maar aangezien meditatie bedoeld is om de geest te verkennen, en niet om er alleen maar op te focussen, zou zo'n snelle methode wel eens contraproductief kunnen werken. Zo'n pilletje kan ons misschien wel heel alert en geconcentreerd maken, maar ons tegelijk beletten om het hele spectrum van de geest te onderzoeken. We kunnen de geest immers allang heel makkelijk concentreren door een goede thriller te kijken op tv, maar dan is de geest weer zo gefocust op de film dat hij zijn eigen dynamiek niet kan observeren.

Hoe dan ook moeten we niet opgeven, zelfs als we niets aan dat soort technologische snufjes zullen hebben. We kunnen ons laten inspireren door de antropologen, de zoölogen en de astronauten. Antropologen en zoölogen brengen jaren door op verre eilanden, blootgesteld aan allerlei kwalen en gevaren. Astronauten onderwerpen zich jarenlang aan zware trainingsregimes als voorbereiding op hun hachelijke excursies naar de ruimte. Als we bereid zijn zoveel moeite te doen om vreemde culturen, onbekende diersoorten en verre planeten te leren kennen, is het misschien ook de moeite waard om net zo hard te werken aan het doorgronden van onze eigen geest. Het kon wel eens cruciaal worden om die te leren kennen voordat de algoritmen ons voor zijn en er hun eigen draai aan geven.

Zelfobservatie is nooit makkelijk geweest, maar het zou best kunnen dat het steeds moeilijker wordt. Door de eeuwen heen hebben mensen steeds meer complexe verhalen over zichzelf bedacht, die het steeds moeilijker maken om te weten wie we eigenlijk zijn. Die verhalen waren bedoeld om grote aantallen mensen te verenigen, macht te vergaren en sociale harmonie te waarborgen. Ze waren essentieel bij het voeden van miljarden hongerige mensen en zorgden dat die mensen elkaar de strot niet afsneden. Als mensen probeerden zichzelf te observeren, was het enige wat ze ontdekten meestal die kant-en-klare verhalen. Vrij zoeken was te gevaarlijk. Dat kon de sociale orde ondermijnen.

Naarmate de technologie beter werd, gebeurden er twee dingen. Ten eerste werd het steeds gevaarlijker om de sociale orde te destabiliseren toen stenen messen stukje bij beetje plaatsmaakten voor kernraketten. Ten tweede werd het steeds makkelijker om mensen te misleiden toen grotschilderingen stukje bij beetje plaatsmaakten voor televisie-uitzendingen. In de nabije toekomst zouden algoritmen dit proces dusdanig kunnen vervolmaken dat het zo goed als onmogelijk voor mensen wordt om de werkelijkheid over zichzelf te zien. Dan zullen die algoritmen bepalen wie we zijn en wat we over onszelf moeten weten.

De komende jaren of decennia is de keus nog aan ons. Als we er de moeite voor nemen, kunnen we nog onderzoeken wie we eigenlijk zijn. Maar als we die kans willen benutten, moeten we daar nu mee beginnen.

DANKWOORD

Ik wil iedereen bedanken die me heeft geholpen bij het schrijven – en bij het schrappen:

Michal Shavit, mijn uitgever bij Penguin Random House in het Verenigd Koninkrijk, die het idee voor dit boek bedacht en me begeleidde in het lange schrijfproces, en het hele team bij Penguin Random House, vanwege al het werk dat ze hebben verzet en de steun die ze me hebben gegeven.

David Milner, die het manuscript zoals gewoonlijk fantastisch heeft geredigeerd. Soms hoefde ik alleen maar te bedenken wat David zou zeggen om extra hard aan mijn tekst te werken.

Suzanne Dean, mijn creative director bij Penguin Random House en het genie achter het boekomslag.

Preena Gadher en haar collega's bij Riot Communications, omdat ze zo'n briljante pr-campagne hebben opgezet.

Cindy Spiegel van Spiegel & Grau, voor haar feedback en alle zorgen voor alles wat er aan de andere kant van de Atlantische Oceaan gedaan moest worden.

Inge Pieters en Uitgeverij Thomas Rap voor hun vertrouwen, hun toewijding en hun professionele aanpak bij het tot stand brengen van de Nederlandse versie van dit boek.

Mijn onderzoeksassistent Idan Sherer, voor het opzoeken van

van alles en nog wat, variërend van antieke synagogen tot kunstmatige intelligentie.

Shmuel Rosner, voor zijn constante steun en zijn goede raad.

Yigal Borochovsky en Sarai Aharoni, die het manuscript doorlazen en er zoveel tijd en moeite in hebben gestoken om mijn fouten te corrigeren, en me de kans gaven om de dingen vanuit andere perspectieven te bekijken.

Danny Orbach, Uri Sabach, Yoram Yovell en Ron Merom, voor hun inzichtelijke commentaren over kamikazepiloten, camerabewaking, psychologie en algoritmen.

Mijn toegewijde team – Ido Ayal, Maya Orbach, Naama Wartenburg en Eilona Ariel – die door mij vele dagen in de e-mailhel hebben doorgebracht.

Al mijn vrienden en familieleden, voor hun geduld en hun liefde.

Mijn moeder Pnina en mijn schoonmoeder Hannah, voor de tijd en de levenservaring die ze hebben bijgedragen.

Mijn echtgenoot en manager Itzik, zonder wie dit alles nooit tot stand was gekomen. Het enige wat ik kan is boeken schrijven. Verder doet hij alles.

En tot slot al mijn lezers, voor hun belangstelling, hun tijd en hun commentaar. Als een boek op de plank staat zonder dat iemand het leest, maakt het dan geluid?

Zoals ik in het voorwoord al opmerkte, is dit boek geschreven in samenspraak met het publiek. Veel hoofdstukken zijn ontstaan als antwoord op vragen die ik kreeg van lezers, journalisten en collega's. Eerdere versies van sommige stukken zijn eerder gepubliceerd in de vorm van essays en artikelen, wat mij de kans gaf om feedback te krijgen en mijn argumenten bij te slijpen. Die eerdere versies waren onder andere de volgende essays en artikelen:

'If we know meat is murder, why is it so hard for us to change and become moral?' *Haaretz*, 21 juni 2012.

'The theatre of terror'. *The Guardian*, 31 januari 2015.

'Judaism is not a major player in the history of humankind'. *Haaretz*, 31 juli 2016.

'Yuval Noah Harari on big data, Google and the end of free will'. FT.com, 26 augustus 2016.

'Isis is as much an offshoot of our global civilisation as Google'. *The Guardian*, 9 september 2016.

'Salvation by algorithm: God, technology and new 21st century religion'. *New Statesman*, 9 september 2016.

'Does Trump's rise mean liberalism's end?' *The New Yorker*, 7 oktober 2016.

'Yuval Noah Harari challenges the future according to Facebook'. *The Financial Times*, 23 maart 2017.

'Humankind: the post-truth species'. Bloomberg.com. 13 april 2017.

'People have limited knowledge. What's the remedy? Nobody knows'. *The New York Times*, 18 april 2017.

'The meaning of life in a world without work'. *The Guardian*, 8 mei 2017.

'In big data vs. Bach, computers might win'. *Bloomberg View*, 13 mei 2017.

'Are we about to witness the most unequal societies in history?' *The Guardian*, 24 mei 2017.

'Universal basic income is neither universal nor basic'. *Bloomberg View*, 4 juni 2017.

'Why it's no longer possible for any country to win a war'. Time.com, 23 juni 2017.

'The age of disorder: why technology is the greatest threat to humankind'. *New Statesman*, 25 juli 2017.

'Reboot for the AI revolution'. *Nature News*, 17 oktober 2017.

NOTEN

Hoofdstuk 1

1 Zie bijvoorbeeld de inauguratierede van George W. Bush in 2005, waarin hij zei: 'De gebeurtenissen in de wereld en ons gezond verstand voeren ons naar één conclusie: het voortbestaan van de vrijheid in ons land hangt steeds meer af van het succes van de vrijheid in andere landen. De beste hoop voor vrede in de wereld is het uitbreiden van vrijheid in de hele wereld.' 'Bush pledges to spread democracy'. CNN, 20 januari 2005. http://edition.cnn.com/2005/ALLPOLITICS/01/20/bush.speech/, geraadpleegd op 7 januari 2018. Zie voor Obama bijvoorbeeld zijn laatste toespraak voor de VN: Katie Reilly, 'Read Barack Obama's final speech to the United Nations as president'. *Time*, 20 september 2016. http://time.com/4501910/president-obama-united-nations-speech-transcript/, geraadpleegd op 3 december 2017.
2 William Neikirk en David S. Cloud, 'Clinton: abuses put China "on wrong side of history"'. *Chicago Tribune*, 30 oktober 1997. http://articles.chicagotribune.com/1997-1030/news/9710300304_1_human-rights-jiang-zemin-chinese-leader, geraadpleegd op 3 december 2017.
3 Eric Bradner, 'Hillary Clinton's email controversy, explained'. CNN, 28 oktober 2016. http://edition.cnn.com/2015/09/03/

politics/hillary-clinton-email-controversy-explained2016/index.html, geraadpleegd op 3 december 2017.
4   Chris Graham en Robert Midgley, 'Mexico border wall: what is Donald Trump planning, how much will it cost and who will pay for it?' *The Telegraph*, 23 augustus 2017. http://www.telegraph.co.uk/news/0/mexico-border-wall-donald-trump-planning-much-will-cost-will/, geraadpleegd op 3 december 2017; Michael Schuman, 'Is China stealing jobs? It may be losing them, instead'. *The New York Times*, 22 juli 2016. https://www.nytimes.com/2016/07/23/business/international/china-jobs-donald-trump.html, geraadpleegd op 3 december 2017.
5   Zie voor verschillende voorbeelden uit de negentiende en begin twintigste eeuw: Evgeny Dobrenko en Eric Naiman (red.), *The Landscape of Stalinism: The Art and Ideology of Soviet Space* (Seattle: University of Washington Press, 2003); W.L. Guttsman, *Art for the Workers: Ideology and the Visual Arts in Weimar Germany* (New York: Manchester University Press, 1997). Zie voor een algemeen overzicht bijvoorbeeld: Nicholas John Cull, *Propaganda and Mass Persuasion: A Historical Encyclopedia, 1500 to the Present* (Santa Barbara: ABC-CLIO, 2003).
6   Zie voor deze interpretatie: Ishaan Tharoor, 'Brexit: a modern-day peasants' revolt?' *The Washington Post*, 25 juni 2016. https://www.washingtonpost.com/news/worldviews/wp/2016/06/25/the-brexit-a-modern-day-peasants-revolt/?utm_term=.9b8e81bd5306; John Curtice, 'US election 2016: The Trump-Brexit voter revolt', BBC, 11 november 2016, http://www.bbc.com/news/election-us-2016-37943072.
7   De beroemdste van hen is en blijft natuurlijk Francis Fukuyama, *Het einde van de geschiedenis en de laatste mens* (Amsterdam: Atlas Contact, 1999).
8   Karen Dawisha, *Putin's Kleptocracy* (New York: Simon & Schuster, 2014); Timothy Snyder, *The Road to Unfreedom: Russia, Europe, America* (New York: Tim Duggan Books, 2018);

Anne Garrels, *Putin Country: A Journey Into the Real Russia* (New York: Farrar, Straus & Giroux, 2016); Steven Lee Myers, *The New Tsar: The Rise and Reign of Vladimir Putin* (New York: Knopf Doubleday, 2016).

9 Credit Suisse, Global Wealth Report 2015. https://publications.credit-suisse.com/tasks/render/file/?fileID=F2425415-DCA7-80B8-EAD989AF9341D47E, geraadpleegd op 12 maart 2018; Filip Novokmet, Thomas Piketty en Gabriel Zucman, 'From Soviets to oligarchs: inequality and property in Russia 1905-2016', juli 2017, World Wealth and Income Database. http://www.piketty.pse.ens.fr/files/NPZ2017WIDworld.pdf, geraadpleegd op 12 maart 2018; Shaun Walker, 'Unequal Russia', *The Guardian*, 25 april 2017. https://www.theguardian.com/inequality/2017/apr/25/unequal-russia-is-anger-stirring-in-the-global-capital-of-inequality, geraadpleegd op 12 maart 2018.

10 Ayelet Shani, 'The Israelis who take rebuilding the third temple very seriously', *Haaretz*, 10 augustus 2017. https://www.haaretz.com/israel-news/.premium-1.805977, geraadpleegd op 7 januari 2018; 'Israeli minister: we should rebuild Jerusalem temple', *Israel Today*, 7 juli 2013. http://www.israeltoday.co.il/Default.aspx?tabid=178&nid=23964, geraadpleegd op 7 januari 2018; Yuri Yanover, 'Dep. Minister Hotovely: the solution is greater Israel without Gaza', *Jewish Press*, 25 augustus 2013, http://www.jewishpress.com/news/breaking-news/dep-minister-hotovely-the-solution-is-greater-israel-without-gaza/2013/08/25/, geraadpleegd op 7 januari 2018; 'Israeli Minister: The bible says West Bank is ours', Al Jazeera, 24 februari 2017. http://www.aljazeera.com/programmes/upfront/2017/02/israeli-minister-bible-west-bank-170224082827910.html, geraadpleegd op 29 januari 2018.

11 Katie Reilly, 'Read Barack Obama's final speech to the United Nations as president'. *Time*, 20 september 2016. http://time.com/4501910/president-obama-united-nations-speech-transcript/, geraadpleegd op 3 december 2017.

Hoofdstuk 2

1 Gregory R. Woirol, *The Technological Unemployment and Structural Unemployment Debates* (Westport: Greenwood Press, 1996), 18-20; Amy Sue Bix, *Inventing Ourselves out of Jobs? America's Debate over Technological Unemployment, 1929-1981* (Baltimore: Johns Hopkins University Press, 2000), 1-8; Joel Mokyr, Chris Vickers en Nicolas L. Ziebarth, 'The history of technological anxiety and the future of economic growth: is this time different?', *Journal of Economic Perspectives* 29:3 (2015), 33-42; Joe Mokyr, *The Gifts of Athena: Historical Origins of the Knowledge Economy* (Princeton: Princeton University Press, 2002), 255-257; David H. Autor, 'Why are there still so many jobs? The history and the future of workplace automation', *Journal of Economic Perspectives* 29:3 (2015), 3-30; Melanie Arntz, Terry Gregory en Ulrich Zierahn, 'The risk of automation for Jobs in OECD Countries', *OECD Social, Employment and Migration Working Papers* 89 (2016); Mariacristina Piva en Marco Vivarelli, 'Technological change and employment: were Ricardo and Marx Right?' IZA Institute of Labor Economics, *Discussion Paper No.10471* (2017).

2 Zie bijvoorbeeld, over AI die betere piloten zijn dan mensen, met name in luchtgevechtsimulaties: Nicholas Ernest et al., 'Genetic fuzzy based artificial intelligence for unmanned combat aerial vehicle control in simulated air combat missions', *Journal of Defense Management* 6:1 (2016), 1-7; over intelligente bijles- en onderwijssystemen: Kurt VanLehn, 'The relative effectiveness of human tutoring, intelligent tutoring systems, and other tutoring systems', *Educational Psychologist* 46:4 (2011), 197-221; over algoritmen in de handel: Giuseppe Nuti et al., 'Algorithmic trading', *Computer* 44:11 (2011), 61-9; over financiële planning, beheer van aandelenportefeuilles, etc.: Arash Baharammirzaee, 'A comparative survey of artificial intelligence applications in finance: artificial neural networks, expert system and hybrid intelligent systems', *Neural Computing and Applications* 19:8 (2010), 1165-95; over analyse

van complexe data in medische systemen, diagnosticering en behandeling: Marjorie Glass Zauderer et al., 'Piloting IBM Watson oncology within memorial Sloan Kettering's regional network', *Journal of Clinical Oncology* 32:15 (2014), e17653; over het schrijven van originele teksten in leesbare taal met behulp van gigantische hoeveelheden data: Jean-Sébastien Vayre et al., 'Communication mediated through natural language generation in big data environments: the case of Nomao', *Journal of Computer and Communication* 5 (2017), 125-48; over gezichtsherkenning: Florian Schroff, Dmitry Kalenichenko and James Philbin, 'FaceNet: a unified embedding for face recognition and clustering', IEEE-conferentie over visuele digitale patroonherkenning (CVPR) (2015), 815-823; en over autorijden: Cristiano Premebida, 'A lidar and vision-based approach for pedestrian and vehicle detection and tracking', 2007 IEEE-conferentie over intelligente transportsystemen (2007).

3   Daniel Kahneman, *Ons feilbare denken* (Amsterdam: Business Contact, 2011); Dan Ariely, *Predictably Irrational* (New York: Harper, 2009); Brian D. Ripley, *Pattern Recognition and Neural Networks* (Cambridge: Cambridge University Press, 2007); Christopher M. Bishop, *Pattern Recognition and Machine Learning* (New York: Springer, 2007).

4   Seyed Azimi et al., 'Vehicular networks for collision avoidance at intersections,' *SAE International Journal of Passenger Cars – Mechanical Systems* 4 (2011), 406-16; Swarun Kumar et al., 'CarSpeak: A Content-Centric Network for Autonomous Driving', *SIGCOM Computer Communication Review* 42 (2012), 259-270; Mihail L. Sichitiu en Maria Kihl, 'Inter-vehicle communication systems: a survey', *IEEE Communications Surveys & Tutorials* (2008), 10; Mario Gerla, Eun-Kyu Lee en Giovanni Pau, 'Internet of vehicles: from intelligent grid to autonomous cars and vehicular clouds', 2014 IEEE-wereldforum over het Internet of Things (WF-IoT) (2014), 241-246.

5   David D. Luxton et al., 'mHealth for mental health: integrating smartphone technology in behavioural healthcare', *Professional Psychology: Research and Practice* 42:6 (2011), 505-512; Abu Saleh Mohammad Mosa, Illhoi Yoo en Lincoln Sheets, 'A systematic review of healthcare application for smartphones', BMC *Medical Informatics and Decision Making* 12:1 (2012), 67; Karl Frederick Braekkan Payne, Heather Wharrad en Kim Watts, 'Smartphone and medical related app use among medical students and junior doctors in the United Kingdom (UK): a regional survey', BMC *Medical Informatics and Decision Making* 12:1 (2012), 121; Sandeep Kumar Vashist, E. Marion Schneider en John H.T. Loung, 'Commercial smartphone-based devices and smart applications for personalised healthcare monitoring and management', *Diagnostics* 4:3 (2014), 104-128; Maged N. Kamel Bouls et al., 'How smartphones are changing the face of mobile and participatory healthcare: an overview, with example from eCAALYX', BioMedical Engineering OnLine 10:24 (2011). https://doi.org/10.1186/1475-925X-10-24, geraadpleegd op 30 juli 2017; Paul J.F. White, Blake W. Podaima en Marcia R. Friesen, 'Algorithms for smartphone and tablet image analysis for healthcare applications', IEEE *Access* 2 (2014), 831-840.

6   Rapport over wereldwijde rijveiligheid in 2015 van de Wereldgezondheidsorganisatie (2016); 'Estimates for 2000-2015, Cause-Specific Mortality'. http://www.who.int/healthinfo/global_burden_disease/estimates/en/index1.html, geraadpleegd op 6 september 2017.

7   Zie voor een overzicht van oorzaken van auto-ongelukken in de VS: Daniel J. Fagnant en Kara Kockelman, 'Preparing a nation for autonomous vehicles: opportunities, barriers and policy recommendations', *Transportation Research Part A: Policy and Practice* 77 (2015), 167-181; zie voor een algemeen wereldwijd overzicht bijvoorbeeld: OECD/ITF, *Road Safety Annual Report 2016* (Parijs: OECD Publishing, 2016). http://dx.doi.org/10.1787/irtad-2016-en.

8 Kristofer D. Kusano en Hampton C. Gabler, 'Safety benefits of forward collision warning, brake assist, and autonomous braking systems in rear-end collisions', IEEE *Transactions on Intelligent Transportation Systems* 13:4 (2012), 1546-1555; James M. Anderson et al., *Autonomous Vehicle Technology: A Guide for Policymakers* (Santa Monica: RAND Corporation, 2014), met name 13-15; Daniel J. Fagnant en Kara Kockelman, 'Preparing a nation for autonomous vehicles: opportunities, barriers and policy recommendations', *Transportation Research Part A: Policy and Practice* 77 (2015), 167-181; Jean-François Bonnefon, Azim Shariff en Iyad Rahwan, 'Autonomous vehicles need experimental ethics: are we ready for utilitarian cars?', *arXiv* (2015), 1-15. Zie voor voorstellen voor netwerken van voertuigen ter voorkoming van botsingen: Seyed R. Azimi et al., 'Vehicular networks for collision avoidance at intersections', SAE *International Journal of Passenger Cars – Mechanical Systems* 4:1 (2011), 406-416; Swarun Kumar et al., 'CarSpeak: A content-centric network for autonomous driving', SIGCOM *Computer Communication Review* 42:4 (2012), 259-70; Mihail L. Sichitiu en Maria Kihl, 'Inter-vehicle communication systems: a survey', IEEE *Communications Surveys & Tutorials* 10:2 (2008); Mario Gerla et al., 'Internet of vehicles: from intelligent grid to autonomous cars and vehicular clouds', IEEE-wereldforum over het Internet of Things van 2014 (WF-IoT) (2014), 241-246.
9 Michael Chui, James Manyika en Mehdi Miremadi, 'Where machines could replace humans – and where they can't (yet)', *McKinsey Quarterly* (2016). http://www.mckinsey.com/business-functions/digital-mckinsey/our-insights/where-machines-could-replace-humans-and-where-they-cant-yet, geraadpleegd op 1 maart 2018.
10 Wu Youyou, Michal Kosinski en David Stillwell, 'Computer-based personality judgments are more accurate than those made by humans', *PANS*, 112 (2014), 1036–1038.
11 Stuart Dredge, 'AI and music: will we be slaves to the

algorithm?' *The Guardian*, 6 augustus 2017. https://www.theguardian.com/technology/2017/aug/06/artificial-intelligence-and-will-we-be-slaves-to-the-algorithm, geraadpleegd op 15 oktober 2017. Zie voor een algemeen overzicht: Jose David Fernández en Francisco Vico, 'AI methods in algorithmic composition: a comprehensive survey', *Journal of Artificial Intelligence Research* 48 (2013), 513-582.

12 Eric Topol, *The Patient Will See You Now: The Future of Medicine is in Your Hands* (New York: Basic Books, 2015); Robert Wachter, *The Digital Doctor: Hope, Hype and Harm at the Dawn of Medicine's Computer Age* (New York: McGraw-Hill Education, 2015); Simon Parkin, 'The artificially intelligent doctor will hear you now', MIT *Technology Review* (2016). https://www.technologyreview.com/s/600868/the-artificially-intelligent-doctor-will-hear-you-now/; James Gallagher, 'Artificial intelligence "as good as cancer doctors"', BBC, 26 januari 2017. http://www.bbc.com/news/health-38717928.

13 Kate Brannen, 'Air Force's lack of drone pilots reaching "crisis" levels', *Foreign Policy*, 15 januari 2015. http://foreignpolicy.com/2015/01/15/air-forces-lack-of-drone-pilots-reaching-crisis-levels/.

14 Tyler Cowen, *Average is Over: Powering America Beyond the Age of the Great Stagnation* (New York: Dutton, 2013); Brad Bush, 'How combined human and computer intelligence will redefine jobs', *TechCrunch* (2016). https://techcrunch.com/2016/11/01/how-combined-human-and-computer-intelligence-will-redefine-jobs/.

15 Ulrich Raulff, *Farewell to the Horse: The Final Century of Our Relationship* (Londen: Allen Lane, 2017); Gregory Clark, *A Farewell to Alms: A Brief Economic History of the World* (Princeton: Princeton University Press, 2008), 286; Margo DeMello, *Animals and Society: An Introduction to Human-Animal Studies* (New York: Columbia University Press, 2012), 197; Clay McShane en Joel Tarr, 'The decline of the urban

horse in American cities', *Journal of Transport History* 24:2 (2003), 177-198.

16 Lawrence F. Katz en Alan B. Krueger, 'The rise and nature of alternative work arrangements in the United States, 1995-2015', National Bureau of Economic Research (2016); Peter H. Cappelli en J.R. Keller, 'A study of the extent and potential causes of alternative employment arrangements', *ILR Review* 66:4 (2013), 874-901; Gretchen M. Spreitzer, Lindsey Cameron en Lyndon Garrett, 'Alternative work: two images of the new world of work', *Annual Review of Organizational Psychology and Organizational Behavior* 4 (2017), 473-499; Sarah A. Donovan, David H. Bradley en Jon O. Shimabukuru, 'What does the gig economy mean for workers?' Washington DC: Congressional Research Service (2016). https://fas.org/sgp/crs/misc/R44365.pdf, geraadpleegd op 11 februari 2018; 'More workers are in alternative employment arrangements', Pew Research Center, 28 september 2016. http://www.pewsocialtrends.org/2016/10/06/the-state-of-american-jobs/st_2016-10-06_jobs-26/, geraadpleegd op 11 februari 2018.

17 David Ferrucci et al., 'Watson: Beyond Jeopardy!' *Artificial Intelligence* 199-200 (2013), 93-105.

18 Google's AlphaZero destroys Stockfish in 100-game match', Chess.com, 6 december 2017 https://www.chess.com/news/view/google-s-alphazero-destroys-stockfish-in-100-game-match, geraadpleegd op 11 februari 2018; David Silver et al., 'Mastering chess and shogi by self-play with a general reinforcement learning algorithm', *arXiv* (2017). https://arxiv.org/pdf/1712.01815.pdf, geraadpleegd op 2 februari 2018; zie ook: Sarah Knapton, 'Entire human chess knowledge learned and surpassed by DeepMind's AlphaZero in four hours', *The Telegraph*, 6 december 2017. http://www.telegraph.co.uk/science/2017/12/06/entire-human-chess-knowledge-learned-surpassed-deepminds-alphazero/, geraadpleegd op 11 februari 2018.

19 Cowen, *Average is Over*, op. cit.; Tyler Cowen, 'What are

humans still good for? The turning point in freestyle chess may be approaching' (2013). http://marginalrevolution.com/marginalrevolution/2013/11/what-are-humans-still-good-for-the-turning-point-in-freestyle-chess-may-be-approaching.html.
20 Maddalaine Ansell, 'Jobs for life are a thing of the past. Bring on lifelong learning', *The Guardian*, 31 mei 2016. https://www.theguardian.com/higher-education-network/2016/may/31/jobs-for-life-are-a-thing-of-the-past-bring-on-lifelong-learning.
21 Alex Williams, 'Prozac nation is now the United States of Xanax', *The New York Times*, 10 juni 2017. https://www.nytimes.com/2017/06/10/style/anxiety-is-the-new-depression-xanax.html.
22 Simon Rippon, 'Imposing options on people in poverty: the harm of a live donor organ market', *Journal of Medical Ethics* 40 (2014), 145-150; I. Glenn Cohen, 'Regulating the organ market: normative foundations for market regulation', *Law and Contemporary Problems* 77 (2014); Alexandra K. Glazier, 'The principles of gift law and the regulation of organ donation', *Transplant International* 24 (2011), 368-372; Megan McAndrews en Walter E. Block, 'Legalizing saving lives: a proposition for the organ market', *Insights to A Changing World Journal* 2015, 1-17.
23 James J. Hughes, 'A strategic opening for a basic income guarantee in the global crisis being created by AI, robots, desktop manufacturing and biomedicine', *Journal of Evolution & Technology* 24 (2014), 45-61; Alan Cottey, 'Technologies, Culture, Work, Basic Income and Maximum Income', *AI & Society* 29 (2014), 249-257.
24 Jon Henley, 'Finland trials basic income for unemployed,' *The Guardian*, 3 januari 2017. https://www.theguardian.com/world/2017/jan/03/finland-trials-basic-income-for-unemployed, geraadpleegd op 1 maart 2018.
25 'Swiss voters reject proposal to give basic income to every adult and child', *The Guardian*, 5 juni 2017. https://www.theguardian.com/world/2016/jun/05/swiss-vote-give-basic-

income-every-adult-child-marxist-dream.
26 Isabel Hunter, 'Crammed into squalid factories to produce clothes for the West on just 20p a day, the children forced to work in horrific unregulated workshops of Bangladesh', *Daily Mail*, 1 december 2015. http://www.dailymail.co.uk/news/article-3339578/Crammed-squalid-factories-produce-clothes-West-just-20p-day-children-forced-work-horrific-unregulated-workshops-Bangladesh.html, geraadpleegd op 15 oktober 2017; Chris Walker en Morgan Hartley, 'The culture shock of India's call centers', *Forbes*, 16 december 2012. https://www.forbes.com/sites/morganhartley/2012/12/16/the-culture-shock-of-indias-call-centres/#17bb61d372f5, geraadpleegd op 15 oktober 2017.
27 Klaus Schwab en Nicholas Davis, *Shaping the Fourth Industrial Revolution* (World Economic Forum, 2018), 54. Zie over ontwikkelingsstrategieën op de lange termijn: Ha-Joon Chang, *Kicking Away the Ladder: Development Strategy in Historical Perspective* (Londen: Anthem Press, 2003).
28 Lauren Gambini, 'Trump pans immigration proposal as bringing people from "shithole countries"', *The Guardian*, 12 januari 2018. https://www.theguardian.com/us-news/2018/jan/11/trump-pans-immigration-proposal-as-bringing-people-from-shithole-countries, geraadpleegd op 11 februari 2018.
29 Zie voor het idee dat een absolute verbetering van levensomstandigheden mogelijk stijgende ongelijkheid met zich mee kan brengen met name: Thomas Piketty, *Kapitaal in de 21ste eeuw* (Amsterdam: De Bezige Bij, 2014).
30 '2017 Statistical report on ultra-orthodox society in Israel', *Israel Democracy Institute and Jerusalem Institute for Israel Studies* (2017). https://en.idi.org.il/articles/20439, geraadpleegd op 1 januari 2018; Melanie Lidman, 'As ultra-orthodox women bring home the bacon, don't say the F-word', *Times of Israel*, 1 januari 2016. https://www.timesofisrael.com/as-ultra-orthodox-women-bring-home-the-bacon-dont-say-the-f-word/, geraadpleegd op 15 oktober 2017.

31 Melanie Lidman, 'As ultra-orthodox women bring home the bacon, don't say the F-word', *Times of Israel*, 1 januari 2016. https://www.timesofisrael.com/as-ultra-orthodox-women-bring-home-the-bacon-dont-say-the-f-word/, geraadpleegd op 15 oktober 2017; 'Statistical report on ultra orthodox society in Israel', *Israel Democracy Institute and Jerusalem Institute for Israel Studies* 18 (2016). https://en.idi.org.il/media/4240/shnaton-e_8-9-16_web.pdf, geraadpleegd op 15 oktober 2017. Wat de geluksfactor betreft, stond Israël onlangs als elfde op een ranglijst van 38 landen, opgesteld door de OECD: 'Life Satisfaction', OECD Better Life Index. http://www.oecdbetterlifeindex.org/topics/life-satisfaction/, geraadpleegd op 15 oktober 2017.

32 '2017 Statistical report on ultra-orthodox society in Israel', Israel Democracy Institute and Jerusalem Institute for Israel Studies (2017). https://en.idi.org.il/articles/20439, geraadpleegd op 1 januari 2018.

Hoofdstuk 3

1 Margaret Thatcher, 'Interview for woman's own ("no such thing as society")', Margaret Thatcher Foundation, 23 september 1987. https://www.margaretthatcher.org/document/106689, geraadpleegd op 7 januari 2018.

2 Keith Stanovich, *Who Is Rational? Studies of Individual Differences in Reasoning* (New York: Psychology Press, 1999).

3 Richard Dawkins, 'Richard Dawkins: We need a new party – the European party', *New Statesman*, 29 maar 2017. https://www.newstatesman.com/politics/uk/2017/03/richard-dawkins-we-need-new-party-european-party, geraadpleegd op 1 maart 2018.

4 Steven Swinford, 'Boris Johnson's allies accuse Michael Gove of "systematic and calculated plot" to destroy his leadership hopes', *The Telegraph*, 30 juni 2016. https://www.telegraph.co.uk/news/2016/06/30/boris-johnsons-allies-accuse-michael-gove-of-systematic-and-calc/, geraadpleegd op 3 september

2017; Rowena Mason en Heather Stewart, 'Gove's thunderbolt and Boris's breaking point: a shocking Tory morning', *The Guardian*, 30 juni 2016. https://www.theguardian.com/politics/2016/jun/30/goves-thunderbolt-boris-johnson-tory-morning, geraadpleegd op 3 september 2017.

5 James Tapsfield, 'Gove presents himself as the integrity candidate for Downing Street job but sticks the knife into Boris AGAIN', *Daily Mail*, 1 juli 2016. http://www.dailymail.co.uk/news/article-3669702/I-m-not-great-heart-s-right-place-Gove-makes-bizarre-pitch-Downing-Street-admitting-no-charisma-doesn-t-really-want-job.html, geraadpleegd op 3 september 2017.

6 In 2017 programmeerde een team van de Stanford University een algoritme dat schijnbaar kan detecteren of je homo of hetero bent met een nauwkeurigheid van 91 procent, puur op basis van een analyse van een paar foto's van je gezicht (https://osf.io/zn79k/). Het algoritme is echter wel ontwikkeld op basis van foto's die mensen zelf op datingsites hadden gezet, zodat het eigenlijk misschien alleen verschillen in culturele idealen detecteert. Het is niet zo dat de gelaatstrekken van homoseksuele mensen per se afwijken van die van hetero's. Het is eerder zo dat homo's die foto's op een datingsite voor homo's zetten daarbij rekening houden met andere culturele idealen dan hetero's die foto's op datingsites voor hetero's zetten.

7 David Chan, 'So why ask me? Are self-report data really that bad?' in Charles E. Lance en Robert J. Vandenberg (eds.), *Statistical and Methodological Myths and Urban Legends* (New York: Londen: Routledge, 2009), 309-336; Delroy L. Paulhus en Simine Vazire, 'The self-report method' in Richard W. Robins, R. Chris Farley en Robert F. Krueger (eds.), *Handbook of Research Methods in Personality Psychology* (Londen: New York: The Guilford Press, 2007), 228-233.

8 Elizabeth Dwoskin en Evelyn M. Rusli, 'The technology that unmasks your hidden emotions', *Wall Street Journal*,

28 januari 2015. https://www.wsj.com/articles/startups-see-your-face-unmask-your-emotions-1422472398, geraadpleegd op 6 september 2017.
9 Norberto Andrade, 'Computers are getting better than humans at facial recognition', *Atlantic*, 9 juni 2014. https://www.theatlantic.com/technology/archive/2014/06/bad-news-computers-are-getting-better-than-we-are-at-facial-recognition/372377/, geraadpleegd op 10 december 2017; Elizabeth Dwoskin en Evelyn M. Rusli, 'The technology that unmasks your hidden emotions', *Wall Street Journal*, 28 juni 2015. https://www.wsj.com/articles/startups-see-your-face-unmask-your-emotions-1422472398, geraadpleegd op 10 december 2017; Sophie K. Scott, Nadine Lavan, Sinead Chen en Carolyn McGettigan, 'The social life of laughter', *Trends in Cognitive Sciences* 18:12 (2014), 618-620.
10 Daniel First, 'Will big data algorithms dismantle the foundations of liberalism?', *AI & Soc*, 10.1007/s00146-017-0733-4.
11 Carole Cadwalladr, 'Google, democracy and the truth about internet search', *The Guardian*, 4 december 2016. https://www.theguardian.com/technology/2016/dec/04/google-democracy-truth-internet-search-facebook, geraadpleegd op 6 september 2017.
12 Jeff Freak en Shannon Holloway, 'How not to get to straddie', *Redland City Bulletin*, 15 maart 2012. http://www.redlandcitybulletin.com.au/story/104929/how-not-to-get-to-straddie/, geraadpleegd op 1 maart 2018.
13 Michelle McQuigge, 'Woman follows GPS; ends up in Ontario Lake', *Toronto Sun*, 13 mei 2016. http://torontosun.com/2016/05/13/woman-follows-gps-ends-up-in-ontario-lake/wcm/fddda6d6-6b6e-41c7-88e8-aecc501faaa5, geraadpleegd op 1 maart 2018; 'Woman follows GPS into lake', news.com.au, 16 mei 2016, http://www.news.com.au/technology/gadgets/woman-follows-gps-into-lake/news-story/a7d362dfc4634fd094651afc63f853a1, geraadpleegd op 1 maart 2018.

14 Henry Grabar, 'Navigation apps are killing our sense of direction. What if they could help us remember places instead?' *Slate*. http://www.slate.com/blogs/moneybox/2017/07/10/google_and_waze_are_killing_our_sense_of_direction_what_if_they_could_help.html, geraadpleegd op 6 september 2017.
15 Joel Delman, 'Are Amazon, Netflix, Google making too many decisions for us?', *Forbes*, 24 november 2010. https://www.forbes.com/2010/11/24/amazon-netflix-google-technology-cio-network-decisions.html, geraadpleegd op 6 september 2017; Cecilia Mazanec, 'Will algorithms erode our decision-making skills?', NPR, 8 februari 2017. http://www.npr.org/sections/alltechconsidered/2017/02/08/514120713/will-algorithms-erode-our-decision-making-skills, geraadpleegd op 6 september 2017.
16 Jean-Francois Bonnefon, Azim Shariff en Iyad Rawhan, 'The social dilemma of autonomous vehicles', *Science* 352:6293 (2016), 1573-1576.
17 Christopher W. Bauman et al., 'Revisiting external validity: concerns about trolley problems and other sacrificial dilemmas in moral psychology', *Social and Personality Psychology Compass* 8:9 (2014), 536-554.
18 John M. Darley en Daniel C. Batson, '"From Jerusalem to Jericho": a study of situational and dispositional variables in helping behavior', *Journal of Personality and Social Psychology* 27:1 (1973), 100-108.
19 Kristofer D. Kusano en Hampton C. Gabler, 'Safety benefits of forward collision warning, brake assist, and autonomous braking systems in rear-end collisions', IEEE *Transactions on Intelligent Transportation Systems* 13:4 (2012), 1546-1555; James M. Anderson et al., *Autonomous Vehicle Technology: A Guide for Policymakers* (Santa Monica: RAND Corporation, 2014), met name 13-15; Daniel J. Fagnant en Kara Kockelman, 'Preparing a nation for autonomous vehicles: opportunities, barriers and recommendations', *Transportation Research Part A: Policy and Practice* 77 (2015), 167-181.

20 Tim Adams, 'Job hunting is a matter of big data, not how you perform at an interview', *The Guardian*, 10 mei 2014. https://www.theguardian.com/technology/2014/may/10/job-hunting-big-data-interview-algorithms-employees, geraadpleegd op 6 september 2017.

21 Zie voor een uiterst verhelderende uiteenzetting over dit fenomeen: Cathy O'Neil, *Weapons of Math Destruction: How Big Data Increases Inequality and Threatens Democracy* (New York: Crown, 2016). Dit is echt een must voor iedereen die geïnteresseerd is in de potentiële effecten van algoritmen op samenleving en politiek.

22 Bonnefon, Shariff en Rawhan, 'Social dilemma of autonomous vehicles'.

23 Vincent C. Müller en Thomas W. Simpson, 'Autonomous killer robots are probably good news', *University of Oxford, Blavatnik School of Government Policy Memo*, november 2014; Ronald Arkin, 'Governing lethal behaviour: embedding ethics in a hybrid/reactive robot architecture', *Georgia Institute of Technology, Mobile Robot Lab*, 2007, 1-13.

24 Bernd Greiner, *Krieg ohne Fronten. Die USA in Vietnam.* (Hamburger Edition, 2007.) Zie voor minstens één verwijzing naar emoties bij soldaten: Herbert Kelman en V. Lee Hamilton, 'The My Lai Massacre: a military crime of obedience' in Jodi O'Brien en David M. Newman (red.), *Sociology: Exploring the Architecture of Everyday Life* (Los Angeles: Pine Forge Press, 2010), 13-25.

25 Robert J. Donia, *Radovan Karadzic: Architect of the Bosnian Genocide* (Cambridge: Cambridge University Press, 2015). Zie ook: Isabella Delpla, Xavier Bougarel en Jean-Louis Fournel, *Investigating Srebrenica: Institutions, Facts, and Responsibilities* (New York, Oxford: Berghahn Books, 2012).

26 Noel E. Sharkey, 'The evitability of autonomous robot warfare', *International Rev. Red Cross* 94 (886) 2012, 787-799.

27 Ben Schiller, 'Algorithms control our lives: are they benevolent rulers or evil dictators?', *Fast Company*, 21 februari 2017. https://

www.fastcompany.com/3068167/algorithms-control-our-lives-are-they-benevolent-rulers-or-evil-dictators, geraadpleegd op 17 september 2017.

28 Elia Zureik, David Lyon en Yasmeen Abu-Laban (eds.), *Surveillance and Control in Israel/Palestine: Population, Territory and Power* (Londen: Routledge, 2011); Elia Zureik, *Israel's Colonial Project in Palestine* (Londen: Routledge, 2015); Torin Monahan (ed.), *Surveillance and Security: Technological Politics and Power in Everyday Life* (Londen: Routledge, 2006); Nadera Shalhoub-Kevorkian, 'E-Resistance and technological in/security in everyday life: the Palestinian case', *British Journal of Criminology*, 52:1 (2012), 55-72; Or Hirschauge en Hagar Sheizaf, 'Targeted prevention: exposing the new system for dealing with individual terrorism', *Haaretz*, 26 mei 2017. https://www.haaretz.co.il/magazine/.premium-1.4124379, geraadpleegd op 17 september 2017; Amos Harel, 'The IDF accelerates the crisscrossing of the West Bank with cameras and plans to surveille all junctions', *Haaretz*, 18 juni 2017. https://www.haaretz.co.il/news/politics/.premium-1.4179886, geraadpleegd 17 september 2017; Neta Alexander, 'This is how Israel controls the digital and cellular space in the territories', *Haaretz*, 31 maart 2016. https://www.haaretz.co.il/magazine/.premium-MAGAZINE-1.2899665, geraadpleegd op 12 januari 2018; Amos Harel, 'Israel arrested hundreds of Palestinians as suspected terrorists due to publications on the internet', *Haaretz*, 16 april 2017. https://www.haaretz.co.il/news/politics/.premium-1.4024578, geraadpleegd op 15 januari 2018; Alex Fishman, 'The Argaman Era', Yediot Aharonot, *Weekend Supplement*, 28 april 2017, 6.
29 Yotam Berger, 'Police arrested a Palestinian based on an erroneous translation of "good morning" in his Facebook page', *Haaretz*, 22 oktober 2017. https://www.haaretz.co.il/.premium-1.4528980, geraadpleegd op 12 januari 2018.
30 William Beik, *Louis XIV and Absolutism: A Brief Study with Documents* (Boston, MA: Bedford/St Martin's, 2000).

31 O'Neil, *Weapons of Math Destruction*, op. cit.; Penny Crosman, 'Can AI be programmed to make fair lending decisions?', *American Banker*, 27 september 2016. https://www.americanbanker.com/news/can-ai-be-programmed-to-make-fair-lending-decisions, geraadpleegd op 17 september 2017.
32 Matt Reynolds, 'Bias test to prevent algorithms discriminating unfairly', *New Scientist*, 29 mei 2017. https://www.newscientist.com/article/mg23431195-300-bias-test-to-prevent-algorithms-discriminating-unfairly/, geraadpleegd op 17 september 2017; Claire Cain Miller, 'When algorithms discriminate', *The New York Times*, 9 juli 2015. https://www.nytimes.com/2015/07/10/upshot/when-algorithms-discriminate.html, geraadpleegd op 17 september 2017; Hannah Devlin, 'Discrimination by algorithm: scientists devise test to detect AI bias', *The Guardian*, 19 december 2016. https://www.theguardian.com/technology/2016/dec/19/discrimination-by-algorithm-scientists-devise-test-to-detect-ai-bias, geraadpleegd op 17 september 2017.
33 Snyder, *The Road to Unfreedom*, op. cit.
34 Anna Lisa Peterson, *Being Animal: Beasts and Boundaries in Nature Ethics* (New York: Columbia University Press, 2013), 100.

Hoofdstuk 4

1 'Richest 1 percent bagged 82 percent of wealth created last year – poorest half of humanity got nothing', Oxfam, 22 januari 2018. https://www.oxfam.org/en/pressroom/pressreleases/2018-01-22/richest-1-percent-bagged-82-percent-wealth-created-last-year, geraadpleegd op 28 februari 2018; Josh Lowe, 'The 1 percent now have half the world's wealth', *Newsweek*, 14 november 2017. http://www.newsweek.com/1-wealth-money-half-world-global-710714, geraadpleegd op 28 februari 2018; Adam Withnall, 'All the world's most unequal countries revealed in one chart', *Independent*, 23 november 2016, http://www.independent.co.uk/news/world/politics/

credit-suisse-global-wealth-world-most-unequal-countries-revealed-a7434431.html, geraadpleegd op 11 maart 2018.
2   Tim Wu, *The Attention Merchants* (New York: Alfred A. Knopf, 2016).
3   Cara McGoogan, 'How to see all the terrifying things Google knows about you', *Telegraph*, 18 augustus 2017. http://www.telegraph.co.uk/technology/0/see-terrifying-things-google-knows/, geraadpleegd op 19 oktober 2017; Caitlin Dewey, 'Everything Google knows about you (and how it knows it)', *The Washington Post*, 19 november 2014. https://www.washingtonpost.com/news/the-intersect/wp/2014/11/19/everything-google-knows-about-you-and-how-it-knows-it/?utm_term=.b81c3ce3ddd6, geraadpleegd op 19 oktober 2017.
4   Dan Bates, 'YouTube is losing money even though it has more than 1 billion viewers', *Daily Mail*, 26 februari 2015. http://www.dailymail.co.uk/news/article-2970777/YouTube-roughly-breaking-nine-years-purchased-Google-billion-viewers.html, geraadpleegd op 19 oktober 2017; Olivia Solon, 'Google's bad week: YouTube loses millions as advertising row reaches US', *The Guardian*, 25 maart 2017. https://www.theguardian.com/technology/2017/mar/25/google-youtube-advertising-extremist-content-att-verizon, geraadpleegd op 19 oktober 2017; Seth Fiegerman, 'Twitter is now losing users in the US', CNN, 27 juli 2017. http://money.cnn.com/2017/07/27/technology/business/twitter-earnings/index.html, geraadpleegd op 19 oktober 2017.

Hoofdstuk 5

1   Mark Zuckerberg, 'Building Global Community', 16 February 2017. https://www.facebook.com/notes/mark-zuckerberg/building-global-community/10154544292806634/, geraadpleegd op 20 augustus 2017.
2   John Shinal, 'Mark Zuckerberg: Facebook can play a role that churches and Little League once filled', CNBC,

26 juni 2017. https://www.cnbc.com/2017/06/26/mark-zuckerberg-compares-facebook-to-church-little-league.html, geraadpleegd op 20 augustus 2017.
3 http://www.cnbc.com/2017/06/26/mark-zuckerberg-compares-facebook-to-church-little-league.html; http://www.cnbc.com/2017/06/22/facebook-has-a-new-mission-following-fake-news-crisis-zuckerberg-says.html.
4 Robin Dunbar, *Grooming, Gossip, and the Evolution of Language* (Cambridge, MA: Harvard University Press, 1998).
5 Zie bijvoorbeeld: Pankaj Mishra, *Age of Anger: A History of the Present* (Londen: Penguin, 2017).
6 Zie voor een algemeen overzicht en kritiekpunten: Derek Y. Darves en Michael C. Dreiling, *Agents of Neoliberal Globalization: Corporate Networks, State Structures and Trade Policy* (Cambridge: Cambridge University Press, 2016).
7 Lisa Eadicicco, 'Americans check their phones 8 billion times a day', *Time*, 15 december 2015. http://time.com/4147614/smartphone-usage-us-2015/, geraadpleegd op 20 augustus 2017. Julie Beck, 'Ignoring people for phones is the new normal', *The Atlantic*, 14 juni 2016. https://www.theatlantic.com/technology/archive/2016/06/ignoring-people-for-phones-is-the-new-normal-phubbing-study/486845/, geraadpleegd op 20 augustus 2017.
8 Zuckerberg, 'Building Global Community', op. cit.
9 Time Well Spent. http://www.timewellspent.io/, geraadpleegd op 3 september 2017.
10 Zuckerberg, 'Building Global Community', op. cit.
11 https://www.theguardian.com/technology/2017/oct/04/facebook-uk-corporation-tax-profit; https://www.theguardian.com/business/2017/sep/21/tech-firms-tax-eu-turnover-google-amazon-apple; https://www.wired.co.uk/article/facebook-apple-tax-loopholes-deals.

Hoofdstuk 6

1. Samuel P. Huntington, *Botsende beschavingen – cultuur en conflict in de 21ste eeuw* (Amsterdam: Ambo/Anthos, 2006); David Lauter en Brian Bennett, 'Trump frames anti-terrorism fight as a clash of civilizations, defending western culture against enemies', *Los Angeles Times*, 6 juli 2017. http://www.latimes.com/politics/la-na-pol-trump-clash-20170706-story.html, geraadpleegd op 29 januari 2018; Naomi O'Leary, 'The man who invented Trumpism: Geert Wilders' radical path to the pinnacle of Dutch politics', *Politico*, 23 februari 2017. https://www.politico.eu/article/the-man-who-invented-trumpism-geert-wilders-netherlands-pvv-vvd-populist/, geraadpleegd op 31 januari 2018.
2. Pankaj Mishra, *From the Ruins of Empire: The Revolt Against the West and the Remaking of Asia* (Londen: Penguin, 2013); Mishra, *Age of Anger*, op. cit.; Christopher de Bellaigue, *The Muslim Enlightenment: The Modern Struggle Between Faith and Reason* (Londen: The Bodley Head, 2017).
3. Verdrag tot vaststelling van een grondwet voor Europa, Europese Unie. https://europa.eu/european-union/sites/europaeu/files/docs/body/treaty_establishing_a_constitution_for_europe_nl.pdf, geraadpleegd op 18 oktober 2017.
4. Phoebe Greenwood, 'Jerusalem mayor battles ultra-orthodox groups over women-free billboards', *The Guardian*, 15 november 2011. https://www.theguardian.com/world/2011/nov/15/jerusalem-mayor-battle-orthodox-billboards, geraadpleegd op 7 januari 2018.
5. https://nypost.com/2015/10/01/orthodox-publications-wont-show-hillary-clintons-photo/.
6. Simon Schama, *De geschiedenis van de Joden. Deel 1: De woorden vinden – 1000 v.Chr. – 1492* (Amsterdam: Atlas Contact, 2017); Hannah Wortzman, 'Jewish women in ancient synagogues: archaeological reality vs. rabbinical legislation', *Women in Judaism* 5:2 (2008). http://wjudaism.library.utoronto.ca/index.php/wjudaism/article/view/3537, geraadpleegd op 29 januari

2018; Ross S. Kraemer, 'Jewish women in the Diaspora world of late Antiquity' in Judith R. Baskin (ed.), *Jewish Women in Historical Perspective* (Detroit: Wayne State University Press, 1991), met name blz. 49; Hachlili Rachel, *Ancient Synagogues – Archaeology and Art: New Discoveries and Current Research* (Leiden: Brill, 2014), 578-581; Zeev Weiss, 'The Sepphoris Synagogue mosaic: Abraham, the temple and the Sun God – they're all in there', *Biblical Archeology Society* 26:5 (2000), 48-61; David Milson, *Art and Architecture of the Synagogue in Late Antique Palestine* (Leiden: Brill, 2007), 48.

7 Ivan Watson en Pamela Boykoff, 'World's largest muslim group denounces islamist extremism', CNN, 10 mei 2016. http://edition.cnn.com/2016/05/10/asia/indonesia-extremism/index.html, geraadpleegd op 8 januari 2018; Lauren Markoe, 'Muslim scholars release open letter to Islamic State meticulously blasting its ideology', *The Huffington Post*, 25 september 2014. https://www.huffingtonpost.com/2014/09/24/muslim-scholars-islamic-state_n_5878038.html, geraadpleegd op 8 januari 2018; zie voor de tekst van de open brief: 'Open letter to Al-Baghdadi'. http://www.lettertobaghdadi.com/, geraadpleegd op 8 januari 2018.

8 Chris Perez, 'Obama defends the "true peaceful nature of islam"', *New York Post*, 18 februari 2015. http://nypost.com/2015/02/18/obama-defends-the-true-peaceful-nature-of-islam/, geraadpleegd op 17 oktober 2017; Dave Boyer, 'Obama says terrorists not motivated by true islam', *The Washington Times*, 1 februari 2015. http://www.washingtontimes.com/news/2015/feb/1/obama-says-terrorists-not-motivated-true-islam/, geraadpleegd op 18 oktober 2017.

9 De Bellaigue, *The Islamic Enlightenment*, op. cit.

10 Christopher McIntosh, *The Swan King: Ludwig II of Bavaria* (Londen: I.B. Tauris, 2012), 100.

11 Robert Mitchell Stern, *Globalization and International Trade Policies* (Hackensack: World Scientific, 2009), 23.

12 John K. Thornton, *A Cultural History of the Atlantic World*,

1250-1820 (Cambridge: Cambridge University Press, 2012), 110.
13 Susannah Cullinane, Hamdi Alkhshali en Mohammed Tawfeeq, 'Tracking a trail of historical obliteration: ISIS trumpets destruction of Nimrud', CNN, 14 april 2015. http://edition.cnn.com/2015/03/09/world/iraq-isis-heritage/index.html, geraadpleegd op 18 oktober 2017.
14 Kenneth Pomeranz, *The Great Divergence: China, Europe and the Making of the Modern World Economy* (Princeton, Oxford: Princeton University Press, 2001), 36-38.
15 'ISIS leader calls for muslims to help build Islamic State in Iraq', CBC NEWS, 1 juli 2014. http://www.cbc.ca/news/world/isis-leader-calls-for-muslims-to-help-build-islamic-state-in-iraq-1.2693353, geraadpleegd op 18 oktober 2017; Mark Townsend, 'What happened to the British medics who went to work for ISIS?', *The Guardian*, 12 juli 2015. https://www.theguardian.com/world/2015/jul/12/british-medics-isis-turkey-islamic-state, geraadpleegd op 18 oktober 2017.

Hoofdstuk 7

1 Francis Fukuyama, *Political Order and Political Decay: From the Industrial Revolution to the Globalization of Democracy* (New York: Farrar, Straus & Giroux, 2014).
2 Ashley Killough, 'Lyndon Johnson's "Daisy" ad, which changed the world of politics, turns 50', CNN, 8 september 2014. http://edition.cnn.com/2014/09/07/politics/daisy-ad-turns-50/index.html, geraadpleegd op 19 oktober 2017.
3 'Cause-specific mortality: estimates for 2000-2015', Wereldgezondheidsorganisatie. http://www.who.int/healthinfo/global_burden_disease/estimates/en/index1.html, geraadpleegd op 19 oktober 2017.
4 David E. Sanger en William J. Broad, 'To counter Russia, US signals nuclear arms are back in a big way', *The New York Times*, 4 februari 2018. https://www.nytimes.com/2018/02/04/us/politics/trump-nuclear-russia.html, geraadpleegd op 6 februari 2018; Amerikaanse ministerie van Defensie,

'Nuclear posture review 2018'. https://www.defense.gov/news/special-reports/0218_npr/, geraadpleegd op 6 februari 2018; Jennifer Hansler, 'Trump says he wants nuclear arsenal in "tip-top shape", denies desire to increase stockpile', CNN, 12 oktober 2017. http://edition.cnn.com/2017/10/11/politics/nuclear-arsenal-trump/index.html, geraadpleegd op 19 oktober 2017; Jim Garamone, 'DoD Official: national defense strategy will enhance deterrence', Amerikaans ministerie van Defensie, 'Defense media activity', 19 januari 2018. https://www.defense.gov/news/article/article/1419045/dod-official-national-defense-strategy-will-rebuild-dominance-enhance-deterrence/, geraadpleegd op 28 januari 2018.

5 Michael Mandelbaum, *Mission Failure: America and the World in the Post-Cold War Era* (New York: Oxford University Press, 2016).

6 Elizabeth Kolbert, *Field Notes from a Catastrophe* (Londen: Bloomsbury, 2006); Elizabeth Kolbert, *The Sixth Extinction: an Unnatural History* (Londen: Bloomsbury, 2014); Will Steffen et al., 'Planetary boundaries: guiding human development on a changing planet', *Science* 347:6223, 13 februari 2015, DOI: 10.1126/science.1259855.

7 John Cook et al., 'Quantifying the consensus on anthropogenic global warming in the scientific literature', *Environmental Research Letters* 8:2 (2013); John Cook et al., 'Consensus on consensus: a synthesis of consensus estimates on human-caused global warming', *Environmental Research Letters* 11:4 (2016); Andrew Griffin, '15,000 Scientists give catastrophic warning about the fate of the world in new "Letter to Humanity"', *The Independent*, 13 november 2017. http://www.independent.co.uk/environment/letter-to-humanity-warning-climate-change-global-warming-scientists-union-concerned-a8052481.html, geraadpleegd op 8 januari 2018; Justin Worland, 'Climate change is already wreaking havoc on our weather, scientists find', *Time*, 15 december 2017. http://time.com/5064577/climate-change-arctic/, geraadpleegd op 8 januari 2018.

8 Richard J. Millar et al., 'Emission budgets and pathways consistent with limiting warming to 1.5 C', *Nature Geoscience* 10 (2017), 741-747; Joeri Rogelj et al., 'Differences between carbon-budget estimates unraveled', *Nature Climate Change* 6 (2016), 245-252; Akshkat Rathi, 'Did we just buy decades more time to hit climate goals', *Quartz*, 21 september 2017. https://qz.com/1080883/the-breathtaking-new-climate-change-study-hasnt-changed-the-urgency-with-which-we-must-reduce-emissions/, geraadpleegd op 11 februari 2018; Roz Pidcock, 'Carbon briefing: making sense of the IPCC's new carbon budget', *Carbon Brief*, 23 oktober 2013. https://www.carbonbrief.org/carbon-briefing-making-sense-of-the-ipccs-new-carbon-budget, geraadpleegd op 11 februari 2018.

9 Jianping Huang et al., 'Accelerated dryland expansion under climate change', *Nature Climate Change* 6 (2016), 166-171; Thomas R. Knutson, 'Tropical cyclones and climate change', *Nature Geoscience* 3 (2010), 157-163; Edward Hanna et al., 'Ice-sheet mass balance and climate change', *Nature* 498 (2013), 51-59; Tim Wheeler en Joachim von Braun, 'Climate change impacts on global food security', *Science* 341:6145 (2013), 508-513; A.J. Challinor et al., 'A meta-analysis of crop yield under climate change and adaptation', *Nature Climate Change* 4 (2014), 287-291; Elisabeth Lingren et al., 'Monitoring EU emerging infectious disease risk due to climate change', *Science* 336:6080 (2012), 418-419; Frank Biermann en Ingrid Boas, 'Preparing for a warmer world: towards a global governance system to protect climate change', *Global Environmental Politics* 10:1 (2010), 60-88; Jeff Goodell, *The Water Will Come: Rising Seas, Sinking Cities and the Remaking of the Civilized World* (New York: Little, Brown and Company, 2017); Mark Lynas, *Six Degrees: Our Future on a Hotter Planet* (Washington: National Geographic, 2008); Naomi Klein, *No time: verander nu, voor het klimaat alles verandert* (Amsterdam: De Geus, 2014); Kolbert, *The Sixth Extinction*, op. cit.

10 Johan Rockström et al., 'A roadmap for rapid decarbonization',

Science 355:6331, 23 maart 2017, DOI: 10.1126/science.aah3443.
11 Institution of Mechanical Engineers, *Global Food: Waste Not, Want Not* (Londen: Institution of Mechanical Engineers, 2013), 12.
12 Paul Shapiro, *Clean Meat: How Growing Meat Without Animals Will Revolutionize Dinner and the World* (New York: Gallery Books, 2018).
13 'Russia's Putin says climate change in Arctic good for economy', CBS News, 30 maart 2017. http://www.cbc.ca/news/technology/russia-putin-climate-change-beneficial-economy-1.4048430, geraadpleegd op 1 maart 2018; Neela Banerjee, 'Russia and the US could be partners in climate change inaction', *Inside Climate News*, 7 februari 2017. https://insideclimatenews.org/news/06022017/russia-vladimir-putin-donald-trump-climate-change-paris-climate-agreement, geraadpleegd op 1 maart 2018; Noah Smith, 'Russia wins in a retreat on climate change', *Bloomberg View*, 15 december 2016. https://www.bloomberg.com/view/articles/2016-12-15/russia-wins-in-a-retreat-on-climate-change, geraadpleegd op 1 maart 2018; Gregg Easterbrook, 'Global warming: who loses – and who wins?' *The Atlantic* (April 2007). https://www.theatlantic.com/magazine/archive/2007/04/global-warming-who-loses-and-who-wins/305698/, geraadpleegd op 1 maart 2018; Quentin Buckholz, 'Russia and climate change: a looming threat', *The Diplomat*, 4 februari 2016. https://thediplomat.com/2016/02/russia-and-climate-change-a-looming-threat/, geraadpleegd op 1 maart 2018.
14 Brian Eckhouse, Ari Natter en Christopher Martin, 'President Trump slaps tariffs on solar panels in major blow to renewable energy', 22 januari 2018. http://time.com/5113472/donald-trump-solar-panel-tariff/, geraadpleegd op 30 januari 2018.
15 Miranda Green en Rene Marsh, 'Trump administration doesn't want to talk about climate change', CNN, 13 september 2017. http://edition.cnn.com/2017/09/12/politics/trump-climate-change-silence/index.html, geraadpleegd op 22 oktober

2017; Lydia Smith, 'Trump administration deletes mention of "climate change" from environmental protection agency's website', *The Independent*, 22 oktober 2017. http://www.independent.co.uk/news/world/americas/us-politics/donald-trump-administration-climate-change-deleted-environmental-protection-agency-website-a8012581.html, geraadpleegd op 22 oktober 2017; Alana Abramson, 'No, Trump still hasn't changed his mind about climate change after hurricane Irma and Harvey', *Time*, 11 september 2017. http://time.com/4936507/donald-trump-climate-change-hurricane-irma-hurricane-harvey/, geraadpleegd op 22 oktober 2017.
16 'Verdrag tot vaststelling van een grondwet voor Europa', Europese Unie. https://europa.eu/european-union/sites/europaeu/files/docs/body/treaty_establishing_a_constitution_for_europe_nl.pdf, geraadpleegd op 23 oktober 2017.

Hoofdstuk 8

1 Bernard S. Cohn, *Colonialism and Its Forms of Knowledge: The British in India* (Princeton: Princeton University Press, 1996), 148.
2 '"Encyclical Letter Laudato Si" of the Holy Father Francis on Care for Our Common Home', The Holy See. http://w2.vatican.va/content/francesco/en/encyclicals/documents/papafrancesco_20150524_enciclica-laudato-si.html, geraadpleegd op 3 december 2017.
3 Voor het gezegde door Freud in zijn verhandeling 'Het onbehagen in de cultuur' uit 1930, opgenomen in Sigmund Freud, *Beschouwingen over cultuur* (Amsterdam: Boom, 1999).
4 Ian Buruma, *De uitvinding van Japan: 1853-1964* (Amsterdam: De Bezige Bij, 2003).
5 Robert Axell, *Kamikaze: Japan's Suicide Gods* (Londen: Longman, 2002).
6 Charles K. Armstrong, 'Familism, socialism and political religion in North Korea', *Totalitarian Movements and Political Religions* 6:3 (2005), 383-394; Daniel Byman en Jennifer Lind,

'Pyongyang's survival strategy: tools of authoritarian control in North Korea', *International Security* 35:1 (2010), 44-74; Paul French, *North Korea: The Paranoid Peninsula*, 2ᵉ druk (Londen, New York: Zed Books, 2007); Andrei Lankov, *The Real North Korea: Life and Politics in the Failed Stalinist Utopia* (Oxford: Oxford University Press, 2015); Young Whan Kihl, 'Staying power of the socialist "Hermit Kingdom"', in Hong Nack Kim en Young Whan Kihl (red.), *North Korea: The Politics of Regime Survival* (New York: Routledge, 2006), 3-36.

Hoofdstuk 9

1 'Global trends: forced displacement in 2016', UNHCR. http://www.unhcr.org/5943e8a34.pdf geraadpleegd op 11 januari 2018.
2 Lauren Gambini, 'Trump pans immigration proposal as bringing people from "shithole countries"', *The Guardian*, 12 januari 2018. https://www.theguardian.com/us-news/2018/jan/11/trump-pans-immigration-proposal-as-bringing-people-from-shithole-countries, geraadpleegd op 11 februari 2018.
3 Tal Kopan, 'What Donald Trump has said about Mexico and vice versa', CNN, 31 augustus 2016. https://edition.cnn.com/2016/08/31/politics/donald-trump-mexico-statements/index.html, geraadpleegd op 28 februari 2018.

Hoofdstuk 10

1 http://www.telegraph.co.uk/news/0/many-people-killed-terrorist-attacks-uk/; National consortium for the study of terrorism and responses to terrorism (START) (2016), *Global Terrorism Database* [Data file]. Geraadpleegd op https://www.start.umd.edu/gtd; http://www.cnsnews.com/news/article/susan-jones/11774-number-terror-attacks-worldwide-dropped-13-2015; http://www.datagraver.com/case/people-killed-by-terrorism-per-year-in-western-europe-1970-2015; http://www.jewishvirtuallibrary.org/statistics-on-incidents-of-terrorism-worldwide; Gary LaFree, Laura Dugan en

Erin Miller, *Putting Terrorism in Context: Lessons from the Global Terrorism Database* (Londen: Routledge, 2015); Gary LaFree, 'Using open source data to counter common myths about terrorism' in Brian Forst, Jack Greene en Jim Lynch (red.), *Criminologists on Terrorism and Homeland Security* (Cambridge: Cambridge University Press, 2011), 411-442; Gary LaFree, 'The global terrorism database: accomplishments and challenges', *Perspectives on Terrorism* 4 (2010), 24-46; Gary LaFree en Laura Dugan, 'Research on terrorism and countering terrorism' in M. Tonry (red.), *Crime and Justice: A Review of Research* (Chicago: University of Chicago Press, 2009), 413-477; Gary LaFree en Laura Dugan, 'Introducing the global terrorism database', *Political Violence and Terrorism* 19 (2007), 181-204.

2   'Deaths on the roads: Based on the WHO Global Status Report on Road Safety 2015', Wereldgezondheidsorganisatie, geraadpleegd op 26 januari 2016; https://wonder.cdc.gov/mcd-icd10.html; 'Global status report on road safety 2013', Wereldgezondheidsorganisatie; http://gamapserver.who.int/gho/interactive_charts/road_safety/road_traffic_deaths/atlas.html; http://www.who.int/violence_injury_prevention/road_safety_status/2013/en/; http://www.newsweek.com/2015-brought-biggest-us-traffic-death-increase-50-years-427759.

3   http://www.euro.who.int/en/health-topics/noncommunicable-diseases/diabetes/data-and-statistics; http://apps.who.int/iris/bitstream/10665/204871/1/9789241565257_eng.pdf?ua=1; https://www.theguardian.com/environment/2016/sep/27/more-than-million-died-due-air-pollution-china-one-year.

4   Zie voor deze veldslag: Gary Sheffield, *Forgotten Victory: The First World War. Myths and Reality* (Londen: Headline, 2001), 137-164.

5   'Victims of Palestinian violence and terrorism since september 2000', Israëlisch ministerie van Buitenlandse Zaken. https://mfa.gov.il/MFA/ForeignPolicy/Terrorism/Palestinian/Pages/

Victims%20of%20Palestinian%20Violence%20and%20 Terrorism%20sinc.aspx, geraadpleegd op 23 oktober 2017.
6 'Car Accidents with Casualties, 2002', Israëlisch Centraal Bureau voor de Statistiek (in het Hebreeuws). http://www.cbs.gov.il/www/publications/acci02/acci02h.pdf, geraadpleegd op 23 oktober 2017.
7 'Pan Am Flight 103 Fast Facts', CNN, 16 december 2016. http://edition.cnn.com/2013/09/26/world/pan-am-flight-103-fast-facts/index.html, geraadpleegd op 23 oktober 2017.
8 Tom Templeton en Tom Lumley, '9/11 in Numbers', Guardian, 18 augustus 2002. https://www.theguardian.com/world/2002/aug/18/usa.terrorism, geraadpleegd op 23 oktober 2017.
9 Ian Westwell en Dennis Cove (red.), *History of World War I*, vol. 2 (New York: Marshall Cavendish, 2002), 431. Zie voor de slagen aan de Isonzo: John R. Schindler, *Isonzo: the Forgotten Sacrifice of the Great War* (Westport: Praeger, 2001), 217-218.
10 Sergio Catignani, *Israeli Counter-Insurgency and the Intifadas: Dilemmas of a Conventional Army* (Londen: Routledge, 2008).
11 'Reported rapes in France jump 18% in five years', *France 24*, 11 augustus 2015. http://www.france24.com/en/20150811-reported-rapes-france-jump-18-five-years, geraadpleegd op 11 januari 2018.

Hoofdstuk 11

1 Yuval Noah Harari, *Homo Deus: Een kleine geschiedenis van de toekomst* (Amsterdam: De Bezige Bij, 2017); 'Global health observatory data repository, 2012', Wereldgezondheidsorganisatie. http://apps.who.int/gho/data/node.main.RCODWORLD?lang=en, geraadpleegd op 16 augustus 2015; 'Global study on homicide, 2013', UNDOC. http://www.unodc.org/documents/gsh/pdfs/2014_GLOBAL_HOMICIDE_BOOK_web.pdf; geraadpleegd op 16 augustus 2015; http://www.who.int/healthinfo/global_burden_disease/estimates/en/index1.html.
2 'World military spending: increases in the USA and Europe,

decreases in oil-exporting countries', *Stockholm International Peace Research Institute*, 24 april 2017. https://www.sipri.org/media/press-release/2017/world-military-spending-increases-usa-and-europe, geraadpleegd op 23 oktober 2017.
3 http://www.nationalarchives.gov.uk/battles/egypt/popup/telel4.htm.
4 Spencer C. Tucker (red.), *The Encyclopedia of the Mexican-American War: A Political, Social and Military History* (Santa Barbara: ABC-CLIO, 2013), 131.
5 Ivana Kottasova, 'Putin meets Xi: two economies, only one to envy', CNN, 2 juli 2017. http://money.cnn.com/2017/07/02/news/economy/china-russia-putin-xi-meeting/index.html, geraadpleegd op 23 oktober 2017.
6 Bbp-cijfers zijn overgenomen uit een rapport van het IMF: International Monetary Fund, 'Report for Selected Countries and Subjects, 2017'. https://www.imf.org/external/pubs/ft/weo/2017/02/weodata/index.aspx, geraadpleegd op 27 februari 2018.
7 http://www.businessinsider.com/isis-making-50-million-a-month-from-oil-sales-2015-10.
8 Ian Buruma, *De uitvinding van Japan: 1853-1964* (Amsterdam: De Bezige Bij, 2003); Eri Hotta, *Japan 1941: Countdown to Infamy* (Londen: Vintage, 2014).

Hoofdstuk 12

1 http://www.ancientpages.com/2015/10/19/10-remarkable-ancient-indian-sages-familiar-with-advanced-technology-science-long-before-modern-era/; https://www.hindujagruti.org/articles/31.html; http://mcknowledge.info/about-vedas/what-is-vedic-science/.
2 Deze cijfermatige verhouding is duidelijk te zien in de volgende grafiek: Conrad Hackett and David McClendon, 'Christians remain world's largest religious group, but they are declining in Europe', *Pew Research Center*, 5 april 2017, http://www.pewresearch.org/fact-tank/2017/04/05/christians-remain-

worlds-largest-religious-group-but-they-are-declining-in-europe/, geraadpleegd op 13 november 2017.
3   Jonathan Haidt, *The Righteous Mind: Why Good People Are Divided by Politics and Religion* (New York: Pantheon, 2012); Joshua Greene, *Moral Tribes: Emotion, Reason, and the Gap Between Us and Them* (New York: Penguin Press, 2013).
4   Marc Bekoff en Jessica Pierce, 'Wild justice – honor and fairness among beasts at play', *American Journal of Play* 1:4 (2009), 451-475.
5   Frans de Waal, *De aap in ons: waarom we zijn wie we zijn* (Amsterdam: Contact, 2005), h. 5.
6   Frans de Waal, *Bonobo: de vergeten mensaap* (Utrecht: Kosmos, 1997).
7   Dit verhaal werd het onderwerp van de documentaire *Chimpanzee*, die in 2010 is uitgebracht door Disneynature.
8   M.E.J. Richardson, *Hammurabi's Laws* (Londen, New York: T&T Clark International, 2000), 29-31.
9   Loren R. Fisher, *The Eloquent Peasant*, 2^e druk (Eugene: Wipf & Stock Publishers, 2015).
10 Van sommige rabbijnen mag je de sabbatsrust wel doorbreken om een niet-Jood te redden, dankzij een typisch talmoedisch slimmigheidje, namelijk het argument dat niet-Joden boos zullen worden als Joden geen moeite doen om ze te redden en dat dat ertoe kan leiden dat ze Joden gaan aanvallen en doden. Als je niet-Joden redt, red je indirect misschien dus ook Joden. Maar zelfs dit argument gaat uit van de aanname dat het leven van een niet-Jood niet dezelfde waarde heeft als dat van een Jood.
11 Catherine Nixey, *The Darkening Age: The Christian Destruction of the Classical World* (Londen: Macmillan, 2017).
12 Charles Allen, *Ashoka: The Search for India's Lost Emperor* (Londen: Little, Brown, 2012), 412-413.
13 Clyde Pharr et al. (eds.), *The Theodosian Code and Novels, and the Sirmondian Constitutions* (Princeton: Princeton University Press, 1952), 440, 467-471.

14 Ibid., met name blz. 472-473.
15 Sofie Remijsen, *The End of Greek Athletics in Late Antiquity* (Cambridge: Cambridge University Press, 2015), 45-51.
16 Ruth Schuster, 'Why do Jews win so many nobels?', *Haaretz*, 9 oktober 2013. https://www.haaretz.com/jewish/news/1.551520, geraadpleegd op 13 november 2017.

Hoofdstuk 13

1 Lillian Faderman, *The Gay Revolution: The Story of the Struggle* (New York: Simon & Schuster, 2015).
2 Elaine Scarry, *The Body in Pain: The Making and Unmaking of the World* (New York: Oxford University Press, 1985).

Hoofdstuk 14

1 Jonathan H. Turner, *Incest: Origins of the Taboo* (Boulder: Paradigm Publishers, 2005); Robert J. Kelly et al., 'Effects of mother-son incest and positive perceptions of sexual abuse experiences on the psychosocial adjustment of clinic-referred men', *Child Abuse & Neglect* 26:4 (2002), 425-441; Mireille Cyr et al., 'Intrafamilial sexual abuse: brother-sister incest does not differ from father-daughter and stepfather-stepdaughter incest', *Child Abuse & Neglect* 26:9 (2002), 957-973; Sandra S. Stroebel, 'Father-daughter incest: data from an anonymous computerized survey', *Journal of Child Sexual Abuse* 21:2 (2010), 176-199.

Hoofdstuk 15

1 Steven A. Sloman en Philip Fernbach, *The Knowledge Illusion: Why We Never Think Alone* (New York: Riverhead Books, 2017); Greene, *Moral Tribes*, op. cit.
2 Sloman en Fernbach, *The Knowledge Illusion*, op. cit., 20.
3 Eli Pariser, *The Filter Bubble* (Londen: Penguin Books, 2012); Greene, *Moral Tribes*, op. cit.
4 Greene, *Moral Tribes*, op. cit.; Dan M. Kahan, 'The polarizing impact of science literacy and numeracy on perceived climate

change risks', *Nature Climate Change* 2 (2012), 732-735. Zie voor een afwijkende mening ook: Sophie Guy et al., 'Investigating the effects of knowledge and ideology on climate change beliefs', *European Journal of Social Psychology* 44:5 (2014), 421-429.
5 Arlie Russell Hochschild, *Strangers in Their Own Land: Anger and Mourning on the American Right* (New York: The New Press, 2016).

Hoofdstuk 16

1 Greene, *Moral Tribes*, op. cit.; Robert Wright, *The Moral Animal* (New York: Pantheon, 1994).
2 Kelsey Timmerman, *Where Am I Wearing? A Global Tour of the Countries, Factories, and People That Make Our Clothes* (Hoboken: Wiley, 2012); Kelsey Timmerman, *Where Am I Eating? An Adventure Through the Global Food Economy* (Hoboken: Wiley, 2013).
3 Reni Eddo-Lodge, *Why I Am No Longer Talking to White People About Race* (Londen: Bloomsbury, 2017); Ta-Nehisi Coates, *Between the World and Me* (Melbourne: Text Publishing Company, 2015).
4 Josie Ensor, '"Everyone in Syria is bad now", says UN war crimes prosecutor as he quits post', *The New York Times*, 17 augustus 2017. http://www.telegraph.co.uk/news/2017/08/07/everyone-syria-bad-now-says-un-war-crimes-prosecutor-quits-post/, geraadpleegd op 18 oktober 2017.
5 Zie bijvoorbeeld Helena Smith, 'Shocking images of drowned Syrian boy show tragic plight of refugees', *The Guardian*, 2 september 2015. https://www.theguardian.com/world/2015/sep/02/shocking-image-of-drowned-syrian-boy-shows-tragic-plight-of-refugees, geraadpleegd op 18 oktober 2017.
6 T. Kogut en I. Ritov, 'The singularity effect of identified victims in separate and joint evaluations', *Organizational Behavior and Human Decision Processes* 97:2 (2005), 106-116; D.A. Small en G. Loewenstein, 'Helping a victim or helping

the victim: Altruism and identifiability', *Journal of Risk and Uncertainty* 26:1 (2003), 5-16; Greene, *Moral Tribes*, op. cit., 264.

7 Russ Alan Prince, 'Who rules the world?', *Forbes*, 22 juli 2013. https://www.forbes.com/sites/russalanprince/2013/07/22/who-rules-the-world/#63c9e31d7625, geraadpleegd op 18 oktober 2017.

Hoofdstuk 17

1 Julian Borger, 'Putin offers Ukraine olive branches delivered by Russian tanks', *The Guardian*, 4 maart 2014. https://www.theguardian.com/world/2014/mar/04/putin-ukraine-olive-branches-russian-tanks, geraadpleegd op 11 maart 2018.

2 Serhii Plokhy, *Lost Kingdom: The Quest for Empire and the Making of the Russian Nation* (New York: Basic Books, 2017); Snyder, *The Road to Unfreedom*, op. cit.

3 Matthew Paris, *Matthew Paris' English History*, vert. J.A. Gyles, vol. 3 (Londen: Henry G. Bohn, 1854), 138-141; Patricia Healy Wasyliw, *Martyrdom, Murder and Magic: Child Saints and Their Cults in Medieval Europe* (New York: Peter Lang, 2008), 123-125.

4 Cecilia Kang en Adam Goldman, 'In Washington pizzeria attack, fake news brought real guns', *The New York Times*, 5 december 2016. https://www.nytimes.com/2016/12/05/business/media/comet-ping-pong-pizza-shooting-fake-news-consequences.html, geraadpleegd op 12 januari 2018.

5 Leonard B. Glick, *Abraham's Heirs: Jews and Christians in Medieval Europe* (Syracuse: Syracuse University Press, 1999), 228-229.

6 Anthony Bale, 'Afterword: violence, memory and the traumatic middle ages', in Sarah Rees Jones en Sethina Watson (red.), *Christians and Jews in Angevin England: The York Massacre of 1190, Narrative and Contexts* (York: York Medieval Press, 2013), 297.

7 Hoewel dit citaat meestal aan Goebbels wordt toegeschreven, lijkt het me alleen maar passend dat noch ik, noch mijn

trouwe onderzoeksassistent hebben kunnen verifiëren dat Goebbels dit ooit gezegd of geschreven heeft.
8 Hilmar Hoffman, *The Triumph of Propaganda: Film and National Socialism, 1933-1945* (Providence: Berghahn Books, 1997), 140 (citaat hier in vertaling weergegeven).
9 Lee Hockstader, 'From a ruler's embrace to a life in disgrace', *The Washington Post*, 10 maart 1995, geraadpleegd op 29 januari 2018.
10 Thomas Pakenham, *The Scramble for Africa* (Londen: Weidenfeld & Nicolson, 1991), 616-617.

Hoofdstuk 18
1 Aldous Huxley, *Heerlijke nieuwe wereld* (Amsterdam: Meulenhoff, 2015). De geciteerde vertaling is van Pauline Moody.

Hoofdstuk 19
1 Wayne A. Wiegand en Donald G. Davis (red.), *Encyclopedia of Library History* (New York, Londen: Garland Publishing, 1994), 432-433.
2 Verity Smith (red.), *Concise Encyclopedia of Latin American Literature* (Londen, New York: Routledge, 2013), 142, 180.
3 Cathy N. Davidson, *The New Education: How to Revolutionize the University to Prepare Students for a World in Flux* (New York: Basic Books, 2017); Bernie Trilling, *21st Century Skills: Learning for Life in Our Times* (San Francisco: Jossey-Bass, 2009); Charles Kivunja, 'Teaching students to learn and to work well with 21st century skills: unpacking the career and life skills domain of the new learning paradigm', *International Journal of Higher Education* 4:1 (2015). Zie voor de website van P21: 'P21 Partnership for 21st Century Learning'. http://www.p21.org/our-work/4cs-research-series, geraadpleegd op 12 januari 2018. Zie voor een voorbeeld van de implementatie van nieuwe pedagogische methoden o.a. deze publicatie van de us National Education Association: 'Preparing 21st century

students for a global society', NEA, http://www.nea.org/assets/docs/a-guide-to-four-cs.pdf, geraadpleegd op 21 januari 2018.
4 Maddalaine Ansell, 'Jobs for life are a thing of the past. bring on lifelong learning', *The Guardian*, 31 mei 2016. https://www.theguardian.com/higher-education-network/2016/may/31/jobs-for-life-are-a-thing-of-the-past-bring-on-lifelong-learning.
5 Erik B. Bloss et al., 'Evidence for reduced experience-dependent dendritic spine plasticity in the aging prefrontal cortex', *Journal of Neuroscience* 31:21 (2011): 7831-7839; Miriam Matamales et al., 'Aging-related dysfunction of striatal cholinergic interneurons produces conflict in action selection', *Neuron* 90:2 (2016), 362-372; Mo Costandi, 'Does your brain produce new cells? A skeptical view of human adult neurogenesis', *The Guardian*, 23 februari 2012. https://www.theguardian.com/science/neurophilosophy/2012/feb/23/brain-new-cells-adult-neurogenesis, geraadpleegd op 17 augustus 2017; Gianluigi Mongillo, Simon Rumpel en Yonatan Loewenstein, 'Intrinsic volatility of synaptic connections – a challenge to the synaptic trace theory of memory', *Current Opinion in Neurobiology* 46 (2017), 7-13.

Hoofdstuk 20

1 Karl Marx en Friedrich Engels, *Het Communistisch Manifest* (citaat overgenomen uit de Nederlandse vertaling van Herman Gorter. https://www.marxists.org/nederlands/marx-engels/1848/manifest/index.htm.
2 Ibid.
3 Raoul Wootlif, 'Netanyahu welcomes envoy Friedman to "Jerusalem, our eternal capital"', *Times of Israel*, 16 mei 2017. https://www.timesofisrael.com/netanyahu-welcomes-envoy-friedman-to-jerusalem-our-eternal-capital/, geraadpleegd op 12 januari 2018; Peter Beaumont, 'Israeli minister's Jerusalem dress proves controversial in Cannes', *The Guardian*, 18 mei 2017. https://www.theguardian.com/world/2017/may/18/israeli-minister-miri-regev-jerusalem-dress-controversial-

cannes, geraadpleegd op 12 januari 2018; Lahav Harkov, 'New 80 – majority Jerusalem bill has loophole enabling city to be divided', *Jerusalem Post*, 2 januari 2018. http://www.jpost.com/israel-news/right-wing-coalition-passes-law-allowing-jerusalem-to-be-divided-522627, geraadpleegd op 12 januari 2018.

4 K.P. Schroder en Robert Connon Smith, 'Distant future of the sun and earth revisited', *Monthly Notices of the Royal Astronomical Society* 386:1 (2008), 155-163.

5 See especially: Roy A. Rappaport, *Ritual and Religion in the Making of Humanity* (Cambridge: Cambridge University Press, 1999); Graham Harvey, *Ritual and Religious Belief: A Reader* (New York: Routledge, 2005).

6 Dit is de meest gangbare – zij het niet de enige – interpretatie van de herkomst van de term 'hocus pocus: Leslie K. Arnovick, *Written Reliquaries* (Amsterdam: John Benjamins Publishing Company, 2006), 250, n.30.

7 Joseph Campbell, *The Hero with a Thousand Faces* (Londen: Fontana Press, 1993), 235.

8 Xinzhong Yao, *An Introduction to Confucianism* (Cambridge: Cambridge University Press, 2000), 190-199.

9 'Flag Code of India, 2002', Persbureau van de Indiase regering. http://pib.nic.in/feature/feyr2002/fapr2002/f030420021.html, geraadpleegd op 13 augustus 2017, citaat hier in vertaling weergegeven.

10 http://pib.nic.in/feature/feyr2002/fapr2002/f030420021.html, citaat hier in vertaling weergegeven.

11 https://www.thenews.com.pk/latest/195493-Heres-why-Indias-tallest-flag-cannot-be-hoisted-at-Pakistan-border.

12 Stephen C. Poulson, *Social Movements in Twentieth-Century Iran: Culture, Ideology and Mobilizing Frameworks* (Lanham: Lexington Books, 2006), 44.

13 Houman Sharshar (red.), *The Jews of Iran: The History, Religion and Culture of a Community in the Islamic World* (New York: Palgrave Macmillan, 2014), 52-55; Houman M. Sarshar,

Jewish Communities of Iran (New York: Encyclopedia Iranica Foundation, 2011), 158-160.
14 Gersion Appel, *The Concise Code of Jewish Law*, 2ᵉ druk (New York: KTAV Publishing House, 1991), 191.
15 Zie met name: Robert O. Paxton, *The Anatomy of Fascism* (New York: Vintage Books, 2005).
16 Richard Griffiths, *Fascism* (Londen, New York: Continuum, 2005), 33.
17 Christian Goeschel, *Suicide in the Third Reich* (Oxford: Oxford University Press, 2009).
18 'Paris attacks: what happened on the night', BBC, 9 december 2015. http://www.bbc.com/news/world-europe-34818994, geraadpleegd op 13 augustus 2017; Anna Cara, 'ISIS expresses fury over French airstrikes in Syria; France says they will continue', CTV News, 14 november 2015, http://www.ctvnews.ca/world/isis-expresses-fury-over-french-airstrikes-in-syria-france-says-they-will-continue-1.2658642, geraadpleegd op 13 augustus 2017.
19 Jean de Joinville, 'The life of Saint Louis' in M.R.B. Shaw (red.), *Chronicles of the Crusades* (Londen: Penguin, 1963), 243; Jean de Joinville, *Vie de Saint Louis*, red. Jacques Monfrin (Parijs, 1995), h. 319, 156.
20 Ray Williams, 'How Facebook can amplify low self-esteem/narcissism/anxiety', *Psychology Today*, 20 mei 2014. https://www.psychologytoday.com/blog/wired-success/201405/how-facebook-can-amplify-low-self-esteemnarcissismanxiety, geraadpleegd op 17 augustus 2017.
21 *Mahasatipatthana Sutta*, h. 2, paragraaf 1, red. Vipassana Research Institute (Igatpuri: Vipassana Research Institute, 2006), 12-13.
22 Ibid., 5.
23 G.E. Harvey, *History of Burma: From the Earliest Times to 10 March 1824* (Londen: Frank Cass & Co. Ltd, 1925), 252-260.
24 Brian Daizen Victoria, *Zen at War* (Lanham: Rowman &

Littlefield, 2006); Buruma, *De uitvinding van Japan*, op. cit.; Stephen S. Large, 'Nationalist extremism in early Showa Japan: Inoue Nissho and the "blood-pledge corps incident", 1932', *Modern Asian Studies* 35:3 (2001), 533-64; W.L. King, *Zen and the Way of the Sword: Arming the Samurai Psyche* (New York: Oxford University Press, 1993); Danny Orbach, 'A Japanese prophet: eschatology and epistemology in the thought of Kita Ikki', *Japan Forum* 23:3 (2011), 339-361.

25 'Facebook removes Myanmar monk's page for "inflammatory posts" about Muslims', *Scroll.in*, 27 februari 2018. https://amp.scroll.in/article/870245/facebook-removes-myanmar-monks-page-for-inflammatory-posts-about-muslims, geraadpleegd op 4 maart 2018; Marella Oppenheim, '"It only takes one terrorist": The Buddhist monk who reviles Myanmar's Muslims', *The Guardian*, 12 mei 2017. https://www.theguardian.com/global-development/2017/may/12/only-takes-one-terrorist-buddhist-monk-reviles-myanmar-muslims-rohingya-refugees-ashin-wirathu, geraadpleegd op 4 maart 2018.

26 Jerzy Lukowski en Hubert Zawadzki, *A Concise History of Poland* (Cambridge: Cambridge University Press, 2001), 163.

Hoofdstuk 21

1 www.dhamma.org.
2 Daniel Goleman en Richard J. Davidson, *Altered Traits: Science Reveals How Meditation Changes Your Mind, Brain and Body* (New York: Avery, 2017).

REGISTER

Abbasidische kaliefen 123
Abraham, profeet 228, 233, 335
Achnaton, farao 237
Afghanistan 132, 144, 194, 199, 215
Afrika 131, 177, 190, 227, 229, 279, 283
AI, zie: 'kunstmatige intelligentie'
Aisne, derde Slag bij de (1918) 201
Al-Aqsa-moskee, Jeruzalem 34
al-Baghdadi, Abu Bakr 128
Al Qaida 203, 210
Algerije 183, 184
algoritmen: zie AI
Ali, Hussein ibn 351
Alibaba (winkelwebsite) 76
Allah 135, 164, 166, 253, 332, 351
AlphaZero 52, 53
alternatieve kosten 210
Amazon (winkelwebsite) 62, 63, 64, 76, 78, 120, 327, 328
Amazonegebied 150
Amerikaanse indianen 136, 186, 231
Amerikaanse luchtmacht 50, 51
Amerikaanse presidentsverkiezingen:
(1964) 145
(2016) 24
Amos, profeet 235
Amritsar, slachting van (1919) 27
Andéol, Emilie 132
anorganisch leven, schepping van 13, 107, 156
antisemitisme, zie ook: Joden 181, 182, 241-243, 291
Apple 120, 221
Arabische Lente 12
Arjuna (held van de *Bhagavad Gita*) 330-332, 363

artsen 42-44, 49, 138, 139, 164, 359
Asjoera 350-352
Asoka, Indiase keizer 238, 239, 240, 348
Assyrische rijk 214
Atheense democratie 125
Australië 31, 80, 190, 228, 233, 287
auto's 40-44, 55, 65, 83, 85-88, 99, 107, 116, 148, 169, 200, 209
Azië 35, 62, 131, 134, 337
Azteken 227, 352

Babri-moskee, Ayodhya 354
Babylonische rijk 235
Baidu 43, 64, 73, 106, 327
banen 25, 37, 38-67, 86, 87, 140, 177, 179, 189, 192, 317, 318
Bangladesh 62, 63, 334
bankleningen, AI en 95
barmhartige Samaritaan, parabel van 83
basisinkomen 60, 61, 64-66
belastingen 23, 60, 64, 137, 144, 166
België 134, 207
Bellaigue, Christopher de 123
Berko, Anat 287
bestialiteit, seculiere ethiek en 255
bevrijdingstheologie 169
bewakingssystemen 92
bewustzijn 10, 59, 97-99, 156, 244, 303, 382, 384
Bhagavad Gita 330
Bhardwaj, Maharishi 226
big data 13, 37, 46, 71, 74, 78, 79, 91, 96, 100, 327
Bijbel 162, 167, 169, 228, 232, 234, 236, 237, 246, 248, 256, 288-290, 296, 362
biometrische sensoren 43, 74, 75, 77, 92, 108, 121
biotechnologie 13, 15, 22, 25, 35, 36, 64, 103, 104, 105, 140, 156, 157, 158, 162, 219, 262, 301, 310, 318, 327
bioterrorisme 209, 212
Birma 370
Bismarck, Otto von 129
bitcoin 23
Blair, Tony 210
blockchain 23, 25
bloedsprookjes 290, 291
Boeddha/boeddhisme 172, 229, 230, 232, 237, 243, 340, 368-371, 383
Boek van Mormon 246, 289, 296
Bombay 10, 36
Bonaparte, Napoleon 125, 221, 286, 347
'botsende beschavingen' 122-124

Bouazizi, Mohammed 12
Brazilië 20, 30, 104, 131, 133, 166
Brexit 22, 26, 29, 70, 122, 129, 148
Brexitreferendum (2016) 21, 69, 70
Bribadaranyaka Upanishad 346
broeikaseffect, zie: klimaatverandering
broeikasgassen 151, 152
Brussel, bomaanslagen in (maart 2016) 200
Bulgarije 211
Bush, George W. 20, 210, 219, 222

Caesar, Julius 125, 223
Californië (VS) 25, 62, 113, 117, 188, 214, 221, 222, 247, 248, 325
Cambridge Analytica 109, 114
Cambridge-universiteit 30, 69, 241
Cameron, David 69, 70
Canada 31, 103, 138
Catalaanse onafhankelijkheid 159, 160
centaurs (teams van mens en AI) 50, 52
Chaucer, Geoffrey: *Canterbury Tales* 290
Chemosh (god) 238

Chigaku, Tanaka 371
chimpansees 124, 128, 142, 156, 233, 234, 248, 298
China 11, 21, 26, 29, 31, 33, 92, 104, 131, 136, 146, 149, 153, 154, 155, 172, 199, 210, 211, 214, 215, 216, 217, 219, 221, 227, 228, 229, 232, 240, 249, 287, 309, 318, 319, 347, 348
Chinese Communistische Partij 21
christendom 81, 84, 125, 161, 162, 166, 167, 168, 170, 182, 188, 229-233, 236-241, 243, 246, 248, 253, 258, 259, 263, 264, 288, 289, 291, 312, 344, 345, 351, 352, 354, 357, 360
Churchill, Winston 78, 140, 299
Clinton, Bill 21, 210, 219
Clinton, Hillary 25, 127, 291
Coca-Cola 76, 293, 294, 327
communisme 13, 19, 27, 29, 32, 58, 61, 102, 167, 220, 292, 309, 333
Communities Summit (2017) 113
compassie 27, 89, 144, 249, 253, 254, 256, 258-261
complottheorieën 275, 283
Confucius 33, 172, 226, 237, 243, 347

conservatieven 68, 272
Constantijn de Grote, Romeinse keizer 239
Constantius II, Romeinse keizer 239
corruptie 30, 31, 144, 235
creativiteit 45, 53, 104, 227, 289, 307, 321, 322, 363, 364
cryptovaluta 23
Cuba 26, 147, 220
Cubacrisis (1962) 147
culturalisme 186, 190, 192, 194
cultuurverschillen 186-196
cyberoorlog 162, 219-222
cyborgs 25, 105, 157, 263, 340

Darwin, Charles: *Over het ontstaan van soorten* 129
darwinisme 264
data: Big Data 13, 37, 46, 68-96, 100, 327
  zie ook: AI
Dawkins, Richard 69, 70
Deep Blue (schaakcomputer van IBM) 50, 52
democratieën 10, 55, 93, 122-128, 273
Denemarken 20, 123, 136, 183, 194, 248, 261
Derde Wereldoorlog, zie: oorlog
dharma 330, 331, 348, 363, 376
dictaturen 13, 16, 20, 21, 55, 67, 89-96, 100, 109, 155, 261

dieren 71, 84, 97, 100, 124, 128, 150, 152, 227, 233, 248, 270, 277, 302, 330, 331, 336, 337, 338, 386
dierenoffers 237
discriminatie 95, 96, 103, 171, 172, 194, 238, 248, 281
Di Tzeitung 126
DNA 74, 94, 95, 108, 128, 143, 190, 227
Dodenboek, Egyptische 289
dogma's, geloof in 283, 284
dollar, Amerikaanse 137
Donetsk, 'Volksrepubliek' 286
3D-printers 62, 63
drones 49, 51, 92, 105
Duitsland 25, 31, 32, 94, 96, 124, 140, 144, 173, 178, 188, 211, 214, 215, 216, 241, 280, 309, 357, 358
duurzame energie 152, 153, 154

economie 23, 26, 35, 38-67, 68, 96, 129, 139, 161, 166, 167, 168, 219, 220, 283, 321
eerlijke spelregels 233
Eerste Wereldoorlog (1914-1918) 26, 51, 55, 201, 213, 325
Egypte 102, 164, 214, 227, 235, 346, 354, 360
Einstein, Albert 70, 226, 240, 241, 242

El Salvador 20, 190
Engeland 31, 136, 177, 214, 222, 290, 291
Engels, Friedrich: *Het Communistisch Manifest* 321, 333, 334
ethiek 82-88, 91, 155, 156, 196, 232-240, 247-251, 252-265, 276-284
Europa 11, 21, 29, 64, 122-130, 135, 137, 139, 146, 148, 159, 164, 177, 178, 181, 182, 183, 195, 196, 200, 201, 214, 240, 249, 358
Europese Unie 13, 72, 122, 123, 129, 159, 176, 177, 199, 219
Evangelische christenen 169
evolutie 72, 144, 162, 233, 241, 254, 335, 337, 338, 339
Ex Machina (film) 303

Facebook 14, 48, 92, 93, 106, 113-121, 221, 284, 288, 290, 293, 336, 371
fascisme 13, 27, 29, 292, 309, 355-357, 371
feminisme 116, 181, 259, 269, 303, 341
Ferdinand, aartshertog Franz 26, 27, 213
Fernbach, Philip 270
Filipijnen 162, 202

films, AI en 77, 97, 302-309, 326, 327
financiële systeem, computers en complexiteit van 23
Finland 61, 103
fMRI-scanner 41, 296
fosfor 150
Franciscus, paus 169
Frankrijk 31, 104, 123, 134, 135, 183, 184, 205, 206, 214, 241, 253, 348, 359, 360
Franse Revolutie 90, 229, 230
Freddy (chimpansee) 234
Freud, Sigmund 171, 231, 240, 242, 349
Friedman, Milton 166
Front National 31

Galilei, Galileo 241, 257
Gandhi, Mahatma 167
Gaza 216
gedragseconomie 39, 187, 270
geest, meditatie en 376-387
gegevens, zie: data
gelijkheid 13, 14, 27, 35, 100, 101-110, 111, 125, 182, 253, 256, 258, 259
geluk 65, 249, 250, 262, 289, 310, 311
gemeenschappen 28, 60, 67, 102, 110, 113-121, 141, 142, 145, 168, 172, 191, 284

genetisch gemodificeerde
    gewassen   56, 271
Georgië   219, 220
geweld
    dodencijfer in verband
        met   34, 148
    nationalisme en   144
gezondheidszorg   28, 30, 35, 43,
    44, 49, 65, 74, 75, 94, 102, 108,
    144, 145, 146
globalisering   14, 21, 25, 26, 61,
    101-105, 123, 130, 141, 142,
    146, 161, 177, 195
God   11, 14, 71, 102, 137, 175,
    230, 236, 237, 238, 240, 243,
    244-251, 254, 255, 256, 258,
    259, 289, 290, 294, 302, 329,
    342, 349, 369, 370
goden   10, 12, 35, 115, 163,
    174, 238, 247, 248, 252, 289,
    342, 354, 355, 376
Goebbels, Joseph   292
Goenka, S.N.   377, 383
Golfoorlog, Eerste
    (1990-1991)   215, 217
Google   52, 59, 62, 63, 64, 73,
    79, 80, 96, 106, 107, 119, 120,
    221, 344
    Glass   121
    Maps   79, 80, 81
    Translate   321
gorilla's   124, 128
Gove, Michael   70

Great Barrier Reef,
    Australië   150
Great Depression   310
Griekenland   31, 177, 195, 221,
    226, 227, 354
groepsdenken   271, 272, 273, 284
Groot-Brittannië   31, 33, 69,
    123, 140, 148, 177, 190, 206,
    214, 221
Guardian, The   372
Guevara, Che   27, 29, 169

Haber, Fritz   242
Haïti   190
Hamas   216
HaMevaser   127
Hammurabi   235
Hamodia   127
Harry Potter   289
Hastings, Slag bij (1066)   222
Hayek, Friedrich   166, 167
Hebreeuwse Oude Testa-
    ment   229-243
heelal, leeftijd van   336
hersenen   40, 41, 71, 72, 73, 91,
    104, 121, 156, 296, 305, 308,
    309, 314, 317, 318, 327, 336,
    355, 365, 378, 381, 384, 385
Hillel de Oudere, rabbijn   237
hindoeïsme   162, 166, 167, 170,
    226, 232, 238, 243, 246, 248,
    253, 258, 259, 284, 290, 330,
    340, 346, 348, 354

Hirohito, Japanse keizer 290
Hiroshima, atoomaanval op (1945) 145, 149, 222
Hitler, Adolf 27, 29, 94, 95, 125, 126, 140, 221, 262, 286, 292, 358, 359
Holocaust 229, 291, 333, 357
holoceen 150
homohuwelijk 68, 245, 255
homo sapiens 14, 15, 40, 64, 65, 84, 104, 119, 142, 150, 151, 156, 231, 235, 246, 270, 271, 287, 288, 294, 298, 303, 329, 336
homoseksualiteit 88, 247, 248, 255
Hongarije 211
honger 28, 34, 55, 258, 263, 277, 293, 310, 331, 386
Hsinbyushin, Birmese koning 370
Hugh uit Lincoln 290, 291
huidskleur 191
Hussein, Saddam 224
Huxley, Aldous: *Brave New World* 309-314

IBM 43, 50, 52
identiteit: religie en 170-174
immigratie 11, 21, 35, 122, 123, 140, 148, 176, 177-196
imperialisme 26, 27, 29, 32, 90, 108, 137, 172, 222, 263

Inca's 352
incest, seculiere ethiek en 255, 256
India 20, 27, 33, 63, 102, 104, 131, 138, 146, 149, 162, 166, 167, 177, 228, 229, 239, 240, 319, 325, 348, 349, 383
Indiase Palarijk 177
individualiteit
  AI en 42, 43
  mythe van 269-273
Indonesië 28, 32, 133, 134, 136
industriële revolutie 35, 38, 55, 56, 102, 232, 325
informatietechnologie/infotech 13, 17, 23, 24, 35, 36, 41, 56, 73, 94, 110, 111, 155, 219
Inoue, Nissho 371
Inside Out (film) 308
Instagram 366
intelligentie, bewustzijn en 97-99, 156, 302, 303
  zie ook: kunstmatige intelligentie
International Olympisch Comité (IOC) 135
internet 22, 23, 33, 59, 64, 76, 101, 117, 287
intuïtie 39, 40, 71, 203
Irak 20, 21, 31, 123, 137, 199, 207, 215, 216, 217, 218, 261, 271, 359, 360

Irak-Iranoorlog (1980) 215
islam 11, 31, 33, 36, 125, 127, 128, 161, 162, 170, 174, 227, 229, 230, 232, 238, 243, 352
islamitischfundamentalisme 116, 122, 123, 127, 128, 132, 137, 139, 221, 247, 306, 359, 360
Islamitische Staat 122, 123, 127, 128, 132, 137, 139, 221, 247, 306, 359, 360
Isonzo, tiende Slag aan de (1917) 201
Israël 33, 34, 66, 92, 117, 127, 137, 139, 156, 166, 170, 171, 174, 175, 180, 200, 204, 216, 230, 235, 237, 238, 287, 333, 335, 336, 357
Israëlische leger 216
Italië 134, 214, 215, 309, 358
Ivoorkust 134, 234

jagers-verzamelaars 101, 131, 187, 233, 270, 276, 280, 284
Jahwe 34, 238, 355
Japan 31, 153, 154, 172-174, 178, 188, 202, 214, 215, 216, 223, 230, 287, 290, 309, 347, 371
Jemen 215
Jeruzalem 34, 83, 156, 206, 228, 294, 335, 341, 363
Jezus 140, 164, 167, 168, 169, 233, 237, 263, 292, 351, 355

joden/jodendom 33, 66, 125, 126, 127, 171, 174, 228-242, 246, 258, 353
Joegoslavië 211
Johnson, Boris 70
Johnson, Lyndon B. 145-147
Joinville, Jean de 360
Joodse Opstand (66-70 v.C.) 294, 295
joodse verlichting 241
Juche 174
Judea 235

kamikaze 173
Kanaän 235, 236, 237, 352
Kanad, Acharya 226
Kant, Immanuel 85, 86, 87
kapitalisme 28, 35, 58, 61, 81, 96, 104, 106, 137, 140, 146, 166, 167, 168, 170, 172, 187, 260, 261, 269, 302, 334, 355, 376
Karbala, Irak 351, 352
Karo, Yosef (rabbijn) 242
Kasparov, Garri 50, 52
katholieken 139, 168, 169, 264, 364
kennisillusie 270, 271
kernwapens/-oorlog 56, 145, 146, 147, 148, 151, 153, 155, 157, 158, 159, 161, 174, 175, 195, 209, 210, 222, 226
KGB 72, 73, 364

Khan, Dzjengis   218, 223
Khomeini, ayatollah   351
Kidogo (chimpansee)   234
Kim Il-sung   174
Kim Jong-Il   223
Kim Jong-Un   91
kinderarbeid   55, 277
Kinseyschaal   75
Kiribati, republiek   152, 153, 154
Kita, Ikki   371
klimaatverandering   10, 11, 107, 140, 150-159, 162, 169, 175, 210, 243, 271, 272, 282, 301
Knoet de Grote, Deense koning   136
koolstofdioxide (CO_2)   151
Koran   162, 166, 167, 169, 227, 246, 288, 289, 332, 362
Korea   135, 172, 174, 213, 223, 337, 347
Koude Oorlog (1947-1991)   130, 146, 148, 167, 220, 224
Koudië (fictief land)   188-195
kredietcrisis (2008)   21, 213
Krim   216, 217, 220, 223, 285, 293
Kroaten   344
kruistochten   230, 238, 263, 264, 360
kunst, AI en   45-49, 81, 82, 227

kunstmatige intelligentie (AI)   14, 23, 25, 36, 37, 39-46, 49-51, 54, 56-58, 62, 66, 81, 87, 89, 90, 93, 96-99, 103, 104, 105, 116, 155-159, 162, 168, 262, 282, 301, 303, 321, 322
kwaliteitsnieuws   300

Labourpartij   69
landbouw   39, 50, 100, 150, 151, 163, 164, 213, 231, 326
Laozi   237, 327
Leeuwenkoning, de (film)   330
levensverwachting   64, 138, 141, 318, 324
Leviticus   236
lhbt   172, 247
Libanon   215
liberalisme/liberale democratie   11, 13, 15, 16, 19, 26, 27, 32-36, 55, 68, 69, 70, 72, 73, 81, 100, 102, 180, 292, 364, 367
Libië   41, 214, 216
Life of Brian (film)   232, 273
lijden   74, 248, 254-259, 298, 349, 351, 352, 368, 369, 372-374, 376, 380
Lincoln, Abraham   30
Lincoln, kathedraal van   291
Lockerbie, bomaanslag op Pan-Am-vlucht 103 (1988)   200
Lodewijk IX, Franse koning   360

Lodewijk XIV, Franse koning 94, 125
Lodewijk XVI, Franse koning 257
Lody (chimpansee) 234
Loehansk, 'Volksrepubliek' 217
logische bommen 105, 222
Lucas, George 362

machine learning 25, 38, 51, 53, 54, 91, 93, 95, 302, 327
madeliefjesspotje: Amerikaanse presidentsverkiezingen (1964) en 145-147
Mahabharata 226
Mahasatipatthana Sutta 368
Mahavira 237
Maimonides 240
Maji-Maji-opstand (1905-1907) 294, 295
Mali 134, 283
Manchester Arena, bomaanslag (mei 2017) 200
Manchukuo 287
Mansoura, Slag bij 360
Mantsjoerije 223
Markizova, Gelja 292, 293
martelaren 350-352, 359, 360
Marx, Karl 123, 166, 167, 169, 170, 260, 264, 303, 306, 321
  Het Communistisch Manifest 321, 333, 334
marxisme 33, 174, 260, 264

marxisme-leninisme 29, 174
Mashhad, Iran 352
Matrix, The (film) 302, 304, 306, 314
maximgeweer 222
May, Theresa 146
Maya's 232, 240
McIlvenna, Ted 247, 248
media 30, 208, 243, 283, 293
Meir, Golda 287
mensachtigen 156
menselijk lichaam 73, 102, 121, 137, 138, 191, 325
mensenoffers 352
mensenrechten 13, 20, 28, 29, 34, 68, 69, 122, 125, 131, 261, 262, 263, 371
Merkel, Angela 125, 126, 127
Mesha, Stèle van 237
Mesopotamië 235
methodistische kerk 247
#MeToo-beweging 12, 205
Mexicaans-Amerikaanse oorlog (1846-1848) 214
Mexicaanse grens, muur langs 25
Mexico 25, 137, 191, 214, 318, 319, 325
Mickiewicz, Adam 373
Midden-Oosten 31, 33, 107, 138, 177, 180, 182, 201, 215, 216, 218, 221, 235, 240, 360
milieucrisis 10, 11, 15, 24, 33,

Register

35, 107, 140, 149-161, 162, 163, 165, 169, 175, 210, 243, 271, 272, 276, 282, 301
Mill, John Stuart 85, 87
Milwaukee, dierentuin van 234
mis, christelijke ceremonie 345
Mishra, Pankaj 123
mislukte staten 131, 132, 144, 261
Mitsui 371
Moab 238
Modi, Narendra 146, 223
Mohammed, profeet 33, 123, 226, 227, 233, 351
mondiale verhalen, verdwijnen van 21, 32
moraal, zie: rechtvaardigheid
moslims 31, 90, 116, 122, 123, 125, 128, 135, 165-169, 170, 171, 182, 188, 190, 192, 226, 230, 231, 237, 238, 240, 248, 253, 258, 284, 288, 290, 332, 350, 355, 359, 360
Mozes, profeet 233, 235, 335
Mubarak, Hosni 90
Murph (chimpansee) 234
Mussolini, Benito 358
muziek, AI en 45-49
My Lai, bloedbad van (1968) 89, 90
Myanmar 371, 372

Nachangova, Mamlakat 293
nanotechnologie 105
National Highway Traffic Safety Administration (Amerikaanse organisatie) 43
National Rifle Association (NRA) 355
nationale vrijheidsbewegingen 28
nationalisme 11, 31, 32, 33, 35, 36, 111, 141, 142-161, 168, 175, 201, 220, 223, 226, 227, 284, 285, 286, 333-339, 341, 349, 350, 355, 356, 358, 371, 373, 374, 376
natuurlijke selectie 84, 85, 122, 123, 124, 156
NAVO 218, 220, 286
nazi-Duitsland 94, 126, 134, 170, 173, 262, 264, 280, 292, 309, 358, 359
nederigheid 224, 226-243
Nederland 28, 32, 61, 232
Nepal 134
nepotisme 144
Netanyahu, Benjamin 216, 223, 274
Netflix 78, 81
neurowetenschappen 39, 382, 384
New York Times, The 299
Ngwale, Kinjikitile 294
Nieuw-Zeeland 104, 137

Nigeria 120, 131, 133, 162, 199, 207
Nijl 143, 157, 214, 360
Nobelprijs 240, 242
Noord-Ierse troebelen 168
Noord-Korea 20, 91, 92, 137, 139, 174, 175, 211, 222
Nuda, Yuzu 80
nutteloze klasse 37, 51, 54, 155

Obama, Barack 20, 29, 34, 128, 191, 210
Oekraïense hongersnood (1932-1933) 55
Oekraïne 55, 131, 148, 211, 216, 217, 219, 220, 271, 285, 286, 293, 298
offers 87, 88, 121, 144, 154, 173, 174, 180, 227, 335, 346-354, 368, 371, 373, 374
oligarchie 30, 31, 105, 219
Olympische Spelen:
  (1016) (middeleeuwse) 134-136
  (1980) 134
  (1984) 134
  (2016) 132
  (2020) 136
  afgeschaft door christelijke keizers 239
Omajjadische kaliefen 123
onderwijs 28, 35, 57, 61, 63, 64, 65, 94, 102, 104, 144, 145, 146, 241, 242, 257, 259, 269, 271, 317-328
ongelijkheid, zie: gelijkheid
onwetendheid 269-275
oorlog 11, 14, 89-96, 130, 158, 159, 175, 212, 213-225
Oost-Afrika 294
oosters-orthodoxe christendom 31, 33, 173, 175, 292, 344, 374
opwarming van de aarde, zie: klimaatverandering
Orwell, George 77, 91, 310
  1984 77, 310
Oscar (chimpansee) 234
Ottomaanse rijk 193, 194

Pakistan 133, 193, 199, 248, 349
Palestijnen 92, 93, 131, 134, 135, 156, 200, 287, 335, 336
Parijs, terreuraanslagen (november 2015) 200, 359
Parks, Rosa 257, 364
Pasteur, Louis 364
patroonherkenning 39
Paulus, apostel 236, 237
Pearl Harbor, aanval op (1941) 172, 202
Pegu, koning van 371
Pentagon 203
Pesach 346
pestepidemie 205

Peter de Grote 218
Phelps, Michael 132
Picasso, Pablo 364
Pixar 307
Plato 226, 227
Poetin, Vladimir 30, 31, 33, 109, 146, 218-220, 285, 286, 287, 288, 293
Pokémon Go 121
Polen 33, 170, 173, 180, 211, 220, 232, 373, 374
poolgebieden, smeltend ijs in 151, 153, 263, 319
post-truth 14, 284, 285-301
Pravda 292, 299
Princeton, theologisch seminarium van 83
protestanten 139, 168, 169, 264

Qatar 142, 180
Qin-dynastie 214

Raad voor Religie en Homoseksualiteit 247
racisme 87, 174, 179, 181, 186, 190, 192, 194, 195, 227, 231, 237, 280
Radhakrishnan, Sarvepalli 348
rationaliteit 69, 72, 224, 270, 271, 273, 343
Reagan, Ronald 69
rechtspraak 31, 69

rechtvaardigheid 14, 235, 275, 276-284, 330, 351
reclame 59, 76, 79, 80, 106, 107, 293
regulering 22, 56, 88, 106-110, 157, 179, 272, 279
religie 11, 12, 14, 15, 32, 33, 34, 55, 65, 66, 71, 81, 113, 121, 125, 126, 127, 132, 137, 139, 155, 162-176, 180, 181, 183, 193, 194, 201, 226-243, 287-291, 293, 294, 297, 306, 313, 319, 329, 332, 376, 383, 384
robots 41, 44, 51, 58, 60, 62, 66, 89-96, 99, 105, 209, 303
Roemenië 134, 211
Rokia 283
Romeinse rijk 184, 229, 230, 238, 239, 294
Rusland 21, 29, 30, 31, 92, 105, 130, 146, 148, 153, 154, 172, 173, 175, 178, 210, 211, 214, 216-220, 285, 286, 291, 309, 319, 373
zie ook: Sovjet-Unie
Russische Revolutie (1917) 305

sabbat, joodse 235, 236, 353
samenwerking 29, 50, 52, 72, 170, 175, 233, 287-298, 381
Sanders, Bernie 355

Register

Saoedi-Arabië 133, 153, 166, 170, 171, 172, 174, 178, 188
Sapiens. Een kleine geschiedenis van de mensheid (Harari) 229
schaken 50, 53, 158
Schotland: onafhankelijkheidsreferendum (2014) 160
sciencefiction 76, 89, 97, 99, 301, 302-314
secularisme 241, 251, 252-265
seksualiteit 75, 88, 248, 255, 363, 364,
Servië 90, 218, 344
Shakespeare, William 45, 81, 82, 310, 313, 361
 Hamlet 361
Shechtman, Dan 242
Shinto 172, 173, 232
Shwedagon-pagode, Birma 370
Siam 370, 371
sikhs 232, 346
Silicon Valley 62, 105, 113, 221, 363
sjiitische moslims 171, 174, 175, 350, 351, 352
Sjoelchan Aroech (Joods wetboek) 242
slavernij 125, 187, 220, 279, 326, 346, 361, 370
slimme bommen 173
Sloman, Steven 270
sociale media 76
Soemerische stadstaten 235
soennitische moslims 135, 166, 170, 171
soldaten, AI en 89-96, 105, 210
Somme, Slag aan de (1 juli 1916) 200
Song-dynastie, Chinese 135, 318
Sovjet-Unie 25, 93, 215, 292, 364
 zie ook: Rusland
Spaanse inquisitie 72, 73, 125, 238, 245, 247, 249, 262, 263, 264, 352, 364
Spanje 160, 214, 291, 319, 352
speciatie (opdeling van de mensheid in verschillende biologische kasten of soorten) 104
Spinoza 241
Srebrenica, genocide in (1995) 90
Stalin, Jozef 94, 95, 125, 218, 219, 259, 260, 262, 292, 293, 299, 305
steentijd 101, 115, 227, 233, 270, 288
sterke mannen 21, 206
Stockfish 8 52, 53
stress 54, 84, 85, 323
studiekeuze 78, 80, 81
Suezkanaal 214
supermensen 64, 104, 262, 263, 303

Syrië 31, 50, 122, 123, 137, 148, 180, 188, 199, 215, 216, 218, 219, 359, 360

Taiwan 130, 132, 135, 172
Taliban 51, 132, 194
Talmoed 66, 127, 169, 228, 232, 235, 236, 241, 289
Tasmaniërs, oorspronkelijke 281
Tea Party 272, 355
technologie 11, 13, 14, 17-110, 116, 117, 130, 152, 154-161, 170, 172, 173, 174, 175, 195, 219, 221, 263, 269, 275, 302-314, 317, 326, 386, 387
Tel el-Kebir, Slag bij (1882) 214
televisie, AI en 77
Tempel van Jahwe, Jeruzalem 34
Tencent 64, 65, 106
terrorisme 11, 12, 14, 43, 93, 98, 99, 122, 196, 199-212, 269, 292, 307, 359, 360
Tesla 86-88
Thatcher, Margaret 69
Theodosius, Romeinse keizer 239, 240
decreten van (391) 239
Thora 237, 241
Tibet 287
Tien Geboden 233, 246, 354

Tiranga (Indiase driekleur) 348, 349
Tojo, generaal 224
trolleyproblemen 83, 87
Truman Show, The (film) 304, 314, 328
Trump, Donald 11, 21, 22, 25, 26, 29, 33, 63, 146, 190, 191, 287, 288, 379
Tsjaad 134, 153
Tsjechië 248
Tsuyoshi, Inukai 371
Tunesië 12
Turkije 21, 33, 162, 179, 211, 319
Tweede Wereldoorlog (1939-1945) 19, 27, 130, 223, 229, 357
Twitter 121, 290, 293

ultra-orthodoxe joden 66, 126, 127, 242
universeel basisinkomen 60, 61, 64, 65, 66
universiteit van Oxford 377

Veda's 162, 167, 246, 289, 296
Verenigde Naties 34, 262
Verklaring van de Mensenrechten 262
Verenigde Staten 21, 25, 28, 31, 44, 54, 62, 68, 89, 90, 92, 93, 104, 105, 123, 130, 134,

137, 139, 146, 148, 149, 154,
155, 162, 166, 169, 173, 181,
184, 189, 190, 191, 202, 206,
210, 211, 214, 215, 216, 217,
218, 219, 221, 222, 241, 272,
286
verpleegkundigen 44, 139
vervreemding 115, 117, 118,
123
verzorgingsstaat 13, 104
Victoria, koningin 33, 222
Vietnam 32, 130, 135, 214,
215, 347
Vietnamoorlog (1955-1975)
89, 90, 130, 214, 215
vipassana-meditatie 377, 379,
383, 384
Vishwamitra 226
Vlagcode van India 348
vlaggen, nationale 134, 348
vlees, 'schoon' 152
vluchtelingen 10, 151, 158,
178, 179, 180, 183, 186, 187,
188, 195, 255
voetbal, macht van fictieve verhalen en 297
Volksbevrijdingsleger (China) 221
vrije wil 39, 68-73, 307, 309,
364, 365, 366
vrijemarktkapitalisme 13, 20,
28, 35, 81, 261, 269
vrijheid 13, 14, 19, 27, 28, 68-
100, 111, 125, 140, 253, 256,
259, 307, 363, 364

waarheid 30, 79, 267-314
als seculiere waarde 253-265
Google en 79
lijden en 375
nationalisme en 338, 339, 356
onwetendheid en 269-275
post-truth en 14, 285-301
realiteit en 372-365
rechtvaardigheid en 276-284
sciencefiction en 302-314
wahhabisme 174
Waksman, Selman 242
Walt Disney Pictures 307-309,
326, 330
wapens 158, 173, 278
autonome wapensystemen 91
kernwapens 32, 56, 145-148,
150, 153, 155, 157, 158, 159,
174, 175, 195, 207, 209, 210,
222, 226, 387
massavernietigingswapens 15, 209, 212
terrorisme en, zie: terrorisme
War on Terror 210
Warmland (fictief land) 188-190, 192-195
Watson (computersysteem van
IBM) 52

wereldbeschaving 11, 22, 122-141, 142, 175
 'botsende beschavingen'-theorie 122-128
 economie en 137
 Europese beschaving en 125, 140
 menselijke stammen en 128-130
 wetenschap en 139
Wereld Economisch Forum in Davos 275
Wereldgezondheidsorganisatie 42
werk/werkgelegenheid, AI en 37, 38-67
 zie ook: banen
werkloosheid 25, 37, 38, 51, 54, 55, 67
 zie ook: banen
Westelijke Jordaanoever 92, 277
wetenschappelijke literatuur 300
wetenschappelijke revolutie 241, 242, 305
White Memorial Retreat Center, Californië 247
Wilhelm II, Duitse keizer 125, 126
Willem de Veroveraar 222
Willow (film) 362
Wirathu, Ashin 371

Wright, gebroeders 226, 364

Xi Jinping 29

YouTube 76, 133

Zakkai, rabbijn Jochanan ben 242
zenmeditatie 371
ziekte 42, 49, 74, 97, 116, 138, 139, 205, 258, 270, 318
zingeving 14, 15, 329-375
 boeddhisme en 367-372
 individualisme/liberalisme en 361-367
 rituelen en 345-354
 romantiek en 342
 succesvolle verhalen 338
 verhalen en 329-345, 354-361, 367, 372-375
zionisme 229, 333, 334, 335, 337, 341
zorgindustrie 44, 45
Zuckerberg, Mark 109, 110, 113-119, 122
Zuid-Afrika 31, 104
Zuid-Korea 31, 153
Zuidoost-Azië 131
Zwarte Amerikanen 96, 190, 192, 281
Zweden 131, 136, 144, 179, 180